中国政法大学民法学青年学术创新团队（项目编号１９ＣＸＴＤ０１）
杭州市哲学社会科学重点研究基地浙大城市学院文化和旅游法治研究中心项目成果

旅游纠纷与损害赔偿

申海恩 / 著

Tourism Dispute Settlement and Damages

U0824588

中国法制出版社
CHINA LEGAL PUBLISHING HOUSE

序

2013年《中华人民共和国旅游法》（以下简称《旅游法》）颁布，对于旅游业和旅游法学的研究具有划时代的意义。而我作为该法起草过程的亲历者，更有一番特殊的感受。在旅游法起草过程中，针对司法实践中旅游纠纷案件出现的很多法律适用的难点和热点问题，2010年最高人民法院公布了《最高人民法院关于审理旅游纠纷案件适用法律若干问题的规定》，这是最高人民法院履行司法审判指导职责的重大举措，对旅游业的影响，一点也不逊于之后通过的《旅游法》，我也有幸参与其中的相关工作。对这两部法律文件进行深入解读，阐释其法理，探讨其精义，为业界、立法执法和司法部门提供可资借鉴的参考，无疑是旅游法学人的使命。可惜，在浩瀚的书海之中，这类文献至今所见甚少。因此，当海恩博士邀请我为其新著《旅游纠纷与损害赔偿》作序时，我欣然允命。

翻阅《旅游纠纷与损害赔偿》的书稿，感到非常熟悉和亲切，书中所讨论的问题，几乎都能引起我的回忆和共鸣，因为这些基本都是我们参加旅游相关立法过程中思考、研究甚至是辩论过的问题。诸如旅行社转团、甩团这些恶意违约行为的应对，包价旅游合同、组织旅游合同，大包价、小包价和自助游之间的关系，以及安全保障义务的定义和边界等，均为旅游发展过程中业界特别关注的影响市场健康发展的问题。海恩博士对其进行了深入的研究，并按照旅游合同纠纷、旅游合同衍生纠纷、旅游侵权纠纷以及各相关主体之间的责任分担、旅游损害赔偿进行了体系化的整理，尤其是对费用退还和转团责任进行的专门讨论让人耳目一新。我认为，本著作对《旅游法》相关问题所作研究的独特视角、深入程度，解析的逻辑思路、透彻程度，目前未见能出其右者。

2007年海恩博士从清华大学法学院博士毕业后到我所执教的北二外工作，一段时间内只知其人，并无交道。2009年，海恩博士获国家社科基金青年项目，他给时任科研处长的我留下了初步的印象。当年底，我们共同参与了原国家旅游局关于《旅游法》起草立项的论证会议，尽管他当时对旅游行业了解不多，有些发言我并不认同，但其努力将民法基本理论运用于《旅游法》的思路，给我留下深刻印象。我始终认为，我国旅游法应采取综合立法模式，秉持民法、经济法、行政法的法学基础理论并结合旅游业实践，否则不可能圆满完成。之后，海恩博士协助我做了很多事情，包括共同承担《旅游法》具体制度论证，组织翻译境外旅游法，创办旅游法研究丛书，编辑中国旅游法评论，举办高层次的学术沙龙等。在此过程中，我们虽然在理论的理解、具体问题的认知上有过不同意见，但合作始终非常愉快。我很欣赏海恩博士扎实的法学功底、对学问的认真态度，以及我辈学人所共有的，有时候略显执拗的社会担当。

我国《旅游法》从无到有经历了漫长的探索过程，旅游业也在行政命令、政策文件、部门规章这样低层级的法律规范下运作了数十年。我个人两次从头到尾参加了我国《旅游法》的论证、起草工作，深感荣幸的同时，也非常渴望《旅游法》的研究力量得到充实，研究水平得以进一步提升。2019 年，海恩博士在我们相识十年后，离开二外转调中国政法大学。我期待他继续关注《旅游法》、研究《旅游法》。这本著作既是其之前的总结，也是下一阶段更深入研究的起点。希望海恩博士继续努力，为我国的旅游法治的进一步完善和发展做出更大的贡献，也成就他自己的功业。

值此新著出版之际，聊缀数语，馨香以祝之。

韩玉灵

2022 年 7 月 17 日

前　言

旅游纠纷是司法实践中非常常见的一类纠纷，也一直以来是国内外社会各界关注的焦点之一。但是，由于旅游纠纷通常具有标的额小、争议问题判断尺度较软，纠纷频发而诉讼较少等特点，关于旅游纠纷处理的理论和司法实践都不多，理论性研究也相应较少。

经过立法机关和司法机关的努力，目前，我国专门的旅游纠纷处理相关法律规范已经基本形成。主要由如下两个部分构成：其一，《中华人民共和国旅游法》（以下简称《旅游法》）；其二，《最高人民法院关于审理旅游纠纷案件适用法律若干问题的规定》（以下简称《旅游纠纷规定》）。虽然，像《旅行社条例》《旅行社条例实施细则》《最高人民法院、司法部、文化和旅游部关于依法妥善处理涉疫情旅游合同纠纷有关问题的通知》以及其他一些行政法规、规章和规范性文件均有一定的指导意义，但并非处理旅游纠纷的主要规范。

本书作者有幸参与了《旅游法》和《旅游纠纷规定》的起草过程，对于条文背后的政策意图和法理依据比较了解，因此不敢藏拙，将我们在参与起草和修改过程中了解的信息、提出的建议，提供给旅游者以及理论界和实务界的专家、同仁。希望能够对大家理解、运用《旅游法》和《旅游纠纷规定》以及《中华人民共和国民法典》（以下简称《民法典》），维护旅游者权益、促进旅游市场发展和旅游法理论的提高有所裨益。

但是，对于旅游纠纷处理的理论和司法实务研究始终还处于初步阶段，包括本书在内的国内旅游法研究成果，都难有足以达到国内民法、刑法、行政法等研究水准者。当然，这也为旅游法的进一步研究留下了空间。

目录 Contents

第一章 概 述

一、旅游与旅游纠纷

至2013年《中华人民共和国旅游法》（以下简称《旅游法》）颁布施行，我国已经基本形成了较为完整的旅游法律体系。在以“旅游”为调整对象的《旅游法》制定颁行的背景下，旅游法学的基础理论建设就成为首要的法学理论问题。旅游法学基础理论中的基本概念、基本价值立场、基本原则等均为旅游法理论研究者应该关注和着力之处。旅游法基本概念、基础理论的研究，根源于《旅游法》的立法实践，同时为《旅游法》的进一步发展提供理论支撑，因而具有巨大的理论和实践意义。①

在我国旅游和旅游法学界对《旅游法》的解读中，关于《旅游法》的特征、体系、价值、原则等宏大叙事比较普遍，而对于基于这些基本理论判断的旅游法基础理论还欠缺深入的研究。其中最为典型的例证就是，“旅游”这一概念究竟应不应该以及应该以什么样的概念在《旅游法》中出现这一问题，多有争议却鲜见定论。最终在立法中采取“留白”的方式处理，虽不失机敏，但显然暴露出理论研究的巨大欠缺。2012年8月30日公开征求意见的《中华人民共和国旅游法（草案）》第2条第2款曾尝试对旅游做出定义性规定，但这一表述究竟能否反映法律所需要规范的“旅游”的法律核心要素，最终为何会从《旅游法》文本中删除，均属值得深入讨论而未受到应有关注的问题。

法学界对“旅游”的定义几乎未见声音，主要是旅游学术界对“旅游”的定义争论较大。据说，国内外对旅游所下定义不少于30种。总体而言，这些定义主要是阐述了“旅游”概念的几个本质特征②：第一，旅游是人的空间位置的移动（与一般货物、贸易物的移动有很大不同），这种移动是暂时的，这是

① 韩玉灵教授敏锐地捕捉到这一点，约请笔者一起在其主编的《旅游法教程》中做了一些初步探索。参见韩玉灵主编：《旅游法教程》，高等教育出版社2018年版，第30-47页。

② 参见：《〈中华人民共和国旅游法（草案）〉高端研讨会会议纪要》，载韩玉灵、申海恩主编：《中国旅游法评论》，旅游教育出版社2014年版，第1页以下。

旅游消费区别于其他消费活动的一个显著特征。第二，旅游可以有一个或多个动机，但我们一般认为旅游的动机与游憩（或康乐）有关，当然也可能包括商务、教育、健康或宗教等因素，这一切构成了旅游的基础。第三，旅游活动需要一定的交通基础设施、住宿、营销系统、游憩（或康乐）和景区服务的支持，这一切构成了旅游产业的基础。第四，旅游不仅仅是游客个人的一种休闲和游憩（或康乐）的消费方式，从空间上看，旅游不仅仅是客源地向目的地单向的人员流动，而是由客源地、通道和目的地构成的一个完整的空间系统。第五，旅游整体的空间系统，不仅是一个经济系统，更是一个文化系统和社会系统，这是旅游目的地系统存在的理论基础。显然，旅游学术界关于旅游定义的争论有其学术立场和专业价值，但从法律定分止争、促进行为规范的角度来看，这些概念研究或许参考意义十分有限。

《旅游法》的地位被设定为旅游市场的基本法，那么对于其调整对象——旅游予以界定，似乎就成为当然的逻辑选择。与此同时，无论是谈论旅游法的普罗大众还是执笔旅游法的专家和立法官员，内心毫无疑问都有一个对什么是旅游的界定。正是基于上述逻辑和当然而然的思路，2012 年 8 月 30 日公开征求意见的《中华人民共和国旅游法（草案）》第 2 条第 2 款规定，本法所称旅游，是指自然人为休闲、娱乐、游览、度假、探亲访友、就医疗养、购物、参加会议或从事经济、文化、体育、宗教活动，离开常住地到其他地方，连续停留时间不超过 12 个月，并且主要目的不是通过所从事的活动获取报酬的行为。然而，这一旅游的定义立即激起了强烈的反响，特别是在旅游理论学界，专家学者对此定义的批评极为激烈。本书作者无意于介入旅游学界的学术论争之中，但从旅游纠纷处理的角度，对“旅游”提出本书的基本立场，或许是一个基本的前提。

从旅游纠纷而言，自然是以旅游相关法律规范为裁量的准绳。而就旅游法的整体构成来讲，还涉及旅游业的发展规划、旅游合同、旅游市场监管，等等。在不同的领域，旅游所指涉的对象都有所不同，法律规范的范围、方法也有所不同。例如，《旅游法》第 3 条规定，国家发展旅游事业，完善旅游公共服务，依法保护旅游者在旅游活动中的权利。旅游作为一项“事业”，具有极强的公共福利属性，而国家发展旅游事业的责任，显然是极为宽泛而弹性巨大的，需要根据宏观公共政策的变动而不断予以调整。[①]

至于本书所言之旅游纠纷，则主要是从旅游经营者与旅游者之间的民事法律关系出发展开的，属于旅游私法的核心组成部分。[②] 因此，本书对“旅游”所持的立场当属非常狭窄范围内的技术性概念，即与旅游经营者向旅游者提供的交通、住宿、餐饮、游览、导游或者领队等服务组成的集合性概念。其法律渊源主要是《旅游法》第 5 章第 57 条至第 75 条、《旅游纠纷规定》，必要时也会涉及《旅行社条例》等行政法规和部门规章、规范性文件。

二、旅游纠纷处理的基本出发点

旅游纠纷处理的基本出发点有二：其一是保障旅游者合法权益原则，其二是旅游合同的特殊性。

（一）保障旅游者合法权益原则

我国《旅游法》的制定过程中始终贯彻着保障旅游者合法权益的基本原则，其理由和意义主要表现在如下几个方面：

1. 旅游者是旅游业发展的根本

旅游法确立和贯彻保障旅游者合法权益原则，最基本的理由就在于，旅游者是旅游业发展的根本所在。如果没有旅游者，就不存在旅游业。不论是旅游产业还是旅游事业，都是为旅游者服务的，都是以人为本的事业。[③] 从旅游企业的角度来讲，其设计的旅游线路的使用者是旅游者，旅游服务的提供对象是旅游者，最重要的旅游费用来源于旅游者。旅游企业莫不希望门庭若市，生意兴隆，所期待的无不是旅游者的光顾。就国家旅游事业来讲，公共服务的提供对象和享受者当然是旅游者，旅游事业发展的资金来源也是当下和未来的所有旅游者，旅游事业能否发挥促进社会和谐、改善民生福利、推进公共外交、提升民族自豪感的公共职能，也仰赖于旅游者的感受和评价。可见，旅游者确实

---

① 渠涛：《对〈旅游法（草案）〉的评价与建议》，载《旅游学刊》2012 年第 12 期。

② 实际上在比较法上，旅游法，如德国的 Reiserecht，美国的 travel law 或者 tourism law 所指向的基本都是私法关系，关于旅游法的教科书或司法实务书也都是处理私法关系。参见 Paul Kaller, Reiserecht, 2. Aufl., 2005; Ernst Fuehrich, Reiserecht, 8. Aufl., 2019; Dickerson, Travel Law, Law Journal Press, 2007。而我国在《旅游法》之前的旅游法律法规课程主要是行业行政法，私法关系没有独立的处理，未来的发展方向应该着重强调旅游私法的发展。

③ 韩玉灵：《关注公民福祉、促进旅游业健康发展的重要保障》，载《旅游学刊》2012 年第 12 期。

是旅游业发展的根本所在，确立对其合法权益予以保障的法律原则是当然之理。①

2. 旅游者的合法权益应予以优先保护

《旅游法》第2章专章对旅游者的权利义务予以明确规定，不仅宣示了保障旅游者合法权益的原则，而且在实质上确立了旅游者一章在整部《旅游法》中的基础性地位。无论是旅游规划与促进、旅游经营、旅游服务合同、旅游安全、旅游监督管理还是旅游纠纷的处理，无不贯穿着保障旅游者合法权益的原则②。实际上，保障旅游者合法权益的原则还要求对旅游者的合法权益予以优先保护。之所以需要对旅游者的合法权益予以优先保护，一方面是因为旅游者在旅游业发展中的根本地位，另一方面更为现实的原因是，旅游者在旅游交易和活动中处于明显的弱势地位。③ 基于旅游法的正义价值，必须对旅游者的合法权益予以优先保护，方能使其获得平衡，最终实现公平正义的法律价值。当前，我国旅游市场秩序混乱的问题仍然比较突出，恶性竞争、零负团费、强迫购物、虚假广告等问题屡禁不止。这些行为严重侵害了旅游者的合法权益。在这一背景下，对旅游者的合法权益予以优先保护更具现实意义。

3. 保障的对象仅限于合法权益

当前旅游市场秩序混乱的情况还有另外一种表现，即旅游者假借维权之名，实施违法行为的情况比较严重。鉴于此，部分旅游行业的同志提出，对于这样的旅游者还要保护的话，旅游业将无从发展。实际上，这是对保障旅游者合法权益原则的误解。保障旅游者合法权益原则，并不保障旅游者不合法的行为。那些实施违法行为的旅游者，也应当依据有关法律法规承担相应的法律责任，而不能以自己的合法权益受法律保障为由逃脱责任。此外，社会上将旅游者假借维权之名实施违法行为的情况，称作“过度维权”。对此，本书认为是一种错误的认识，实际上只有合法维权和违法行为之分，根本就不存在“过度维权”的可能。只要实施了违法行为，不论是否以维权为名，都必须承担相应的法律责任。“过度维权”的称谓不仅不利于旅游者树立正确的法治观念，甚至会鼓励旅游者采取违法行为榨取不法的获益。

---

① 侯作前：《权利本位、国家义务与〈旅游法（草案）〉》，载《旅游学刊》2012年第11期。
② 孔令学：《旅游法——旅游者权益保护的纲领性文件》，载《旅游学刊》2012年第12期。
③ 汪传才：《〈旅游法〉为旅游者架起三重保护网》，载《旅游学刊》2013年第8期。

（二）旅游合同的特殊性

旅游合同[1]是由《旅游法》规定的典型、有名合同，较之于《中华人民共和国民法典》（以下简称《民法典》）合同编所规定的其他有名合同而言，具有如下特征：

1. 旅游合同是消费者合同（consumer contract）[2]

旅游合同虽属于平等主体的自然人与法人之间的协议，但却与买卖合同、承揽合同、委托合同不同，旅游合同主体双方之间必然是消费者与经营者之间的关系，受《中华人民共和国消费者权益保护法》（以下简称《消费者权益保护法》）的调整。

由于旅游者与旅游经营者之间在谈判能力、专业知识、经济能力、掌握社会资源等方面存在悬殊，这从根本上要求对旅游者这一消费者予以特殊保护，而不能照搬合同法理论的一般原则，以旅游合同是平等主体之间的法律关系为由，要求对旅游经营者与旅游者进行同等保护。旅游合同是消费者合同这一特点，也要求在特定情形下对合意原则做出调整，例如禁止双方通过协议排除旅游者特定权利或者做出对旅游者不利的约定。[3]

2. 旅游合同是以追求精神愉悦为目的的合同[4]

合同法是财产法、交易法，是规范商品交换关系的基本法律，是与商品交换及商品经济的发展相伴而生的。可以说，近代以来的合同，始终充当的是商品经济发展急先锋的角色。所以，传统合同法理论将合同目的限定在财产、劳务的交易、流动这一范围之内，排除了精神感受在合同目的范围内存在的可能性。

然而，"旅游的基本出发点，整个过程和最终效应都是以获取精神享受为指向，因此旅游不是一种经济活动而是一种精神活动，这种精神生活是通过美感

---

① 《旅游法》中将旅游合同命名为"包价旅游合同"并作了明确的定义，笔者曾经建议直接称作"旅游合同"，或者至少称为"组织旅游合同"以舍弃"包价"这一行业术语所可能带来的望文生义和争执。以总价支付虽为包价旅游合同的一个特征但并非绝对要件，否则旅游经营者完全可对其进行拆分并基于此而以代理人、居间人身份规避"包价旅游合同"的组织者责任。该词所来源的英文"package travel contract"也并未体现任何"包价"的意思，将其译为"一揽子旅游合同"较之于"包价旅游合同"更为准确。而与"package travel contract"同义的"organized travel contract"则较能符合此类合同之本质。但可惜这一名称未能被采纳。

② 侯作前：《消费者合同、权利导向与合同治理》，载《旅游学刊》2013年第9期。

③ 宁红丽：《〈旅游法（草案）〉与旅游合同的有名化》，载《旅游学刊》2012年第12期。

④ 黄丽红：《旅游消费者权益保护的法律问题研究》，载《社会科学家》2019年第8期。

享受而获得的。因此，旅游又是一种审美活动，一种综合性的审美活动”。[①] 旅游合同是人们实现旅游目的的法律工具，旅游活动所追求的精神愉悦目的也相应地成为旅游合同的目的。同时，旅游合同是以追求精神愉悦为目的的合同这一特点要求，在违反旅游合同约定，导致合同目的落空的时候，承认旅游者请求精神损害赔偿的权利。[②]

3. 旅游合同是服务合同

旅游合同以旅游服务的提供为合同标的，这与买卖合同、赠与合同、租赁合同等以物的交易为标的的合同形成了鲜明的差别。较之于物，旅游服务首先具有不可库存性，意味着服务的提供与消费同时进行，从而依赖于特定的时间和场所，离开特定的场所（例如旅游景点）旅游服务将无法提供，导致旅游服务很难像买卖标的物有瑕疵时予以修理或更换。同时，基于旅游服务的不可库存性，旅游服务在提供的同时即被消费，旅游服务即根本无从返还，这也就导致了在旅游合同解除之后，根本无从适用《民法典》第566条所规定的“恢复原状”的法律后果。旅游服务具有无形性、难以识别性，这也正是关于服务品质判断上的纠纷远远多于物的瑕疵纠纷的根源之一。旅游合同作为服务合同，在合同的履行过程中，服务的提供者和服务的消费者的个体特性也对旅游合同造成很大的影响：不同的旅游服务提供者提供的服务品质会有悬殊；不同的旅游服务消费者因个人的属性（如年龄、情绪、健康状况、适应性甚至性格等），会在旅游服务需要的协助义务履行方面存在差别，当然也会对相同的旅游服务产生不同的评价。此外，较之于物的交易来讲，旅游服务合同当事人之间的信息不对称性会非常严重，从而信息公开、说明、警示等义务在旅游合同中也占据更加重要的地位。[③]

4. 旅游合同是以当事人人身受领的服务合同

由于旅游所追求的精神愉悦目的必须通过旅游者的切身体会方能得到，这就意味着在旅游合同的履行过程中，旅游者必须跟随旅游经营者指派的导游、

---

① 谢彦君：《论旅游的本质与特征》，载《旅游学刊》1998年第4期。

② 崔建远：《论违约的精神损害赔偿》，载《河南省政法管理干部学院学报》2008年第1期；陆青：《违约精神损害赔偿问题研究》，载《清华法学》2011年第5期；崔建远：《精神损害赔偿绝非侵权法所独有》，载《法学杂志》2012年第8期；尹志强：《论违约精神损害赔偿的正当性及适用范围》，载《中国政法大学学报》2014年第6期。

③ 关于服务合同的法律特征，参见周江洪：《服务合同研究》，法律出版社2010年版，第16-18页。

领队前往旅游目的地，亲自受领旅游服务，否则旅游合同所追求的目的无从实现。旅游合同这种将一方当事人人身纳入合同履行过程的特性，与典型的财产权利移转型合同、提供劳务型合同具有明显的区别，而与客运合同（《民法典》第 809 条）、医疗合同等具有相似性。

由于人身自由、健康是法律所追求的、超出契约自由、契约应当严守等一般财产性法律价值的更高级别的法律价值，因此在旅游合同的履行过程中，任何妨碍旅游者人身自由、健康的合同约束都是不成立的。正是基于这一特性，《旅游法》第 65 条规定了旅游者的任意解除权[①]；也正是由于旅游合同中涉及旅游者人身健康等绝对性权利保护的需求，在旅游合同中违约行为往往同时构成侵权行为，在《旅游法》第 5 章关于旅游服务合同的规定中侵权责任与违约责任并存的现象也就非常突出了。

① 李飞、郎琪伟主编：《中华人民共和国旅游法释义》，法律出版社 2013 年版，第 161-162 页。

第二章　旅游合同纠纷

第一节　违反告知、警示义务

作为一种休闲生活方式，旅游同时也是一项面临众多风险的活动，例如登山、漂流、骑马、游泳等旅游活动均具有一定的风险，一些探险性旅游项目，如攀岩、潜水、探洞等，其危险性就更是不言而喻了。此外，当人们在享受旅游带来的乐趣的同时，其危险防范意识随之降低，因此导致旅游者人身、财产遭受损失的情况屡见不鲜。旅游经营者专门从事旅游服务的提供，对相关旅游活动的风险性有更清晰的认识，应当对旅游者承担相应的告知、警示义务，避免旅游者遭受不必要的损失。

一、旅游经营者的告知、警示义务

（一）概念

旅游经营者的告知、警示义务，是指旅游经营者以恰当的方式告诉旅游者可能危及旅游者人身、财产安全的旅游风险，使其保持警惕的义务。

首先，旅游经营者的告知、警示义务以存在可能危及旅游者人身、财产安全的旅游风险为前提。①

旅游活动大多数具有一定的风险性，即使日常生活中应该能够注意到的风险，在旅游过程中也可能被放大，增加旅游者遭受人身、财产损害的概率。例如，游览景区过程中，由于边看边行，较之于日常行走就更容易发生旅游者跌倒、摔伤的事故。因此，作为旅游经营者告知、警示义务的前提的旅游风险，不能以日常生活环境作为参考，而应当以旅游活动这一特定背景作为衡量标准。也就是说，只要在旅游活动中可能危及旅游者人身、财产安全的风险，旅游经

① 付建国、王希慧：《旅游服务合同中旅游经营者的附随义务初探》，载《法律适用》2015 年第 5 期。

营者就应当予以告知。①

《最高人民法院关于审理旅游纠纷案件适用法律若干问题的规定》（以下简称《旅游纠纷规定》）中并未使用“旅游风险”，而是使用了“旅游项目”的表述方式，对此应当予以正确理解。所谓“旅游项目”，应当是指整个旅游活动，而非旅游活动中的某个具体的游览、娱乐活动。例如，就某旅行社组织的“丝绸之路”八日游而言，整个从西安开始至嘉峪关，经敦煌、吐鲁番到乌鲁木齐的全过程即为“旅游项目”，均属于告知、警示义务的范围。而不能认为，只有游览光明城墙、悬壁长城、莫高窟等景点才是旅游项目，其他如住宿、交通、餐饮等就不属于“旅游项目”，不属于告知、警示义务的范围。

其次，旅游经营者均负有告知、警示义务。

包括旅游辅助服务者在内的所有旅游经营者对其提供的服务均负有告知、警示义务。② 由于旅游活动具有综合性的特征，涉及吃、住、行、游、购、娱六大要素，旅游经营者必须借助其他服务提供者的服务，如航空、酒店、景区等，才能够提供一次完整的旅游服务。因此，整个旅游活动中，大多数环节均由旅游辅助服务者提供服务。由于各个具体旅游服务的提供者对其提供的旅游服务最为了解，知悉其中哪些因素可能构成对旅游者人身、财产安全的威胁，因此，旅游辅助服务者应当对其提供的服务承担告知、警示义务。

旅游经营者对整个旅游活动均负有告知、警示义务。旅游经营者以自己的名义向旅游者提供全部的旅游服务，对于整个旅游服务中的风险均应予以了解，对可能危及旅游者人身、财产安全的旅游风险均负有告知、警示义务。旅游经营者不能以某项服务由特定旅游辅助服务者提供而拒绝承担告知、警示义务，例如，不能因为景区游览安全注意事项应由景区负责告知、警示，旅游经营者就可以免予承担因为景区未履行告知、警示义务而造成的违约责任。从理论上讲，旅游辅助服务者是协助旅游经营者履行旅游合同，旅游辅助服务者对旅游者的告知、警示也属于其协助旅游经营者履行旅游合同的范畴。③ 换言之，旅游辅助服务者的告知、警示即为旅游经营者的告知、警示；旅游辅助服务者未

---

① 付建国、王希慧：《旅游服务合同中旅游经营者的附随义务初探》，载《法律适用》2015 年第 5 期。

② 张力毅：《比较与定位：中国法上旅游辅助服务者概念与责任体系解构》，载《旅游学刊》2012 年第 12 期。

③ 关于《旅游纠纷规定》中的“旅游辅助服务者”和《旅游法》中的“履行辅助人”的解读，可参见周江洪：《从“旅游辅助服务者”到“履行辅助人”》，载《旅游学刊》2013 年第 9 期。

告知、未警示也意味着旅游经营者未告知、未警示。[①]

再次，旅游经营者应当以恰当的方式履行告知、警示义务。旅游活动中的风险种类繁多，大多数旅游风险需要旅游经营者以恰当的方式予以告知或者警示。所谓恰当的方式，应当是以能够引起旅游者的足够注意、采取恰当的预防措施为判断标准。恰当的方式包括在时间、地点、方法等方面均应采取恰当的方式。例如，在旅游行程将近结束时可能发生的危险，在签订旅游合同时予以口头告知，即不符合对于恰当方式的要求。

最后，旅游经营者的告知、警示义务以使旅游者保持警惕、避免不必要的损失为目的。

法律赋予旅游经营者告知、警示义务，是以保护旅游者免受不必要的危险，保护旅游者的合法权益为规范宗旨的。因此，旅游经营者是否负有告知、警示义务，以及是否妥当履行了告知、警示义务，应当以这一目的为最终判断标准。如果旅游经营者履行告知、警示义务，足以引起旅游者保持警惕，即达到以恰当方式履行其告知、警示义务的要求；反之，如果旅游经营者未履行或者履行了告知、警示义务，但其方式并不足以引起正常旅游者的警惕，因而造成旅游者人身、财产损害的，则其应当承担相应的责任。

（二）法律性质

1. 法定义务

旅游经营者的告知、警示义务，是与旅游者的安全权相对应的法定义务。旅游者的安全权，是指旅游者在接受旅游服务时，所享有的人身、财产安全不受侵害的权利。旅游者的安全权，是其人身权，如生命健康权，以及其财产权，如对行李物品的所有权等在旅游活动中的体现。旅游风险是旅游活动的固有属性，旅游者在旅游活动过程中始终处于各种各样的风险之中，但就其人身、财产安全而言，旅游经营者、旅游辅助服务者的告知、警示义务的履行，是避免旅游者遭受不必要的风险的重要途径。

2. 安全保障义务

旅游经营者的告知、警示义务，属于其安全保障义务的范畴，是旅游经营

---

① 孟凡哲：《论旅游合同违约类型及责任认定》，载《法律适用》2012年第9期。

者安全保障义务的具体类型。[①] 安全保障义务，又称交易安全义务，[②] 我国民法确立的安全保障义务制度可以分为两大类：其一是直接作用于危险源，防止危险发生的安全保障义务；其二则不直接作用于危险源，而是通过影响潜在受害人的行为，以防免危险的安全保障义务。[③] 这种安全保障义务，主要包括告知、警示义务和禁止义务。旅游经营者的告知、警示义务，就属于不直接作用于危险源的安全保障义务。旅游经营者恰当履行了其告知、警示义务之后，旅游者仍然不采取任何措施地接近危险源，就属于自担风险的行为，旅游经营者即可以依法免除其责任。

3. 旅游合同的附随义务

附随义务，是指基于诚实信用原则，为了辅助合同主要给付目的的实现或者为了保护当事人的固有权益而负担的义务。[④] 广义的附随义务包括缔约过程中的说明、告知、保密、保护等义务（先合同义务），实现给付结果的准备过程中的通知、协助、保密等义务（《民法典》第509条第2款），以及实现给付结果后为了保持此一结果应有的合同终了后的通知、协助、保密等义务（《民法典》第558条，后合同义务）。

旅游经营者的告知、警示义务，属于附随义务中的保护义务，旨在维护对方当事人的人身、财产权益，例如在游览过程中导游给予旅游者“走路不观景，观景不行路”的安全提示。该保护义务因旅游合同而产生，因此旅游合同中旅游经营者的告知、警示义务，既可以视为旅游合同的附随义务，也可以视为安全保障义务。[⑤] 如何选择，以旅游者的利益判断为决定性标准。

（三）告知、警示的内容

旅游经营者的告知、警示义务的内容，根据所提供旅游服务内容的不同而不同，例如，骑马时应该有防止从马上摔下的告知，攀岩时应当提醒旅游者检查其安全措施等。旅游经营者的告知、警示义务，虽然具体表现形式纷繁复杂，

---

① 杨晓红、李明华：《民法安全保障义务对旅游安全管理的影响》，载《四川师范大学学报（社会科学版）》2010年第3期。

② 参见李昊：《交易安全义务论——德国侵权行为法结构变迁的一种解读》，北京大学出版社2008年版。

③ 参见周友军：《侵权法学》，中国人民大学出版社2011年版，第204页。第二种安全保障义务，也经常出现于特定合同关系中，被作为附随义务来对待。

④ 崔建远、陈进：《债法总论》，法律出版社2021年版，第13页。

⑤ 谢鸿飞：《违反安保义务侵权补充责任的理论冲突与立法选择》，载《法学》2019年第2期。

但其仍然存在统一的衡量标准，即可能危及旅游者人身、财产安全的旅游风险。

实践中，可能危及旅游者人身安全的旅游风险主要包括，由于旅游者自身身体特质的旅游风险，例如老年人旅游者；由于旅游活动本身所具有的旅游风险，例如攀岩、漂流活动等；旅游目的地环境特有的旅游风险，例如治安不好，发生旅游者被打、被杀、被抢事件等。通常情况下，可能危及旅游者人身安全的旅游风险，均同时构成可能危及旅游者财产安全的旅游风险。也有部分情况属于仅危及旅游者财产安全的旅游风险，例如盗窃成风、利用旅游者心理诈骗等。因此，所谓“可能危及旅游者安全”不限于遭受暴力侵袭或者造成旅游者财产绝对丧失的情形，只要能够合理期待旅游经营者予以告知、警示的，均应予以告知。

就告知的范围而言，仅包含因为旅游而对旅游者构成的特殊风险，而非所有的风险，例如吃鱼要小心鱼刺的风险就不属于因为旅游而引起的特殊风险，只是一般人均应注意到的生活风险，不属于告知、警示的范围。[①] 实践中，有些法院在审判过程中，存在一种将所有风险都转嫁给旅游经营者的倾向，这不仅不利于旅游经营者合法权益的保护，不利于合理分配旅游风险，不利于成熟旅游者消费群体的培养，而且导致严重的司法不公正、司法权威下降的不良后果。

（四）告知、警示的方式

旅游经营者履行告知、警示义务的方式，并无明确的法律规定。根据《民法典》第7条、第509条的规定，旅游经营者和旅游辅助服务者履行义务应当遵循诚实信用原则。[②] 对于严重危及旅游者人身、财产安全的旅游风险，多发的旅游风险应当采取书面形式予以告知，并在旅游者进入旅游风险多发地带给予明确的警示，以策万全。在告知、警示中，必须以准确、通俗的常用语言对旅游风险予以真实的说明，否则可能构成告知、警示义务的违反。例如，在旅游团队翻译不在的时候，以汉语对外国旅游者予以告知、警示，或者境内旅游中发给中国游客韩语的告知、警示单，均属于以不恰当的方式履行告知、警示义务。

---

① 苏号朋、唐慧俊：《论旅游辅助服务者的法律地位及责任承担》，载《法学杂志》2011年第6期。

② 关于诚实信用原则的解释适用，可参见于飞：《基本原则与概括条款的区分：我国诚实信用与公序良俗的解释论构造》，载《中国法学》2021年第4期。

二、违反告知、警示义务的责任

旅游经营者对可能危及旅游者人身、财产安全的旅游项目未履行告知、警示义务，造成旅游者人身损害、财产损失，旅游经营者应当承担相应的法律责任。关于旅游经营者违反告知、警示义务的责任，有以下几个问题在实践中容易引发争议，应引起重视。

（一）违反告知、警示义务责任的归责原则

告知、警示义务是法定义务，兼具旅游合同附随义务和安全保障义务的性质，违反该义务时，旅游经营者究竟应承担过错责任、过错推定责任还是无过错责任，在理论与实践中并不明确。

就告知、警示义务的法定义务和旅游合同的附随义务属性而言，未履行或未适当履行告知、警示义务，造成旅游者损害的，即应承担法律责任。换言之，旅游经营者是否存在过错，在法律上并不考虑，即应承担无过错责任。无过错责任原则与旅游经营者的营利性相适应，但由于旅游活动中违反告知、警示义务在后果的严重性上，与航空事故、环境污染事故等相比要轻得多，所以在适用无过错责任原则中，允许旅游经营者以不可抗力等作为免责事由。①

如果从告知、警示义务作为安全保障义务的具体类型来看，则应当适用过错责任原则。②《民法典》第1198条规定了违反安全保障义务的责任，但也没有明确过错要件。对此，理论上认为，并非不要求安全保障义务人具有过错，而是认为，违反安全保障义务本身就意味着过错。《民法典》侵权责任编上的这种理论认识，具体到旅游纠纷中来讲，意味着只要旅游经营者违反告知、警示义务，因此造成旅游者损害的，就应当承担侵权责任。当然，由于其根据是通过违反义务推定旅游经营者存在过错，是过错客观化趋势的体现，所以旅游经营者作为安全保障义务人可以举证证明自己并未违反告知、警示义务，以免除侵权责任。违反安全保障义务的侵权责任规则，其实质相当于过错推定责任。

（二）违反告知、警示义务责任的构成要件

旅游经营者违反告知、警示义务承担法律责任，应当具备以下几个方面的构成要件：

---

① 孟凡哲：《论旅游合同违约类型及责任认定》，载《法律适用》2012年第9期。

② 周友军：《侵权法学》，中国人民大学出版社2011年版，第203页。

第一，旅游经营者未履行告知、警示义务。

违反告知、警示义务责任的构成，首先要求具有未尽告知、警示义务的客观情形。旅游经营者违反告知、警示义务，通常表现为消极的不作为方式，即由于未尽适当注意义务，应当告知、警示而没有做出相应的告知、警示行为，从而造成旅游者损害的情形。判断旅游经营者是否适当履行了告知、警示义务，应当遵循个案判断原则、相当性原则、期待可能性原则和信赖原则。在个案中判断告知、警示义务的违反时，一方面应当考虑危险的严重性、可识别性、控制可能性、防免成本及旅游经营者基于相关危险的收益，另一方面应当考虑旅游者的合理期待以及受害人自我保护的可能性等情况。

第二，旅游者遭受人身、财产损害。

旅游经营者承担违反告知、警示义务的责任，需以旅游者遭受损害为前提，即旅游者因未获得告知或警示的信息而遭受了人身、财产上的损害。

第三，违反告知、警示义务与损害之间存在因果关系。

侵权责任法上，因果关系通常被分为责任成立的因果关系和责任范围的因果关系两部分。责任成立的因果关系，是指侵害行为与权益侵害之间的因果关系；而责任范围的因果关系，是指权益侵害与损害之间的因果关系。① 作为违反告知、警示义务侵权责任构成要件的因果关系，是责任成立的因果关系，即告知、警示义务的违反与损害之间的因果关系。在因果关系判断上，通说认为采取相当因果关系说。② 对于未履行告知、警示义务导致的侵权责任来讲，尤其应当考虑适当履行告知、警示义务后，能否阻碍损害结果的发生，如果能够防免损害后果的发生即成立因果关系，反之则否。

（三）履行告知义务的举证责任

旅游经营者应就其已经适当履行告知、警示义务承担举证责任。在一则旅游者自费骑马受伤案中，泰州某公司作为旅游经营者，当然负有对可能危及旅游者人身财产安全的旅游项目进行告知、警示的义务。该义务为法定义务，不因为旅游合同中是否记载而有所改变。骑马对于普通人来讲，当然具有一定的危险性，属于该公司应予告知、警示的范围。至于骑马项目是否为自费项目，对旅游经营者的告知、警示义务并无任何影响，自费项目仅仅是旅游者在交付

---

① 程啸：《侵权责任法》，法律出版社2021年版，第236页。

② 王泽鉴：《侵权行为》，北京大学出版社2009年版，第236页以下。

给旅游经营者旅游费用之外另行付费而已，该项目依然属于该旅游活动的组成部分，旅游经营者应当对旅游活动的整体承担告知、警示义务。

当然，旅游者参与骑马活动，应当知道该活动具有一定的风险性，由于自身未能妥善注意，造成人身、财产损害，应当适用与有过失规则，由旅游经营者泰州某公司承担与其违反告知、警示义务相当的侵权责任，而不是全部责任。

三、旅游者的告知义务①

（一）概念

旅游者的告知义务，是指旅游者根据旅游经营者的要求如实告知与旅游活动相关的个人健康信息的义务。在旅游合同中，旅游者告知义务范围甚广，包括旅游者对其身份信息的告知义务、联系方式的告知义务、个人健康信息的告知义务等。以下所述旅游者的告知义务，仅限于《旅游法》第 15 条、《旅游纠纷规定》第 8 条第 2 款规定的，旅游者个人健康信息的告知义务。

旅游者的告知义务与旅游经营者的告知、警示义务不同，旅游者的告知义务以个人身体健康情况为内容，而不涉及旅游活动；旅游经营者的告知、警示义务则是以旅游活动为对象，是旅游活动固有的风险。就同一旅游活动来讲，旅游者可能不负有任何告知义务，例如身体非常健康、没有任何疾病或病史；但旅游经营者却始终负有告知、警示义务，即使对于一般的游览活动来讲，也应当就潜在的风险向旅游者做出说明、进行告知和警示。

另外，旅游者的告知义务根据个人的身体健康情况而有所不同，旅游经营者的告知、警示义务在同一旅游活动中则通常不会发生变化，所以旅游经营者可以通过事先安排的程序履行其告知、警示义务，例如某旅行社“绝代双礁”澳大利亚新西兰 12 日游，即可在出发前印制告知、警示手册，多次重复利用，甚至可以确定在第一日向旅游者做 A 项告知，在第二日向旅游者做 B 项告知。

（二）法律性质

就其根源而言，旅游者告知义务是因为特定旅游活动对于旅游者的身体健康有特殊的要求，如果旅游活动对旅游者的身体健康没有特别要求的话，旅游

① 理论上关注较多的是经营者一方的告知义务，关于消费者的告知义务研究甚少。参见陆青：《论消费者保护法上的告知义务——兼评最高人民法院第 17 号指导性案例》，载《清华法学》2014 年第 4 期。

经营者即使要求旅游者告知身体健康信息，旅游者也可以拒绝提供。

旅游者对其身体健康条件是否有主动告知的义务呢？就《旅游纠纷规定》第8条规定本身来讲，旅游者并无主动告知的义务。旅游者的告知义务，以旅游经营者的要求为前提，旅游经营者未提出要求，旅游者即使明知身体条件不适合旅游活动，也可不向旅游经营者进行告知。但如此理解，是对旅游者告知义务的功能、本质的误解。旅游者告知义务提出的背景是，实践中存在旅游者患有不适合参加旅游活动的疾病，未向旅游经营者告知，在旅游过程中发病甚至导致死亡的事故，例如高血压、心脏病患者前往高原旅游就存在较大的风险。如果旅游者履行了如实告知义务，旅游经营者即可对其予以劝阻，避免给旅游者造成不必要的伤害。旅游经营者的劝阻或者拒绝缔约，一方面可以避免给旅游者造成损害，另一方面旅游经营者也可借此规避经营风险，避免因旅游者自身身体条件引发的损害而承担赔偿责任。为此，《旅游法》第15条概括性地规定，旅游者购买、接受旅游服务时，应当向旅游经营者如实告知与旅游活动相关的个人健康信息。

在司法解释起草过程中，曾经考虑过针对上述情况赋予旅游经营者拒绝权，以避免旅游者因自身健康条件不适合旅游活动遭受损害，进而引发不必要的纠纷。但考虑到旅游经营者，特别是以旅行社为典型的旅游经营者并不负有强制缔约义务，[①] 是否拒绝与特定旅游者签订旅游合同应交由经营者自行决定。为使旅游经营者能够就是否签订旅游合同做出正确判断，旅游者的告知就成为必然之选了。简言之，旅游者告知义务的主要功能之一，就在于为旅游经营者决定是否拒绝缔约提供必要条件。

基于旅游者告知义务的功能设定和规范意旨，我们有理由认为，旅游者作为自身利益的最佳判断者，应该能够对明显不适合自身身体条件的旅游活动做出正确判断，即使旅游经营者未要求其提供相关身体健康信息，也不影响其告知义务的发生。

就其在旅游合同上的地位而言，旅游者的告知义务在法律性质上属于旅游合同的附随义务[②]，与旅游者缴纳旅游费用等给付义务相对应；就其在合同关

① 司法解释制定过程中曾经考虑过赋予旅游经营者以强制缔约义务，辅之以拒绝缔约权，但由于强制缔约义务过于强大，可能会对旅游市场构成不良影响，加之司法解释本身仅具有解释的性质，不能随意创设，否则将因违反《中华人民共和国立法法》而无效，遂放弃了此种方案。

② 关于附随义务，可参考李昊：《德国新债法中附随义务的构造》，载《环球法律评论》2009年第5期。

系所处的阶段而言，旅游者的告知义务是旅游合同中的先合同义务，与旅游者在旅游合同中的协助义务相对应。此外，旅游者的告知义务，还具有不真正义务①的属性，即旅游者的告知义务，属于对自身利益的维护照顾义务，违反该义务并不需要向旅游经营者承担违约责任，而只是使其就自身权益受到减损时不得要求对方当事人给予赔偿。

实践中，也有可能出现因旅游者自身患有传染性疾病而导致其他旅游者受到侵害，对此种情形引发的纠纷，在《旅游纠纷规定》起草过程中，我们曾经提出过，但《旅游纠纷规定》第 8 条最终并未予以考虑。笔者认为，患有传染性疾病的旅游者负有《中华人民共和国传染病防治法》上的法定义务，因其未履行告知义务参加旅游活动而导致其他旅游者受到侵害，应当根据《民法典》第 1165 条的规定，向其他旅游者承担侵权责任。其他受到侵害的旅游者向旅游经营者要求赔偿的，根据《旅游纠纷规定》第 7 条第 2 款的规定，由患有传染性疾病的旅游者向其承担责任，旅游经营者未尽安全保障义务，应当向旅游者承担相应的补充责任。这一思考后来反映在《旅游法》第 66 条旅行社解除权上，即当旅游者患有传染病等疾病，可能危害其他旅游者健康和安全时，旅行社享有法定的合同解除权。

（三）告知的内容

旅游者告知义务的范围是，与旅游相关、涉及旅游者人身安全的个人健康信息。旅游者告知义务的设定，是以最终防范旅游者参加不适合个人身体健康条件的旅游活动遭受损害为目的。因此，与此目的无关的旅游者信息，不属于《旅游纠纷规定》第 8 条规定的旅游者告知义务范畴，即使旅游经营者提出要求，旅游者也可以拒绝提供。

一方面，不属于旅游者个人健康信息的，旅游者没有告知义务。如前所述，与旅游者个人健康无关的信息，不会导致旅游者在旅游过程中因旅游活动风险遭受旅游者人身、财产损害，对这类信息，旅游者并不承担告知义务。例如，旅游者是否已婚、从事何种职业、家庭收入多少等，均不可能成为旅游者遭遇旅游固有风险的诱因，旅游者对上述信息无需向旅游经营者进行告知。当然，上述信息可能在办理旅游证件时需要告知，否则无法办理，但并非《旅游纠纷规定》第 8 条第 2 款意义上的告知义务。

---

① 李永军主编：《债权法》，刘家安执笔，北京大学出版社 2015 年版，第 24 页。

另一方面，与旅游者人身安全无关的信息不属于旅游者告知义务的范畴。在旅游者个人健康信息中，并非所有信息均涉及旅游者人身安全，对于不涉及旅游者人身安全的个人健康信息，旅游者也没有告知义务。例如，旅游者是否曾经患有性病，通常不会对旅游过程中的人身安全构成威胁，也就无需向旅游经营者进行告知。

旅游者在符合告知义务条件时，应当履行告知义务，所提供的个人健康信息，应当真实、准确。如果旅游者未履行告知义务，或者未如实履行告知义务，将承受不利的法律后果，容后详述。值得注意的是，实践中经常出现旅游者对自身健康是否存在不适合参与旅游活动的情形并不知晓，在旅游过程中突发疾病，造成旅游者人身、财产损害。我们认为，对于因事前不知晓的健康原因引起旅游者人身、财产损害的风险，应当由旅游者自行承担，旅游经营者事前尽到告知、警示义务，事后尽到救助义务时，即无需承担法律责任。

（四）告知的方式

旅游者履行告知义务的方式有二：

其一，旅游者主动履行告知义务。各人是自身利益的最佳判断者，旅游者参加旅游活动首先应当选择适合个人健康条件的，否则因此遭受损害就得不偿失了。因此，旅游者在知道或者应当知道拟参加旅游活动存在的风险后，应当考虑自身健康条件是否适合，存在不适合情形时，即应当主动向旅游经营者履行告知义务。

其二，旅游者根据旅游经营者的要求提供个人健康信息。旅游经营者对由其提供的旅游活动中是否存在风险、对旅游者个人身体健康有何种要求，特别是哪些旅游者不适合参加旅游活动，应当有明确、清晰的认识。基于这种认识，旅游经营者应该要求旅游者提供相应的个人健康信息。如果旅游者个人健康不符合旅游活动要求，在旅游合同尚未签订时，可以拒绝签订旅游合同；在旅游活动进行过程中，应当予以劝阻。

旅游者履行告知义务应采取何种形式，法律上并无特殊要求。通常来讲，旅游者采取书面形式、口头形式或通过 E-mail、手机短信息等电子数据方式，均无不可。但通常必须明确表示，单纯的沉默将推定为旅游者没有告知。此外，由于告知形式对于发生纠纷后的举证影响较大，所以能够采取书面形式的应尽可能采取书面形式，以达到固定证据的目的。

（五）履行告知义务的证明责任

“举证之所在，败诉之所在。”因此，由谁来承担旅游者是否履行告知义务的证明责任，将直接决定着旅游者人身、财产损害的责任承担，在法律上具有重大的意义。通常来讲，民事诉讼领域适用“谁主张、谁举证”的原则，即旅游者履行告知义务的举证责任应由旅游者自己证明。但如果有证据表明，旅游者是否履行告知义务的证据由旅游经营者掌握，例如，某旅行社为了慎重起见，在签订旅游合同时向每位旅游者发放了健康登记表，旅游过程中，有旅游者因为身体条件不适合旅游活动而遭受损害。在诉讼中，旅游者举证证明了该旅行社处有要求填写健康登记表的签约惯例，则旅行社应当举证证明旅游者没有履行告知义务，或者存在隐瞒真实身体状况的情形，否则将承担不利的诉讼后果。

四、旅游者自甘冒险的行为

（一）旅游者自甘冒险行为的概念

旅游者自甘冒险的行为，是指旅游者已经意识到某种风险的存在，或者明知将遭受某种损害，却依然冒险行事，致使自己遭受损害。自甘冒险，在传统民法上涉及的范围极为广泛，如乘坐无证驾驶汽车、擅自进入他人土地以及参加危险活动等①。但需要明确的是，旅游者自甘冒险的行为与《民法典》第1176条第1款规定的自甘冒险不同，后者仅适用于具有一定风险的文体活动，且仅将自甘冒险作为其他参加者的抗辩事由。② 对于像旅行社、旅游项目经营者等旅游活动组织者而言，即使是旅游者自愿参加具有一定风险的文体活动，也应根据《民法典》第1176条第2款、第1198条以及《旅游法》和《旅游纠纷规定》承担基于违反安全保障义务的责任，而不得主张自甘冒险免责。③

旅游经营者提供旅游服务，应当保证旅游者的人身、财产安全不受侵害。但旅游活动存在固有的风险，旅游者也负有保护自己人身、财产安全免受不必要侵害的义务，这种义务的违反并不需要对他人承担法律责任，只是使旅游者自己不能就损害的发生或扩大获得赔偿，所以称作不真正义务。④ 旅游者自甘

① 唐林垚：《比较视域下的〈民法典〉自甘风险规则》，载《江西社会科学》2020年第10期。

② 王利明：《论受害人自甘冒险》，载《比较法研究》2019年第2期。

③ 张素华、顾红：《自甘冒险规则的适用范围与责任构成》，载《三峡大学学报（人文社会科学版）》2020年第6期。

④ 崔建远、陈进：《债法总论》，法律出版社2021年版，第16页。

冒险的行为，就属于违反不真正义务的典型形态。

《旅游纠纷规定》第 8 条第 2 款即规定了旅游者自甘冒险的两种情形：其一，旅游者违反个人健康信息告知义务，参加不适合自身条件的旅游活动，导致旅游过程中出现人身损害、财产损失；其二，旅游者不听从旅游经营者的告知、警示，参加不适合自身条件的旅游活动，导致旅游过程中出现人身损害、财产损失。这两种情形中旅游者人身损害、财产损失均因其参加不适合自身条件的旅游活动引起，前种情形中旅游者违反个人健康信息告知义务，旅游经营者无从控制可能发生在旅游者身上的风险；后一种情形中，旅游者不听从旅游经营者的告知、警示，而旅游经营者无权限制旅游者的人身自由，旅游者“明知山有虎，偏向虎山行”，因此造成的损害，应当由其自己承担。

旅游者自甘冒险的行为，在法律性质上类似于《民法典》第 1174 条规定的受害人故意造成损害，但两者还是存在显著的区别，例如某游客自己从华山上跳下和游客冒险去捡掉在悬崖边上的帽子而摔下，二者是有明显不同的。第一，受害人故意造成损害，表明受害人知道会发生何种结果，并希望或者放任此种结果的发生。而在自甘冒险的情况下，受害人并不追求损害结果的发生，它仅是意识到损害发生的可能性，其实也期望在冒险行为中避免给自身造成损害。[①] 第二，受害人故意造成损害的行为都是自愿行为，而自甘冒险的行为不一定是自愿的，有时甚至对受害人来说是不情愿的。[②] 如旅游途中在紧急情况下，不顾路险道滑，抬患有急病的旅游者赴医院看病。第三，在受害人故意致自己遭受损害时，加害人虽然也可能采取措施避免损害的发生，但要避免损害的发生往往非常困难。例如，旅游者故意撞向高速行驶的旅游大巴车，司机及时避免损害。而在受害人自甘冒险行为中，加害人常常可以采取某种措施避免损害的发生，所以加害人也是有过失的。例如，旅游者虽然未适当履行告知义务，但旅游者在高原地区出现明显异常情形，导游人员未采取果断措施，导致旅游者死亡，并不能因旅游者未履行告知义务而免除旅行社责任。因此，在旅游者自甘冒险的情况下，应当从案件的具体情况出发，审慎地认定双方当事人的过错和过错程度，以决定责任和责任范围。

（二）旅游者自甘冒险行为的构成要件

旅游者自甘冒险行为应当具备以下几个方面的构成要件，否则不成立旅游

---

① 曹权之：《民法典“自甘风险”条文研究》，载《东方法学》2021 年第 4 期。

② 程啸：《论侵权行为法中受害人的同意》，载《中国人民大学学报》2004 年第 4 期。

者自甘冒险行为。

第一，旅游者明知或者应当知道危险的存在。旅游者自甘冒险的情况下，大多明知危险存在，甚至有可能知道危险将给其造成损害，但是仍然贸然从事某种行为而不顾及该危险可能给自己造成的损害。例如，旅游者不会游泳，在岸边观看良久，看到其他游客玩得很开心，非常羡慕，跳入水中被淹死。该游客本身非常清楚自己不会游泳，下水肯定会受到损害，但其因为冲动而下水，其在主观上是认识到了危险的存在，甚至知道非常可能给自己造成的损害，但却存在一种轻信能够避免的心态。这两种情况下，旅游者都知道或者应当知道危险的存在。

第二，旅游者参与了不适合自身条件的旅游活动。旅游者参与不适合自身条件的旅游活动，即旅游者自愿从事某种危险旅游活动，使自己陷入危险的境地。自甘冒险的旅游者必须具有过错，这也是旅游者自甘冒险行为能够作为减轻甚至免除旅游经营者赔偿责任的事由的根本原因。如果旅游者未听从旅游经营者的告知、警示，参加了不适合自身条件的旅游活动，但其主观上并没有任何过错，如所乘坐的摩天轮发生故障，使该旅游者从摩天轮中坠落造成损害，则不能认为是旅游者自甘冒险，旅游经营者不承担赔偿责任。不能认为只要旅游者认识到了危险的存在并从事了某种行为，就认为旅游者是自甘冒险，从而应减轻或免除旅游经营者的责任，只有在旅游者从事的自甘冒险行为是有过错的情况下，才能导致行为人责任的减轻或免除。

第三，旅游者的损害是在旅游活动中发生的。在旅游者自甘冒险行为中，旅游活动本身固有的危险性，是造成旅游者损害的根本，损害与旅游活动的危险之间存在因果联系，因此在自甘冒险的情况下，旅游经营者通常是开启了某种危险源。例如，旅游者未乘坐安全车而徒步进入动物园的虎园，一方面是旅游者自甘冒险，另一方面也存在动物园管理疏漏，导致旅游者的进入。因此，对于动物园来讲，应当适用过失相抵从而减轻其赔偿责任。仅在极其个别的情形下，由于旅游经营者的过错程度非常轻微，才可以免除其赔偿责任。

第四，被侵害人因其自甘冒险行为而遭受了损害。在自甘冒险中，旅游者只是对于损害的发生具有过错，且该过错行为与损害结果存在相当因果关系。在此，应当严格注意区分损害是否因其自甘冒险行为引起，如果旅游者未履行告知义务并不能直接导致其遭受人身、财产损害，或者不履行告知义务仅仅是导致其损害的原因之一，即不应适用《旅游纠纷规定》第 8 条第 2 款的规定。

如果旅游者只是对于损害结果的扩大具有过错，而对于损害的发生本身没有过错，那么，对损害发生部分就不应减轻或免除旅游经营者的责任。例如，某景区经常发生蜜蜂蜇伤旅游者事件，某旅游者在景区被蜜蜂蜇伤后自认为不会有多大伤害，未予理会，致使其病情严重，导致休克。旅游者对于蜜蜂蜇伤自己本身并不构成自甘冒险，但对于损害的扩大应该承担违反不真正义务的责任。就旅游经营者来讲，其应当承担通常情况下旅游者被蜜蜂蜇伤的赔偿责任。

（三）旅游者自甘冒险行为的法律后果

根据《旅游纠纷规定》第 8 条第 2 款的规定，旅游者自甘冒险而遭受损害的法律后果是，免除旅游经营者的损害赔偿责任。但在实践中应当注意的是，并非只要发生旅游者未尽个人健康信息告知义务或者不听从旅游经营者的告知、警示，旅游经营者就可以完全不承担任何责任。

旅游者未如实履行告知义务导致的结果是，旅游经营者可能拒绝签订合同的情形下，与旅游者签订了旅游合同；或者是旅游经营者可能进行特别的告知、警示的，而未能予以特别告知和警示。就此来讲，旅游者未如实履行告知义务，并不免除旅游经营者的一般告知、警示义务，旅游经营者有违反一般告知、警示义务的情形，依然应当承担相应的法律责任。另外，旅游者未如实履行告知义务，但旅游经营者发现其有不适合参加特定旅游活动的情形的，也应当予以特别的告知、警示和劝阻，否则也可能会承担法律责任。毕竟旅游者违反如实告知义务，并不直接导致其人身、财产的损害。

同样，在旅游不听从旅游经营者的告知、警示，参加不适合自身条件的旅游活动，导致旅游过程中出现人身损害、财产损失的情况下，旅游经营者也应当根据诚实信用原则，履行其安全保障义务，否则依然可能承担不利的法律后果，而不能完全免除其法律责任。例如，某旅游者因为特别喜欢吃酸枣，脱离团队前往悬崖上去摘酸枣，导游知悉后即应当采取措施，向景区安保部门报告，并尽力阻拦，避免发生事故；在事故发生后，应当尽快联系救援，避免损失扩大。否则，旅游经营者仍应当承担不利的法律后果。

第二节　旅游者替换权纠纷

旅游者在旅游行程开始前，可能会因生病、工作突发急事等原因，致使无法参加原定旅游行程，如果不准许旅游者寻找替代者，将使其陷于两难境地，或者带病旅游、冒着被解雇风险旅游，或者解除旅游合同、承担损失。由于旅游活动对于旅游者并无特殊要求，因此应当允许旅游者寻找替代者，由第三人参加旅游活动，旅游者的这种权利就属于旅游者的替换权。

一、旅游者替换权的概念

旅游者替换权（Ersatzsrecht），也称作旅游者的替代权、变更权，是指旅游者在旅游行程开始前的合理期间内，决定由第三人替换其参加旅游活动的权利。①

旅游者替换权，是在旅游者与旅游经营者签订旅游合同之后，立即享有的权利，除非当旅游者与旅游经营者之间有相反的约定，或者旅游合同对旅游者主体做了特别的要求，否则不能予以限制。通常情况下，由于旅游者并不负有必须旅游的义务，而且旅游经营者所提供的旅游服务均属于标准化服务，对于是否由特定旅游者参加并无特殊要求。因此，赋予旅游者以替换权，对旅游经营者而言基本不会发生不利的情况；而对于旅游者而言则非常有利，使其能够在面临变故时予以灵活变通。

二、旅游者替换权的法律性质

旅游者替换权，在法律上具有何种属性，理论与实践上多有争论，有必要予以阐明。

（一）合同转让

《旅游法》第64条、《旅游纠纷规定》第11条对旅游者替换权的规定是，旅游者将其在旅游合同中的权利义务转让给第三人。就其内容来看，采取了旅游者将其权利义务概括转让的结构，但却与《民法典》第555条规定的合同权利义务的概括移转存在明显的不同：合同权利义务的概括移转，因为涉及合同义务由第三人承担，第三人是否具有支付能力需要债权人的判断，所以必须以对方同意为前提条件；② 但是旅游者的替换权中，旅游者转移其权利义务，原则上无需征得旅游经营者的同意，对旅游经营者予以通知就足够了。

另外，旅游者行使替换权，是否需要签订转让合同和请求人民法院确认合

---

① 参见邱聪智：《新订债法各论（中）》，姚志明校订，中国人民大学出版社2006年版，第102页。

② 史尚宽：《债法总论》，中国政法大学出版社2001年版，第754页。

同的效力，存在一定的疑问，特别是在纯粹的旅游者替换中，可能并无合同关系存在。例如，父亲签订了旅游合同，因故不能参加，让儿子顶替其参加，此种情况要说明二者之间肯定存在转让合同关系，稍显勉强。更为重要的是，在二者之间存在转让合同，但转让合同无效时，人民法院能否确认该合同有效呢？如确认有效，则显然违背合同无效的法律规范；确认无效，则可能对第三人在旅游合同中的利益构成威胁。例如，A 单位因组织公费旅游被举报，A 单位决定将该旅游合同以极低的价格转让给甲公司以逃避责任，该转让合同因为侵害国家利益而无效，甲公司以奖励名义指派其 15 名员工参加该“五一”旅游活动。五一劳动节临近，旅行社因未订到机票取消行程。由于转让合同无效，甲公司 15 名员工不能请求确认转让合同有效，合同的主体仍然是 A 单位，该 15 名员工也无法请求旅行社承担违约责任。由此导致旅游者的权利受到严重侵害，却无法得到救济。可见，将旅游者的替换权界定为合同转让，存在明显的缺陷。

《旅游纠纷规定》采取确认转让合同有效的方式，间接承认旅游者的替换权，当然与其司法解释以指导人民法院审判工作为目标有直接的关系。但采取确认转让合同效力的规范模式，确实不利于简化诉讼关系，也容易引起不必要的争论。《旅游法》虽依然采取权利义务转让的结构，但却不再持确认合同效力的立场，而是明确授予旅游者以替换权，辅之以旅行社的正当理由拒绝权，以平衡二者之间的利益关系。

（二）形成权

有学者认为，旅游者的替换权属于形成权的一种，所谓形成权，是指权利人通过单方的意思表示，即可发生、变更、消灭某种法律关系的权利。[①] 就旅游者的替换权而言，旅游者只需要通过单方意思表示通知旅游经营者的，即可决定将旅游合同的一方主体转变为第三人，既无需取得旅游经营者的同意，也无需旅游者与第三人之间存在合同关系。将旅游者的替换权构建为形成权，有利于旅游者替换目的的实现，同时由于不考虑旅游者与第三人之间的关系，也有利于当事人法律关系的明确，避免因为旅游者与第三人之间的关系，影响旅游合同本身的效力。《旅游法》第 64 条即采取了这一立场，值得肯定。

---

① 朱庆育：《民法总论》，北京大学出版社 2016 年版，第 518 页。

三、旅游者替换权的行使及其限制

（一）替换的意思表示

旅游者因故不能参加旅游活动，可以指定第三人参加旅游，这种指定第三人参加旅游的权利在法律性质上属于形成权。旅游者行使替换权，应当以单方意思表示向旅游经营者做出通知，该通知到达旅游经营者时生效。具体来讲，如果是以电话、视频等对话方式做出的通知，以旅游经营者的工作人员了解其内容时为生效时间；如果是非对话的方式，例如信件、传真、E-mail 等方式，则以该信件到达旅游经营者时为生效时间。所谓到达，是指信件等到达了旅游经营者控制的范围，例如到达了旅游经营者的信箱或者放置于旅游经营者的办公室，至于其是否实际阅读，并不影响替换的生效。① 如果以 E-mail 等数据电文形式做出的替换通知，通常类推适用我国《民法典》第 137 条的规定，即收件人指定特定系统接收数据电文的，该数据电文进入该特定系统的时间，视为到达时间；未指定特定系统的，收件人知道或者应当知道该数据电文进入其系统的时间，视为到达时间。

旅游者行使替换权，指定由第三人参加旅游活动，是否必须说明其不能参加旅游活动的原因？我国台湾地区有学者即认为，旅游者必须说明存在不能参加旅游活动的原因，才能主张行使替换权，至于理由是否成立、正当，则在所不问；反之，在没有无法参加旅游的事由时，行使替换权，则属于权利滥用。② 对此，德国法上通说认为，旅游者无需说明替换理由。我们认为，旅游者行使替换权并不需要陈述理由，陈述理由而不考虑理由的正当性，对旅游经营者的保护并无任何实际意义。正是基于这种考虑，《旅游纠纷规定》第 11 条、《旅游法》第 64 条并未规定旅游者行使替换权的原因，这也是该司法解释的先进性的体现。相应地，为了保护旅游活动的顺利开展，赋予旅游经营者正当理由拒绝权，则是较为妥当的选择。所谓正当理由，可能涉及旅游活动的性质等。

---

① 马俊驹、余延满：《民法原论》，法律出版社 2010 年版，第 193 页。

② 林诚二：《论旅游契约之法律关系》，载《民法七十年之回顾与展望纪念论文集（一）》，中国政法大学出版社 2002 年版，第 399 页。

（二）替换的时间

1. 旅游行程开始前的理解

旅游者行使替换权的时间点是“旅游行程开始前的合理期间”，即意味着旅游行程开始之后，旅游者即不再享有替换权。如果旅游者到达目的地后，确有必要由其他人替换其参加旅游，则必须与旅游经营者协商变更旅游合同的主体。例如，甲签订旅游合同前往杭州旅游，到杭州旅游 2 日后，偶遇多年不见的同学，想与同学多聚几日，遂考虑将其剩余旅游行程转让出去。对此种情形，如果不涉及机票退改等与旅游者人身密切相关的因素，旅行社通常可以予以变更，但旅行社并无中途变更的义务，旅游者要想替换，必须征得旅行社的同意，否则只能行使任意解除权，承担对旅行社所造成损失的赔偿责任。

实践中，旅游行程实际开始的时间与旅游行程预定的时间可能是重合的，也可能不一致。在二者不一致的情况下，旅游者替换权的行使究竟应该在实际开始的时间前还是应该在预定的时间前？理论上通常将旅游行程开始前解释为，旅游行程实际开始的时间之前。之所以如此解释，是基于旅游经营者相关利益的考虑，便于旅游经营者对相关事项做出变更，毕竟旅游活动环节的安排都是以旅游行程实际开始时间为基准的，以该实际时间为替换权行使的界限，符合双方的利益。

2. 合理期间的理解

旅游者行使替换权，通常不能在旅游行程开始的前一刻做出，而应当给旅游经营者预留相当的时间，使其有足够的时间采取相关的组织、检查措施，例如改写相关的旅游文件、通知旅游辅助服务者、核对替换旅游者的身份，甚至重新办理证件等。

因此，所谓合理期间并无确定的期限，而应当是根据旅游合同的复杂性、需重新组织、检查、补办等工作需要花费的时间而定。如果旅游活动涉及出入境，可能需要的时间会比较长，因为需要变更出入境人员名单，还可能需要为替换旅游者补办签证手续等。相反，如果是一日游的话，完全可以在临出发之前予以变更，因为其中几乎不涉及与旅游者人身相联系的旅游安排。一个基本的道理是，既然旅游在临出发前一分钟可以加入的话，那么在临出发前一分钟进行替代也是可以的。

实践中，为了防止事后发生不必要的争议，可以就旅游者行使替换权的合理期间做出明确约定，只要关于合理期间的约定有足够的组织、协调工作作为其基础，就应该能够得到法院的支持。

（三）不能替换的情形

旅游者由于自身原因而不愿或不能遵守旅游合同，本应自己承担因此产生的不利后果，法律为了更好地维护其利益，而赋予其可以由第三人替换的权利。但此项权利的行使，不应该与旅游合同的性质、双方约定相违背，旅游经营者如有正当、合理的理由，有权拒绝其替换权的行使效果。

1. 因旅游合同性质不宜替换

理论上通常认为，对于旅游经营者来讲，旅游者的人格、身份（Person）是没有差异的，因为无论是由 A 参加旅游还是由 B 参加旅游，并没有什么不同。旅游者人格的无差异性，乃是旅游者替换权的理论基础。因此，旅游合同通常对于旅游者本身没有特殊要求，不存在因为旅游者发生替换影响旅游经营者利益，导致合同目的不能实现的情形。例如，某旅行社组织“桂林新画中游”自在游，对在旅行社发布的各种信息中，并不存在（事实上也没有必要）对旅游者身份的任何要求。在此类普通旅游活动中，旅游者的替换权并不会因为旅游合同性质原因而受到限制。

只有在较为特殊的情况下，旅游活动对于旅游者的身份、资格等有特殊要求，而替换旅游者并不具备相应身份、资格时，会影响旅游者替换权的行使。例如，某旅行社组织“征婚旅游团”，甲男签订旅游合同之后，突然找到了女友，遂决定由乙男替换，但旅行社查证后发现，乙男正处于离婚纠纷之中。此种情况下，由于“征婚旅游团”必然以单身为旅游者条件，乙男已婚的身份不符合该条件，从而成为甲男替换权行使的障碍，甲男因此必须另外寻找符合“征婚旅游团”条件的替换者，方能行使替换权。类似的情况还存在于，“登顶珠峰”旅游团要求替换的旅游者必须具备登顶珠峰的登山资格、以“动力滑翔”为主要内容的旅游活动也要求替换旅游者应当具备相应的资质等，否则旅游者不能行使替换权。

此外，当替换旅游者存在违反法律的强制性规定，或者违反国家机关禁令的情况下，旅游者也不能指定其代替参加旅游活动。其中最为典型的是，当出境旅游团采取团体签证的方式时，任何旅游者不得指定他人替换，否则将违反《中国公民出国旅游管理办法》第 11 条的规定。另外，当第三人被行政机关、司法部门限制出境时，例如由于未了结的民事案件，或者属于刑事案件被告人或者犯罪嫌疑人，或者国务院有关主管部门认为其出境后将对国家安全造成危害或者对国家利益造成重大损失时［《中华人民共和国护照法》（以下简称《护照法》）第13条］，以及因妨害国（边）境管理受到刑事处罚或者因非法出境、非法居留、非法就业被遣返回国，在其刑罚执行完毕或者被遣返回国之日起六个月至三年以内不予签发护照的（《护照法》第14条），均属于不能作为替换旅游者的情形。

2. 因双方约定不得替换

旅游合同当中，一方当事人是旅游者，另一方当事人是旅游经营者，二者之间首先是消费者与经营者之间的关系，就其适用法律来讲，首先适用《消费者权益保护法》，其次才适用《民法典》合同编等调整其他平等主体之间法律关系的法律。而《消费者权益保护法》具有强行法的性质，旅游者与旅游经营者不得通过合同约定，排除该法律的适用。这一点，对于保护旅游者等消费者尤为关键。

《旅游纠纷规定》允许双方约定排除旅游者的替换权，一方面，将旅游者替换权规定为合同转让所导致的，《民法典》第545条第2项关于合同债权转让的限制，即为当事人约定不得转让；另一方面，从根源上讲，是其对于保护消费者权益规范为强制性规范的忽视，而片面强调了旅游者与旅游经营者之间的平等保护关系。特别是在实践中大多数情况下采用格式合同签订旅游合同时，约定排除旅游者替换权的格式条款，可能会因为提供格式条款一方排除对方主要权利，而违反《民法典》第497条的规定，导致该条款无效。[①]

因此，实践中理解、运用《旅游纠纷规定》第11条时，应当注意在约定旅游者不得替换时，应以旅游合同性质不允许转让为前提进行约定，而不能无条件地限制旅游者的替换权。通过约定对旅游者替换权的任意限制，不仅对于旅游者利益的保护构成威胁，加剧旅游者与旅游经营者之间的对立关系，而且对于旅游经营者并无任何实际意义。《德国民法典》关于旅游者替换权的规定，从1994年至今没有任何相关判例做出，就是非常有价值的参考。

四、旅游者行使替换权的法律后果

旅游者行使替换权，指定第三人代替自己参加旅游活动，如果符合相关的条件，即可发生替换的法律效果，该法律效果主要包括三个方面，即旅游合同

---

① 关于《民法典》格式条款规则的讨论，参见朱庆育主编：《中国民法典评注·条文选注（第二册）》，第497条（格式条款的效力审查），中国民主法制出版社2021年版，第31页以下。

中旅游者的替换、增加费用的补交以及节省费用的退还。

（一）旅游者的替换

替换的旅游者作为旅游合同的主体，加入与旅游经营者之间的旅游合同之中，而原旅游者则退出旅游合同关系。这一法律效果，从权利义务的角度来讲，就是在预定旅游者与替换旅游者之间，发生了权利义务移转的法律效果。[①] 单纯就其权利义务移转的法律效果来讲，旅游者行使替换权与旅游者将合同权利义务概括移转非常相近，但这并不能将旅游者的替换权认定为合同权利义务的概括移转。

当旅游者发生替换后，新的旅游者就享有了原旅游者根据旅游合同所享有的全部权利，承担旅游者的所有义务。原旅游者、旅游经营者之间已经履行的义务，无需重新履行，特别是旅游经营者的告知、警示义务，如果已经向原旅游者履行，也无需再向新旅游者重新告知、警示。但是，这并不是说原旅游者与该旅游合同就不再有任何关系了，原旅游者就旅游费用的增加部分，还应承担连带责任。

在此值得注意的是，根据《旅游纠纷规定》第 11 条第 2 款的规定，原旅游者仅对旅游费用的增加部分与新旅游者共同负责，如果原旅游者还有部分或全部旅游费用未向旅游经营者交付的，应当由谁承担交纳剩余部分旅游费用的责任？根据《旅游纠纷规定》第 11 条第 1 款的规定，原旅游者在旅游合同中所有的权利义务均已经转让给了新旅游者，交纳剩余部分旅游费用的义务，也同样由新旅游者承担。

（二）增加费用的补交

1. 增加费用

由于旅游者发生了替换，可能会发生旅游费用的增加或者减少，对于增加的部分，旅游者与第三人应当向旅游经营者进行补交。关于补交，首先要回答的问题是，哪些费用属于增加的费用。

增加的费用，总体上应当具备两方面的属性，其一是必要性，即是只要旅游者发生替换，该费用就必须增加；其二是事实性，即该增加费用在事实上已经发生，但是否已经实际支付并不重要。例如，因替换而重新发送传真的费用，

---

① 参见邱聪智：《新订债法各论（中）》，姚志明校订，中国人民大学出版社 2006 年版，第 102 页。

该费用事实上已经发生了，但每月末才交传真费，但是否向电信部门交纳传真费并不影响其属于增加费用的认定。

增加费用的范围，仅指旅游经营者因此所支付的成本费用，而不能向旅游者收取办理旅游者替换的报酬，不能借此营利。增加的费用应该根据具体案件的情况来计算，所增加的费用主要是涉及一些改签、过账等所发生的必要费用。具体来讲，可能会涉及邮寄、电话、电传、传真、照片复印以及其他的费用。

但是，通常费用，即企业经营中的管理费用、行政费用不属于应当予以补交的范围，原因是，这些管理费用的多少主要与旅游经营者自身的管理效率有关，跟旅游者的替换之间几乎没有什么关系。

在实践中，旅游者自己可能无法找到合适的替换者，而将寻找替换者的工作交由旅游经营者完成。在此种情况下，由于寻找替换旅游者而产生的费用，如广告、电话费用，以及因此可能对替换者的折扣、降价，都应当属于因为替换而增加的费用予以支付。

在实践中，可能会出现有些旅游经营者打包计算而提出固定的旅游者替换费的做法。由于对增加费用存在必要性和事实性两方面的要求，旅游经营者对每一笔费用在诉讼中都承担着举证责任，不可能通过会计部门一次性估算证明增加费用的数额，所以在旅游合同中预先约定一揽子的旅游者替换费，并不会造成实质性的影响。例如，某旅行社有 A、B、C 三种旅游产品，在设计三种旅游产品时，就预先将旅游者替换费进行了估算，写入其产品说明书中。在甲、乙两个旅游者因旅游者替换发生纠纷时，该旅行社还是应该分别就甲旅游者、乙旅游者的替换所花费的费用，提出证据证明其替换费数额的必要性和事实性，而不能以其产品说明书为依据。因此即使提出固定的旅游者替换费，也不因此影响旅游者的替换权。

2. 连带责任

关于增加费用的承担，《旅游纠纷规定》规定，旅游经营者可以请求旅游者、第三人支付增加的费用。至于旅游经营者是否必须选择向旅游者、第三人之一要求支付，还是也可以要求二者承担连带责任，就其条文表述来讲，并不明确。对此，在条文起草过程中，曾经参考了欧盟《一揽子旅游合同指令》第9 条第 2 款和《德国民法典》第 651b 条的规定。欧盟《一揽子旅游合同指令》第 9 条第 2 款与《德国民法典》第 651b 条对增加费用的承担，均明确规定了由旅游者与第三人承担连带责任。承担连带责任的理由主要在于，旅游者是引起增加费用的直接原因，如果旅游者不行使替换权则不会发生费用增加问题；而增加的费用中，有相当部分是为第三人提供服务所增加的费用，因此由二者作为连带债务人承担责任。另外，由于旅游经营者对于增加费用并无任何过错，由旅游者、第三人承担连带责任，更有利于提高旅游经营者对增加费用的债权的实现可能性。

旅游者与第三人就增加费用向旅游经营者承担连带责任，意味着旅游经营者既可以向旅游者要求支付全部增加费用，也可以要求第三人支付全部增加费用，也可以将二者作为共同被告提起诉讼。旅游者与第三人之间可以就增加费用的承担做出约定，但这种约定并不具有对抗旅游经营者的效力。例如，旅游者与替换者约定，全部增加费用由旅游者负担，后旅游经营者向替换者要求支付增加费用，替换者就不能主张自己与旅游者约定了全部增加费用由旅游者承担，而拒绝予以支付。

（三）节省费用的退还

旅游者指定由第三人替代自己参加旅游活动，既可能存在旅游费用增加的情形，也可能发生旅游费用因此减少的情形。对于旅游费用因为旅游者替换而减少的，能否要求旅游经营者予以退还，在各国的立法上有不同的表现。很多国家和地区规定，因为旅游者替换而减少的费用不得要求退还。《旅游法》第64条未对减少费用的退还与否明确表态。在《旅游纠纷规定》起草过程中，曾经有学者提出，对于减少的费用可以参考上述立法例，规定不予退还。但是，最终考虑到减少费用的情形在实践中并不经常发生，而且费用减少的额度也不会很大，为了尽可能地平衡旅游经营者与旅游者之间的利益，《旅游纠纷规定》最终确定了对减少的费用予以退还的规则。

实践中发生费用减少的情形比较少，典型的情况是，原定旅游团16人中有7男9女，形成了分别有1名男旅游者和1名女旅游者一人住一个标准间的情形，这两名旅游者因此比其他游客支付的住宿费要多一倍。如果其中一名旅游者行使替换权，换由一名异性旅游者参加旅游，就可以安排替换的旅游者与另外一名旅游者同住，从而节省了住宿费。另外，在由老年人替换年轻人、军人替换非军人、学生替换非学生、儿童替换成年人时，可能因为门票优惠政策而导致旅游费用的减少。对于减少的费用来讲，由于旅游者并未接受相应的服务，或者由于符合相关优惠政策，旅游经营者并未实际支付，如果旅游经营者仍然收取的话，将构成不当得利，应当予以退还。

第三节　旅游者任意解除权纠纷

一、旅游者任意解除权的概念

（一）概念

旅游者任意解除权，是指旅游者在旅游行程开始前或者进行中，可以随时解除旅游合同的权利。①

旅游者的任意解除权，是旅游者在旅游合同成立后、旅游行程结束前所享有的权利。旅游者在旅游合同成立之前，并没有缔结旅游合同的义务，不受旅游合同的约束，也就没有解除合同的必要。旅游行程结束后，由于旅游合同已经履行完毕，旅游者与旅游经营者不再受旅游合同的约束，与解除权打破合同约束的规范目标不合，也没有另行解除合同的必要。因此《旅游法》第 65 条②关于“旅游行程结束前”、《旅游纠纷规定》第 12 条关于“旅游行程开始前或者进行中”旅游者单方解除旅游合同的规定，并不具有任何规范意义，属于旅游者解除权的当然含义。

旅游者的任意解除权，是旅游者随时解除旅游合同的权利，不必具有任何原因。合同的解除权，通常情况下在符合法律规定或者当事人约定的条件下产生，不符合该条件的，当事人解除合同属于违约行为，应当承担违约责任。例如，《民法典》第 563 条规定，因不可抗力致使不能实现合同目的，或者在履行期限届满之前，当事人一方明确表示或者以自己的行为表明不履行主要债务，或者当事人一方迟延履行主要债务，经催告后在合理期限内仍未履行，以及当事人一方迟延履行债务或者有其他违约行为致使不能实现合同目的，当事人可以解除合同。但是，在某些特殊场合，基于合同的属性或者某种特殊的法律政策，法律允许当事人一方可以随时解除合同。例如，根据《民法典》第 730 条、第 731 条、第 787 条、第 796 条、第 933 条规定，在不定期租赁合同、租赁物

---

① 朱晶晶：《旅游合同解除制度的体系性解释》，载《旅游学刊》2014 年第 7 期。

② 该条完全未按照任意解除权的典型表达方式表述，据有关部门的解释是为了避免立法时的争议，而在对该条的立法解读中，均将其解读为任意解除权，在此有必要澄清。参见汤静：《〈旅游法〉对旅游服务合同规定之局限及其完善》，载《旅游学刊》2013 年第 9 期；李飞、邵琪伟主编：《中华人民共和国旅游法释义》，法律出版社 2013 年版，第 161-162 页。

危及承租人安全、承揽合同、委托合同以及保管合同、仓储合同的情况下，当事人一方或者双方均享有随时解除合同的权利。

旅游者任意解除权的赋予，是以承揽合同中定作人的任意解除权为根据的。承揽合同，是承揽人按照定作人的要求完成工作，交付工作成果，定作人给付报酬的合同。[①] 所谓“完成工作”，是指提供劳务而完成的一定结果，该结果既可以是有形的结果，如做衣服、修鞋、碾米、榨油、粉刷油漆、摄影、调查等；也可以是无形的结果，如宣传、设计、演戏、鉴定、翻译、歌舞表演等。各国立法上，多将提供旅游服务视作类似于承揽合同，在法律没有就旅游合同做出明确规定时，多采取类推适用的方法，适用承揽合同的规定。旅游合同中的旅游者，其法律地位相当于承揽合同的定作人，而定作人根据《中华人民共和国合同法》（以下简称原《合同法》）第268条（《民法典》第787条）的规定，享有随时解除合同的权利，该规定对于旅游合同类推适用的结果就是旅游者的任意解除权。

（二）赋予任意解除权的合理性

关于赋予旅游者任意解除权，在旅游行业内普遍存在各种各样的担忧，唯恐因此导致旅游者无视旅游合同的存在，随意违反旅游合同，造成旅游市场的混乱。但是，旅游者任意解除权的赋予，是有其坚实的理论基础和实践意义的。

1. 旅游者的人身自由不受限制

赋予旅游者任意解除权的根本理由在于，旅游者的人身自由不受限制。在《旅游纠纷规定》和《旅游法》的起草过程中，始终存在一种观点认为，“人人生而自由，但无往不在枷锁之中”，任何人的人身自由均受到各种各样的限制：吃饭不许吃保护动物、住宿不能嫖娼、走路应遵守交通法规、游览不得拍摄军事禁区、金三角旅游不得购买毒品、澳门娱乐不得参与赌博等，而且这些限制都是合法、合理的，怎么能说旅游者的人身自由不受限制呢？我们认为，所谓旅游者人身自由不受限制，是指旅游者的人身自由不受强制性法律规范之外的限制，不受其他民事主体的限制。违反强制性法规的，例如杀人，这种自由并不是理性的自由，当然应当受到限制。除此之外，现代法律对于人们行为的规范，通常采取以不利后果引导人们采取正当的行为方式，而并不直接对公民的人身自由予以强制。在旅游活动中，旅游者以其人身作为接受旅游经营者服务

---

① 崔建远主编：《合同法》，法律出版社2015年版，第361页。

的受体，无论出于何种理由，旅游者不愿继续接受旅游服务，并不违反强制性的法规，如果不允许其拒绝接受旅游服务，解除旅游合同，将必然导致对其人身自由的限制，甚至强制其接受旅游服务。[①] 这种限制显然与现代民主社会公民自由权的基本原则相违背，同时也与旅游活动追求身心愉悦的目的背道而驰。因此，旅游者人身自由不受限制是公民自由权的必然要求，进而要求必须赋予旅游者以任意解除旅游合同的权利。

2. 旅游者没有必须参加旅游的义务

旅游合同中，旅游经营者的义务是提供旅游服务及相关的附随义务，旅游者的义务是交纳旅游费用，旅游者负有的附随义务主要是协助义务，旅游者并不负有必须接受旅游经营者提供的旅游服务的义务，即旅游者没有必须参加旅游的义务。[②] 旅游者没有参加旅游的义务，其理论根据在于，旅游经营者系以提供旅游服务获得报酬为其交易目的，因此，通常情况下旅游者交纳旅游费用即足以保护旅游经营者的合法权益，而没有强制旅游者参加旅游的必要。

就旅游合同的目的来讲，旅游合同的签订，旨在使旅游者获得身心愉悦的利益而提供旅游服务，所以在全部旅游服务完成前，应当允许旅游者随意决定是否继续进行剩余的旅游服务。如果认为旅游者负有参加旅游的义务，则身心愉悦的旅游目的将转变为完成旅游的任务压力，显然与旅游合同的目的背道而驰。[③] 旅游者任意解除权的配置，既是旅游合同目的贯彻的要求，同时是以防止或者避免由于发生某种事由，继续完成旅游对于旅游者自己而言已经丧失意义而造成的损失为目的。通过对旅游合同的解除，可以节省旅游经营者为提供旅游服务而做出的投入，通过为旅游经营者节省服务投入成本，最终可以通过损益相抵的规则减轻旅游者自己的报酬义务。举例而言，旅游者在旅游过程中，惊闻其父遭遇车祸而亡，悲恸欲绝，旅游合同实现旅游者身心愉悦的目的因此根本无从实现。旅游者一方面为返回奔丧，另一方面也为了节省不必要的开支，决定解除旅游合同。

3. 出入境管理规范与旅游者任意解除权的关系

我国旅游行业普遍存在的观点是，应当区分境内旅游与出境旅游，境内旅游可以承认旅游者的任意解除权，出境旅游则不应承认旅游者的任意解除权。

---

① 朱晶晶：《旅游合同解除制度的体系性解释》，载《旅游学刊》2014 年第 7 期。

② 王泽鉴：《民法概要》，北京大学出版社 2011 年版，第 311 页。

③ SoimRegE, BT-Drucks, 8/786, S. 19.

其理由在于，我国在旅游出入境管理上奉行“团进团出”的规则，即出境旅游应当坚持整个旅游团同时出境、同时入境的规则，以防止旅游者滞留国外的情况发生。但该观点并无法律依据，根据《中国公民出国旅游管理办法》第 11 条第 4 款的规定，旅游团队出境后因不可抗力或者其他特殊原因确需分团入境的，领队应当及时通知组团社，组团社应当立即向有关出入境边防检查总站或者省级公安边防部门备案。可见，出境旅游中，旅游者如解除合同、返回境内的，并不违反法规规定。

就出境旅游合同中旅游者行使任意解除权来讲，第一种情况是可能存在旅游者急需回国，这种情况不违反我国法律规定，已如上述。第二种情况是旅游者解除旅游合同后不急于返回，自行在境外旅游，最终在签证有效期内返回。这与前述旅游者立即返回的情况，并无本质的区别，并不影响旅游者任意解除权的配置。第三种情况是旅游者解除旅游合同后滞留境外逾期不归的，一方面违反了我国出入境管理的规范，另一方面也违反了滞留地的相关法律，对此应当追究滞留不归者的行政法律责任甚至是刑事责任。旅游者解除旅游合同后滞留境外逾期不归的情形，是违法行为，并不是解除合同的必然结果。我们认为，不能因为并不明确的出入境管理原因，或者存在违法行为的可能性，而限制旅游者的民事权利和人身自由。毕竟，旅游者解除旅游合同后滞留境外逾期不归，并不是旅游者解除旅游合同的必然结果，不能因噎废食，完全否定旅游者任意解除权的合理性。

毋庸讳言，任何权利都存在滥用的风险，旅游者的解除权也是如此，由于旅游活动的精神享受属性，任何旅游者都可能因为任何原因行使解除权。其中不乏恶意解除旅游合同，追求非法利益的情形。但是，我们始终认为，虽然存在旅游者权利滥用的风险，但较之于旅游者任意解除权滥用与旅游市场的真正规范而言，后者无疑在旅游法律规范宗旨上占据更重要的地位，何况旅游者任意解除权的滥用，在法律上也有相应规范予以调整。

二、旅游者任意解除权与相关制度的关系

（一）旅游者任意解除权的法律性质是形成权

旅游者任意解除权的法律性质是形成权[①]，其典型特征是可以通过旅游者

① 关于形成权的基本理论，可参见拙著：《私法上的权力：形成权理论之新开展》，北京大学出版社 2011 年版。

单方面的意思表示，发生解除旅游合同的效力。通常情况下，依法成立的合同，对当事人具有法律约束力。当事人应当按照约定履行自己的义务，不得擅自变更或者解除合同。除非法律另有规定的，当事人应当通过协商的方式，解除合同。解除权赋予一方当事人自己决定是否解除合同的权力，属于协议原则的例外情况。

（二）旅游者任意解除权的事先限制与抛弃

旅游者任意解除权能否在签订旅游合同时，即由旅游者承诺予以限制或者抛弃？理论上通常认为，关于旅游者任意解除权的规定属于任意性规定，旅游者当然可以于旅游合同中事先承诺予以限制或者抛弃。但是，从消费者保护的角度来看，旅游经营者提出的格式合同则不能预先设定旅游者放弃任意解除权的条款，否则该条款因剥夺旅游者的主要权利而无效。

三、旅游者任意解除权的行使及其限制

（一）旅游者任意解除权的行使

旅游者行使任意解除权，通常情况下，应当向旅游经营者做出明确的意思表示，该意思表示并无形式方面的要求。即使旅游合同以书面形式签订，旅游者解除旅游合同的意思表示也不受其影响，既可以采取书面形式，也可以采取口头通知、电话、传真告知的方式做出。

实践中，旅游经营者可能在其格式旅游合同中向旅游者提出建议，推荐其以书面形式提出解除旅游合同。这种建议仅具有参考价值，对旅游者并没有任何约束力。但是，在格式旅游合同中所使用的“强烈推荐”“任何情况下”具有一定程度的迷惑性，似乎必须以书面形式做出解除表示。但旅游者应当注意的是，无论是何种形式要求，由于不具有强制力，均属于“无害条款”，同时也属于“无效条款”。

在旅游者行使解除权时，并不要求旅游者必须明确表示“解除”旅游合同，只要旅游者能够表达其无论如何要退出、废除、取消旅游合同，不再继续旅游的意思就足矣。旅游者要求废除旅游合同的意思，也可以通过可推断的行为表示出来，所以相应的作为或者不作为也可以达到解除权行使的法律效果。这种可推断的解除行为，既可以表现为旅游者概括地向旅游经营者表示，能否参加旅游活动存在问题，也可以表现为旅游者详细描述其自身存在的困难，解释其参加旅游的不确定性。例如，旅游者向旅游经营者表示刚刚换了工作、家

庭成员突患重病、妻子早产等，均能够推断出旅游者存在解除旅游合同的意思。另外，旅游者表示寻找替代者，但既没有就替代者做出明确的指定，行程开始时也没有出现，这种缺席的行为就能够非常确定地认定为解除旅游合同。

在实践中，存在疑问较大的是，旅游者没有做出过任何表示，只是单纯地在旅游出发时缺席，能否认定为其以行为表明解除旅游合同。对此，理论上有争论，有学者认为，在约定的时间、地点未出现即可认为推定为解除旅游合同；也有人认为，单纯的缺席不能认为是默示解除旅游合同，一方面可能旅游者仅仅是因为睡过头迟到了，另一方面这种推断也导致了将风险移转给旅游经营者承担，而旅游经营者在此时几乎没有可能将已经预订的服务做其他利用。所以，旅游者缺席时，必须结合其他的依据来推断其是否具有解除合同的意思，而不能简单地将旅游者缺席推定为默示解除合同。我们认为，后一种观点更为合理，有利于旅游活动的促进，也有利于双方当事人利益的平衡。

旅游者行使任意解除权，并不要求必须说明原因，即使旅游者自己说明了理由，该理由是否合理也不影响解除权行使的效力。至于旅游者解除合同的意思表示，对其内容并无特别的要求，以达到使旅游经营者明确是哪个旅游者、哪个旅游活动发生了解除为宗旨。

旅游者行使任意解除权，通常需要向旅游经营者做出意思表示，或者向旅游经营者有受领权的代理人做出表示，例如向旅游经营者的工作人员做出表示、向旅游经营者指定的其他旅游经营者做出表示。旅游者解除旅游合同的意思表示，向酒店、交通运输公司等旅游辅助服务者做出，通常不能发生解除旅游合同的效力。旅游经营者如果委托其他旅游经营者为其招徕旅游者的，旅游者可以向接受委托的旅游经营者做出解除合同的表示，旅游者行使任意解除权的表示，只要到达接受委托的旅游经营者即发生效力，旅游者不承担接受委托的旅游经营者未将该表示转达给做出委托的旅游经营者的风险。例如，甲旅行社委托乙旅行社招徕、组织 15 名赴欧洲旅游的旅游者，完成招徕后，其中一名旅游者向乙旅行社表示解除旅游合同，乙旅行社未将该信息转达甲旅行社，造成甲旅行社一定损失。对此，甲旅行社只能追究乙旅行社的责任，而不能要求旅游者承担全部损失。

（二）旅游者任意解除权的限制

1. 任意解除权的行使不得附条件、附期限①

通常而言，根据私法自治原则，法律行为原则上均可附加条件或者期限，以期实现预先分配交易风险的目的，或者发挥引导相对人行为的功能。但旅游者任意解除权属于形成权，旅游合同是否解除完全决定于旅游者方面，旅游经营者在旅游活动过程中，始终面临着旅游合同可能被解除的不确定性风险。当旅游者选择行使解除权，废除旅游合同时，应该尽快使双方法律关系确定下来，以免对旅游经营者造成更大的损失，如果允许旅游者行使任意解除权附加某种条件或者期限的话，对于旅游经营者来讲，则非常不公平。因此，旅游者任意解除权的行使，原则上不得附加条件。但有两种情况例外，其一是旅游经营者同意附加条件。例如，甲旅游者与旅行社签订了欧洲旅游合同，之后甲旅游者向旅行社发出通知表示，因其父亲突发急病，如果出发前还不能痊愈，则解除旅游合同，旅行社表示同意。其二是条件的成就与否，完全取决于旅游经营者的决定，即随意条件。例如，旅游过程中，由于导游人员的不当行为，旅游者表示要解除旅游合同，但是如果旅行社免除其5%的旅游费用，则不解除旅游合同。由于这种情况下，是否解除旅游合同的决定权事实上由旅行社掌控，所以并不违背避免加剧法律关系不确定性风险的原则，因此该条件是可以附加的。

2. 任意解除权行使的意思表示做出后不得撤回

同样基于尽快确定法律关系的原则，旅游者行使任意解除权后，通常不得撤回其解除旅游合同的意思表示。由于任意解除权的效力在其表示到达旅游经营者时立即发生，旅游合同就立即解除了，旅游经营者因此可能会退订宾馆房间、减少门票预约数量，等等。如果允许旅游者在行使解除权后，撤回其解除的意思表示，将会使旅游合同的命运操纵于过于随意之人手中，旅游经营者在接到旅游合同解除的通知之后，不知是否该做出退订、减少数量等减少损失的措施，必将严重损害旅游经营者的决策能力和风险规避能力，构成对其正常经营活动、合法权益的侵害。因此，旅游者任意解除权行使的意思表示做出后不得撤回，当然不得撤回是以解除的意思表示到达旅游经营者为前提。

3. 旅游者任意解除权的行使不得违背诚实信用原则

旅游者任意解除权的赋予，以保护旅游者利益为目的，但任意解除权的存

① 朱庆育：《民法总论》，北京大学出版社2016年版，第519页。

在客观上威胁旅游合同关系的稳定性、确定性，不利于旅游市场交易安全的维护、良好市场秩序的培养。因此，旅游者虽然享有不陈述任何理由而任意解除合同的权利，但行使任意解除权依然应本着诚实信用的原则。何种情况属于违背诚实信用原则行使任意解除权，需根据个案情况斟酌。例如夫妻二人参加欧洲旅游活动，行程刚刚开始时二人因琐事拌嘴，妻子即要求解除旅游合同，返回国内。该案中，旅游者因夫妻琐事而要求解除旅游合同，一方面将造成旅游经营者所花费时间精力落空，另一方面也造成巨大的财力浪费，在旅游经营者的解约统计数据上，也会增加不必要的记录。总体来讲，该案中的任意解除权行使与诚实信用原则相违背，虽然不能禁止当事人行使，但在行使后的法律效果上，应当与因家庭成员病故而行使解除权有所区分。

四、旅游者行使任意解除权的法律后果

（一）合同终止

旅游者行使任意解除权，旅游合同终止。大多数合同中，解除权的行使导致合同自始无效，合同尚未履行的，终止履行；已经履行的，根据履行情况和合同性质，当事人可以要求恢复原状、采取其他补救措施，并有权要求赔偿损失。旅游合同属于继续性合同，即旅游合同的内容并非一次性履行就可以完成，而是在旅游行程中间持续地实现。作为继续性合同，时间因素在旅游合同中具有重要的意义，随着时间的经过，旅游服务逐次提供，当旅游合同因解除而终止时，合同的效力向后发生消灭。之前已经履行的旅游合同部分、提供的旅游服务依然合法有效，并不因为旅游合同的任意解除而无效。简言之，旅游者行使任意解除权的直接法律后果是，旅游合同向后失去效力，而没有溯及既往的效力。旅游者行使任意解除权导致旅游合同终止，决定了旅游合同仅就未履行部分发生清算双方合同关系的效力，已经履行的部分，双方根据旅游合同的约定承担责任。

（二）合同清算

所谓旅游合同的清算，是指旅游合同双方当事人就旅游合同终止后相互需要支付的费用进行结算。① 总体来讲，旅游合同因旅游者行使任意解除权而终

---

① 关于合同解除的效果，可参见申海恩：《论解除权效力之法理构成》，载《政法论丛》2010 年第 2 期。

止时，旅游合同规定的旅游服务已经提供的部分，旅游者已经享受其利益，对于该部分，旅游者应当依据解除前的旅游合同支付相应的费用；对于旅游合同中规定的但尚未提供的旅游服务来讲，旅游经营者无需继续提供，旅游者无需就未提供的服务向旅游经营者给付报酬。实践中，由于旅游行程开始前，旅游者需预交全部旅游费用，因此通常表现为旅游经营者向旅游者退还相关费用。

（三）尚未实际发生费用的退还①

旅游行程开始前，旅游者任意解除旅游合同的，应当给予旅游经营者相当的补偿，换言之，以旅游费用为基础，应当作相当程度的扣除，将剩余部分退还旅游者。《旅游纠纷规定》第 12 条规定应当退还的部分为“尚未实际发生的费用”，对此应当理解为，以旅游者所预订的旅游服务中未提供部分相应的费用为限。例如，旅游者签订了“世博七日游”的旅游合同，出发前旅游者因个人原因解除了旅游合同，要求退还旅游费用。由于旅游者并未接受任何旅游服务，所以退还旅游费用是在所有的旅游费用的基础上进行计算；如果旅游者已经乘坐飞机到达上海，并入住酒店，参观了一个世博馆，则上述活动所花费的机票款、住宿费、世博馆门票等费用不属于“尚未实际发生的费用”，旅游者不得主张返还。在纠纷处理过程中，应当由旅游经营者对其已经实际发生的费用负证明责任，能够证明属于实际已经发生的，即使尚未向辅助服务者实际进行支付，旅游经营者也可以不予退还。

实践中，经常提出的问题是，旅游行程开始前，旅游经营者已经向旅游辅助服务者支付了全部服务费用，且双方约定该笔费用不予退还的情况下，旅游者能否要求旅游经营者予以退还呢？

我们认为，旅游经营者与旅游辅助服务者之间就预订服务费用不予退还的约定，不能作为拒绝旅游者返还请求权的抗辩理由。

首先，旅游者行使任意解除权，终止旅游合同，在法律性质上，属于因可归责于债权人的原因致给付不能，其法律效力在于，旅游经营者作为债务人，免除其提供旅游服务的义务，但依然可以要求相应的报酬。但就公平观念来讲，旅游经营者只要不因为旅游者的解除而遭受损害即可，不能反而因此获得利益。所以，由于旅游经营者实际上并未提供服务，而应当扣除其因为未提供服务而获得的或者应当获得的利益。旅游经营者未向旅游者提供预订服务时，通常可

① 详细的理论讨论参见本书第七章。

转而向第三人提供该项服务获得利益，旅游经营者没有任何困难，而放弃向第三人提供该项服务的机会，该笔费用应当予以扣除。

其次，旅游经营者与旅游辅助服务者之间的约定，仅在二者之间具有约束力，不能向该法律关系之外的旅游者主张。旅游活动过程中，涉及多层级的合同关系，通常每个合同关系仅在该合同的当事人之间发生拘束力，互相不发生影响。例如旅行社与酒店订立的房间预订合同仅在旅行社与酒店之间有约束力；旅行社与旅游者之间订立的旅游合同，通常对于航空公司不具有约束力等。旅游经营者与旅游辅助服务者，例如航空公司之间关于预订旅游服务费用不予退还的约定，对于旅游者本不具有约束力。如果旅游经营者试图将该风险转嫁给旅游者，则应当事先在与旅游者签订旅游合同时明确约定，否则旅游经营者应当自己承担该项损失。

再次，旅游经营者与旅游辅助服务者就预订服务费用不予退还的约定，是旅游经营者降低其经营成本的手段，不予退还的风险是其固有的经营风险，旅游经营者不得将其经营风险全部转嫁给旅游者。如果允许旅游经营者主张不向旅游者退还该项费用，将导致无论旅游者是否接受该项服务，旅游经营者的收益在旅游合同签订后就已经完全是确定的，这种结果不仅与前述损益相抵原则相违背，而且也完全背离于风险收益相当的原则。

最后，如果允许旅游经营者以此对抗旅游者，将会严重损害旅游者的合法权益，侵蚀旅游者任意解除权存在的价值和意义。由于旅游经营者与旅游辅助服务者通常具有长期、紧密的合作关系，甚至旅游经营者可能对部分旅游辅助服务者存在经济上的控制力，旅游辅助服务者为维持合作关系，或者可能选择与旅游经营者沆瀣一气，侵害旅游者的合法权益。

（四）合理费用的支付

合理费用的支付是旅游经营者在旅游者行使任意解除权后，向旅游者要求支付扣除相关费用后合理报酬的权利。旅游者行使任意解除权，在法律上属于可归责于债权人的给付不能，旅游经营者享有的要求旅游者支付报酬的权利，并不因旅游者行使任意解除权而消灭。只是其请求权的范围，因为旅游经营者免除提供旅游服务的义务而节省了费用或者获得其他利益，而有所缩减。

旅游经营者的合理费用请求权，与旅游者“尚未实际发生的费用”的返还请求权互为表里，相辅相成。旅游者请求旅游经营者返还“尚未实际发生的费用”时，以旅游经营者未实际提供服务为前提；旅游经营者的合理费用请求权，则是以旅游经营者实际提供了服务为前提。从理论上讲，“尚未实际发生的费用”、旅游经营者免除提供旅游服务义务节省的费用或者获得的其他利益与旅游经营者可以请求支付的合理费用之总和，就是旅游费用的全部。

第四节　客观原因解除、变更合同纠纷

一、不可归责于旅游经营者的原因

（一）归责与不可归责

所谓归责，即确定法律责任的归属。归责的核心是据以确定民事责任由何人承担的原因、理由、标准，理论上称之为“归责事由”。[①] 近代民法奉行过错责任原则，即以当事人的主观过错，包括故意和过失，为归责原因。依据该原则，仅当旅游经营者、旅游辅助服务者因自己的故意、过失，违反旅游合同，导致旅游者的损害时，旅游经营者才承担责任。否则，即使旅游合同根本未履行，或者造成旅游者严重的人身、财产损害，也不能要求旅游经营者、旅游辅助服务者承担民事责任。

随着社会经济的高速发展，归责原则在现代法律上出现了多样化的趋势。我国原《合同法》不再坚持以过错责任为基本归责原则，而是以当事人违反合同这一客观事由为基准，原则上采取了无过错责任原则，即只要当事人违反合同的约定，即应当承担违约责任，至于当事人是否存在过错，并非决定性的判断依据。我国《中华人民共和国侵权责任法》（以下简称原《侵权责任法》）也采取了多元的归责原则体系，侵权责任法所规定的大部分内容，都涉及无过错责任原则、过错推定责任原则。《民法典》在合同责任、侵权责任上的归责原则处理基本保持了原《合同法》《侵权责任法》的体系。

所谓“不可归责”，正是在归责原则、归责事由多元化的背景下，为了概括当事人不负相应民事责任的情形，而出现的立法语言。广义而言，不可归责于旅游经营者的原因，包括所有旅游经营者无需负民事责任的情形，既包括人力控制范围以外的客观原因，也包括可归责于旅游者的原因，还包括可归责于第三人的原因。但通常情形下，“不可归责”仅指旅游经营者并无归责事由，

---

① 王洪亮：《债法总论》，北京大学出版社2016年版，第220页以下。

至于可归责于谁或者不可归责于任何人，均在所不问。但是，从《旅游纠纷规定》原第13条、《旅游法》第67条所规定的法律效果来看，导致旅游合同无法履行的客观原因，不仅是不可归责于旅游经营者的情形，而且同时也应该是不可归责于旅游者的客观情形。属于可归责于旅游者的原因，也可能对旅游经营者构成无法控制的、外在的客观原因，因此导致的旅游合同无法履行则不能免除旅游者的违约责任，此为不言自明的法理，旅游者不得依该规定要求免除自己的违约责任。

（二）不可归责的客观原因

旅游活动涉及许多个行业，面临各种各样的制约因素，例如恶劣天气、自然灾害、战争、罢工、骚乱、恐怖事件、政府行为、公共卫生事件、公共交通服务延误或取消、景区临时关闭、宾馆饭店临时征用、出境管制、边境关闭、目的地政策临时变更、我国政府机构发布橙色及以上旅游预警信息等。总而言之，凡是与旅游的行、住、食、游、购、娱六要素有关联的任何因素，都可能对旅游活动的进行产生影响。而由于旅游活动以追求身心愉悦的精神享受为目的，即使在普通的交易活动中无法上升到法律层面的问题，在旅游活动中也可能对旅游合同造成重大的影响。例如，在旅游活动中与导游发生争吵，就可能导致旅游活动目的遭受影响，旅游者可能解除合同、要求给予赔偿；但在买卖合同中，买主与卖主之间的争吵，根本不具有任何法律意义。

由于旅游活动所涉范围的广泛性和旅游活动的精神享受目的，旅游活动中基于客观原因而需要变更、解除旅游合同的数量、旅游活动中的纠纷数量以及旅游经营者面临的责任风险都要远远大于其他交易活动。在普通的交易活动中，合同的变更和解除是非常重大而几乎很少发生的情况，但在旅游活动中，几乎不存在履行过程中未做任何变更的旅游合同。旅游合同的变更、解除在旅游合同法上占据着非常重要的地位，正是旅游合同特殊性的体现。

就旅游合同变更和解除的原因而言，具体情形无法一一列举，《旅游纠纷规定》只能采取较为“有限列举+抽象概括”的方式予以规范。在所有不可归责于旅游经营者的客观原因中，最为典型的莫过于不可抗力，因此特别列举了不可抗力作为不可归责于旅游经营者的客观原因的典型。其余不可归责于旅游经营者的客观原因，其程度即使无法达到不可抗力的程度，但也应当在相当程度上具有不可预见、不可避免和不可克服的属性。《旅游法》起草过程中，为避免实践中对“不可归责于旅游经营者的客观原因”发生争议，进一步将其明确为“旅行社、履行辅助人已尽合理注意义务仍不能避免的事件”，并针对不同情形规定相应的法律效果。鉴于《旅游法》第 67 条的规定更为系统、明确，2020 年 12 月 29 日修正《旅游纠纷规定》时，删除了其第 13 条。故本书以下除涉及立法过程外，不再以《旅游纠纷规定》原第 13 条为讨论对象。

1. 不可抗力

不可抗力，是指人力所不可抗拒的力量，它包括某些自然现象（如地震、台风、洪水、海啸等）和某些社会现象（如战争、骚乱、罢工等）。不可抗力是独立于人的行为之外，并且不受当事人的意志所支配的现象。根据我国《民法典》第 180 条第 2 款的规定，不可抗力是不能预见、不能避免且不能克服的客观情况。此规定要求从主客观两方面来考虑何种现象为不可抗力。[①]

所谓不可预见，是从主观方面考察不可抗力的认定[②]，是指根据现有的技术水平、一般人的认识能力而言，某种事件的发生具有不可预见性。由于预见性取决于技术水平和人们的预见能力，所以，决定人们对某种现象是否可以预见，应以现有的技术水平为根据。另外，预见性往往因人而异，通常情况下，应当以一般人的预见能力而不是特定当事人的预见能力为标准来判断对某种现象是否可以预见。但对于专业人员的预见能力的判断，则应采取该专业正常的判断标准，对旅游经营者而言，当然不能采取与旅游者相同的判断标准。不可预见性具有一定程度的相对性，因时间、地点、环境的变化而有所区别。例如，突如其来的台风一般来讲是不可预见的，但在获得台风警报后依然冒险发团导致游客受损，就不能认为台风是不可预见的。

所谓不可避免并不能克服，是指当事人已尽到最大努力和采取一切可以采取的措施，仍然不能避免某种事件的发生并克服事件造成的损害后果。不可避免和不可克服表明事件的发生和事件造成损害具有必然性，超出了当事人的控制能力范围。应当指出的是，某种事件是否属于不能避免并不能克服，也要依据具体情况来决定。

不可抗力是旅游合同无法履行的重要原因，根据《民法典》第 563 条的规定，因不可抗力致使不能实现合同目的时，当事人可以解除合同。就其对于当事人之间法律责任的影响来讲，《民法典》第 590 条明确规定，因不可抗力不能履行合同的，根据不可抗力的影响，部分或者全部免除责任，但法律另有规定

① 马俊驹、余延满：《民法原论》，法律出版社 2010 年版，第 632 页。
② 李昊主编：《不可抗力与情势变更》，北京大学出版社 2021 年版，第 6 页。

的除外。当事人迟延履行后发生不可抗力的，不能免除责任。

不可抗力造成旅游合同无法履行时，当事人一般不承担民事责任，但是不可抗力导致免责，是以不可抗力作为旅游合同无法履行的唯一原因。换言之，旅游者、旅游经营者和旅游辅助服务者的行为对损害的发生和扩大不能产生任何作用。因此，在发生不可抗力的时候，应当查清不可抗力与造成的损害后果之间的关系，并确定当事人的活动在发生不可抗力的条件下对于其所造成的损害后果的作用。如果当事人对损害的发生也有过错，则不能免除其责任。例如，由于旅游经营者的原因导致行程延误，之后又由于冰岛火山灰事件而取消行程，旅游者解除合同后，仍然可以依据《民法典》第 590 条第 1 款的规定，要求旅游经营者承担违约责任，旅游经营者不能以《旅游法》第 67 条的规定，主张免除其违约责任。

2. 通常事变

所谓事变，是指当事人故意或过失之外的事实。事变可以分为不可抗力与通常事变，对于通常事变，我国学者多认为相当于当事人之外的第三人行为，例如小偷盗窃旅游者放在酒店的财物、第三人直接侵害旅游者致死。对于通常事变，传统民法理论主张，除非法律有特别规定者外，债务人不对通常事变负责。① 但我国原《合同法》第 121 条（《民法典》第 593 条）明确规定，当事人一方因第三人的原因造成违约的，应当向对方承担违约责任。理论上多数认为，该规定是对当事人为通常事变负责的法律依据。由于我国原《合同法》（《民法典》合同编）采纳了严格责任原则，原《合同法》第 121 条对“第三人”又未作任何字面限制，理论上认为这一规定一方面体现了对合同相对性原则的直接肯定，另一方面也确立了为通常事变负责的规则。② 我国原《合同法》突破了当事人不对通常事变负责的禁区，显著扩张了违约责任的范围，遭到了理论界的批评，故在《民法典》第 593 条限制为应当“依法”向对方承担违约责任。就旅游合同而言，是否也适用原《合同法》第 121 条的规定，立法过程中存在争议。《旅游纠纷规定》原第 13 条对此予以明确，即只要通常事变构成“不可归责于旅游经营者的客观原因”时，旅游经营者即无需对通常事变承担违约责任。《旅游法》第 67 条对此予以承继，并明确为“旅行社、履行辅助人已尽合理注意义务仍不能避免的事件”。

---

① 史尚宽：《债法总论》，中国政法大学出版社 2000 年版，第 368 页。

② 韩世远：《合同法总论》，法律出版社 2018 年版，第 535 页。

3. 情势变更

所谓情势变更，是指合同有效成立后，因为当事人不可预见的事情的发生，导致合同的基础动摇或丧失，若继续维持合同原有效力有悖于诚实信用原则时，则应允许变更合同内容或者解除合同的法理。[①] 情势变更与不可抗力既有联系又有区别，二者均构成合同履行的障碍，但不可抗力在程度上更为严重，导致合同不能履行，而情势变更则可能达到合同不能履行的程度，也有可能还可以继续履行，只是继续履行对当事人显失公平。

应该注意的是，情势变更与正常的商业风险不同。商业风险属于从事商业活动所固有的风险，一般的市场供求变化、价格涨落属于商业风险，[②] 这些商业风险的实现并不会使作为合同成立基础的客观情况产生异常的变化，对于此类商业风险，当事人应当可以预见，法律也推定当事人有所预见；商业风险由当事人承担，虽然会使一方当事人遭受损失，但并不会导致显失公平、违背诚实信用原则的结果。而情势变更则恰恰相反，属于交易的客观环境的异常变化，当事人无法预见，继续履行合同会导致显失公平、违背诚实信用原则的后果。

《民法典》第533条承认了情势变更原则。该条规定，合同成立后，合同的基础条件发生了当事人在订立合同时无法预见的、不属于商业风险的重大变化，继续履行合同对于当事人一方明显不公平的，受不利影响的当事人可以与对方重新协商；在合理期限内协商不成的，当事人可以请求人民法院或者仲裁机构变更或者解除合同。人民法院或者仲裁机构应当结合案件的实际情况，根据公平原则变更或者解除合同。

二、因客观原因解除旅游合同

（一）解除旅游合同的前提：客观原因导致合同无法履行

不可抗力等不可归责于旅游经营者的客观原因，所涉及的范围非常广泛，是否均可据以解除旅游合同，并不能一概而论。《旅游纠纷规定》原第13条、《旅游法》第67条为此规定，不可抗力或者旅行社、履行辅助人已尽合理注意义务仍不能避免的事件必须使旅游合同达到无法履行的程度，当事人才可以请求解除合同。所谓无法履行，既包括合同法理论上的履行不能，也包括履行会

① 韩世远：《履行障碍法的体系》，法律出版社2006年版，第44-45页。
② 韩世远：《合同法总论》，法律出版社2018年版，第499-501页。

导致当事人之间显失公平，有违诚实信用原则的情形。后者属于情势变更原则的适用范围，此处不赘。

所谓履行不能，又称为给付不能，是指作为合同约定的义务不可能履行的状态。履行不能主要强调的是本来的履行、给付的目的全部或者部分不能够实现的状态，而不问其债务人对于此种不能的发生有责任还是无责任。[①] 履行不能作为法律上的概念，并非以物理上、技术上是否可能为判断标准，而是以一般社会观念或交易观念为依据，不能苛求债务人履行其债务的，即属于履行不能。因此，在物理上、技术上虽然属于可能的给付，但如果根据一般社会观念或者交易观念，该义务的履行需要支出非常不相当的劳力、费用，则为履行不能。[②] 例如旅游目的地发生海啸，旅游部门发布橙色旅游警报，虽然在技术上来讲，前往旅游并无困难，但从一般社会观念来讲，则属于履行不能。

根据履行不能的属性，理论上将履行不能分为主观不能与客观不能、自始不能与嗣后不能、全部不能与部分不能、永久不能与一时不能、事实不能与法律不能。[③]

主观不能，是指仅具体的债务人不能履行，而其他人则能够履行，[④] 例如甲旅行社因未妥善安排而致旅游不能成行，其他旅行社相同线路的旅游安排并未受影响；客观不能，是指所有的人均不能履行，例如某博物馆因地震而倒塌，无法参观。

自始不能，是指合同成立前即不能履行合同，[⑤] 如不具备出境旅游的资质而招徕欧洲十日游；嗣后不能，是指合同成立后发生不能履行的情形，[⑥] 例如赴甘肃舟曲的旅游合同签订后，舟曲发生泥石流不能前往。

全部不能，是指所有的合同义务均不能履行，[⑦] 例如因冰岛火山灰而致不能前往欧洲旅游；部分不能，是指仅合同约定的一部分义务不能履行，[⑧] 例如新马泰旅游中因泰国发生骚乱而不能前往泰国。

永久不能，是指在债务履行期或者在债务人可以履行的期间，其履行不能；

① 王洪亮：《债法总论》，北京大学出版社 2016 年版，第 208 页。
② 杨芳贤：《民法：债编总论（下）》，三民书局 2021 年版，第 77-80 页。
③ 韩世远：《合同法总论》，法律出版社 2018 年版，第 524 页。
④ 史尚宽：《债法总论》，中国政法大学出版社 2000 年版，第 380-382 页。
⑤ 韩世远：《合同法总论》，法律出版社 2018 年版，第 522-523 页。
⑥ 韩世远：《合同法总论》，法律出版社 2018 年版，第 523 页。
⑦ 史尚宽：《债法总论》，中国政法大学出版社 2000 年版，第 383 页。
⑧ 史尚宽：《债法总论》，中国政法大学出版社 2000 年版，第 383 页。

如果只是此期间一部分时间内无法履行，则是一时不能。[①] 由于旅游合同大多属于必须在确定日期履行的合同，该日期过后即使能够履行，也不能苛求旅游者参加，所以即使在旅游行程之外的时间可以履行的，也属于永久不能。例如，约定国庆节前往英国旅游，但因为旅行社原因致使不能成行，虽然十日后即可履行，但法定假期已过，不能要求旅游者在工作时间前往英国旅游，故属于永久不能。

事实不能，又称为自然不能，是指基于自然法则的不能，[②] 例如因旅游者旅游行程中意外死亡而不能履行，或者因台风已造成交通中断、人员伤亡；法律不能，是指基于法律规定的履行不能，[③] 例如边境旅游因旅游主管部门的行政命令而关闭。

（二）旅游合同解除的方法

根据《旅游纠纷规定》原第 13 条的规定，如果因不可抗力等不可归责于旅游经营者的客观原因导致旅游合同无法履行，旅游经营者、旅游者可以“请求解除旅游合同”，人民法院对其“请求解除旅游合同”应当予以支持。这一表述方式引起的问题在于，所谓的“请求解除”是发生在旅游者向旅游经营者“请求解除”，还是旅游者向人民法院“请求解除”，即旅游合同的解除是否以诉讼的方式为必要？从《旅游纠纷规定》起草的过程来看，本条规定旅游合同的解除，并不是以当事人向人民法院提起诉讼为必要，当事人之间也当然可以予以解除，因此发生纠纷需要提起诉讼时，也是请求人民法院确认合同已经解除。之所以不要求以提起诉讼的方式解除合同，理由主要有两个方面：

第一，从《旅游纠纷规定》第 13 条的法律根据上来看。因不可抗力等客观原因导致旅游合同不能履行而解除，是以原《合同法》第 94 条（《民法典》第 563 条）为法律依据的。原《合同法》第 94 条（《民法典》第 563 条）的规定，并不以向人民法院提起诉讼为解除的形式要求。相对来讲，如果以诉讼形式为要求的话，法律所采取的表述将是类似于《民法典》第 147 条、第 148 条、第 149 条、第 150 条、第 151 条规定的“有权请求人民法院或者仲裁机构予以撤销”。司法解释原则上并无超出法律规定范围予以解释的权限，因此在没有非常特殊的法律漏洞存在的情况下，对司法解释的理解都应当回归到所依据的法

---

① 韩世远：《合同法总论》，法律出版社 2018 年版，第 524-525 页。

② 王洪亮：《债法总论》，北京大学出版社 2016 年版，第 208 页。

③ 王洪亮：《债法总论》，北京大学出版社 2016 年版，第 210 页。

律规定上去。旅游合同因不可抗力等客观原因而解除，既然不存在严重的、不得不超出原《合同法》第 94 条（《民法典》第 563 条）规范的情形，当前就应当依据《民法典》第 563 条的规定来确定，不要求当事人必须提起诉讼。

第二，从旅游活动本身的特性来看，要求以提起诉讼的方式解除旅游合同，不符合客观规律。旅游活动通常具有异地性、时限性，例如北京的旅游者和北京的旅游经营者在北京签订的旅游合同，前往非洲旅游，如果因为客观原因而无法履行合同时，要求旅游者、旅游经营者回国提起诉讼方能解除旅游合同，否则对于旅游者就应当依《旅游纠纷规定》第 12 条的规定任意解除旅游合同，并向旅游经营者支付合理费用；对于旅游经营者来讲，仅能以违约的方式来脱离旅游合同的拘束。显然，这样规范实效并非《旅游纠纷规定》原第 13 条制定的初衷。因此，《旅游纠纷规定》原第 13 条规定的解除旅游合同，并不以向人民法院提起诉讼的方式为必要。

《旅游纠纷规定》之所以采取“请求解除……人民法院应予支持”这种容易引发争议的表述方式，其原因在于司法解释本身仅具有指导各级人民法院适用法律的权限，并不具有直接赋予当事人民事权利的立法权。就《旅游纠纷规定》原第 13 条的规定来讲，既要保证语句通畅，也要遵守司法解释的制定规范，难度的确很大。据此，该条第一句应当理解为“旅游经营者、旅游者解除旅游合同，请求人民法院予以确认的，应予支持”。事实上，《旅游法》第 67 条在起草时就不存在这一问题，故立法者直接规定“旅行社和旅游者均可以解除合同”，而不再存在解除权行使方式方面的争议。

综上所述，因不可抗力等不可归责于旅游经营者的原因解除旅游合同的，应当不限于旅游经营者、旅游者通过向人民法院提起诉讼的方式解除旅游合同，当事人一方通知对方解除旅游合同即可。对于此种情形下的解除，应当遵循《民法典》第 563 条确立的规则，在解除的通知到达对方后，发生旅游合同解除的效力。《旅游纠纷规定》原第 13 条规定所存在的解除权行使方式争议也已经因该条文的删除而烟消云散，更不能因该规定曾经存在而对《旅游法》第 67 条解除合同方式做诉讼行使的解读。

三、旅游合同解除的法律后果

（一）未履行部分终止履行

旅游合同解除后，旅游合同尚未履行的部分，终止履行（《民法典》第 566

条前段）。所谓“终止履行”，应当理解为旅游合同债务的免除，既包括旅游经营者提供旅游服务的债务的免除，也包括旅游者交付旅游费用的义务的免除。因为合同解除的目的在于消灭合同关系，解除合同后，当事人负有的债务尚未履行的，因解除而归于消灭，以达到当事人从合同义务的约束中解放出来的目的。通常情况下，旅游合同中旅游者交付旅游费用的义务，都是事先予以支付的，所以旅游费用的免除，经常体现为相应旅游费用的退还。

值得注意的是，与一般的买卖合同、租赁合同等不同，旅游合同需旅游者以自己的人身接受旅游服务的提供。在因不可归责的客观原因解除旅游合同时，往往涉及旅游者人身关照、返回出发地等问题，旅游经营者不能因终止履行即免除此类义务。为此，根据《旅游法》第67条的规定，如果导致旅游合同解除的不可抗力或旅行社、履行辅助人已尽合理注意义务仍不能避免的事件危及旅游者人身、财产安全的，旅行社应当采取相应的安全措施，因此支出的费用，由旅行社与旅游者分担；造成旅游者滞留的，旅行社应当采取相应的安置措施。因此增加的食宿费用，由旅游者承担；增加的返程费用，由旅行社与旅游者分担。

（二）违约责任的免除

基于原《合同法》第117条（《民法典》第590条第1款）的规定，《旅游纠纷规定》原第13条规定不可抗力等客观原因解除合同，旅游经营者、旅游者均不承担违约责任。《旅游纠纷规定》原第13条被删除后，《旅游法》第67条虽然并未明确规定不可抗力不能履行是否可以免除违约责任。但是，相同的结论完全可以通过《民法典》第590条第1款的规定得出。

值得注意的是，《旅游纠纷规定》原第13条免除违约责任还有一项非常重要的情形，即除不可抗力之外的，不可归责于旅游经营者和旅游辅助服务者的客观原因导致旅游合同无法履行。这一规定显然超出了原《合同法》第117条（《民法典》第590条第1款）的范围，将不可归责的客观原因与不可抗力等同，在性质上是对原《合同法》第117条（《民法典》第590条第1款）的目的性扩张解释。从其效果来讲，已经突破了原《合同法》第107条（《民法典》第577条）所规定无过错违约责任原则，而在旅游合同领域采取了过错责任原则。①

① 王洪亮：《债法总论》，北京大学出版社2016年版，第223页。

基于原《合同法》第107条（《民法典》第577条）之规定，旅游经营者即使已尽合理注意义务仍不能避免、对客观原因不能履行旅游合同不可归责，并不能得出其对因此所导致的旅游合同无法履行就不承担责任。换言之，在旅游经营者对于旅游合同义务的不履行并无故意或过失时，也应当承担违约责任。但此归责原则对于面临影响因素众多的旅游经营者而言极难接受，《旅游纠纷规定》起草过程中业界反对声音极为强烈，按照旅游行业和相关部门的理解，既然导致旅游合同无法履行的原因不可归责于旅游经营者，那么因客观原因而无法履行旅游合同时，就不应当使旅游经营者承担违约责任。基于旅游行业和旅游合同履行面临如政府行为、签证、气候变化、政治经济关系等诸多影响因素的特殊性，《旅游纠纷规定》原第13条采取了将不可归责于旅游经营者和旅游辅助服务者的客观原因与不可抗力同等对待的处理方案。对此，本书持赞成态度。

但是，在2020年底修改司法解释以求应《民法典》正式实施的过程中，《旅游纠纷规定》原第13条被删除。而与之相应的《旅游法》第67条虽对旅游合同履行障碍做了较为详尽的规定，但却并未规定违约责任的免除。《旅游纠纷规定》原第13条被删除导致的结果是，《旅游法》第67条规定的“旅行社、履行辅助人已尽合理注意义务仍不能避免的事件”情形下能否免除违约责任，并无明确的法律依据。对此，笔者认为，只能回到《旅游纠纷规定》原第13条的立法过程，通过对《民法典》第590条第1款不可抗力情形作目的性扩张解释，肯定此种情形下违约责任免除的法律效果。

（三）未实际发生费用的退还

由于不可归责于双方当事人的客观原因导致旅游合同无法履行而解除，旅游经营者免除提供旅游服务的义务，旅游者也不再承担旅游合同中规定的付款义务。实践中，依照旅游行业的交易习惯，旅游者在签订旅游合同时，大多已经全部支付旅游费用，因此享有请求旅游经营者返还旅游费用的权利。此时，旅游者与旅游经营者之间的关系，在理论上称作清算关系。依据清算规则，双方已经履行的给付应当互相返还，[①] 而旅游服务属于即时消费，并不具有可返还性；旅游费用则不存在返还不能的问题。在此情况下，如允许旅游者请求返还所有的旅游费用，却又不能向旅游经营者返还已经提供的服务，显然对于不

---

① 王洪亮：《债法总论》，北京大学出版社2016年版，第359-360页。

可归责的旅游经营者不公平。为此，应当从旅游费用中扣除已提供的旅游服务的相应报酬。因此，旅游者请求返还的尚未实际发生的费用，是指发生履行不能的旅游服务对应的旅游费用，与《旅游纠纷规定》第 12 条“尚未实际发生的费用”显然不同。

关于费用退还的范围存在极大的争议，《旅游纠纷规定》原第 13 条规定为“尚未实际发生的费用”，具体是指哪些费用并未进一步明确；《旅游法》第 67 条第 2 项进一步将其明确为“扣除已向地接社或者履行辅助人支付且不可退还的费用”。本书认为，基于不可抗力等客观原因解除合同的返还关系与旅游合同具有同一性，在双方均无可归责事由的情况下，应各自承担风险，不存在将自身风险转嫁对方的正当性基础。按照旅游合同已经提供的服务即应支付报酬，未提供服务则不得要求旅游者支付费用。在不可抗力等不可归责事由情形下，也应坚持同一原则。在计算时，既不考虑损益相抵规则，即无论旅游者、旅游经营者是否因旅游服务不能提供而节省费用、获得收益；也不考虑因不可抗力而造成旅游者人身、财产损害的情形；更不论旅游经营者与旅游服务的实际提供者之间对经营风险如何分配。基于客观原因而引起的清算关系，对于旅游经营者已经提供的旅游服务，以及旅游结束之前还应当提供的旅游服务，无论这些服务的提供是否对旅游者有益，其费用均应当扣除。例如，即使刚刚坐飞机到达目的地，就因为战乱需要返回，对于飞机票款的费用，就不应予以返还。相反如果是旅游经营者的原因导致上述情况，飞机票款就应当列于应返还的部分。

四、因客观原因变更旅游合同

旅游合同通常由多个旅游活动组成，例如欧洲十国旅游即作为一个整体而签订一项旅游合同。而不可抗力等客观原因，通常仅发生于部分旅游活动中，例如新马泰旅游，仅泰国因发生骚乱构成不可抗力无法履行，而新加坡、马来西亚旅游部分并不存在不能履行的客观原因。因此，由于不可归责于旅游经营者的客观原因，常常发生在做出部分变更后，旅游合同依然可以履行的情况。基于此种现实，《旅游纠纷规定》原第 13 条第 2 款、《旅游法》第 67 条规定了因客观原因变更旅游合同时的纠纷处理规则。

（一）因客观原因需要变更旅游行程

基于旅游活动易受外界因素的影响的特性，为完成旅游活动，往往需要对旅游行程进行变更。同时，旅游活动目的决定了旅游服务的内容可以发生变更；如果不进行变更，可能会导致旅游合同完全不能履行，对双方来讲所造成的浪费过大，也不利于合同目的的实现。

旅游合同与买卖、租赁、赠与等合同有着明显的差别，一项旅游合同能否得到完全恰当地履行，受住宿、运输、餐饮等许多个相关行业的限制，同时还受到自然原因，如天气、地震、海啸等的影响。这些限制既有来自合同签订地的，也有来自合同履行地的，甚至与合同签订地、履行地均无直接关联的因素也可能导致旅游合同无法恰当履行，例如冰岛火山灰就会影响到亚洲的旅游者前往欧洲旅游的旅游合同的履行。可以说，实践中相当数量的旅游合同都经过变更，才得以履行完毕。因此，旅游活动本身的特性决定了，较之于其他合同而言，旅游合同对于变更的需求要大得多。

从旅游合同的目的来讲，旅游者以追求精神愉悦为最终目的，在保障这一目的能够最终实现的前提下，对于旅游行程做部分的变更，完全是可能的。例如四川一周旅游，因为乐山大佛突发事故需要立即维修，该部分旅游合同不能履行，而其他部分如九寨沟、黄龙、青城山等景点的旅游合同部分依然可以履行，旅游者的旅游目的在于通过游览众多旅游景点而获得精神享受，而游览活动的最终目的并不因乐山大佛一个景点而完全不能实现。为此，该旅游合同就完全可以予以变更。

从旅游经济的角度来看，在旅游服务部分受到客观原因而不能提供的情况下，变更旅游行程、采取替代旅游项目、继续提供其他旅游服务，有利于节约旅游费用，避免不必要的损失。如果仅有一个旅游景点因客观原因而导致全部“法国浪漫之旅”旅游合同解除，既不符合旅游追求精神愉悦的目的，而且因解除旅游合同而导致整个旅游活动终止，旅游者、旅游经营者都可能发生不必要的损失。

（二）旅游者对旅游行程变更的同意

旅游行程的变更属于旅游合同的变更，根据《民法典》第119条的规定，依法成立的合同，对当事人具有法律约束力。当事人应当按照约定履行自己的义务，不得擅自变更或者解除合同。除非法律明确规定，当事人一方可以请求人民法院变更合同之外，仅当双方当事人协商一致后，才可以变更合同（《民法典》第543条）。旅游合同的变更也应当遵循关于合同变更的一般规定，因为不可抗力等不可归责于旅游经营者的原因而变更旅游合同，应当征得旅游者的同意，否则不能变更旅游合同。旅游经营者未经旅游者同意变更旅游行程，属于擅自变更旅游行程，应当根据《旅游法》第 100 条承担行政责任，根据《旅游法》第 70 条和《旅游纠纷规定》第 15 条的规定承担违约责任。

旅游者对旅游行程变更的同意，是旅游合同变更的必备条件。这一点与《民法典》第 533 条规定的情势变更原则有所不同。根据《民法典》第 533 条的规定，合同成立后，合同的基础条件发生了当事人在订立合同时无法预见的、不属于商业风险的重大变化，继续履行合同对于当事人一方明显不公平的，受不利影响的当事人可以与对方重新协商；在合理期限内协商不成的，当事人可以请求人民法院或者仲裁机构变更或者解除合同。该规定中基于情势变更而引起的合同的变更，是当事人请求人民法院予以变更，人民法院根据公平原则予以变更或者解除，而无需征得对方当事人的同意。

值得注意的是，与《旅游纠纷规定》原第 13 条第 2 款要求征得旅游者同意方可变更不同，《旅游法》第 67 条第 1 项规定，在旅游合同不能完全履行的情况下，旅行社仅需向旅游者作出说明，即可以在合理范围内变更合同。前者采取的是原《合同法》第 77 条第 1 款（《民法典》第 543 条）协议变更的结构，后者则采取了赋予旅行社单方变更权、旅游者解除权的结构模式。虽然，从结果来看，有效的行程变更最终仍然是以旅游者同意为原则，但《旅游法》第 67 条第 1 项规定的模式有利于行程变更的实施，避免了实践中关于旅游者同意实施中存在的争议。

实践中，旅游合同虽然是旅游经营者与单个旅游者分别签订，但是旅游合同的履行经常组成旅游团队进行，这也符合旅游行业的经营特征。因此，就旅游合同的变更可能发生的情形是，部分旅游者同意变更旅游行程、部分旅游者不同意变更，在此情形下，旅游经营者将陷于两难境地：不变更旅游行程，将导致旅游合同无法履行；解除旅游合同，将造成旅游经营成本的增加；如果变更旅游行程，则可能引发对不同意变更旅游者的违约责任。

在部分旅游者同意变更、部分旅游者不同意变更时，旅游经营者依法应当仅对同意变更行程的旅游者根据变更后的行程履行旅游合同，对于不同意变更的，则应当解除旅游合同。属于全部不能履行的，全部予以解除；部分不能履行的，应当部分解除；因部分不能履行导致整个合同不能履行或者履行不能实现合同目的时，应当认为属于全部不能而予以解除。之所以如此处理，① 其基本理由在于，以旅游团队的形式为旅游者提供旅游服务、履行旅游合同，属于旅游经营者降低旅游经营成本所采取的措施，享受旅游团队方式履行合同之利益者，应当承担因此而引发的风险。至于旅游者因此所享受的以较便宜的价格完成旅游的利益，属于以旅游团队方式履行合同的反射利益，与旅游经营者的利益存在性质上的差别，不应予以考虑。

按照协议变更的模式，旅游者对旅游行程变更的同意应当基于旅游者的自愿，旅游者并无同意旅游行程变更的义务。如果旅游者被迫做出同意，则可以根据《民法典》第 150 条的规定，请求人民法院撤销变更旅游合同的协议。实践中经常出现强迫或者变相强迫旅游者同意变更行程的情形。强迫或者变相强迫旅游者同意变更行程既可以是旅游经营者做出的，也可以是其他旅游者做出的。实践中部分不法旅游经营者为了达到变更行程的目的，挑动旅游团队中具有较强说服力、领导能力的旅游者采取各种手段，迫使其他旅游者同意变更旅游行程。对于做出胁迫或变相胁迫的旅游者的行为，旅游经营者的工作人员通常是知情的，因此使其承担相应的责任，符合《民法典》第 150 条第三人胁迫的规定。但由于旅游者需承担第三人胁迫的证明责任，变相胁迫的情形往往难以达到《民法典》第 150 条所要求的程度，对旅游者不甚公平。这也正是《旅游法》第 67 条第 1 项规定改弦更张的重要考虑，旅游经营者无需再举证变更行程取得了旅游者的同意，旅游者不同意变更行程时通过单方意思表示通知解除即可，双方均不需要围绕同意与否发生争议。

当然，为避免因此而造成的旅游经营成本增加，旅游经营者应当着重提供有利于旅游者同意的合同变更方案，而不是采取非法手段，欺诈、胁迫或者变相胁迫旅游者同意变更旅游合同。旅游行程的变更应当以行程变化最小为其原则，以旅游服务质量着眼于长远为旅游者提供更多无偿服务，以促进旅游合同的变更和旅游目的的实现。

五、旅游合同变更的法律后果

（一）旅游合同内容发生变更

因不可抗力等客观原因而变更旅游合同，经旅游者同意，旅游合同的内容

---

① 王洪亮：《债法总论》，北京大学出版社 2016 年版，第 212-213 页。

即发生改变。这一改变，原则上仅对将来发生效力，即仅对合同未履行部分发生效力，对已经提供的旅游服务部分没有溯及力。旅游合同变更部分替换相应部分后，成为旅游合同的组成部分，双方当事人需依变更后达成的协议履行旅游合同。实践中，关于旅游合同的变更问题，除前述旅游者同意问题之外，争议最大的还有变更后旅游费用增加、减少时如何处理，《旅游纠纷规定》原第13条第2款、《旅游法》第67条第2项对此予以了明确，但二者的规定稍有不同。二者对变更后减少费用的情形，均规定应予返还。二者的差异在于因变更而增加的费用的处理，《旅游纠纷规定》原第13条第2款规定增加的费用由旅游经营者和旅游者分担，而《旅游法》第67条第2项则规定增加的旅游费用由旅游者承担。

（二）减少的旅游费用的退还

因为旅游行程的变更，可能会导致提供的旅游服务在服务档次、服务数量方面不及约定的旅游服务，为此就可能发生应当减少旅游费用的情形。旅游费用减少的额度，旅游者与旅游经营者之间有明确约定的，根据约定；旅游者与旅游经营者之间缺乏明确约定的，应当根据变更前后旅游服务之间的差额进行计算。

之所以对减少的旅游费用采取退还，而不是由双方进行分担的处理方式，基本理由在于，减少的旅游费用是变更后的旅游服务不及变更前的旅游服务，根据等价有偿的基本原则，提供的服务与支付的报酬应当具有通常的等价关系。在旅游费用减少的情况下，所发生的风险负担，均由旅游经营者承担。

（三）增加的旅游费用的承担

《旅游纠纷规定》原第13条第2款规定增加的费用由旅游经营者和旅游者分担，具有相当的合理性。因为变更旅游行程，也可能会因此导致旅游费用的增加，对于增加的费用如果全部由旅游者或者旅游经营者一方负担，将导致双方当事人在旅游风险负担分配上的不均衡，任何一方对于客观原因的发生均不可归责，而使其为因此增加的风险承担不利后果，欠缺正当性基础。如果要求旅游者一方完全负担，一方面，可能导致旅游经营者只做增加旅游费用的变更，而不做减少旅游费用的变更，有法律规范诱使当事人违背诚实信用原则、导致变相强制消费的嫌疑；另一方面，由旅游者一方完全负担增加的旅游费用，将不利于旅游者对旅游行程变更的同意，最终可能造成旅游经济效益的降低。如果由旅游经营者负担所有增加的旅游费用，也不利于鼓励旅游经营者提供更优良的旅游服务，不利于旅游活动目的之实现。因此，在因客观原因变更旅游行程时，要求旅游经营者与旅游者分担因此增加的旅游费用，具有一定的合理性。

但是，由于和《旅游法》第 67 条规定不一致，《旅游纠纷规定》原第 13 条已被删除。根据《旅游法》第 67 条第 2 项的规定，增加的旅游费用由旅游者承担。这一方案的优势在于避免了《旅游纠纷规定》原第 13 条关于旅游者与旅游经营者增加费用分担规则确定的争议，规则适用简洁明快。但同时也存在前述不利于旅游合同变更、无法最大限度减少不可抗力等客观原因对旅游活动影响的弊端，进而导致此种情形下当事人选择解除合同的比例增高，不利于对旅游经营活动的促进。

当然，《旅游法》第 67 条第 2 项增加的旅游费用由旅游者承担的规定，并非强行性规定。基于合同自由的原则，旅游经营者与旅游者当然可以协商，由双方分担因此增加的旅游费用。通过协商处理，可以实现缓和《旅游法》第 67 条第 2 项规则过于僵化的弊端。

第五节　旅游经营者恶意违约的责任

一、旅游经营者恶意违约行为的概念

所谓旅游经营者恶意违约行为，是指旅游经营者或其旅游辅助服务者在履行旅游合同过程中，故意违反旅游合同的约定，旅游经营者应当承担全部赔偿等违约责任的行为。

旅游经营者恶意违约行为，以故意违反旅游合同约定为主观要件。旅游经营者明知旅游行程安排、所需游览景点、所应提供服务项目和服务标准，而擅自改变旅游行程、遗漏旅游景点、减少旅游服务项目、降低旅游服务标准，即表明其存在违反合同约定的恶意。因此，在旅游者追究其恶意违约责任时，无需举证证明旅游经营者的主观恶意，仅需证明旅游经营者有上述违约行为即可。由旅游经营者对自己并不存在主观上的故意，承担举证责任。

旅游经营者恶意违约行为，应当承担全部赔偿的违约责任。《旅游纠纷规定》颁行之前，旅游经营者恶意违约，擅自甩团、改变旅游行程、遗漏旅游景点、减少旅游服务项目、降低旅游服务标准，往往仅承担遗漏景点门票、减少旅游服务项目的票价，部分地区人民法院对重新游览景点的交通费用予以支持，

但并未形成统一的规范。《旅游纠纷规定》第 15 条第 1 款明确规定，旅游者请求旅游经营者赔偿未完成约定旅游服务项目等合理费用的，人民法院应予支持。该合理费用的赔偿，是对旅游者为完成约定旅游服务项目所支付的合理的全部费用的赔偿，而不仅限于交通、门票，还包括因此所应支付的食宿费用以及误工费等合理费用。

旅游经营者恶意违约行为，不仅严重侵害了旅游者的合法权益，而且对旅游市场秩序造成了非常恶劣的影响。旅游经营者所提供的旅游服务，本应属于提高人民文化生活水平的重要途径，而一些恶意违约行为，例如导游辱骂游客、强迫旅游者购物等恶劣行为，不仅与提供旅游服务的宗旨严重背离，而且对于我国旅游市场形象造成无以复加的负面影响。至于擅自甩团、改变旅游行程、遗漏旅游景点、减少旅游服务项目、降低旅游服务标准的恶意违约行为，更是旅游市场上的痼疾。《旅行社条例》为规范旅游市场的治理、营造良好市场氛围，对不规范经营行为规定了较为严厉的行政处罚措施，但《旅行社条例》规范目的的实现，有赖于旅游行政管理部门、执法部门的严格执行，而各级旅游行政管理部门受到地方保护主义、执法队伍、执法水平等多方面的限制，致使《旅行社条例》实施多年来，旅游市场的混乱局面不仅没有显著改善，反而有愈加恶化的趋势。《旅游纠纷规定》的出台，为旅游纠纷的司法处理提供了明确的依据，有利于发动旅游者的力量，弥补行政执法存在的弊端，遏制旅游经营者恶意违约、损害旅游市场秩序的行为。

二、旅游经营者的恶意违约行为

旅游经营者恶意违反旅游合同的约定，擅自改变旅游行程、遗漏旅游景点、减少旅游服务项目、降低旅游服务标准等，应当对其违约行为承担违约责任。旅游经营者承担违约责任，首先应当存在违约行为。

存在违约行为，是旅游经营者承担恶意违反旅游合同之违约责任的客观要件。《旅游纠纷规定》对旅游经营者的违约行为采取了“列举+概括”的规定方式，一方面列举了“擅自改变旅游行程、遗漏旅游景点、减少旅游服务项目、降低旅游服务标准”等四项典型的违约行为，另一方面以“违反合同约定，有……行为”的表述，将不能一一列举的其他旅游经营者违约行为予以概括。所列举的四种典型行为，必须以其概括表述为性质根据，即应属于“违反合同约定”的行为。如果旅游经营者的四种行为，并不违反合同约定，即无需承担违约责任。

所谓擅自改变旅游行程，是旅游经营者违反合同约定，未按照事先约定的旅游行程安排提供旅游服务的行为。旅游行程，是旅游经营者就其提供的特定旅游服务之组合相应的时间、进程、具体服务内容等，向旅游者作出的承诺，其法律性质类似于产品说明书。擅自改变旅游行程，即意味着旅游经营者向旅游者提供的旅游服务与其承诺提供的旅游服务不符，与承揽合同中承揽人交付的工作成果不符合质量要求的法律性质相同，为此应当承担违约责任。由于旅游行程是全部旅游服务在量的方面的衡量尺度，因此擅自改变旅游行程在旅游合同违约中具有重要的基础性地位。就其与遗漏旅游景点、减少旅游服务项目之间的关系而言，旅游行程改变是遗漏旅游景点、减少旅游服务项目的共同特征，遗漏旅游景点、减少旅游服务项目是擅自改变旅游行程的典型形态。

所谓遗漏旅游景点，是指旅游经营者违反旅游合同约定，未安排旅游者参观旅游行程事先确定的旅游景点的违约行为。现阶段我国旅游活动以游览旅游景点为其核心内容，休闲、疗养大多属于辅助项目。因此，遗漏旅游景点的法律性质，通常属于拒绝履行旅游合同的主要义务，或者因重大过失未履行旅游合同的主要义务，如何判断依旅游经营者之主观要素确定。遗漏旅游景点，属于严重违反旅游合同的情形，旅游经营者当然应当为此承担违约责任。

实践中，完全遗漏旅游景点容易为旅游者所发现，在旅游行程中容易发生严重争议，甚至影响旅游行程的进行。因此，旅游经营者往往并非完全不进入旅游景点，而是采取进入旅游景点后压缩游览时间、带领旅游者参观景点的部分区域等手段，违反旅游合同的约定，侵害旅游者的合法权益。对于此种情形的处置，如果旅游行程对游览时间有约定的，可以认定为擅自改变旅游行程的违约行为；如果未参观景点区域有其独立性，则可以认定为遗漏旅游景点；如果未参观景点区域既无独立性，旅游行程对游览时间也没有明确约定，可以通常的游览时间要求为依据，判断旅游经营者是否违反适当履行旅游合同的义务。例如，故宫通常的游览时间为4小时，而某旅行团仅用1小时就走完全程，旅游经营者显然违反了适当履行合同的义务。如果未参观部分景点区域属于该旅游景点的核心区域，应当认定因为旅游经营者的违约行为，导致旅游者游览该景点的目的不能实现，在法律上应认定为完全违约，由旅游经营者就整个景点旅游服务的不履行承担违约责任。

所谓减少旅游服务项目，是指旅游经营者违反旅游合同的约定，未向旅游者提供部分约定旅游服务项目的行为。旅游服务项目是旅游活动的组成部分，旅游活动通常由多个旅游服务项目根据一定的顺序组合而成。从旅游经营者提供旅游服务的角度来看，旅游经营者根据旅游合同向旅游者提供旅游服务，通常以组合旅游服务的形式出现，一方面是将行食住游购娱等不同类型的旅游服务组合在一起，另一方面是将不同旅游目的地的旅游服务组合起来，以一个旅游服务产品的形式向旅游者提供。因此，就减少旅游服务项目的认定，即可能就什么是旅游服务项目产生争议。对此，应当从旅游合同的全面适当履行以及旅游服务的整体性角度出发，认为旅游服务项目属于旅游合同约定旅游服务的具体组成要素，减少旅游服务项目即导致旅游服务内容不完整，旅游服务在量的方面存在瑕疵。减少旅游服务项目，在法律性质上类似于履行买卖合同缺斤短两、履行承揽合同数量不足等，至于所减少的旅游服务项目属于某类旅游服务的整体减少还是部分减少，所减少的旅游服务是否构成独立的旅游服务项目，在所不问。例如，旅游合同约定，临潼兵马俑、华清池、大雁塔、明城墙、钟鼓楼二日游，旅游经营者未前往兵马俑即属于减少旅游服务项目；旅游经营者拒绝提供前往临潼兵马俑、华清池的大巴服务，也属于减少旅游服务项目。

旅游服务的标准，即旅游服务的质量标准、所提供服务的档次等，是旅游服务在质的方面的衡量尺度。所谓降低旅游服务标准，即旅游经营者未经旅游者同意，所提供的服务低于约定的档次、质量标准的行为。例如，约定旅游过程中所住宾馆为四星，而实际为准四星；约定住宿地环境幽雅，而实际上四周均是建筑工地，喧闹不已；约定旅行过程中乘坐豪华大巴，而实际提供的交通工具为小型客货两用车；等等。旅游者参加旅游活动，以追求精神愉悦为目的，而此种精神愉悦的目的能否实现，旅游服务质量具有决定性的意义。在保证旅游服务质量的前提下，即使出现不得已的变更、解除，也可能不会对旅游者旅游目的之实现产生严重的负面影响；反之，如果旅游服务质量低下，即使在数量上完成了所有的旅游服务项目，也可能会导致旅游目的之落空。可以说，旅游服务的质量是旅游目的能否实现的决定性因素。

降低旅游服务标准与擅自改变旅游行程、遗漏旅游景点、减少旅游服务项目之间的不同在于，降低旅游服务标准以提供服务为前提，后者则是未提供部分服务或者未按照要求的时间提供服务；降低旅游服务标准是质的规定性，即旅游服务的优劣问题，擅自改变旅游行程、遗漏旅游景点、减少旅游服务项目则是量的规定性，是旅游服务的存在有无、是否的问题。

在理论上，这两种类型的服务瑕疵能够予以明确区分，但实践中大多数违反旅游合同的情形，既包括擅自改变旅游行程，也涉及旅游服务标准的降低。因此，实践中认定旅游经营者的违约行为，应以客观标准来确定，即旅游经营者所提供的旅游服务是否符合旅游合同的约定，不符合的即应当认定为旅游经营者存在违约行为，不论旅游经营者的违约行为是否属于《旅游纠纷规定》第15条第1款所列举的范围。

三、旅游经营者违约与旅游者的同意

旅游经营者擅自改变旅游行程、遗漏旅游景点、减少旅游服务项目、降低旅游服务标准等行为，之所以构成违约行为而需要承担违约责任，根本在于未征得旅游者的同意。如果旅游经营者改变旅游行程、减少景点、服务项目或者降低旅游服务标准已征得旅游者的同意，则因其不具有违法性而无需承担违约责任。

实践中，经常发生争议的问题是，旅游经营者以团队旅游的形式为旅游者提供旅游服务，每个旅游团队少则三五人，多则十五人，旅游经营者征得部分或者大部分旅游者同意而改变旅游行程、减少景点、服务项目或者降低旅游服务标准，是否依然应当承担违约责任？这一问题在《旅行社条例》制定过程中就曾经引发激烈的争论，最后导致《旅行社条例》对旅游合同的变更采取了严格禁止的态度；《旅游纠纷规定》起草过程中，也曾经有同志提出严格禁止变更旅游行程的建议，后来并未被《旅游纠纷规定》所采纳。

事实上，对这一问题所发生的争议，其根本在于对旅游合同和旅游活动之间关系的混淆。旅游合同是每一个旅游者分别与旅游经营者所签订的协议，旅游活动是旅游经营者提供旅游服务的行为，旅游经营者虽然可以团队旅游的形式向多个旅游者提供相同的旅游服务，但旅游经营者的合同相对人是具体的某一个旅游者，而不是旅游团。旅游经营者改变旅游行程、减少景点、服务项目或者降低旅游服务标准，是对旅游合同内容的变更，是对旅游合同的违反，应当征得旅游合同相对人的同意。因此，旅游经营者在上述情形下，应当征得旅游团队中每个旅游者的同意，方可改变旅游行程、减少景点、服务项目或者降低旅游服务标准，否则就应当对未同意旅游者承担违约责任。由于旅游团并非一个组织体，所以并不能实行组织内部决议的民主程序，即不能采取多数决的方式来确定是否允许旅游经营者改变旅游行程、减少景点、服务项目或者降低旅游服务标准。换言之，征得部分旅游者同意，不能免除其对于未同意旅游者的违约责任。

《旅游纠纷规定》未对旅游经营者“擅自”的标准做出明确的规定，就应当依据《民法典》第119条所确立的合同拘束力原则处理，即依法成立的旅游合同，对于旅游经营者和旅游者具有法律约束力。旅游经营者应当按照约定履行自己的义务，不得擅自变更或者解除合同。当然，旅游经营者与旅游者事先约定，特定情形下征得部分旅游者同意即可更改旅游行程、减少旅游服务项目等，只要该约定依法有效，对于当事人来讲应当具有约束力。

四、甩团行为的法律性质及其责任

所谓甩团，是旅游行业的行业术语，是指旅游经营者及其工作人员（导游、领队人员）拒绝向旅游者提供旅游服务，并遗弃旅游者的行为。

甩团行为经常发生在旅游者与旅游经营者的工作人员发生争议期间，引起甩团的原因多种多样，既可能因为正常服务期间的口角，也可能因为旅游者未按照导游、领队人员的要求购物。甩团行为的法律性质是严重的恶意违约，其严重性来源于旅游活动的异地性和旅游者对旅游活动的人身参与性。旅游者根据旅游经营者的安排到达旅游目的地，对旅游目的地的语言、文化、交通、住宿等相关信息均不了解，其所有的活动均依赖于旅游经营者安排的导游、领队人员。当导游、领队人员的甩团行为使旅游者对其信赖落空，处于孤立无援的境地，① 如果选择自行活动可能会发生走失的后果，如果在原地等待也不知导游、领队人员是否会回转继续履行旅游合同。

除了甩团行为所导致的恶劣后果之外，在所有导游、领队人员甩团事件中，大多数情形都是因为旅游者没有按照导游、领队人员的要求购物、参加自费项目等，使导游、领队人员未能非法获得高额的回扣引起的。因此，《旅行社条例》对甩团行为规定了非常严厉的处罚措施，除责令改正外，还对旅行社可处10万元以上50万元以下的罚款；对导游人员、领队人员，处1万元以上5万元以下的罚款；情节严重的，吊销旅行社业务经营许可证、导游证。然而，由于行政处罚对于旅游行政主管部门的执法意愿和执法能力有极强的依赖性，地方保护主义和行业保护主义的观念在很多地方还非常盛行，如此严厉的处罚措施

① 王惠静：《〈旅游法〉对“零负团费”的调控模式》，载《法学杂志》2013年第10期。

也并未能对旅游经营者的甩团行为产生明显的遏制作用。因此，在《旅游纠纷规定》的起草过程中，我们曾经提出建议，为甩团行为设定惩罚性赔偿的法律责任，以发挥民事责任在行业规范方面的作用，但最终限于《旅游纠纷规定》司法解释的性质未能采纳。之后，在《旅游法》起草过程中惩罚性赔偿的建议被采纳，并在第 70 条第 1 款第 2 句明确规定，旅行社具备履行条件，经旅游者要求仍拒绝履行合同，造成旅游者人身损害、滞留等严重后果的，旅游者还可以要求旅行社支付旅游费用一倍以上三倍以下的赔偿金。

就其法律性质来看，甩团行为本质上是拒绝履行合同义务的行为，属于典型的违约行为，自然应当根据《民法典》第 578 条的规定承担违约责任。就其构成而言，甩团行为既可以是明确表示不履行旅游合同，也可以是以其行为表明不履行旅游合同。另外，甩团行为，既可以是拒绝向全部旅游者提供所有旅游服务，也可以是拒绝提供部分旅游服务，还可以是仅对部分旅游者拒绝提供全部或部分旅游服务。因此，实践中曾经发生过的部分导游人员甩团一天后，第二天继续带领旅游者进行旅游活动的行为，或者遗弃某个旅游者的行为也依然构成甩团行为。至于实践中部分导游、领队人员以甩团要挟旅游者购物、参加自费项目等，实际上在旅游者购物或参加自费项目后并未甩团的，应当客观认定其并无甩团行为，不承担甩团的法律责任；但对其以甩团相要挟的行为，在构成变相强迫时，可以根据相关法律使其承担相应的法律责任。

《旅游纠纷规定》并未明确列举甩团行为，那么旅游者能否依《旅游纠纷规定》第 15 条第 1 款的规定，请求旅游经营者承担未完成旅游项目的合理费用呢？答案是肯定的，其理由在于：其一，《旅游纠纷规定》第 15 条第 1 款所规定的是旅游经营者的恶意违约行为，而并非仅限于擅自改变旅游行程、遗漏旅游景点、减少旅游服务项目、降低旅游服务标准四种行为，在列举该四种恶意违约行为之后，尚有“等行为”作为兜底性概括规定。其二，甩团行为在其行为性质和行为后果上，均较之于擅自改变旅游行程、遗漏旅游景点、减少旅游服务项目、降低旅游服务标准等行为严重，根据举轻以明重的解释原则，甩团行为当然应当承担未完成旅游项目的合理费用的赔偿责任。

除此之外，在甩团行为符合《旅游法》第 70 条第 1 款第 2 句的规定时，旅游者还可以要求旅行社承担旅游费用一倍以上三倍以下的惩罚性赔偿责任。主张惩罚性赔偿责任的构成要件有三，即：（1）旅行社具备履行旅游合同的条件应该履行而拒绝履行；（2）经旅游者提出要求后仍然拒绝履行合同；（3）造成旅游者人身损害、滞留等严重后果。①

五、旅游经营者的责任范围

根据《旅游纠纷规定》第 15 条的规定，旅游经营者恶意违反旅游合同的，应当向旅游者承担赔偿未完成约定旅游服务项目等合理费用的违约责任。对于该款规定的旅游经营者的责任范围，实践中容易引起争论的主要点在于，何谓未完成约定旅游服务项目？在擅自改变旅游行程、降低旅游服务标准时，还能否适用赔偿未完成约定旅游服务项目的责任规定？合理费用的“合理”应当以什么为标准？旅游经营者是否可以其他方式承担违约责任？以下就这些问题针对旅游经营者的责任范围做简要分析。

（一）未完成约定旅游服务项目

所谓未完成约定旅游服务项目，是指旅游合同约定的旅游服务项目中，旅游经营者未提供或者未完全提供的旅游服务项目。因此，以“未完成约定旅游服务项目”为旅游经营者的责任范围，是以旅游服务项目存在未完成情形为前提的，仅适用于遗漏旅游景点、减少旅游服务项目等欠缺旅游服务要素的违约形态。对于擅自改变旅游行程、降低旅游服务标准等并不涉及旅游服务要素欠缺的违约形态来讲，赔偿未完成约定旅游服务项目等合理费用的责任方式并不适用，因为在这些旅游服务质量不符合要求但又不欠缺旅游服务要素的情形下，如果仅要求旅游经营者承担未完成约定旅游服务项目的费用的，旅游经营者即可以主张所有旅游服务项目均已提供，并不存在“未完成约定旅游服务项目”，对旅游者的赔偿请求予以抗辩。

事实上，在《旅游纠纷规定》的起草过程中，基本上都是采取了针对“缩短旅游行程、遗漏旅游景点、减少旅游服务项目的行为”，赋予旅游者请求旅行社负担完成所遗漏旅游景点的门票及旅途费用等合理费用的请求权，而并未将其范围扩展至变更旅游行程、降低旅游服务标准。《旅游纠纷规定》第 15 条第 1 款的规定，在违约形态上进行了扩展，而在法律后果上并未做相应的规定。由此引发的问题是，既然对于变更旅游行程、降低旅游服务标准但并没有未完成约定旅游服务的情形，不能适用赔偿“未完成约定旅游服务项目”合理费用

① 杨振宏：《旅游法上惩罚性赔偿的正当性分析——兼论旅游精神损害赔偿的可替代性》，载《北方法学》2014 年第 1 期。

的违约责任，那么对旅游服务在质量方面存在的瑕疵，旅游经营者应当承担何种责任，方能妥当救济旅游者的合法权益？

对于擅自改变旅游行程来讲，通常会同时导致旅游服务项目的减少或者旅游景点的遗漏，因此旅游者可以要求旅游经营者按照所减少的旅游服务项目承担相应的赔偿责任；反之，如果未发生旅游服务项目的减少或者旅游景点的遗漏，则仅能就擅自改变旅游行程所导致的损害要求旅游经营者承担赔偿责任。

对于降低旅游服务标准而言，通常并不一定导致旅游服务项目的减少或者旅游景点的遗漏，例如合同约定住宿在五星级酒店，但实际上安排的是四星级酒店。对于此种情形，旅游者并不能要求旅游经营者就“未完成的旅游服务项目”承担赔偿责任，因为并不存在“未完成的旅游服务项目”。根据《旅游法》第 70 条第 1 款第 1 句的规定，旅游经营者所提供的旅游服务不符合旅游合同约定的，旅游者可以要求旅游经营者承担采取继续履行、采取补救措施或者赔偿损失等违约责任。需要注意的是，在承担责任的方式上，《旅游法》第 70 条第 1 款第 1 句并未规定“减少报酬”的责任方式，这是因为该条直接来自原《合同法》第 107 条（《民法典》第 577 条）的一般违约责任规定。实际上，在原《合同法》第 111 条（《民法典》第 582 条）、第 262 条（《民法典》第 781 条）均明确规定了质量瑕疵情形下减少价款或报酬的责任承担方式。《旅游法》第 70 条第 1 款第 1 句未能规定“减少报酬”的责任方式，可以通过类推《民法典》第 781 条的规定，将“减少报酬”作为本条“等违约责任”的内容来解决这一问题。例如，旅游者可以要求旅游经营者在剩余旅游行程中按照约定提供五星级酒店服务、要求旅游经营者退还五星级酒店与四星级酒店服务之间的差额，并进而要求旅游经营者就其违反合同承担违约金责任（如果有约定的话），或者就未享受到五星级酒店服务所遭受的其他损失承担赔偿责任。

因此，旅游经营者违反旅游合同，擅自改变旅游行程、遗漏旅游景点、减少旅游服务项目、降低旅游服务标准等，其责任范围并不以赔偿未完成约定旅游服务项目等合理费用为限。旅游经营者违约责任的范围，应当根据旅游经营者的违约形态来具体确定，而不能完全按照同一个标准确定责任方式和范围。

（二）合理费用

旅游经营者遗漏旅游景点、减少旅游服务项目，应当赔偿未完成约定旅游服务项目等合理费用，那么如何界定合理费用的范围呢？哪些费用属于合理费用，哪些不属于合理费用？这些都是实践中容易引起纠纷的，有必要予以说明。

旅游经营者遗漏旅游景点、减少旅游服务项目，其赔偿的合理费用，在法律性质上是违约损害赔偿。因此，合理费用的范围，应当以违约损害赔偿的范围确定方法为依据，结合旅游合同的具体情况确定。违约损害赔偿以完全赔偿为原则，以限额赔偿为例外。根据完全赔偿原则，旅游经营者承担的赔偿责任，以旅游者所遭受的损害计算为决定性要素，即旅游者遭受了多大损害，旅游经营者就应当承担多大的赔偿责任。旅游经营者赔偿的未完成旅游服务项目的合理费用，应当使旅游者处于如同旅游合同得到适当履行一样。

至于旅游者所遭受的损害如何计算，实践中存在两种主张，一种主张认为，旅游者的损害仅仅在于遗漏旅游景点门票或者减少服务项目本身的费用，这种观点在旅游经营者方面普遍存在；另一种主张认为，旅游者的损害是重新游览被遗漏景点、接受未提供服务本身所支付的全部费用，除遗漏旅游景点门票或者减少服务项目本身的费用之外，还包括往返的交通费、食宿费用等，这种观点对旅游者的保护极为有利，在旅游者方面非常普遍。

我国《民法典》第584条就违约损害赔偿范围所作规定较为抽象，即损失赔偿额应当相当于因违约所造成的损失，包括合同履行后可以获得的利益；但是，不得超过违约一方订立合同时预见到或者应当预见到的因违约可能造成的损失。此即完全赔偿的原则，并辅之以可预见性规则作为其限制。[①] 根据这一规则，旅游经营者应当承担因其遗漏旅游景点、减少旅游服务项目所造成的全部损害，遗漏旅游景点门票或者减少服务项目本身的费用固然属于因其违约行为所造成的直接损害，旅游者为重新游览旅游景点、享受旅游服务项目所需支付的合理费用，当然也属于因旅游经营者违约行为所造成的直接损害。我国合同法理论上通常有间接损害一说，主要是指因违约导致对方应增加而未能增加的利益，[②] 在旅游合同中是指旅游者因旅游经营者的违约应当获得的精神享受而未能获得时的损害。旅游者为重新游览旅游景点、享受旅游服务项目所需支付的合理费用，并不属于间接损害，旅游经营者对此应当予以赔偿。因此，实践中曾经出现的仅赔偿遗漏旅游景点门票的做法，是不正确的。

但是值得注意的是，旅游经营者的赔偿计算，不应以旅游者独自重新游览旅游景点、接受旅游服务为标准计算，而应当以旅游者再次参加旅游经营者组织的旅游团队，接受旅游服务所应当支付的旅游费用为基础计算。其理由在于，

① 韩世远：《合同法总论》，法律出版社2018年版，第794-797页。
② 王洪亮：《债法总论》，北京大学出版社2016年版，第395页。

旅游者选择参加旅游团队时是选择了以较低廉的价格获取旅游服务，旅游经营者提供旅游服务的成本也是以团队旅游方式计算的，如果允许旅游者以独自重新游览旅游景点、接受旅游服务为计算标准的话，将使旅游者获得不应获得的利益。所以，在旅游经营者赔偿额的计算方面，应当明确以团队旅游的旅游费用为基础，根据损益相抵的规则，结合旅游经营者对违约损害后果的可预见性，科学、合理地予以确定。

(三) 旅游经营者是否可以其他方式承担违约责任?

旅游经营者遗漏旅游景点、减少旅游服务项目所应赔偿的范围，相当于旅游经营者重新为旅游者提供相应旅游服务的费用，那么是否允许旅游经营者以采取补救措施、继续履行、替代履行等方式来承担违约责任呢？此即涉及《旅游纠纷规定》第 15 条第 1 款与《旅游法》第 70 条第 1 款第 1 句之间的适用关系问题，即《旅游纠纷规定》第 15 条第 1 款是否排除《旅游法》第 70 条第 1 款第 1 句的适用。

从各国关于旅游合同的立法情况来看，当旅游经营者履行合同存在瑕疵时，旅游者即有权要求旅游经营者采取补救措施，旅游经营者拒绝采取补救措施或者无法补救时，旅游者可以请求减少价款，严重时可以终止旅游合同，并要求损害赔偿。由此可见，旅游服务在性质上并非不可采取补救措施、继续履行或替代履行，旅游经营者出于成本控制、客源巩固等目的，完全可以在发生遗漏旅游景点、减少旅游服务项目时主张以采取补救措施、继续履行、替代履行等方式来承担违约责任，但必须征得旅游者的同意。因此，旅游经营者主张采取补救措施、继续履行或替代履行并非其针对旅游者损害赔偿请求权的抗辩理由，在诉讼过程中，仅仅是一种和解的方案而已。

较之于《旅游法》而言，《旅游纠纷规定》起草施行在先，是对原《合同法》、原《侵权责任法》等法律的具体应用（《立法法》第 104 条）。后施行的《旅游法》第 70 条第 1 款第 1 句虽属新法，却是照录原《合同法》第 107 条之一般规定，对于《旅游纠纷规定》第 15 条第 1 款所规定的特殊违约情形并未做具体规定。就此而言，《旅游法》第 70 条第 1 款第 1 句虽属新施行法，但其实质为旧法，《旅游纠纷规定》第 15 条第 1 款虽起草施行在先，但实质为新法。就适用范围而言，《旅游纠纷规定》第 15 条第 1 款针对特殊违约行为做出特殊规定，为特别法。故根据新法优于旧法、特别法优于一般法的规则，也应优先适用《旅游纠纷规定》第 15 条第 1 款的规定。当然，如果考虑到《旅游纠纷规定》在2020年12月29日的修订，似亦可认为其为新法，然此论就本条的适用而言并无意义。

第六节　公共交通工具延误纠纷

一、旅游合同中的公共交通运输

旅游活动大多具有异地性，即需要离开旅游者的居住地前往其他地区，因此旅游者的运输是旅游合同履行过程中非常重要的组成部分。旅游合同履行过程中的旅游者运输，既有旅游经营者自行安排的旅游者运输，例如旅游经营者自己拥有的旅游大巴运输、旅游经营者选择运输公司并特别约定运算时间、路线的运输合同，也有利用航班、班轮、火车、城际客运班车等公共交通工具完成的旅游者运输。旅游者的安全、准时运输，是旅游合同能够顺利履行的基本前提，如果旅游者在运输过程中遭受人身损害或者未能准时到达目的地，则旅游合同的履行必然会受到影响，甚至不能履行。因此，旅游者的运输在旅游合同旅行中处于非常重要的地位，应当给予高度的重视。

实践中，因为旅游者运输而发生的旅游纠纷，在旅游纠纷的总体数量、损害赔偿额中占据着绝对的优势地位，这一现象也与现代民事损害赔偿纠纷中以交通事故损害赔偿纠纷为典型相符合。在所有的旅游者运输引起的纠纷中，主要表现有二：其一是在运输过程中，发生交通事故导致旅游者人身、财产损害；其二是旅游者运输部门未按照约定时间将旅游者运达目的地，即交通工具的延误。其中，公共交通工具延误引起的纠纷最为普遍，实践中的处理也各不相同。为此，旅游纠纷司法解释对公共交通工具延误的法律后果，主要是旅游经营者的责任，做出了明确的规定，对其积极意义应当予以肯定。然而，旅游纠纷中涉及的交通事故问题，虽然也属于《民法典》侵权责任编调整的范畴，但旅游者是否可以根据旅游合同要求旅游经营者承担赔偿责任，旅游经营者能否以公共交通运输部门不受其控制、自己选择的运输公司已经向旅游者做出赔偿等作为抗辩理由，拒绝予以赔偿等，旅游纠纷司法解释并未予以明确，旅游者遭受损害后，交通运输部门和旅游经营者之间相互推脱责任的问题并未得以解决，对旅游者的保护明显不利，这是《旅游纠纷规定》的局限性所在。

二、公共交通工具延误的一般法律后果

所谓公共交通工具延误，即公共交通工具未准时到达目的地。《民法典》第 811 条规定，承运人应当在约定期限或者合理期限内将旅客、货物安全运输到约定地点。据此，公共交通工具经营者作为承运人，在其公示、承诺的期间内将旅游者运输到目的地，即不构成公共交通工具延误，否则未能在公示、承诺的期间内将旅游者运抵目的地，则构成延误。至于《民法典》第 811 条所规定的“合理期限”，是作为约定期限的补充，而不得认为承运人既可以在约定期限运抵目的地，也可以于合理期限运抵目的地。“合理期限”仅在当事人之间没有就运输时间做出明确约定时，作为合同漏洞填补工具存在，否则将使当事人约定期限的意义落空，合同本身对于承运人应准时运输的约束力完全丧失。为此，《民法典》第 820 条进一步明确规定，承运人应当按照有效客票记载的时间、班次和座位号运输旅客。承运人迟延运输或者有其他不能正常运输情形的，应当及时告知和提醒旅客，采取必要的安置措施，并根据旅客的要求安排改乘其他班次或者退票；由此造成旅客损失的，承运人应当承担赔偿责任，但是不可归责于承运人的除外。公共交通工具延误，本身属于运输合同上的迟延履行，应当承担运输合同上的违约责任，除非法律、法规另有免除其责任的规定。

我国现实中，公共交通工具的延误，是否承担、如何承担法律责任，尚存在争议。就航空运输来讲，《民用航空法》第 126 条规定，旅客、行李或者货物在航空运输中因延误造成的损失，承运人应当承担责任；但是，承运人证明本人或者其受雇人、代理人为了避免损失的发生，已经采取一切必要措施或者不可能采取此种措施的，不承担责任。就此而言，航班运输情况下，承运人应当承担法律责任并无疑义，存在争论的仅仅在于具体在什么情况下，航空承运人不承担责任的具体认定。我国民航总局于 2004 年 6 月发布了《航班延误经济补偿指导意见》（以下简称《指导意见》），其主要内容是，航空公司因自身原因造成航班延误的标准分为两个，一个是延误 4 小时以上、8 小时以内；另一个是延误超过 8 小时。对于这两种情况，航空公司要对旅客进行经济补偿；补偿方式可以通过现金、购票折扣和返还里程等方式予以兑现。虽然《指导意见》采取“补偿”一语明显混淆了承运人责任的法律性质，意在减轻承运人责任，但这并不能改变承运人因航班延误应承担法律责任的结论。

就铁路旅客运输来讲，《中华人民共和国铁路法》第 10 条规定，铁路运输

企业应当保证旅客和货物运输的安全，做到列车正点到达，但对于旅客运输延误的法律责任并无明确规定。《中华人民共和国海商法》并未就海上旅客运输合同中的延误问题做出规定，《道路旅客运输及客运站管理规定》也未就延误做出明确规定。因此，在涉及此类公共交通工具延误的违约责任时，首先应按照《民法典》第811条确认承运人负有按时、安全运输的义务，对发生延误的违约责任则根据第820条确立的原则处理。在承运人迟延运输或者有其他不能正常运输情形的，应当及时告知和提醒旅客，采取必要的安置措施，并根据旅客的要求安排改乘其他班次或者退票；由此造成旅客损失的，承运人应当承担赔偿责任，但是不可归责于承运人的除外。

三、公共交通工具延误与旅游合同

（一）《民法典》合同编的处理规则

交通工具延误的法律性质，从运输合同的角度来看，是承运人违反合同约定的履行迟延行为，应当根据《民法典》合同编关于运输合同的规定，承担相应的法律责任。[①] 根据《民法典》第820条的规定，旅游者在承运人迟延运输时，可以要求安排改乘其他班次或者退票。这一规定是以旅客始终未出发为前提，并不适用于旅客在客票载明的时间未到达目的地的情形。对此，应当适用《民法典》第820条及第582条、第583条的规定，承担履行迟延的违约责任。

公共交通工具延误，是导致旅游合同不能履行或者不能完全履行的原因，从旅游合同履行障碍的角度来看，这种情况属于《民法典》第577条所规定的违反合同约定情形，在这种情况下，通常应当根据《民法典》第593条的规定予以处理。在旅游经营者因公共交通工具运输经营者的原因造成旅游合同不能履行或者不能完全履行而违约时，应当依法向旅游者承担违约责任。《民法典》第593条通过“依法”所参引的法律，在此即指《旅游法》第71条第1款、《旅游纠纷规定》第16条。至于旅游经营者和公共交通工具运输经营者之间的纠纷，依照法律规定或者按照约定解决。简而言之，当公共交通工具延误造成旅游合同违约的，旅游经营者先向旅游者承担责任，再向公共交通工具运输部门进行追偿，至于追偿的法律关系，则需要根据具体情形另行确定。

---

① 韩冰：《论客运航班延误及其民事责任》，载《烟台大学学报（哲学社会科学版）》2008年第3期。

（二）关于《民法典》合同编处理规则的争议

然而，旅游行业对根据《民法典》第593条、《旅游纠纷规定》第16条的处理结果存在普遍的反对声音，其中最主要的理由是：其一，自己并非运输合同的主体，运输合同存在于旅游者与运输部门之间，没有理由要求自己就交通运输部门的违约行为承担责任；其二，旅游经营者根据《民法典》第593条、《旅游纠纷规定》第16条的规定承担责任后，因其与公共交通运输部门没有明确的合同关系，无法根据《民法典》第593条第2句向公共交通运输部门追偿；其三，即使公共交通运输部门自愿承担责任，因公共交通运输部门通常仅承担"补偿"责任、限额责任，这些责任并不能完全填补旅游经营者承担责任的损失，例如旅游经营者向旅游者赔偿了50万元，向航空公司追偿时，航空公司以人身伤害赔偿限额为40万元为由提出抗辩，那么旅游经营者本身并无过错却要承担10万元的赔偿责任。

上述针对《民法典》第593条、《旅游纠纷规定》第16条规定的反对理由，有一定的合理性。但应当注意的是，根据现代消费者保护法的基本思想，消费者不应当成为经营者之间交易结构设计、合作竞争关系的牺牲品，经营风险首先应由经营者承担。另外，公共交通运输既具有垄断性，同时也具有公益性，旅游经营者在享受公共交通运输为其营业提供低成本运营的同时，当然应当承受随之而来的经营风险，而不能将经营风险完全转嫁给消费者，不能以消费者自己接受公共交通运输时也是自己承担相应风险为由，拒绝自己的责任。另外，就上述三项理由而言，均有值得商榷之处。

首先，旅游经营者就公共运输延误承担责任，其依据是旅游经营者与旅游者之间存在的旅游合同，而非运输合同。因此，所谓旅游经营者不是运输合同主体，应当由运输部门承担违约责任的说法，是将旅游合同与运输合同两种不同的法律关系混为一谈。旅游经营者针对公共交通工具延误所承担的责任，是根据《民法典》第593条的规定，对因第三人原因造成违约，承担的违约责任，并非直接根据运输合同承担的违约责任。至于公共交通运输部门是否作为旅游经营者的履行辅助人（《旅游纠纷规定》称之为旅游辅助服务者），则是另外一个问题，本书第五章第二节将专门予以讨论，此处不赘。

其次，旅游经营者并非与运输合同全然无关，多数旅游经营者与公共交通运输部门存在密切的合作关系。以航空运输为例，航空公司通常会就各运输班次向旅游经营者分配座位数，旅游经营者所延揽的旅游团队乘坐某航空公司班机达到一定数额，旅游经营者能够得到一定的利润分成。就此而言，旅游经营者与航空运输部门存在客运合同，该客运合同中具体的被运输者在合同签订时并不确定甚至还不存在，旅游者即为该客运合同中的被运输者，同时是旅游经营者与航空运输部门之间运输合同的利益第三人。旅游者作为利益第三人，可以直接要求航空运输部门提供运输服务，也可以基于旅游合同要求旅游经营者提供运输服务（《民法典》第522条）。旅游经营者在与旅游者之间的合同关系中，既不能以自己并非运输合同的主体而主张免除责任，也不能以自己与公共交通运输部门并无合同关系为由推卸责任。

最后，公共交通运输具有相当的公益性，现代社会为促进公益事业的发展，对其责任予以限制，具有一定的合理性。当前，虽然理论界对限额责任的批评声音越来越高，各国立法界对于限额责任的态度也逐渐有所转变，但我国当前限额责任的存在还有一定必要性、合理性。旅游合同相关纠纷中争议的焦点在于，如何分散因为公共交通运输延误所造成的损失，究竟应当由旅游者自己承担，还是由旅游经营者单独承担，或者由旅游经营者与旅游者分担。根据谁受益谁承担风险的风险收益一般原理，利用公共交通运输者，即应当承担因为公共交通运输所带来的风险。旅游经营者利用公共交通运输完成其旅游经营，当然应当承受公共交通运输内在的风险，公共交通运输所潜在的各种风险，包括法律对其责任予以限制的法律风险，因为旅游经营者对其利用而内化为旅游经营者的经营风险。在我国当前并未对旅游经营者责任规定法定限额的情况下，旅游经营者并不能免除就该差额所应承担的责任。

《旅游纠纷规定》第16条针对的是因公共交通工具延误引起的旅游合同迟延履行纠纷，并非对旅游者造成人身、财产损害的加害给付责任问题。而关于公共交通运输部门的法定限额责任规范，针对的都是对旅游者固有利益的人身、财产损害的赔偿限额，并不存在公共交通工具延误的限额责任规则。故至少在《旅游纠纷规定》第16条规定的因公共交通工具延误引起的旅游合同迟延履行情形，限额责任导致旅游经营者追偿不得而不公平的理由并不成立。

（三）公共交通工具延误在旅游合同中的法律地位

旅游者运输合同，是旅游经营者为履行旅游合同而与运输部门签订的合同，并非旅游者为完成旅游合同而与运输部门签订的客运合同，这一点从旅游合同的基本属性来看，是显而易见的。旅游者之所以与旅游经营者签订旅游合同，而不选择直接与交通、住宿、景区景点等部门直接签订合同，无非是依赖于旅游经营者的专门营业，并免除因与旅游六要素各个服务部门直接签订合同的不便。旅游者在签订旅游合同时，所追求的目的在于通过旅游活动的完成实现精神上的享受与愉悦。该目的具有概括性，至于其中的交通、住宿、景区景点的选择、安排，仅是实现该目的之构成要素。正是基于此，旅游经营者是就旅游活动的整体向旅游者负责，而并非作为居间合同中的居间人、委托合同的受托人，仅就其促成交易的行为、处理委托事务本身的行为承担责任。

旅游营业的实践表明，旅游合同是一个框架性的混合合同，同时也存在众多的、为旅游合同之完成而在旅游经营者与其他经营者之间订立的合同。理论上认为，旅游合同属于承揽合同的具体类型，[①] 因此可以认为，旅游合同与运输、住宿、餐饮、游览等合同之间具有主承揽合同与次承揽合同的关系，旅游经营者作为主承揽人（相当于总承包人），对运输、住宿、餐饮、游览等合同的履行向旅游者承担责任，而运输、住宿、餐饮、游览等服务的直接提供者，由于具有第三人利益合同的性质，而且多附有保护旅游者的效力，因此往往需要对旅游者负担履行合同义务、赔偿造成损失的责任。[②]

在旅游合同及其相关合同组成的合同群中，公共交通工具的延误，显然属于对次承揽合同的违反，情节轻微者仅导致旅游合同在交通运输部分的违约，相反，严重的公共交通工具延误，必将引发旅游合同框架内其他合同的连锁反应，导致更为严重的旅游合同履行障碍。因此，无论公共交通工具的延误，是否导致旅游项目的减少、游览时间的缩短等旅游行程的变化，均属于旅游经营者可能承担责任的违约情形，应当依法承担违约责任。至于公共交通运输部门是否承担损害赔偿责任，则需要根据公共交通工具的延误是否造成损害、违约与损害之间是否存在相当因果关系，以及是否有免责事由而定，不能一概而论。

正是基于上述理论与实践上的考虑，《旅游纠纷规定》第 16 条放弃了对于所有公共交通工具延误引发纠纷的全面处理，而将其调整范围限定在因延误“导致合同不能按照约定履行”的范围内，仅从旅游合同本身出现履行障碍的角度来处理可能发生的旅游纠纷，至于单纯的、未造成“不能按照约定履行”的公共交通工具延误引发的纠纷，应当按照《旅游纠纷规定》的一般违约规则

① 黄茂荣：《买卖法》，中国政法大学出版社 2002 年版，第 12 页。

② 关于次承揽人对定作人的责任的简要分析，可参见黄茂荣：《债法各论（第一册）》，中国政法大学出版社 2004 年版，第 362 页。

处理。①

四、旅游经营者的责任

旅游经营者根据《旅游纠纷规定》第16条的规定，应当就公共交通工具延误导致的旅游合同瑕疵履行承担相应的法律责任。确定旅游经营者的责任，需要从两个方面予以考虑，一方面是旅游经营者承担责任的前提，即旅游经营者责任的构成要件；另一方面是旅游经营者责任的范围以及旅游经营者承担责任后能否追偿的问题。

（一）旅游经营者责任的构成要件

要求旅游经营者承担《旅游纠纷规定》第16条规定的责任，应当符合该条所确立的如下构成要件：

1. 公共交通工具延误

公共交通工具延误的认定，上文已经作了较为详细的阐明，此处不赘。实践中处理相关纠纷时，应当注意的问题有二：

其一，公共交通工具的认定，必须以交通工具在所涉案件中是否针对不特定的社会公众提供交通运输服务，而不以交通工具运营企业的性质、交通工具营业的通常属性为判断标准。据此，即使私人运营的交通运输工具也可能属于公共交通运输工具，相反，公共交通工具在承接包车业务时则不属于公共交通工具。

其二，就延误来讲，不以公共交通工具的迟延出发为延误，而以公共交通工具未能准时到达目的地为判断标准。其理由在于，公共交通工具迟延出发，并不必然导致最终延误，也存在准时到达目的地的可能性。至于交通运输管理部门关于合理延误期间的认定，虽然具有一定的合理性，但过于宽泛的“合理延误”并不合理，有行业利益保护的嫌疑。另外，合理延误期间仅仅是公共交通运输部门主张减免责任的抗辩事由，由公共交通运输部门、旅游经营者承担举证责任。

2. 旅游合同因公共交通工具延误而不能按照约定履行

公共交通工具延误，如未造成旅游合同不能按照约定履行，则旅游经营者

---

① 关于《旅游纠纷规定》中未明确规定的旅游纠纷，如何适用法律的问题，应当遵循特别法优先于一般法的原则，首先根据《旅游纠纷规定》所确立的一般规则予以处理，在无相应一般规则可资适用或适用结果不符合公平正义目的时，再适用《消费者权益保护法》《民法典》合同编的相关规定。

无需承担《旅游纠纷规定》第16条规定的责任。所谓旅游合同不能按照约定履行是对旅游合同的违反，首先是指嗣后的客观履行不能。客观履行不能，既包括客观上无法履行的情形，[①] 例如因航班延误，到达时预先安排落地后参观游览的景点关闭，而无法按照旅游行程安排参观游览；同时也包括履行所耗费的财力过于巨大的情形，例如预订到达后乘坐游轮环太平洋旅游，航班延误而未能搭乘游轮，虽然也可以专门租赁另一游轮履行旅游合同，但该费用大大超出旅游费用，也属于不能按照约定履行的范围。另外，在上例中，由于不能按照合同约定而延后数日搭乘另一游轮履行旅游合同，在性质上并不属于履行迟延，而是对"不能按照约定履行"所采取的补救措施，其原因在于，迟延是指"能履行而未履行"[②]，而上例中的情形属于"不能履行"，性质上存在明显差异。就此而言，本条中所涉"不能按照约定履行"的要件，是指旅游合同履行不能的情形，而不包括旅游合同履行迟延、不适当履行的情形。换言之，本条要求旅游合同因公共交通工具原因客观上"不能""无法"按照约定履行，如旅游合同尚可按照约定履行，则旅游经营者应当按照约定履行，否则应当根据《旅游纠纷规定》第15条第1款的规定，认定为拒绝履行合同义务，承担恶意违约的责任。

值得注意的是，本条规定的"不能按照约定履行"与《旅游法》第67条规定的"不能继续履行"尚有不同："不能按照约定履行"属于旅游合同部分履行不能，其余部分尚可以履行，而且并不影响旅游目的的实现；"不能继续履行"属于旅游合同全部的履行不能，或者旅游合同的核心部分不能履行，从而导致旅游目的的落空，而无履行的必要。[③]

另外，旅游合同不能按照约定履行，必须是因公共交通工具延误所引起的，即在二者之间存在相当的因果关系，即所谓的相当因果关系说，该说属于我国因果关系理论上的通说。其具体的判断规则是，通常情况下，如果没有交通工具的延误，旅游合同即可以按照约定予以履行。在此，应当注意的是，并不要求公共交通工具延误必然导致旅游合同不能按照约定履行，否则将会极大地限制该条的适用范围，对旅游者、旅游经营者的保护均为不利。

---

① 韩世远：《合同法总论》，法律出版社2018年版，第523页。

② 史尚宽：《债法总论》，中国政法大学出版社2000年版，第393页。

③ 王洪亮：《债法总论》，北京大学出版社2016年版，第212-213页。

3. 存在未实际发生的费用

根据《旅游纠纷规定》第16条的规定，在公共交通工具延误造成旅游合同不能按照约定履行时，旅游经营者所承担的责任是“退还未实际发生的费用”。因此，存在未实际发生的费用，是旅游经营者承担责任的必备要件之一。对于“未实际发生的费用”，旅游者作为请求权人，应当承担相应的举证责任，但是，由于哪些费用为“未实际发生”，旅游者并不能掌握准确的信息，所以只要旅游者能够提供初步的证据表明，旅游经营者并未按照合同约定提供旅游服务，即完成其举证责任。至于“未实际发生的费用”，究竟是指旅游经营者未实际支出的费用、旅游者未实际接受旅游服务的费用，是否包括旅游经营者已经支付给住宿、餐饮、游览等服务提供者但按照其合同约定不予退还的费用，对于旅游经营者的责任范围影响至关重要，应当予以明确。

（二）旅游经营者的责任范围

《旅游纠纷规定》第16条允许旅游者请求旅游经营者退还未实际发生的费用，在性质上属于《民法典》第582条规定的“减少价款”责任的具体表现形式。旅游者因此所享有的权利，在理论上称为减价权，该减价请求权的范围即为旅游经营者的责任范围。通常而言，《民法典》第582条规定的减价范围是指，根据约定的给付与实际给付之间的比例计算所得的报酬，例如约定的买卖的自行车市场价值500元，实际给付的自行车市场价值400元，约定的报酬为300元，买主可以要求减少的价款为75元，计算方法为300×（500－400）/400。《旅游纠纷规定》第16条所规定的“未实际发生的费用”之退还，适用《民法典》第582条规定的减少价款的规则，其范围应当是，旅游服务与实际提供旅游服务在价值上的差异反映在旅游费用上的部分。此种“未实际发生的费用”对应于旅游服务在应然与实然之间的差价，并不是未提供服务的费用，也不是旅游经营者未提供旅游服务而节省的费用或其可获得的利益。

公共交通工具延误情形下发生的减价关系，其依据是旅游服务与旅游费用之间的等价关系。就减价数额的具体计算而言，应当根据合同约定的旅游服务与实际提供的旅游服务之间的价值来确定其比例，并以全部旅游费用为计算基准，确定实际应予退还的费用。至于旅游服务的价值，则需要根据具体情况予以确定，这些情况包括旅游服务在时间上遭受的影响、无法按照约定旅行的部分在旅游服务中所处的地位等。例如由于航班延误，原定7日的旅游行程缩短为6日，20个旅游景点缩减为15个旅游景点等，由此产生的旅游者多支付的1

日住宿费用、5 个旅游景点门票费用，即属于未实际发生的费用，应当予以退还。

实践中可能发生的争议是，旅游经营者预先向服务的直接提供者支付了住宿、餐饮等费用，并约定该费用不可退还，但由于公共交通工具延误，导致旅游者并未实际接受该项服务或接受了少于合同约定的服务时，旅游经营者是否可以主张因相应费用已经支付给酒店等原因而属于已经实际发生的费用，拒绝予以退还呢？对于此类纠纷，应当区分不同情况予以处理。

首先，如果旅游经营者与旅游者事先就此做出了明确约定，只要该项约定依法有效，则应当根据双方当事人的约定予以处理。因此，为避免事后发生不必要的纠纷，在签订旅游合同时，旅游者与旅游经营者可以根据《民法典》合同编的相关规定，就此类问题做出明确约定。但此类约定作为格式条款出现在旅游合同中时，应当注意其是否根据《民法典》第 496 条、第 497 条的规定被排除或被确认无效。

其次，如果旅游经营者与旅游者未就此做出明确约定时，根据合同相对性的原则，应当认为旅游经营者与服务的直接提供者之间的约定，仅在旅游经营者与服务直接提供者之间有效，而不能对旅游者发生任何拘束力，不能作为旅游经营者拒绝退还“未实际发生的费用”之抗辩理由。另外，旅游经营者与服务直接提供者之间做出不予退还的约定，多有其经营方面的考虑，或者为了降低经营成本，或者为了扩张经营范围，因此，不提供服务也不退还费用，应属于旅游经营者的经营风险，应由旅游经营者自行负担，或者通过价格机制、保险机制予以分散，而不能直接将其转嫁给旅游者。

（三）旅游经营者的追偿权

旅游经营者在因公共交通工具延误而不能按照约定履行合同时，通常并无可归责的事由。[①] 一是因为旅游合同不能按照约定履行是因公共交通工具延误而引起的；二是因为未实际提供旅游服务者通常并非旅游经营者，而是旅游经营者的其他履行辅助人，[②] 如酒店、旅游大巴公司、游览景点景区等。因此，实践中经常引发争论的问题就在于，旅游经营者在承担退还未实际发生的旅游费用之后，是否享有追偿权？这一追偿权的争论表现在两个方面：一方面，是

---

① 孟凡哲：《论旅游合同违约类型及责任认定》，载《法律适用》2012 年第 9 期。

② 苏号朋、唐慧俊：《论旅游辅助服务者的法律地位及责任承担》，载《法学杂志》2011 年第 6 期。

否可以向发生延误的公共交通工具运营部门追偿？另一方面，是否可以向未实际提供旅游服务之履行辅助人追偿？

对于发生延误的公共交通工具运营部门的追偿而言，应当区分情况予以处理：其一，如果旅游经营者与公共交通工具运营部门存在明确的合同关系，则旅游经营者可以根据其合同约定，要求公共交通运营部门承担因其延误给旅游经营者造成的损失，当然包括旅游经营者所退还的旅游费用在内，公共交通工具运营部门通常不得以该损失超出其订立合同的可预见范围主张抗辩；其二，当旅游经营者与公共交通工具运营部门并无明确的合同关系时，旅游经营者可以因其承担了《旅游纠纷规定》第16条的责任，而取得旅游者在运输合同中的法律地位，并据此向公共交通工具运营部门行使追偿权。但在此种情况下，公共交通工具运营部门可以就超出其合理预见范围的损失提出抗辩，拒绝予以赔偿。

关于向未实际提供旅游服务之履行辅助人的追偿，如果双方对此有明确约定，则应当根据其约定予以处理；如果双方没有约定，则旅游服务之履行辅助人应当就其未提供的旅游服务或者降低服务标准的旅游服务承担减价责任。

第三章　旅游合同衍生纠纷

第一节　证照纠纷

旅游过程中，经常涉及相关证照的办理，旅游者为省却证照办理上的烦扰，往往交由旅游经营者代为办理相关证照。在证照代办过程中，由于各种原因导致代办证照存在瑕疵，往往会给旅游活动的顺利开展造成严重的影响，甚至导致旅游者承担刑事责任。曾有旅游者因旅行社代办护照贴错照片，被香港入境事务处扣留7小时后，又被移民局以“持非本人有效证件企图入境罪”拘禁24天。这样的后果，与旅游者参加旅游、追求精神愉悦的目的完全背道而驰，往往引发旅游纠纷。由于代办旅游证照引起的纠纷在实践中具有典型性，为此《旅游纠纷规定》第21条对此予以明确规定。

一、代办旅游证照的法律关系

（一）旅游证照代办关系的法律适用

从合同法的角度来看，旅游过程中的代办证照关系，应当属于承揽合同的具体表现形式。根据《民法典》第770条的规定，承揽合同是承揽人按照定作人的要求完成工作，交付工作成果，定作人给付报酬的合同。旅游证照的代办关系，是旅游者与旅游经营者约定，由旅游经营者为旅游者完成办理旅游手续、证件等工作、交付旅游手续、证件等代办成果，旅游者支付报酬的合同关系。在《旅游纠纷规定》出台前，司法机关和旅游管理部门对旅游证照代办引起的旅游纠纷，主要适用承揽合同关系的相关法律规定。《旅游纠纷规定》实施后，首先应当根据《旅游纠纷规定》第21条及其相关规定进行处理，在无法得到妥当处理时，可以适用《民法典》合同编等法律规范关于承揽合同的相关规定。

实践中，关于证照代办关系的法律性质尚有争论：一种观点认为，证照代办关系是委托合同关系，而且是无偿的委托合同关系，受委托人仅就其重大过失或故意承担违约责任;[①] 另一种观点认为，证照代办关系属于承揽合同关系，旅游经营者应当承担无过错责任。承揽合同与委托合同，均属于广义的提供劳务合同，且处理事务与完成工作之间，就合同的给付内容来讲，并无真正的区别。[②] 区分委托合同与承揽合同的关键在于，当事人双方是否约定以达到一定成果为支付报酬的条件，以一定成果为支付条件的为承揽合同，否则即为委托合同。[③] 除当事人之间关于一定成果明示或者默示的约定之外，还可以依据所处理的事务、完成的工作是否因半途而废导致债权人没有利益甚至遭受损害进行区分，例如理发、裁缝、建筑工程等，此类情形属于当然的承揽合同。证照代办关系中，旅游经营者所代为办理的旅游手续、证件等，应当真实、准确，符合相关法律法规的要求，如果不能达到要求，旅游者不仅无法因旅游经营者代办手续、证件而受益，甚至可能因此遭受严重的损害，实践中，当事人可能因未能取得签证而无法成行，甚至可能因持错误签证而受到刑事处罚。就此来看，旅游证照代办关系应属于承揽合同，而不是委托合同。实践中认为证照代办关系为委托合同关系，最重要的理由在于，旅游手续、证件的办理需经过政府行政部门审批或者需要外国驻华使领馆的审查、签发，旅游经营者并不能担保旅游手续、证件能够获批，旅游证照代办关系类似于诉讼代理关系，不宜将其定性为承揽合同，否则对旅游经营者来讲要求过于苛刻。《旅游纠纷规定》起草过程中，对此问题曾经予以考虑。事实上，代办旅游证照应当达到适宜于旅游者参加旅游活动的要求，与委托合同并无工作成果要求有所不同，应属于当然的承揽合同。另外，旅游证照代办关系与诉讼代理关系有显著不同，后者与医疗合同一样，具有较强的伦理色彩，而旅游证照代办关系并无伦理属性。至于旅游证照因审批原因而无法取得的，应当认定为属于不可归责于旅游经营者的客观原因，免除旅游经营者的违约责任。原《旅游纠纷规定》第 24 条（现《旅游纠纷规定》第 21 条）制定的法律依据主要是原《合同法》第 261 条、第 262 条的规定。

旅游证照代办关系与旅游合同之间存在何种关系呢？我们认为，旅游合同与旅游证照代办关系是主合同与从合同的关系，是旅游合同框架中的选择性要素，那种认为代办旅游手续、证件的行为是旅游合同的附随义务的观点并不正

---

① 崔建远主编：《合同法》，法律出版社 2015 年版，第 445 页。

② 黄茂荣：《债法各论》，中国政法大学出版社 2004 年版，第 168 页，注 14。

③ 史尚宽：《债法各论》，中国政法大学出版社 2000 年版，第 382 页。

确。所谓附随义务，广义来讲，包括附随的给付义务和狭义的附随义务（附随的行为、保护义务）。附随的给付义务，又称作从给付义务，是指为了达到合同目的，除主要的给付以外，合同债务人对于债权人所负有的具有给付内容的附随性义务，[①] 例如旅游者运输合同中，运输行为是主要的给付义务，发给旅游者客票是附随的给付义务，否则合同目的可能无法实现。狭义的附随义务，是指以保护债权人的固有利益为目的的行为义务，所以又称作保护义务。旅游证照的代办关系，并非履行旅游合同附随的给付义务，因为旅游手续、证件可以由旅游者自行申领，例如旅游者的签证等。值得注意的是，那些只能由旅游经营者办理的证件、手续之代办，属于旅游经营者的附随给付义务。区分旅游经营者的附随义务与从合同的意义在于，旅游经营者的附随义务是无需旅游者与旅游经营者明确约定，即根据旅游合同当然应当履行的义务；而作为从合同义务，必须是旅游者与旅游经营者之间就代办相关证照达成合意，旅游经营者始负有代办义务，否则因为旅游证照原因导致旅游合同不能履行等，损失应由旅游者自行承担。

（二）旅游证照代办关系中旅游经营者的义务

1. 代办证照的义务

证照代办关系中，旅游经营者主要负有的义务是，根据旅游者的要求或者直接根据旅游活动的需要，为旅游者办理相关手续、证件，并向旅游者交付合乎旅游活动要求的手续、证件，以保证旅游活动的顺利进行。

具体来讲，旅游经营者应该为旅游者办理旅游者参加旅游活动所需要的旅游手续、证件。旅游手续、证件在签订合同时并不存在，而需要旅游经营者代为办理，这是旅游证照代办关系作为承揽合同的典型特征，是旅游经营者的主要给付义务。至于旅游经营者代办证照行为的标准，则应当以旅游服务的内容为确定的尺度，根据不同的旅游服务内容，确定代办证照的类型、期限等。

2. 善良管理人的注意义务

旅游经营者在代办旅游证照的过程中，并非仅完成代办行为就足够了，而应当以其职业标准尽善良管理人的注意义务。违反善良管理人的注意义务，应当承担相应的违约责任。所谓善良管理人的注意义务，又称为通常合理人的注意义务，其注意义务的程度，以法律关系中的当事人所从事的职业、所属团体

---

① 王洪亮：《债法总论》，北京大学出版社2016年版，第23-24页。

或者特定年龄范围的典型知识、能力为判断标准。[1] 就旅游经营者代办证照的注意义务，应当以旅游经营行业通常应具备的知识、能力为基准，如果旅游经营者未达到这一基准时，即可以认定其违反了注意义务，存在过失，应承担违约责任。例如，旅游经营者在代办护照、签证时通常均会仔细核对，避免发生错误，引起不必要的麻烦；实践中如旅游经营者将同名旅游者的证照混淆，导致旅游者遭受刑事处罚，显然违背了代办证照应尽的善良管理人的注意义务，应对旅游者遭受的损害予以赔偿。

3. 瑕疵担保义务

另外，旅游经营者对其代办的旅游手续、证件负有瑕疵担保义务，所交付的旅游手续、证件应当真实无误、合法有效、证照齐全。所谓真实无误，是要求旅游经营者应当保证其办理的旅游手续、证件是真实的，所记载信息与旅游者身份一致。伪造旅游手续、证件或者旅游证照上所记载的信息与旅游者的信息不一致的，应当承担相应的责任。所谓合法有效，是指旅游证照应当经有权机关颁发，并保证旅游期间在其有效期内。所谓证照齐全，则要求旅游经营者代办的旅游证照在数量上应当符合旅游活动的要求，证照不得有所欠缺。

与旅游经营者代办旅游证照的义务相对应，旅游者负有支付旅游经营者代办费用的义务。实践中，旅游经营者往往将代办旅游证照的费用纳入其旅游服务成本之中，不向旅游者另行收取代办费用，因此往往造成旅游经营者无偿为旅游者代办旅游证照的假象，对此应当具体分析、慎重处理，不能一概将其归入无偿委托合同，而使旅游经营者仅对其故意或重大过失造成的损失承担赔偿责任。

（三）旅游证照代办关系与旅游合同的关系

1. 证照代办关系首先是旅游合同的从合同，受旅游合同效力的影响

旅游纠纷案件中，因为旅游证照代办而发生的纠纷也属于旅游纠纷，是旅游者与旅游经营者之间的纠纷。就此而言，旅游证照代办合同关系的存在是以旅游合同的存在为前提的，旅游合同发生变更、解除等，也必将导致旅游证照代办合同的变更、消灭。也就是说，旅游证照代办合同是旅游合同的从合同，受旅游合同效力的影响。例如，原定旅游行程包括奥地利，后双方协商取消奥地利行程，相应地就应当取消赴奥地利旅游的手续、文件、签证等代办任务。

---

① 史尚宽：《债法总论》，中国政法大学出版社 2000 年版，第 356-358 页。

就此而言，旅游证照代办合同从属于旅游合同，一方面并非旅游合同的必备要素，另一方面旅游证照代办合同无效、被撤销、被解除等，并不会导致旅游合同的无效、消灭，其法律地位相当于保证合同、抵押合同等对于买卖合同、承揽合同、借贷合同的地位。

2. 旅游证照代办关系对于旅游合同的影响

旅游证照为旅游活动必需的手续、文件，旅游证照欠缺或者存在瑕疵，将直接影响旅游活动的顺利进行。就此而言，旅游证照代办关系对于旅游合同的妥当履行具有决定性的意义。也就是说，证照代办关系反过来决定旅游合同能否如约履行，证照代办义务的妥当履行是旅游合同履行的前提。

旅游经营者未妥当履行其代办旅游证照的义务，将构成旅游合同履行的障碍，根据该障碍的严重程度，旅游经营者可能承担因合同不能履行、履行迟延及不完全履行的责任。换言之，旅游证照代办合同的违反，并不直接导致旅游经营者承担旅游合同上的法律责任，而需要具体分析因证照代办瑕疵对旅游合同影响的程度，再分别确定旅游经营者的法律责任。如果旅游经营者代办的旅游签证存在瑕疵而无法通过海关，即可能导致旅游合同根本无法履行；而旅游经营者代办的部分旅游证照存在瑕疵，也有可能导致旅游合同的部分不能履行；在旅游经营者补办旅游手续、文件后，旅游者还可以继续参加旅游活动时，旅游经营者可能需要承担迟延履行的法律责任。

二、旅游经营者违反证照代办合同的法律责任

如前所述，旅游经营者与旅游者之间的旅游证照代办合同关系，一方面是旅游合同的从合同，其效力受旅游合同的影响；另一方面，在合同履行过程中，旅游证照代办合同的履行情况，反过来牵制旅游合同的履行状态。因此，旅游经营者违反旅游证照代办合同可能承担的法律责任有二：其一为基于旅游证照代办合同的法律责任，其二为基于旅游合同的法律责任。

（一）基于证照代办合同的法律责任

旅游经营者违反旅游证照代办合同的约定，应当根据《民法典》合同编的规定，承担相应的违约责任。根据旅游经营者违反旅游证照代办合同的行为类型的不同，旅游经营者承担的法律责任也有所不同，以下分旅游经营者不履行旅游证照代办合同、旅游经营者履行合同有瑕疵分别阐述其法律责任。

1. 不履行的法律责任

旅游经营者未履行证照代办合同，应当根据《民法典》第577条的规定，承担继续履行、采取补救措施或者赔偿损失等违约责任。《旅游纠纷规定》第21条并未明确规定旅游经营者不履行旅游证照代办合同义务承担责任的规范，但这并不是说，旅游经营者不履行旅游证照代办合同就无需承担法律责任。虽然《旅游纠纷规定》未对此情形予以明确规定，但既然旅游经营者对因其过错导致的证照瑕疵应当承担责任，根据举轻以明重的当然解释规则，更为严重的违约情形——不履行合同，当然也要承担违约的法律责任。

旅游经营者不履行旅游证照代办合同的判断标准，并非旅游经营者未交付相应的旅游证照，而是旅游经营者未按照正常的代办程序办理相应证照，导致旅游者未能取得旅游证照，无法及时参加相关旅游活动。之所以作此区分，是因为旅游证照的办理，特别是出境旅游签证、签注手续能否成功办理，完全取决于旅游目的地签证、签注部门的审核。不仅如此，该审核还受到诸多主、客观因素的影响，并非旅游经营者尽到善良管理人的注意义务，均可以成功办理旅游证照手续。因此，旅游经营者是否履行旅游证照代办合同，并不能单纯以其是否最终提供旅游证照为判断标准，而应当以旅游经营者是否尽到其职业上应尽的注意义务为准。

有疑问的是，旅游经营者不履行旅游证照代办合同的违约责任应具备哪些构成要件？根据我国《民法典》合同编所确立的无过错责任原则，只要合同当事人违反了合同约定，就应当承担违约责任，[①] 只有在法律有特殊规定的情况下，需要具备当事人的过错、损害后果、违约行为与损害后果之间的因果关系等构成要件。旅游证照代办合同在法律性质上属于承揽合同，我国《民法典》合同编并未就承揽合同违约责任做出例外规定。因此，违反旅游证照代办合同的违约责任适用无过错责任原则，即只要违反了旅游证照代办合同，就应当承担违约责任，除非旅游经营者能够证明存在不可抗力等免责事由。

2. 代办证照瑕疵的法律责任

旅游经营者违反旅游证照代办合同的典型形态有二，其一是证件瑕疵，即所代办的旅游证照存在瑕疵，例如旅游经营者所代办护照将旅游者姓名写错；其二是手续瑕疵，如在办理证照过程中提交的材料存在瑕疵，如提交申请表上

---

① 韩世远：《合同法总论》，法律出版社2018年版，第748页。

贴错旅游者照片等。

旅游经营者代办的旅游证照存在瑕疵，旅游经营者应当承担瑕疵担保责任，即应当根据《旅游纠纷规定》第 21 条、《民法典》第 781 条的规定，对其代办的旅游证照存在瑕疵的，承担补办或者协助补办相关手续、证件并承担相应费用、减少报酬、赔偿损失等违约责任。

关于证照瑕疵的法律责任，《旅游纠纷规定》第 21 条将其与证照保管的法律责任等同，均要求以旅游经营者存在过错为责任的构成要件。《旅游纠纷规定》起草过程中，有意见认为，旅游经营者代办旅游证照属于委托合同关系，根据原《合同法》第 406 条的规定，受托人仅对因其过错导致的损失承担责任；而且旅游证照完全由相关部门进行主观审核，能否获批受主观因素影响较大，旅游经营者不应对此承担责任。旅游证照代办关系并非委托合同而具有承揽合同的性质，不适用《民法典》合同编关于委托合同的规定，对此前文已述，此处不赘。另外，旅游证照因为相关部门审核未获批准等，性质上属于不可抗力范畴，是旅游经营者当然免责的范围，不能作为旅游经营者承担过错责任的论据。为避免该规定在旅游纠纷处理中可能要求旅游者证明旅游经营者的过错引起的困难，在纠纷处理过程中应当注意，就旅游经营者的过错认定，以其提供的旅游证照存在瑕疵为判断标准，只要存在瑕疵就应当认定旅游经营者存在过错，旅游经营者对其没有过错承担举证证明责任。如此，既可以保护旅游者的合法权益，也可以避免过分加重旅游经营者的责任负担。

（二）旅游合同中的法律责任

由于旅游证照是旅游者完成旅游活动的必备前提，旅游证照代办存在瑕疵或者未能获得批准，必将对旅游合同的履行造成严重的影响：或者导致旅游合同不能履行，或者导致旅游合同不能完全履行。[①] 旅游经营者因此所承担的法律责任有所不同，以下分述之。

1. 因证照代办导致旅游合同不能履行的法律责任

实践中，因为证照代办导致旅游合同不能履行的情况最为典型，但因旅游证照代办导致旅游合同不能履行时，旅游经营者究竟在何种情况下不承担法律责任，在何种情况下承担法律责任，承担何种法律责任，存在需要予以明确的

① 由于旅游合同是严格的定期法律行为，因此并不存在迟延履行旅游合同的情形。实践中，由于证照代办出现瑕疵，导致旅游经营者征得旅游者同意而延期出行的，属于双方协商变更旅游合同，旅游经营者是否应承担相应责任，需以双方的约定为前提，而不能直接适用履行迟延的规定。

地方。《旅游纠纷规定》第 21 条第 2 款对此做出了规定，即旅游经营者因过错致其代办的手续、证件存在瑕疵，而影响旅游行程的，旅游者可以请求旅游经营者退还尚未发生的费用、赔偿损失。

第一，旅游经营者代办的手续、证件等旅游证照应当存在瑕疵。如果没有瑕疵的话，不会对旅游行程构成影响，也就无需基于旅游合同而承担任何法律责任。第二，旅游证照的瑕疵必须达到影响旅游行程的程度，即导致旅游合同不能履行或者不能完全履行。如果证照瑕疵并不影响旅游行程，则旅游经营者无需承担违反旅游合同的责任。在证照瑕疵是否达到影响旅游行程的程度，应当以理性人的客观标准予以认定，即只要存在影响旅游行程的相当可能即可，而不必现实地发生旅游者因为证照原因被相关部门扣留、逮捕等事实。例如，旅游者拿到签证时发现，签证因为旅行社的代办人的原因而污损，可能会影响到顺利出入境，即可认定旅游证照代办存在导致旅游合同不能履行的瑕疵。就此，并不能现实地要求旅游者在出入境时因为证照瑕疵而被拒绝出入境，被拒绝出入境属于更为严重的损害后果，而非证照代办瑕疵责任的必要构成要件。第三，旅游证照存在的瑕疵需因旅游经营者的过错引起的。如果旅游证照代办是由于旅游者自己提供的信息有误、证照办理机关的原因所致，则旅游经营者并不承担旅游合同因此不能履行的法律责任。至于旅游经营者的过错，则应当依照客观标准予以确定，只要其所代办旅游手续、证件存在的瑕疵，在正常代办情况下不应该存在即可，至于此种瑕疵是因为旅游者自身、旅游证照办理机关等的原因造成的，则需要由旅游经营者举证证明，否则应当承担《旅游纠纷规定》第 21 条第 2 款规定的责任。

旅游经营者因过错致其代办的手续、证件存在瑕疵而影响旅游行程的法律后果是，旅游经营者应当退还尚未发生的费用、赔偿损失。旅游费用，是旅游者支付给旅游经营者所提供旅游服务的报酬，所谓尚未发生的费用，即旅游经营者尚未提供旅游服务的报酬。[①] 旅游经营者因过错致其代办的手续、证件存在瑕疵而导致旅游合同不能履行，在法律性质上，是可归责于债务人（即旅游经营者）的嗣后履行不能，属于《民法典》第 563 条第 4 项所规定的“有其他违约行为致使不能实现合同目的”的情形。根据《民法典》第 563 条第 4 项的规定，旅游者享有解除旅游合同的权利，而返还尚未发生的费用、赔偿损失则

---

① 申海恩：《旅游合同中尚未实际发生的费用及其计算》，载《法学杂志》2011 年第 6 期。

属于旅游者解除旅游合同的法律后果。《旅游纠纷规定》未规定旅游者解除合同的权利而直接规定其法律后果，对旅游者此种情形下的解除权并不构成影响。至于哪些费用属于尚未发生的旅游费用，则应根据具体情况具体分析，通常情况下，旅游经营者因过错致其代办的手续、证件存在瑕疵而导致旅游合同不能履行时，应当认为旅游者并未接受旅游经营者的任何服务，所支付的全部旅游费用均属于“尚未发生的费用”。当然，如果旅游者接受了旅游经营者提供的某些服务，并因此而获益的，该部分旅游服务的相应报酬即属于已经发生，而不得要求予以返还。

另外，根据《旅游纠纷规定》第 21 条第 2 款的规定，旅游经营者不仅要退还尚未发生的费用，而且还应当承担赔偿损失的责任。在可归责于旅游经营者导致合同解除的情况下，应当赔偿旅游合同履行利益的损失。所谓履行利益的赔偿，是指赔偿损失的范围包括合同正常履行使债权人获得的全部利益，履行利益赔偿的结果，使债权人的利益处于和合同被适当履行一样的状态。[①] 然而，旅游合同适当履行的效果是，旅游者获得精神方面的愉悦，而此种精神愉悦无法以金钱进行计算，属于广义的精神损害赔偿范围。[②] 根据《旅游纠纷规定》原第 21 条的规定，旅游合同违约责任中不赔偿精神损害，由此导致旅游合同履行利益的损失赔偿无法落实。基于《民法典》第 996 条之规定，《旅游纠纷规定》原第 21 条被删除，但这并不意味着旅游合同精神愉悦目的落空即可得到赔偿。原因在于，《民法典》第 996 条仅肯定了违约行为损害对方人格权并造成严重精神损害的情形下，违约责任不排除精神损害赔偿。而旅游者基于旅游合同所追求的精神愉悦利益尚难成立边界范围确定的人格权，更难谓造成严重精神损害。故《旅游纠纷规定》原第 21 条规定之删除，固有进步意义，但离通过《民法典》第 996 条肯定违约精神损害赔偿尚有相当的法律解释、适用工作要做。

如果旅游证照的瑕疵不可归责于旅游经营者，那么因此导致旅游合同不能履行的，旅游经营者当然无需承担赔偿损失的责任。但是，旅游经营者是否应当承担退还旅游者旅游费用的责任呢？对此，在实践中应当按照《旅游法》第 67 条的规定进行处理，旅游经营者无需承担违约责任，但应当向旅游者退还尚未实际发生的费用。

---

① 韩世远：《合同法总论》，法律出版社 2018 年版，第 784 页。
② 刘小璇：《论违约精神损害赔偿》，载《法学杂志》2021 年第 6 期。

2. 因证照代办导致旅游合同不能完全履行的法律责任

通常情况下，代办的旅游证照出现瑕疵都会导致旅游合同完全不能履行，但也不能完全排除旅游合同部分可以履行的情形。例如，某旅行社组织云南旅游团，其中包括边境游项目，但由于旅行社原因导致边境旅游证办理存在瑕疵而无法成行。此种情形下，我国境内的旅游部分依然可以履行，且该部分并不因为边境旅游无法进行而对旅游者丧失意义。对此，旅游经营者不得拒绝履行该部分旅游合同，旅游者也不能拒绝接受该部分旅游合同的履行，除非旅游者与旅游经营者有相反的约定。当然，如果旅游合同部分不能履行导致其他部分的履行对旅游者没有利益，那么旅游者当然可以要求解除旅游合同，并可以要求按照合同全部不能履行承担相应法律责任。

同样，如果旅游证照的瑕疵不可归责于旅游经营者，那么因此导致旅游合同不能完全履行的，旅游经营者当然无需承担赔偿损失的责任。旅游经营者应当按照《旅游法》第 67 条的规定向旅游者退还尚未实际发生的费用，但无需承担违约责任。

三、违反证照保管关系的法律责任

旅游活动中，涉及旅游证照保管的主要有两种情形：其一，在证照代办关系、旅游合同的履行过程中，证照保管作为代办关系和旅游合同关系的组成部分；其二，旅游者与旅游经营者之间形成单独的保管关系，如旅游者担心旅游活动中丢失证照而交由导游人员保管。除此之外，尚有因拾得遗失物而保管等情形。基于保管义务所处的不同法律关系，发生未尽妥善保管义务而遗失、毁损的纠纷处理方案也会有所不同，以下分述之。

（一）旅游经营者证照保管关系中的义务

旅游活动中，经常出现需由旅游经营者代为保管旅游者相关证照的情形，如旅游经营者代为办理签证、护照等情形，或者在提供旅游服务过程中办理酒店入住手续、团队出入境手续、团队进入景区购票手续等。在此过程中，旅游经营者应妥善保管旅游者的相关手续、证件等证照。作为证照保管人，旅游经营者是否尽到了妥善保管的义务，应依其是否尽到善良管理人的注意义务为判断标准。所谓善良管理人的注意义务，也称作交易上必要之注意，就个人而言是指以有相当思虑经验的人，[①] 社会一般的诚实、勤勉而有相当经验的人为标准，属于一定职业或团体的应根据其典型的知识和能力为准。[②] 就旅游经营者而言，善良管理人的注意应属于一般旅游经营者的典型业务水准。至于未尽妥善保管义务是否因过错所致，虽有观点认为亦应以“旅游经营者因过错”为前提，但本书认为妥善保管义务通过善良管理人的注意义务认定，违背善良管理人的注意义务本身即构成抽象轻过失，[③] 表明旅游经营者存在过错。因而，没有必要叠床架屋地再要求额外的过错要件，否则无异于对旅游者提出无法证明的苛求。

实践中就是否尽到妥善保管义务的判断易生争执。如导游领队或其他旅游经营者工作人员从相关部门领取手续、证件返回途中遗失证件，或在机场等候接机大巴时被盗或被抢，究竟是否应该认定为未尽妥善保管义务。本书认为，此类问题均系善良管理人注意义务的具体判断，需确定一般诚实、勤勉而有经验的旅游经营者是否能够尽到相关注意，而避免遗失、被盗等的发生。[④] 具体的参考标准为该旅游行业相关的职业标准，如行业内对相关行为存在行业标准者，则应依该标准进行判断；如无对应标准时，则依谨慎、有经验的旅游经营者工作人员的行为规范进行判断。有些时候，也可结合本行业具有代表性的经营者的内部操作规程要求进行判断。

所谓遗失，通常是指非基于占有人的意思而丧失占有。[⑤] 在此，系指旅游经营者丧失对手续、证件等旅游者证照的占有，即事实上的支配力，而无法将其按期归还于旅游者。需要说明的是，与拾得遗失物等制度中涉及物权变动问题不同，旅游者证照的遗失所关注的是应返还而不能返还的客观现实，至于是否基于旅游经营者的意思而丧失对证照的占有并非关注的重点。毕竟无论是否基于旅游经营者的意思而丧失占有，如导游与某旅游者发生争执怀恨在心而将其证照抛弃与其疏忽将该旅游者的证照丢失，在旅游经营者对该旅游者之民事责任的承担上并无任何不同。基于此，如因导游、领队等旅游经营者工作人员未尽善良管理人的注意义务，而致旅游者证照被盗而无法追回，亦应依《旅游纠纷规定》第 16 条之规定处理。当然，如旅游经营者工作人员已尽到工作上必

---

① 史尚宽：《债法总论》，中国政法大学出版社 2000 年版，第 116 页。
② 黄立：《民法债编总论》，中国政法大学出版社 2002 年版，第 431 页。
③ 周友军：《侵权法学》，中国人民大学出版社 2011 年版，第 176–177 页。
④ 程啸：《侵权责任法》，法律出版社 2015 年版，第 282 页。
⑤ 参见崔建远：《物权法》，中国人民大学出版社 2017 年版，第 110 页。

要的注意义务予以妥善保管，但仍遭盗抢，则旅游经营者无需就证照之补办费用等承担责任。不过，基于诚实信用原则旅游经营者应对旅游者予以必要的协助，因此对旅游行程的进行发生影响的，应依《旅游法》第67条之规定予以处理。

需要明确的问题是，《旅游纠纷规定》第16条的适用范围是限于由旅游经营者遗失、毁损其代办的手续、证件，还是任何由旅游经营者保管的手续、证件遗失、毁损均可依本条追究经营者的责任？本书认为是后者。此外，《旅游纠纷规定》本条的立法目的也是概括指向旅游经营者将旅游者手续、证件丢失这一现象，[①] 并未限于由旅游经营者代办的手续证件的遗失和毁损。之所以存在上述疑问，根本原因是《旅游纠纷规定》第16条在文字表述上为求简洁而引起的歧义，应结合旅游纠纷实践和立法背景与目的予以澄清。

此外，所遗失、毁损的证照是否应为相应旅游活动所必需，对证照保管关系是否存在影响？如旅游者将并非此次旅游活动所必需的学生证夹在护照中交由导游保管，返还时学生证丢失，旅游经营者是否应依《旅游纠纷规定》第16条的规定承担保管责任？本书认为，证照非属本次旅游活动所必需，仅不会发生《旅游纠纷规定》第16条第2款规定的对旅游行程的影响，并不影响其保管关系成立及相应的法律后果之产生。

实践中亦有旅游经营者因各种原因扣押旅游者证照的情形，如发生证照遗失、毁损时如何处理，也有必要予以明确。如旅游经营者系依《民法典》第447条行使留置权，[②] 则根据《民法典》第451条的规定，同样负有妥善保管的义务，因保管不善致使留置证照毁损、灭失时，应当承担赔偿责任。至于赔偿的范围，也可按照《旅游纠纷规定》第16条的规定处理。在旅游经营者主张行使同时履行抗辩权的场合，同样也应当肯定其妥善保管的义务，如未尽善良管理人的注意义务致证照毁损、灭失的，应当按照《旅游纠纷规定》第16条的规定处理。至于旅游经营者无合法依据扣押旅游者证照的情况，构成对旅游者证照所有权的侵害，旅游者可依《民法典》第235条主张返还原物的请求权，发生遗失、毁损时，则应依《民法典》第238条、《旅游纠纷规定》第16条的规

① 最高人民法院民事审判第一庭编著：《最高人民法院审理旅游纠纷案件司法解释理解与适用》，人民法院出版社2010年版，第283页、第286页。

② 根据《民法典》第447条的规定，我国民法上的留置权为变价权、担保物权，旅游者证照不具有可变价性，是否属于可留置的范围，容有讨论的余地。

定承担赔偿责任。应当说明的是，由于此时旅游经营者为恶意占有人，在此期间因不可抗力等不可归责于旅游经营者的原因导致的遗失、毁损，也应当承担损害赔偿责任，而不得主张免责。

（二）证照保管与旅游合同之间的关系

如前所述，证照保管既可能成立独立的保管合同关系，也可能是证照代办合同或旅游合同中的旅游经营者义务之一。作为独立的证照保管关系，应适用《民法典》第888条以下关于保管合同的规范，因保管不善造成证照毁损、灭失的，保管人应当依《民法典》第897条的规定承担赔偿责任。但此种独立的证照保管关系并非旅游纠纷中的典型，完全可依照合同法一般规则处理，此处不赘。

实践中更典型的情形是，旅游者参加的旅游活动需要办理相关证照，委托旅游经营者代为办理并签订旅游合同，此时成立证照代办合同与旅游合同的联立；另一种情形是，在旅游合同履行过程中，旅游经营者为提供旅游服务而占有旅游者的相关手续、证件等。这两种情形下，如旅游经营者未妥善保管相关证照，均会对旅游合同产生相当的影响，有必要予以述明。

所谓合同联立，是指数个合同“不失其个性，而相结合”。[①] 证照代办合同与旅游合同的联立，原则上二者均各自产生相应的权利义务关系，但因为证照代办合同之目的在于旅游合同的订立与履行，故属于以旅游合同为目的的一方依存的结合关系。此种情形下，如旅游经营者未尽证照代办合同项下的妥善保管义务，致使未能提供所代办之旅游者证照，则可能影响旅游合同的生效、履行。旅游经营者不仅需要承担证照代办合同下的违约责任，而且对于旅游合同的不生效力需承担缔约过失责任，或者可能因此使旅游者获得解除旅游合同并主张损害赔偿的权利，具体需根据合同联立的情形判断。[②]

因旅游合同履行而发生的保管义务，原则上仅为该法律关系的组成部分，既不成立保管合同，也不因此成立合同联立、混合合同，原则上适用旅游合同相应关系即可，无需适用保管合同规则。[③] 因此，在旅游经营者工作人员代为办理酒店入住手续时，因保管不善导致旅游者证照丢失的，也应当依《旅游纠纷规定》第16条的规定承担相应的赔偿责任，在影响旅游行程时返还未实际发生的旅游费用。

---

① 史尚宽：《债法总论》，中国政法大学出版社2000年版，第11页。
② 参考陆青：《合同联立问题研究》，载《政治与法律》2014年第5期。
③ 邱聪智：《新订债法各论（中）》，姚志明校订，中国人民大学出版社2006年版，第272页。

第二节 行李物品纠纷

旅游过程中，旅游者物品丢失、毁损是经常发生的旅游纠纷形态。解决旅游者行李物品相关的纠纷，首先需要明确旅游者与旅游经营者之间就旅游者行李物品等存在何种法律关系，确定旅游经营者、旅游者相互之间的权利、义务，进而根据具体情况确定旅游者行李物品等丢失时，旅游者、旅游经营者的损失分担规则。对此，《旅游纠纷规定》在起草伊始就根据旅游者的行李物品的属性，区别行李物品（一般物品）和随身物品（贵重物品）界定旅游者与旅游经营者之间的法律关系。为什么会做如此区分，是正确理解、运用《旅游纠纷规定》第 19 条规定处理旅游纠纷的前提。

一、行李物品（一般物品）与随身物品（贵重物品）之区分

旅游者从事旅游活动以空间上的移动为必备前提，而旅游者人身在空间上的变动，则必然引起与之紧密相关的日常生活用品随之移动，旅游者人身在空间上的变动性，决定了必然会存在相关物品的变动。换言之，旅游者相关物品之携带、运送、保管等属于旅游活动的固有内容，也是旅游经营者旅游经营活动中的必备要素。就此而言，旅游活动中的旅游者相关行李、物品的运送、保管不以存在明确、独立的运输合同、保管合同为前提。发生纠纷时，旅游经营者不能简单地以不存在运输合同、保管合同作为抗辩事由，主张免除其相应责任。

然而，旅游活动形态多样，有些旅游活动一日内即可完成，有些则需要数月甚至更长时间；旅游者则形形色色，有些轻装简从，有些则将旅游当作搬家。在此背景下，哪些物品应由旅游者自行保管，哪些物品旅游经营者负有代管责任，需要明确其界定标准。《旅游纠纷规定》第 19 条将旅游者相关的物品区分为行李物品（一般物品）和随身物品（贵重物品）：行李物品可以交由旅游经营者或者旅游辅助服务者予以代管，而现金、有价证券、贵重物品则应当由旅游者随身携带，旅游经营者或者旅游辅助服务者事先声明或者提示后，则对贵重物品的丧失、毁损不负责任。

《旅游纠纷规定》第 19 条确立的二分规则，是以行李物品（一般物品）和随身物品（贵重物品）在基本属性上的不同为基础的，这些区别主要体现在以

下几个方面。

1. 行李物品与随身物品在保管难度上的区分

明确区分行李物品（一般物品）与随身物品（贵重物品），出现在《旅游纠纷规定》第19条第1项，但司法解释并未对行李物品（一般物品）与随身物品（贵重物品）的区分做明确的概念性界定。《旅游纠纷规定》第19条第1项则采取列举的方式，规定应由旅游者随身携带的是现金、有价证券和贵重物品，我国《民法典》第898条在保管合同中也明确将货币、有价证券纳入贵重物品之列；另外在起草《旅游纠纷规定》时曾经参考我国台湾地区“民法”第639条第1项关于“金钱、有价证券、珠宝或其他贵重物品”的表述方式。据此，《旅游纠纷规定》中应当由旅游者随身携带的贵重物品，包括金钱、有价证券、珠宝等具有“体积小、价值昂贵”[①] 特点的物品。除此之外的物品，则属于可以交由旅游经营者或旅游辅助服务者代为保管的行李物品。

就此可见，行李物品与贵重物品之间首先在保管难度上具有较大的差别，行李物品通常具有体积大、价值低、不易丢失的特点，而金钱、有价证券、珠宝等贵重物品则具有体积小、价值大、易于丢失的特点。旅游经营者或旅游辅助服务者并非专门从事保管业务部门，而仅仅是为了恰当履行旅游合同、为旅游者提供旅游方便而代为保管，不应对其保管的设备、设施以及保管的专业水平做过高的要求。由于金钱、有价证券、珠宝等贵重物品本身所具有的体积小、价值大、易于丢失的特点，即使在专以保管为目的的保管合同中，也需要寄存人特别予以声明，保管人通常会采取严格的验收、封存程序，采取严密的保管措施。对于旅游经营者而言，通常不具有相应的验收、封存以及严密保管的能力，无法胜任贵重物品的保管工作。因此，在《旅游纠纷规定》中，有必要对行李物品与贵重物品做出明确区分。

2. 旅游经营者与旅游者在对物品控制力上的区分

旅游过程中，旅游者的行李、财物等相关物品，通常情况下均置于旅游者的控制之下，而体积小、价值大的贵重物品尤其如此。由于金钱、有价证券、珠宝等贵重物品体积较小，旅游者随身携带较为方便，相应地，旅游经营者对这些贵重物品的控制力就要弱很多，除非旅游者与旅游经营者达成保管约定，否则旅游经营者无从获知旅游者是否携带及携带何种、多少贵重物品，也无法

① 参见邱聪智：《新订债法各论（中）》，姚志明校订，中国人民大学出版社2006年版，第368页。

在不影响旅游者人身自由的情况下，对贵重物品予以实际控制。相反，一般行李物品多集中放置在一起，例如团队旅游中多将所有行李箱统一保管、放置，而某个旅游者的一般行李物品也多集中放置于行李箱之中，旅游经营者和旅游辅助服务者易于现实地控制这些统一放置、统一保管、体积较大的行李物品。相对而言，旅游者对这些行李物品的控制力弱于旅游经营者的实际控制力。

3. 行李物品与贵重物品在灭失、毁损风险控制上的区分

无论是行李物品还是贵重物品的灭失、毁损，都是社会总体财富的减少，应当予以防止。基于此种法经济学的观点，行李物品与贵重物品灭失、毁损风险的防止，是法律规范合理设计的重要指标之一。就《旅游纠纷规定》而言，关于物品灭失、毁损所引发的损失由谁承担的法律规则设计，应当有利于鼓励当事人采取最小的成本，避免损失的发生。旅游活动中，谁是旅游者的行李物品、贵重物品灭失、毁损风险的“最小成本避免者”，谁就应当承受行李物品、贵重物品的损失。[①] 根据前面的分析可以看出，旅游经营者对于旅游者交由其代管的行李物品方面，具有较强的控制力，能够提供低成本的保管服务，属于相对的“最小成本避免者”；而旅游者更有力地控制着贵重物品，是其贵重物品灭失、毁损风险的“最小成本避免者”。为此，有必要区分行李物品、贵重物品，确立不同的损失分担规则。

二、与旅游者的行李物品相关的法律关系

（一）存在保管协议的行李物品

旅游者的行李物品，如果交由旅游经营者代为保管，旅游经营者承诺保管的，则旅游经营者应当根据《民法典》第21章关于保管合同的规定，履行保管义务，承担相应的法律责任。

根据《民法典》第21章的规定，保管人主要负有给付保管凭证、妥善保管保管物、亲自保管标的物、不得擅自使用或许可第三人使用保管物以及危险通知、返还保管物等义务。就旅游活动中，旅游经营者承诺保管的旅游者行李物品而言，旅游经营者在旅游者向其交付保管的行李物品时，应当向旅游者提供保管凭证，例如航空公司应当就旅客托运的行李出具行李票、酒店就旅游者寄

---

① Guido Calabresi & J. Hirschoff, Toward a Test for Strict Liability in Tort, 81 Yale Law Journal 1055-1085 (1972). 转引自孙良国:《快递物品毁损的限额赔偿论》，载《当代法学》2021年第1期。

存的行李物品开具相应凭证，以作为旅游经营者收到行李物品的凭证。但是，如果交易习惯中并无提供保管凭证的，旅游经营者也可以不提供保管凭证，例如旅游者将其行李装入旅游大巴时，旅游经营者并无交付行李票的交易习惯。

在保管旅游者交由保管的行李物品时，旅游经营者应当妥善保管旅游者的行李物品，即应当在适当的场所、按照适当的方法、采取适当的措施进行保管。关于保管的场所、方法、措施，如果旅游者与旅游经营者之间有明确约定的，应当按照约定的场所、方法、措施进行保管，未经旅游者同意，不得擅自改变保管场所和保管方法等。当然在紧急情况下或为了维护旅游者的利益时，旅游经营者可以不经旅游者同意而改变保管场所与方法，但事后应当及时通知旅游者。如果旅游者与旅游经营者之间没有明确约定，旅游经营者则应当根据旅游活动、周边环境、行李物品的具体情况采取适当的保管措施。例如，旅游者经导游、旅游大巴司机等工作人员允许，在景区停车场将行李物品放置于旅游大巴车上时，由于景区人流量较大、经常发生行李物品被盗，旅游经营者即应当锁好大巴车的门窗、安排专人看管旅游者的行李物品，防止旅游者行李物品丢失。

此外，旅游经营者应当亲自保管旅游者的行李物品、不得擅自使用或者许可第三人使用旅游者的行李物品；在行李物品发生危险、第三人对行李物品主张权利时，应当通知旅游者；在保管合同终了时，旅游经营者应当返还旅游者的行李物品。当然，旅游者也可以随时要求返还其行李物品，但与一般保管合同不同的是，除非有特别事由，旅游经营者不得要求旅游者提前领取行李物品。

（二）不存在保管协议的行李物品

旅游者就其行李物品的保管与旅游经营者达成保管协议时，旅游经营者应当承担保管责任。[①] 然而，实践中经常是旅游者与旅游经营者之间，并未就其行李物品达成明确的保管协议。在此种情况下，旅游者行李物品发生丢失时，旅游经营者是否应当承担责任，承担何种责任，在理论、实践上都存在重大的争议，应当予以阐明。

首先，旅游经营者是否对旅游者的行李物品承担保管责任？

旅游活动以旅游者人身在空间上的移动为必备要素，旅游者行李物品的空间移动随之必然发生。因此，旅游者行李物品随之发生的空间变动，属于旅游活动的固有内容。然而，这些随着旅游者人身的移动而移动的行李物品并非随

① 苏号朋、唐慧俊：《论旅游辅助服务者的法律地位及责任承担》，载《法学杂志》2011年第6期。

身必需物品，在旅游者游览、购物、娱乐、就餐等多个旅游环节中，为保障旅游者能够舒适地接受旅游服务，必须由旅游经营者对之采取相应的保管措施。例如，很难想象旅游者在乘坐摩天轮时还要将其拉杆箱抱在怀中的情景，这显然违背旅游活动的基本规律和基本常识。

基于旅游者行李物品的空间移动、另行保管为旅游活动固有内容，旅游经营者以组织旅游活动、提供旅游服务为业，旅游者参加旅游活动、缔结旅游合同是以追求精神愉悦为目的等基本判断，旅游经营者应当对旅游者的行李物品承担保管责任。这一保管责任属于旅游经营者基于旅游合同而承担的固有责任，即使旅游者与其并未明确做出保管行李物品的约定，旅游经营者也应当承担保管责任。

《旅游纠纷规定》第 19 条规定旅游经营者“为旅游者代管”行李物品时，应承担保管责任，而并未限定为旅游经营者与旅游者达成保管合同、约定由旅游经营者代为保管的情形。据此，《旅游纠纷规定》第 19 条既适用于旅游者与旅游经营者达成保管协议的情形，也适用于双方并无明确约定，而旅游经营者应当代管或者实际代为保管的案件。

其次，旅游经营者承担责任的法律基础是什么？

在没有明确的保管协议前提下，旅游经营者对旅游者的行李物品承担保管责任的法律基础是什么？对这一问题的回答，一方面为旅游者行使保管义务履行请求权、损害赔偿请求权提供法律依据，另一方面也为旅游纠纷的处理提供理论依据、法理支撑。旅游者行李物品的保管虽然不是旅游经营者的主合同义务，但由于行李物品保管是旅游者参加旅游活动的必然结果，因而构成旅游活动的固有内容，是旅游经营者提供旅游服务同时必须提供的相关服务。旅游经营者提供的行李物品保管服务，具有促进旅游合同主要目的实现、使其提供的旅游服务更趋完善、舒适的功能，因而属于旅游合同中旅游经营者的从给付义务，而非附随义务。所谓从给付义务，是指其目的在于确保债权人（此处指旅游者）的合同履行利益能够获得最大满足的义务，从给付义务与主给付义务相对，主给付义务是合同关系所固有、必备，并决定合同类型的基本义务。[①] 从给付义务与附随义务的不同主要在于，附随义务以确保债权人的固有利益不受侵害为目的，而从给付义务是以确保债权人的合同利益最大化为目的。因此，

① 崔建远：《合同法总论（上卷）》，中国人民大学出版社 2008 年版，第 198-199 页。

附随义务多表现为保护义务、通知义务、保密义务等，而从给付义务多表现为相关信息的告知、另一物的交付、相关服务的提供等。①

有观点认为，旅游经营者不履行保管义务，可能会导致旅游者的行李物品灭失、毁损，行李物品灭失、毁损属于旅游者的固有利益，因此保管义务实际上是旅游经营者对旅游者财产的保护义务，是旅游合同的附随义务。基于此，就不应要求其承担像保管合同中的保管人那样的注意义务，而只需尽到与处理自己的事务相同的注意或一般人的注意义务即可。② 我们认为，这种观点将旅游经营者的保管义务与保护义务相混淆，保管义务的规范目的在于使旅游者摆脱携带大量行李物品从事旅游活动的负担，而保护义务的规范目的在于使旅游者人身、财产安全免受不当侵害，二者在特定情况下可能发生功能上的重合，但绝不是同一回事。旅游经营者不履行保管义务并不必然导致行李物品灭失、毁损，其首先是导致旅游者自行携带行李物品，无法享受舒适的旅游服务。如果认为保管义务是附随义务的话，将会导致旅游者行李物品虽然并未毁损、灭失，但一路自行携带造成的不便无法获得赔偿。这也正是从给付义务与附随义务之间的最大区别，在损害赔偿范围上，违反从给付义务通常赔偿的是债权人的履行利益，而违反附随义务赔偿的则是固有利益。显然，将旅游经营者对于旅游者行李物品的保管义务界定为旅游合同的从给付义务，更有利于旅游者权益的保护。

三、与旅游者的贵重物品相关的法律关系

（一）存在保管协议的贵重物品

旅游者携带的贵重物品，可以自行保管也可以交由旅游经营者代为保管，但贵重物品的保管与一般行李物品的保管不同，这一点从《民法典》第 898 条的规定可以看出。《民法典》第 898 条规定，寄存人寄存货币、有价证券或者其他贵重物品的，应当向保管人声明，由保管人验收或者封存。寄存人未声明的，该物品毁损、灭失后，保管人可以按照一般物品予以赔偿。

据此，如果旅游者携带货币、有价证券或者其他贵重物品，交由旅游经营者代为保管时，旅游经营者承诺代为保管的，旅游者应当明确说明贵重物品的

① 王洪亮：《债法总论》，北京大学出版社 2016 年版，第 26 页。

② 苏号朋、唐慧俊：《论旅游辅助服务者的法律地位及责任承担》，载《法学杂志》2011 年第 6 期。

性质和价值。如果没有明确说明贵重物品的性质、价值时，该物品发生毁损、灭失时，旅游经营者可以按照一般物品予以赔偿。在此应当注意的是，对《旅游纠纷规定》第 19 条应予以正确理解，即旅游经营者也可以与旅游者就贵重物品达成保管协议，该保管协议适用《民法典》第 21 章特别是第 898 条的规定，而不能理解为贵重物品发生毁损、灭失时，旅游经营者不承担任何责任。

（二）不存在保管协议的贵重物品

旅游者携带贵重物品，未与旅游经营者达成明确的保管协议，贵重物品发生毁损、灭失时，旅游经营者是否应当承担保管责任？实践中，这一问题是旅游过程中行李物品纠纷的典型，《旅游纠纷规定》针对性地进行了规定，为行李物品纠纷的妥当处理确立了明确的规则。根据《旅游纠纷规定》第 19 条第 1 项的规定，在双方并无明确的保管协议的情况下，如果旅游者未将现金、有价证券等贵重物品随身携带的，如果发生毁损、灭失时，旅游经营者并不承担保管责任。

《旅游纠纷规定》第 19 条第 1 项确立这一规则的理由主要是：

第一，受害人应当自己承担损失，是损害分担的基本原则。也就是说，在没有特别的、应当由他人就受害人所遭受损失承担责任的情况下，受害人应当自己承担损失。因此，在旅游者携带贵重物品发生毁损、灭失时，如果没有可归责于其他人的事由时，旅游者自己承担此项损失。

第二，旅游经营者对于贵重物品没有保管义务。旅游经营者之所以对旅游者的行李物品负有作为从给付义务的保管义务，其理由在于旅游者的行李物品随旅游者而移动，使旅游者负担该必需品的保管义务与旅游合同之目的存在冲突。相反，贵重物品多具有体积小的特点，旅游者随身携带通常并不会给其旅游活动增加不合理的负担，没有必要将贵重物品的保管义务转嫁给旅游经营者。

第三，贵重物品通常价值较大，其价值可能远远超出旅游经营者提供相关旅游服务所获得的报酬。如果将贵重物品的保管义务作为旅游合同的从给付义务，旅游经营者为避免承担超额的保管责任，所收取的保管费用必将超过旅游服务的对价。其结果是，旅游服务处于次要地位，保管服务处于主要地位，如此必然导致喧宾夺主，颠覆了旅游合同以提供旅游服务为主要内容的法律性质。这样的结果，当然不利于旅游合同的规范、旅游业的健康发展。

第四，旅游者作为贵重物品的权利人，可以采取适当措施保管贵重物品。旅游经营者通常并不知悉贵重物品的存在，也就无法对贵重物品采取适当保管措施，保管责任就更无从谈起了。

那么，是否所有的旅游经营者对旅游者贵重物品的毁损、灭失均不承担责任呢？答案显然是否定的，例如酒店对于旅游者的贵重物品应当承担保管责任，这种责任是一种法定的保管责任，无论一般行李物品还是贵重物品，均属于酒店的法定保管责任，这是各国合同法的共通规则。例如，《德国民法典》第701条、《法国民法典》第1952条、《意大利民法典》第1868条、第1869条，《阿根廷民法典》第2230条以及我国台湾地区“民法”第606条、第607条的规定。《民法典》施行之前，我国原《合同法》并未规定酒店的法定保管责任，但这并不意味着酒店不需要承担责任。完全可以通过对原《侵权责任法》第37条关于安全保障义务的规定进行解释适用，承认酒店对旅游者行李物品、贵重物品的毁损、灭失承担未经安全保障义务的侵权责任。该条规定的损害，不仅包括人身损害，而且也包括财产损害，[①] 也当然包括旅游者所携带的贵重物品在内。《民法典》第888条第2款承认了法定保管制度。[②] 根据该款的规定，寄存人到保管人处从事购物、就餐、住宿等活动，将物品存放在指定场所的，视为保管，但是当事人另有约定或者另有交易习惯的除外。

当然，在《民法典》第888条第2款承认法定保管的背景下，即无需再援引《民法典》第1198条的安全保障义务规则来处理行李物品丢失问题了。在处理旅游纠纷的实践过程中，应当注意《旅游纠纷规定》第19条与该解释第7条、《民法典》第1198条之间的关系：即《旅游纠纷规定》第19条仅适用于旅游纠纷中关于行李物品、贵重物品的保管以及与保管相关的赔偿问题，而《旅游纠纷规定》第7条、《民法典》第1198条则适用于所有情形下的人身、财产安全保障义务。实践中，哪些旅游辅助服务者需要对旅游者的贵重物品承担安全保障义务，还需要进一步的分析。

（三）旅游经营者未提示、声明时的责任

旅游者对其贵重物品应当自行保管，已如前述。但根据《旅游纠纷规定》第19条第1项的规定，旅游经营者如果要免除其对贵重物品的责任，还应当就旅游者应随身携带现金、有价证券、贵重物品予以事先声明或者提示，仅在旅

---

① 全国人大常委会法制工作委员会民法室编：《〈中华人民共和国侵权责任法〉条文说明、立法理由及相关规定》，北京大学出版社2010年版，第161页。

② 谢鸿飞、朱广新主编：《民法典评注（典型合同与准合同4）》，刘道远执笔，中国法制出版社2020年版，第7页。

游者未听从其事先声明或者提示的情况下，才可以免除责任。旅游者对贵重物品的保管并非旅游者个人的事情，该规定在实践中可能面对的问题是，旅游经营者具体应该事先声明、提示什么？如果旅游经营者未事先予以提示、声明的，是否应当承担责任？应当承担何种责任？其责任基础是什么？

首先，旅游经营者应当根据其自身营业的特点以及常见、多发的贵重物品丢失、毁损情况，对旅游者做出关于保管贵重物品的提示，并应当事先声明对于贵重物品因旅游者未随身携带造成的损失，旅游经营者不承担保管责任。当然，对于旅游者人身、财产负有安全保障义务的旅游经营者，不能因此免除其安全保障义务。

其次，旅游经营者如果未事先予以提示、声明的，如果发生旅游者贵重物品丢失、毁损的，旅游经营者仅就其未履行提示、声明义务的过错承担相应的赔偿责任。旅游经营者关于贵重物品妥善保管的提示、声明义务，属于旅游经营者的告知义务范畴，是旅游经营者基于旅游合同的附随义务。

最后，应当明确的是，除非法律另有规定，旅游经营者对于贵重物品仅负有提示义务，导致旅游者贵重物品毁损、灭失者是侵权人，应当就贵重物品的毁损、灭失承担责任，旅游者自己不慎将贵重物品丢失、毁损的，应当自己承担相应的损失。因此，在贵重物品的毁损、灭失中，旅游经营者并不是主要的责任主体，其承担责任的范围是，履行与未履行告知、警示义务之间贵重物品毁损、灭失的概率之差与所遭受损失的乘积。例如，旅游者因贵重物品毁损、灭失而受损 10000 元，如果旅游经营者履行了告知、警示义务，贵重物品毁损、灭失的概率为 20%，而未告知、警示时贵重物品毁损、灭失的概率为 50%，那么旅游经营者就应当对增加的 30%的风险承担责任，那么旅游经营者应当承担的赔偿额度为 3000 元。

（四）听从提示、随身携带时的责任

《旅游纠纷规定》第 19 条对于一般行李物品与贵重物品的二分规则采取了一种较为特殊的结构方式，即将贵重物品作为旅游经营者免除保管责任的一种情形。但是，由于在贵重物品规则中设置了双重否定的免责条件，这种“原则——例外”的结构导致了不必要的歧义。为避免不必要的争论，在此应当予以说明。

根据《旅游纠纷规定》第 19 条第 1 项的规定，免除旅游经营者对贵重物品毁损、灭失的保管责任需要符合以下两个要件：其一，旅游者未听从旅游经营

者或者旅游辅助服务者的事先声明或者提示；其二，（旅游者）未将现金、有价证券、贵重物品由其随身携带而造成。从文义来看，如果旅游者听从旅游经营者或者旅游辅助服务者的事先声明或者提示，将现金、有价证券、贵重物品随身携带而发生损失的，则不能免除旅游经营者的责任，旅游经营者应当赔偿旅游者的损失。简言之，如果旅游者听从提示随身携带时，旅游经营者对贵重物品的毁损、灭失承担责任。显然，这是由于条文结构设计引起的缺陷。旅游者随身携带贵重物品时，旅游经营者与贵重物品不发生任何事实上、法律上的联系，贵重物品的毁损、灭失与其并无任何因果关系，当然无需承担法律责任。

四、旅游经营者的责任及其免责范围

（一）旅游经营者的责任构成

旅游经营者为旅游者代管的行李物品损毁、灭失时，应当承担赔偿损失责任。实践中认定旅游经营者的责任时，应当符合以下几个方面的要件：（1）行李物品损毁、灭失，这是旅游经营者承担责任的根本前提，如果没有发生行李物品损毁、灭失的客观情形，旅游经营者赔偿损失的责任根本无从谈起；（2）发生损毁、灭失的行李物品是旅游经营者为旅游者代管的，如果旅游者自行携带行李物品或将行李物品委托其他旅游者代管，或者未按照约定的方式交由旅游经营者代管时，旅游经营者也无需承担赔偿损失的责任；（3）不需要旅游经营者存在过错，也就是说只要符合上述两个要件，旅游经营者就应当承担赔偿损失的责任，不得以自己不存在过错而主张减轻、免除责任。换言之，旅游经营者对行李物品的代管责任是无过错责任。

值得注意的是，在《旅游纠纷规定》起草过程中，有一种观点认为，旅游经营者对旅游者行李物品的保管，属于无偿保管，根据《民法典》第 897 条的规定，保管人证明自己没有重大过失的，不承担损害赔偿责任。这种观点的错误之处有二：其一，旅游经营者对旅游者行李物品的保管，是基于旅游合同而成立的保管关系，并非单纯以保管为目的的保管合同，是旅游经营者的从给付义务，不能僵硬地套用保管合同的规定；其二，旅游经营者对旅游者行李物品的保管并非无偿的，行李物品的保管属于旅游服务的固有内容，旅游者支付的旅游费用作为旅游服务的报酬，其中当然包括行李物品的保管费用。

（二）免责的范围

《旅游纠纷规定》第 19 条第 2 项、第 3 项、第 4 项明确规定了，因不可抗力、旅游者的过错以及物品自然属性，导致旅游者行李物品损毁、灭失时，旅游经营者不承担赔偿损失的责任。

所谓不可抗力，根据《民法典》第180条的规定，是指不能预见、不能避免并不能克服的客观情况。实践中，不可抗力主要表现为以下几种类型：第一，自然灾害，如地震、台风、洪水、海啸等，这是最为典型的不可抗力；第二，政府行为，主要是指在合同签订后，政府当局颁布新政策、法律和行政措施等；第三，社会异常现象，主要是指一些偶发的事件，例如罢工、骚乱等。

因旅游者自己的过错导致其行李物品损毁、灭失的，旅游经营者不应当承担责任，否则有失公允。旅游经营者虽然对旅游者交由其代管的行李物品承担无过错责任，但是这种无过错责任仅是不考虑旅游经营者有没有过错都要承担责任，而不是不考虑旅游者有没有过错。在适用《旅游纠纷规定》第19条第3项时，应当注意，旅游经营者的免责，是以旅游者的过错是导致其行李物品损毁、灭失的唯一原因，如果在旅游者的过错之外，还有其他应由旅游经营者负责的致害原因，旅游经营者就不能完全免除其责任。

因物品自然属性导致旅游者的行李物品毁损、灭失的，旅游经营者不应当承担责任，这一免责事由的确立依据是原《合同法》第370条（《民法典》第893条)。根据该条规定，按照保管物的性质需要采取特殊保管措施的，寄存人应当将有关情况告知保管人。寄存人未告知，致使保管物受损失的，保管人不承担损害赔偿责任。例如，旅游者将其从长江中汲取的一瓶水置于行李中，返回后发现，因为时间过长，“长江之水”已经发臭，此即为物品的自然属性导致的损害，旅游经营者不应当承担赔偿责任。

值得注意的是，原《旅游纠纷规定》第22条第2项曾将意外事件与不可抗力并列作为免责事由。意外事件，是一个内涵、外延均不清楚的概念，人们往往是从不能预见的角度来使用这一概念的，也有人认为意外事件是指非因当事人的故意或者过失而偶然发生的事故。[①] 因此，意外事件经常与不可抗力、第三人行为、受害人自身行为、非不可抗力的自然原因等混淆。由于意外事件的内涵、外延均不清楚，容易导致鼓励行为人找出各种理由，认为系不可预见的意外造成的损害而免除责任，所以我国民法从《民法通则》以来始终未将意外事件作为免责事由。甚至意外事件这一概念除在宣告死亡场合之外，已经弃置

① 王利明、周友军、高圣平：《中国侵权责任法教程》，人民法院出版社2010年版，第282页。

不用有很长时间了，这在理论界和立法部门已经形成共识。在《旅游纠纷规定》起草过程中，我们也曾表达过这一观点，虽并未被采纳，但 2020 年 12 月 29 日修订《旅游纠纷规定》时终将其删除，本书对此予以肯定。

第三节　自助旅游纠纷

一、自助旅游的基本特征

（一）自助旅游的兴起与挑战

自助旅游，是一种新型的旅游方式，这种旅游方式，以旅游者自行安排旅游行程为其核心，较之于传统的团队旅游而言，自助旅游使得旅游者能够更加自由地安排自己的行程，不受旅游团队固定行程安排的限制，根据自己的兴致选择旅游的时间、地点、方式以及在某地逗留时间的长短，等等。自助旅游赋予旅游者极高的自由度，这使得自助旅游成为现代旅游的重要形态，得到越来越多的重视。不断增加旅游者在旅游过程中的主导性、自由性，沿着自助旅游的方向发展，是未来旅游形态的必然发展趋势。

然而，在自助旅游等新型旅游不断发展的同时，旅游法律的研究工作并没有得到相应的推进，甚至连最基本的组织旅游相关法律制度的研究，都还未能全面展开。我国 1999 年颁行实施的《合同法》在通过时将原来设计的旅游合同一章删除，其中旅游合同法理论准备不足是非常重要的原因之一。数十年之后，旅游合同法的研究状况并未得到改善，自助旅游这一新型的旅游形态的出现，更加加重了旅游合同法研究的迫切性。旅游合同法，是旅游者、旅游经营者之间关于旅游活动的游戏规则，没有明确的游戏规则，旅游活动就处于一种混乱的、无序的状态之中，这也是我国旅游市场各种负面现象频发的重要原因之一。

随着自助游的普遍化和各种各样的自助游形态的出现，旅游实务界越来越面临着严重的法律风险：在自助旅游中，旅游经营者究竟应该对哪些损失承担责任，以及承担什么样的责任？从保障旅游行业健康、有序发展的角度来看，如果让旅游经营者承担过重的法律责任，会不利于旅游经营者发展新型旅游产品，促进旅游业的发展、壮大；如果承担过轻的责任，不利于旅游者权益的保护，从而在根本上打击了旅游业发展的原动力。那么，在我国现行法律体系之下，如何合理界定旅游经营者的法律责任，维护旅游者合法权益，就是《旅游纠纷规定》应该回答的问题。《旅游纠纷规定》给出的初步答案就是：提供什么服务，承担什么责任，简而言之，即自己责任。《旅游纠纷规定》确定这一原则，是以自助旅游的基本属性为依据的。

（二）自助旅游的基本属性

自助旅游的本质特征在于，旅游者自行安排其旅游行程，与景点景区、餐饮、娱乐甚至交通、住宿等相关旅游服务提供者直接发生法律关系。就此而言，自助旅游中，旅游者所接受的大部分旅游服务均直接由相关旅游服务提供者提供，相关旅游服务提供者对其提供的旅游服务，向旅游者承担相应的法律责任。

为此，《旅游纠纷规定》第 1 条第 4 款规定，旅游者在自行旅游过程中与旅游景点经营者因旅游发生的纠纷，参照适用本规定。该规定表明，《旅游纠纷规定》不仅针对由旅游经营者组织的团队旅游，而且也适用于散客旅游，这是旅游纠纷司法解释在适用范围上的最大亮点。从旅游行业角度来看，多将由旅行社等旅游经营者组织的团队旅游视为旅游活动的主流，单个旅游者自行游览，并未被纳入包价旅游这一主流旅游合同的调整范围。《旅游纠纷规定》第 1 条第 4 款的规定，将大大提升对于旅游活动的整体认识，将那些被忽视的旅游形态纳入法治的范畴。

自助旅游中，由于大部分旅游服务是由其他旅游服务提供者直接提供，旅游者与旅行社等旅游经营者并不发生直接法律关系，旅行社等旅游经营者对因上述旅游服务所发生的纠纷，也不承担任何法律责任。这是自助旅游活动与包价旅游之间的重要差别：在我国旅行社行业中，包价旅游是旅游经营者向旅游者提供整个行程安排中的全程旅游服务，从而也就对旅游行程中的所有服务承担法律责任，当然旅游者在自由活动时间内遭受的损害除外。而自助旅游中，旅行社等旅游经营者仅提供部分旅游服务，例如仅提供往返机票和酒店住宿服务，其余的旅游活动均由旅游者自行安排，旅游服务的提供与旅行社等旅游经营者并无任何法律上的关联。

二、《旅游纠纷规定》对于自助游的界定

《旅游纠纷规定》第 22 条将自助游界定为，旅游经营者事先设计，并以确定的总价提供交通、住宿、游览等一项或者多项服务，不提供导游和领队服务，由旅游者自行安排游览行程的旅游。《旅游纠纷规定》作为国内第一个专门处理旅游纠纷的规范性文件，对自助旅游做出明确界定，具有非常重要的理论和

实践意义。根据该规定，《旅游纠纷规定》上的自助旅游，应当符合以下几个方面的要求：

1. 旅游经营者提供一项或多项服务

自助旅游中，旅游经营者并不提供旅游行程中的全部旅游服务，而仅仅提供其中的交通、住宿、游览等一项或者多项旅游服务。这是自助旅游由旅游者自行安排旅游行程这一本质特征的体现，如果旅游经营者提供了旅游行程中的全部旅游服务，基于节约成本、提高收益的考虑，旅游经营者必然会对旅游行程中所涉及的景点、交通、购物等做出非常具体的安排，旅游者必须严格按照旅游行程的安排进行旅游活动、接受旅游服务，而不能任意进行调整，否则将承担违约责任。自助旅游的出现正是为了克服传统旅游方式在灵活性方面所存在的弊端，使得旅游者能够最大限度地按照自己意愿享受旅游所带来的乐趣。

最极端的自助旅游方式，是完全与旅游经营者不发生任何法律关系的方式，由旅游者自行确定旅游行程安排，自行购买机票、预订酒店、购买景区门票等。然而，采取这种自助旅游方式，虽然能够保障旅游者获得最大限度的自由度，但较之于旅游经营者而言，旅游者在获取旅游目的地相应服务、服务质量的信息、价格等方面，并无任何优势。而旅游经营者以组织各种旅游服务为业，有着非常便捷、专业的服务预订、价格谈判、服务质量信息获取等优势。所以，自助旅游者通常会选择将交通、住宿、餐饮等服务项目交由旅游经营者安排，在保证最大自由度的同时，也能够免予预订各种稀缺旅游服务的困扰。由此，即产生了旅游经营者不提供全程旅游服务，而仅提供一项或者多项旅游服务的旅游营业方式。

实践中，最常见的自助旅游方式是，旅行社等旅游经营者为旅游者提供确定时间的交通、住宿两项核心旅游服务，旅游者自行安排其在旅游目的地的旅游活动，部分自助旅游项目还安排特定游览、游乐项目。旅行社等旅游经营者通常根据旅游活动规律，事先与旅游服务提供者分别达成协议，获得交通、住宿等自助旅游服务，支付相应报酬，之后将交通、住宿等预订的旅游服务进行组合，以确定的价格提供给需要自助旅游的旅游者。值得注意的是，在我国目前的旅游实践中，旅行社等旅游经营者通常并不会仅仅提供一项旅游服务，而且单独一项旅游服务并不能符合事先设计、确定的总价等要素要求。《旅游纠纷规定》第 22 条所述提供一项旅游服务是否可能构成自助旅游，还需要旅游纠纷处理实践的检验。

2. 所提供的服务由旅游经营者事先设计

旅游经营者事先设计这一要素的设定，一方面是对旅游经营者业务操作方式的描述，另一方面是对其法律性质的界定。

旅游经营者事先设计，是旅游经营者服务不同于代订车船票、酒店、景点门票等委托服务的基础。从旅游经营管理的角度来看，旅游经营者事先设计，是指旅游经营者根据旅游市场需求，在保障旅游交通安排、旅游内容丰富、各服务之间结构合理的前提下，以利润最大化为目标取向，对预订的各种旅游服务进行组合、设计。理论上来讲，不同的旅游经营者事先设计的旅游服务也不会相同，旅游经营者只有合理组合、设计其旅游服务，才可能吸引旅游者，实现其营利目的。但由于旅游服务的无形属性决定了难以建立明确、具体的评价标准，旅游特别是观光旅游对事先设计的要求较低，导致旅游服务的事先设计在旅游服务中的地位难以凸显，旅行社等旅游经营者将更多的精力集中于价格竞争，导致我国旅游市场上低价竞争肆虐，侵害旅游者权益行为屡禁不止。

就其法律意义而言，旅游经营者事先设计，是指旅游经营者在与旅游者签订旅游合同之前，与交通、住宿、餐饮、景区景点、购物、娱乐等相关旅游服务提供者约定，由旅游经营者向其支付报酬，旅游服务提供者向旅游经营者指定的旅游者提供相关服务等一系列合同的组合。

旅游经营者事先设计的法律性质是，旅游经营者与相关旅游服务提供者之间签订一份合同。旅游者并非该合同的当事人，但根据旅游经营者与旅游服务提供者之间的合同，旅游者是接受相关旅游服务的人。在合同法理论上，旅游经营者与相关旅游服务提供者之间的合同就具有第三人利益合同的性质。所谓第三人利益合同，是合同当事人之外的第三人不参与合同的订立、不作为合同的当事人，而根据合同的约定，享有合同中规定的权利，但不承担义务的合同。[①] 这种合同以处理三方关系为典型内容，具体就旅游服务来讲，旅游经营者与相关旅游服务者之间签订合同，旅游者根据二者之间的合同享有权利，有权要求旅游服务提供者提供旅游服务，由旅游经营者向旅游服务提供者支付相应费用。

旅游经营者事先设计这一要素，在法律上还具有另外一项功能，即将旅游者与旅游服务提供者相分离，旅游服务提供者仅与旅行社等旅游经营者之间存

---

① ［德］迪特尔·梅迪库斯：《德国债法总论》，杜景林、卢谌译，法律出版社2003年版，第581-582页。

在合同关系，旅游者也仅与旅游经营者存在合同关系，而在旅游服务提供者与旅游者之间并无合同关系。如果因为旅游合同的履行发生纠纷，旅游者可以根据旅游合同的规定，要求旅游经营者承担违约责任等。旅游经营者不能主张，服务是由酒店、景区等旅游服务提供者提供，自己不对这些服务存在的瑕疵承担责任，而推卸责任。

另外，旅游经营者事先设计，在一定程度上可以达到将自助旅游服务和旅游经营者接受旅游者委托代订机票、酒店等相区别。旅游经营者接受旅游者的委托，为其提供代订机票、酒店等服务的，法律关系的双方当事人是旅游服务提供者和旅游者，旅游经营者是旅游者的代理人，并不具有独立的法律地位，对旅游者仅承担委托合同的法律责任，而旅游服务提供者对旅游者就相关服务承担责任。

3. 旅游经营者不提供导游和领队服务

导游、领队服务，是旅游服务的重要组成部分。导游服务包括旅游景点、沿途讲解、翻译等导游讲解服务和为旅游者提供接送、旅途生活照料、安全服务、旅游出发地、目的地等上下站联络等旅行生活服务。领队，又叫作国际导游员，领队服务，是指为旅行社等旅游经营者委派负责陪同出境旅游者，并协调与接待方旅行社关系的导游人员。

实践中，我国的旅行社等旅游经营者在自助旅游中，通常不提供导游和领队服务，特别是全陪导游人员。因此，这一要素主要是对我国自助旅游服务现状的描述。在理论上讲，自助旅游是否绝对排斥导游、领队服务，也并不尽然。虽然导游、领队服务，通常具有全程陪同等性质，但如果导游、领队仅仅为旅游者提供必要的讲解服务、领队仅仅为旅游者代为办理出入境相关手续等，只要导游、领队不干涉旅游者安排旅游行程自由，则并不会导致对自助旅游属性的根本影响。当然根据《旅游法》第36条的规定，旅行社组织团队出境旅游或者组织、接待团队入境旅游，应当按照规定安排领队或者导游全程陪同。从而，在此种情形下即不存在自助旅游的可能。

《旅游纠纷规定》第22条之所以将旅游经营者不提供导游和领队服务明确列为自助旅游的特征之一，是与有导游、领队就应当对全程负责的认识联系在一起的。然而，这一认识存在以下两个方面的误区：

一方面，除领队外，导游人员尚有全陪导游人员（以下简称全陪）、地方陪同导游人员（以下简称地陪）和定点陪同导游人员（又叫讲解员）。其中仅有全陪导游人员负责全部旅游行程中的所有旅游服务的提供、协调，其余的地陪、讲解员服务与旅游者自行安排旅游活动这一要求并不发生冲突，况且在实践中也不排除自助旅游要求安排导游、领队的可能性，因此将导游、领队服务完全排除在外，并没有非常充分的理论根据、实践基础。

另一方面，导游、领队服务并不必然导致旅行社等旅游经营者对全部旅游服务承担法律责任。旅行社等旅游经营者提供导游、领队服务，仅对导游、领队服务本身存在的缺陷、造成的损害承担责任，与旅行社等旅游经营者提供的导游、领队及其他服务无关的原因造成的旅游者损害，由于欠缺因果关系要素，旅行社等旅游经营者无需承担法律责任。将提供导游、领队服务与旅行社等旅游经营者对旅游全程负责相等同，与《民法典》等民事法律规范的基本精神不合。

4. 旅游者支付确定的总价

旅游者支付确定的总价，一方面表明旅行社等旅游经营者以其所提供各项旅游服务之组合、整体作为其服务的内容，既非提供预订服务，也非提供居间服务；另一方面，在旅游服务提供者的价格与旅游经营者的价格之间存在差额，这一差额构成旅游经营者利润的重要组成部分，旅游服务提供者的价格也属于商业机密，旅游经营者既不会，也不应该向旅游者明确告知旅游服务直接提供者的报价单。

实践中，旅游经营者也可能向旅游者告知其所提供的各项旅游费用的价格，这是否与确定的总价这一要求相悖呢？是否因此就不符合本条关于以确定的总价支付旅游费用的要求，不构成自助旅游呢？我们认为，旅游经营者将各项旅游服务的价格分别告知旅游者，仅仅是确定总价的另外一种表现形式，对于旅游经营者而言，整个旅游服务组合的内容基本是确定的，相应地，服务的报酬也是确定的，即使旅游经营者分别计算旅游服务的费用，也并不影响旅游服务的整体性和全部旅游服务整体价格的确定性。至于其是否就所提供的各项旅游服务分别计算，并不影响旅游服务的构成。

三、自助游、自由行、小包价与大包价

《旅游纠纷规定》第22条起草过程中，针对我国旅游行业存在的各种旅游服务形态的法律性质、旅行社等旅游经营者对不同旅游服务承担何种责任，曾经发生过激烈的争论。这一方面是因为我国旅游行业旅游服务形态变化多样、

名称五花八门；另一方面的原因是由旅游服务本身的综合性导致，在一次旅游活动中，往往涉及各种不同性质的法律关系。《旅游纠纷规定》虽然出台了，但是起草过程中所引发的争论不可能戛然而止，在旅游纠纷处理过程中，还有许多问题值得深入研究。以下就自助游、自由行、小包价与大包价等旅游服务形态所涉及的问题、各自法律性质以及旅行社等旅游经营者在提供相关服务时应承担哪些法律责任，做以简单的分析。

目前，国内旅行社提供的自由行旅游服务，通常以旅行社提供交通、住宿两项服务，旅游者支付报酬为其表现形态。当然，在具体操作过程中，不同旅行社的自由行旅游服务包括的内容会有所不同，例如，有些旅行社的自由行旅游服务中，包括往返航班和双人间住宿服务，甚至有部分景区景点的游览服务；而有些旅行社的自由行旅游服务中，出境旅游通常不包括住宿服务，仅负责往返交通和相关签证服务。

自助游，是我国旅游经营者避免使用的名称，我国大多数旅行社类的旅游经营者将“交通+住宿+个性化服务”的旅游服务命名为自由行，以示与自助游相区别。但实践中，仍有部分旅游经营者将旅游经营者提供的“交通+住宿+个性化服务”旅游服务称作自助游。

至于小包价、大包价的提法，是我国旅游行业内以旅游服务内容的范围大小为标准，对旅游服务所做的一种不规范的区分。通常来讲，大包价是指团体包价旅游服务和散客包价旅游服务两种类型，除团队人数上的区别之外，两种类型并无实质性内容的不同。这种旅游服务的内容涵盖旅游活动的全程，包括交通、住宿、游览、餐饮、娱乐等旅游服务项目，旅游活动的行程全部由旅行社事先设计、安排，旅游者必须事先预付旅游费用，按照旅游经营者的要求接受旅游服务。所谓小包价旅游服务，又称作可选择性旅游服务，其旅游服务由非选择部分和选择部分组成。非选择部分通常包括交通、住宿和早餐，旅游费用由旅游者在旅游前预付；可选择部分包括导游、风味餐、娱乐、游览等，费用既可预付也可现付。就此来看，大包价、小包价之间的区别仅在于旅游服务的范围不同，在法律性质上均属于旅游经营者提供的旅游服务，旅游经营者应当对其提供的旅游服务承担法律责任。值得注意的是，小包价旅游服务的选择性部分，依然属于旅游经营者提供旅游服务的范围，相关旅游服务提供者依然属于旅游经营者的履行辅助人，由于服务瑕疵造成旅游者损害的，旅游经营者应当对旅游者承担相应的法律责任，而不能以其为可选择性旅游服务、并非旅游经营者提供旅游服务、旅行社等旅游经营者仅代理旅游者与旅游服务提供者达成协议等为由，拒绝承担相应的法律责任。

我国旅游经营实践中，由于团队包价旅游具有成本低廉、易于操作等优点，加之我国旅游资源开发不足，文化观光项目为主，缺乏个性化、参与性旅游服务内容，因此旅游服务以团队包价旅游服务、旅游经营者包揽全程旅游服务为主要表现形态。因此，即出现了将旅游经营者仅提供部分旅游服务的小包价、自由行等在内涵上甚至在法律性质上区别于传统包价旅游合同的认识。但是，由于旅游经营者承担责任的依据在于其承诺为旅游者提供旅游服务，并收取了相关旅游服务的费用，而不在于旅游经营者是否包揽全程旅游服务，所以将小包价、自由行等旅游服务形态区别于包价旅游，在法律性质认定、旅游纠纷处理上并不具备任何合理性。关于包价旅游的界定，通常也只是要求有两种以上的服务即可。也就是说，我们现在所谓的“机票+酒店”式的自助旅游，在国际上依然属于包价旅游合同，而不是自助旅游。

准确来讲，我国旅游实践中，旅游经营者所宣称的自助旅游，实质上依然是包价旅游，旅游法起草过程中称之为组织旅游，其与通常所言的包价旅游之不同仅仅在于旅游经营者并不提供全程旅游服务。在法律性质、旅游经营者责任、旅游纠纷处理等方面并无区别。

自助游，广义来讲，就是由旅游者自行安排、决定其旅游行程、活动的旅游方式。《旅游纠纷规定》第1条所确立的旅游纠纷的范围，是以旅游经营者和旅游者之间的纠纷为调整范围的，所以缺乏旅游经营者，则不成立旅游纠纷。因此，如果是旅游者自行安排的郊游活动、驴友组织的旅游活动，则不属于该司法解释所调整的旅游纠纷。

值得注意的是，旅游者自行前往景区旅游的，虽然与旅游景区形成了旅游经营者（广义）与旅游者之间的关系，发生纠纷时，根据《旅游纠纷规定》第1条第4款的规定，也适用本司法解释，但不属于《旅游纠纷规定》第22条意义上的自助旅游。

四、自助旅游的法律关系构成

（一）旅游者的义务

根据《旅游纠纷规定》第22条的规定，在自助旅游中，旅游者的主要义务是以确定的总价，向旅游经营者支付旅游费用。旅游费用的支付，是旅游者的主要义务，这一点是所有旅游合同的共性。在旅游费用的支付方面，根据旅游行业的通行惯例，是由旅游者在旅游行程开始前支付给旅游经营者，即旅游服务是一种先付费服务。

旅游服务的先付费惯例，决定了旅游者在旅游服务过程中处于相对弱势地位，在旅游过程中，旅游经营者提供的旅游服务存在瑕疵时，旅游者并无直接、有力的手段予以牵制。在法律救济手段滞后、可能的法律救济流程旷日持久、诉讼成本高昂、行政执法力度弱的背景下，旅游服务先付费惯例助长了旅游经营者降低服务质量、侵害旅游者合法权益的行为。因此，在旅游市场混乱、服务质量不高、缺乏诚信的情况下，如何改革旅游服务付费方式，也是应当纳入考虑的问题之一。

旅游者违反其付款义务，旅行社等旅游经营者可以根据《民法典》第 526 条的规定，拒绝根据旅游合同的规定提供旅游服务，这是旅行社等旅游经营者的先履行抗辩权。另外，当旅游者违反其付款义务构成《民法典》第 563 条规定的在履行期限届满之前，明确表示或者以自己的行为表明不履行主要债务，或者当事人一方迟延履行主要债务，经催告后在合理期限内仍未履行等情形时，旅行社可以据此解除旅游合同，并要求旅游者承担违约责任。

（二）旅游经营者的义务

自助旅游服务中，旅游经营者的主要义务是，根据合同约定提供一项或多项旅游服务。该旅游服务应当具有双方约定的品质，如果旅游服务低于双方约定的品质，如约定公务舱实际为经济舱、约定五星级酒店实际为准五星级酒店等，则旅游经营者应当承担相应的违约责任。

旅游经营者除负有根据旅游合同约定提供旅游服务的义务，还应当承担与约定旅游服务紧密相关的从属性旅游服务，例如提供交通服务的应当提供行李的托运服务、提供住宿服务的应当提供附随的保管服务、提供签证手续代办服务的应当履行旅游证件、手续的交付义务等。从属性的旅游服务，可以在旅游合同中明确约定，也可以根据交易习惯、法律规定等予以确定。

此外，旅游经营者还负有说明警示、安全保障、必要协助等附随义务。旅游经营者的附随义务，多是出于保护旅游者的固有权益而由法律、法规强制规定的，旅游经营者违反附随义务，造成旅游者损害的，应当就其固有利益的损失承担损害赔偿责任。由此可见，旅游合同的法律规制有其必要性，而不能认为旅游合同由当事人双方自行约定即可。特别是由于旅游营业过程中，涉及旅游经营者与旅游者双方具有经营者、消费者的对立法律地位，为维护旅游者这一消费者权益，由法律、法规对旅游合同做出强制性规范，是必不可少的。

另外一个值得讨论的问题是，如果旅游经营者与旅游者达成协议，提供了导游服务，是否还属于《旅游纠纷规定》第22条的调整范围？如前所述，我们认为，自助旅游、自由行等旅游服务形态，并不完全排斥导游、领队服务。因此，如果旅游经营者与旅游者达成提供导游、领队服务的协议，也依然适用《旅游纠纷规定》第22条的规定，对导游、领队服务不符合约定、造成旅游者损害的，应当承担相应的赔偿责任。合同中对导游、领队服务的标准、品质未做明确约定的，应当根据《导游人员管理条例》和行业标准予以确定。

五、旅游者与旅游景点之间的法律关系

《旅游纠纷规定》第22条所规定的是由旅行社等旅游经营者安排的自助旅游，还不是真正意义上的自助旅游。真正意义上的自助旅游，是旅游者直接与旅游服务提供者发生交易关系，由旅游服务提供者直接向旅游者提供旅游服务，旅游者向旅游服务提供者支付报酬的旅游方式。对此，《旅游纠纷规定》也有所涉及，《旅游纠纷规定》第1条第4款规定，旅游者在自行旅游过程中与旅游景点经营者因旅游发生的纠纷，参照适用本规定。这一规定为旅游者自助旅游期间发生纠纷的处理提供了法律依据。由此，我国关于自助旅游的各个环节发生旅游纠纷时，基本满足了有法可依的法治要求。

旅游活动基本分为行、住、食、游、购、娱等六大要素，即六类服务、六类法律关系。其中，行即为交通服务，除《民用航空法》《铁路法》《道路交通安全法》之外，还有《民法典》合同编第19章关于交通运输合同的规定可兹适用；住即为住宿服务，虽然并无明确的民事法律规范予以调整，但《民法典》第1198条关于宾馆的安全保障义务之规定，尚可解决其中部分问题；食即为餐饮服务，由《食品安全法》等相关法律、法规予以规范；游即为游览服务，由《旅游纠纷规定》第1条第4款指引适用该司法解释的规定；购即为购物，由《民法典》第9章关于买卖合同的规定调整；娱即为娱乐服务，通常表现为演出、游乐服务，可根据《民法典》第17章关于承揽合同的规定、《民法典》第1198条关于群众性活动组织者的安全保障义务之规定等予以处理。

我国当前的旅游活动以参观各种文化遗址、自然景观为中心，所以《旅游纠纷规定》特别对旅游者自行到旅游景点参观、游览时发生纠纷的处理做出明

确规定，这是对我国自助旅游市场特点的反映。

具体而言，旅游景点经营者与旅游者之间的法律关系包括以下几个方面的内容：

1. 旅游景点经营者应当承担旅游辅助服务者所承担的所有义务

旅游景点经营者是游览、游乐等旅游服务的直接提供者，通常情况下，是在旅行社等旅游经营者与旅游者的旅游合同中充当旅游辅助服务者的角色。例如，甲旅行社以优惠价格从八达岭长城购买了15人的门票，作为其北京一日游旅游服务的组成部分向旅游者提供。在这一交易关系中，八达岭长城管理处是作为甲旅行社的履行辅助人，向甲旅行社指定的15名旅游者提供游览八达岭长城的服务，八达岭长城管理处应当提供符合要求的游览服务，例如应当设置各种安全措施、秩序维持措施、提供八达岭长城的必要资料等。如果15名旅游者未通过甲旅行社而是自行旅游，在八达岭长城售票处购买15张门票，即转变为旅游者与八达岭长城管理处之间的游览合同，八达岭长城管理处作为服务的直接提供者，其游览服务的要求，与作为甲旅行社的辅助服务提供者向15名旅游者提供游览服务时完全相同。当然，旅游者或者甲旅行社与八达岭长城管理处如果另有约定的，从其约定。

因此，旅游景点经营者作为旅游服务的直接提供者，无论是在包价旅游还是在自助旅游中，其提供符合安全、舒适等要求的旅游服务的义务是相同的，《旅游纠纷规定》第7条、第8条、第9条、第19条等也相应地适用于旅游景点经营者。

2. 旅游景点经营者应当承担旅游经营者所承担的附随义务

旅游者作为消费者，在接受旅行社等旅游经营者提供旅游服务时，旅游经营者应当根据《消费者权益保护法》《旅游纠纷规定》的相关规定承担告知警示、安全保障等附随义务以及行李物品代管等从给付义务。旅游景点经营者在旅游者自助旅游中，与旅游经营者处于相同地位，作为经营者应当承担以保护旅游者身体、财产安全不受侵害为目的的附随义务。对此，在旅游者与旅游景点经营者之间发生纠纷时，应当参照《旅游纠纷规定》的相关规定进行处理。

3. 旅游景点经营者仅在其提供游览服务的范围内承担法律责任

旅游景点经营者与旅游者直接发生法律关系的自助旅游，虽然也属于旅游纠纷，但毕竟与《旅游纠纷规定》第1条第1款规定的旅游者与旅游经营者之间因旅游发生的合同纠纷或者侵权纠纷有所不同。《旅游纠纷规定》第1条第1

款所规定的旅游纠纷，是以旅行社和旅游者之间的组织旅游合同为基本背景的。因此《旅游纠纷规定》第1条第4款对旅游者自助游中与旅游景点经营者因旅游发生的纠纷，采取的是“参照适用”本规定。

所谓“参照适用”，学理上称为“类推适用”，是一种法律漏洞的补充方法，是在法律没有明文规定的案件处理中，适用与该案件在主要特征方面相同的法律规定的一种法律适用方法。旅游景点经营者作为提供旅游服务的经营者，在与旅游者签订旅游服务合同的法律关系方面与旅游经营者的法律地位相同，在直接提供旅游服务法律关系方面与旅游辅助服务提供者相同。据此，可以将《旅游纠纷规定》中关于旅游经营者的相关规定，类推适用于旅游景点经营者。但是，值得注意的是，旅游景点经营者与旅行社等旅游经营者不同，通常并不涉及航空、铁路交通服务，也不涉及酒店中的住宿服务提供，不会发生延误旅游行程的问题。因此，在参照适用《旅游纠纷规定》的过程中，应当以旅游景点经营者提供游览服务为其法律责任的范围边界，旅游经营者仅承担与游览服务相关的义务，与游览服务无关的，不属于旅游景点经营者的义务范围。

4. 旅游者的义务

旅游者在自助旅游过程中，前往旅游景点旅游的，其主要义务是支付旅游景点服务费用。通常，旅游景点都采取购买门票的方式进行收费，旅游者应当在门票费用所包含范围内参观、游览，超出门票费用包含范围之外的游览、游乐项目，旅游者应当另行支付相应费用。

旅游者在旅游景点参观游览时，应当爱护旅游服务设施、自然景观，遵守相关的管理规定。旅游者违反相关管理规定，损坏旅游服务设施、破坏自然景观、造成环境污染的，除应当根据相关行政法规的管理规定接受处罚外，还应当承担损害赔偿责任。

第四章　旅游侵权纠纷

第一节　旅游经营者违反安全保障义务的责任

旅游服务具有综合性的特征，融合了游览游乐、交通运输、餐饮住宿，甚至登山探险等，所涉及的部门涵盖工业、农业、商业、食品、海关、文化、园林、卫生、公安等。旅游服务的综合性，一方面融合了各行业的优势，另一方面也将各行业所面临的风险集于一身。旅游者以自己的人身直接参与旅游活动，以身体、精神接受旅游服务，也就意味着将自身置于所有相关行业的风险之下，而旅游者对这些风险大多并无意识，有偿为其提供旅游服务的经营者，包括旅行社等旅游组织经营者、各种旅游服务直接提供者的旅游辅助服务者，一方面以潜在风险的经营服务行为获利，应当承担风险控制的义务；另一方面对其经营行为所内在的风险十分熟悉，易于控制潜在的风险，而且风险控制社会成本较低，亦可通过价格手段分散风险。为此，作为经营者、服务提供者，旅游经营者与旅游辅助服务提供者应当承担风险防范、化解、救济等保障旅游者安全的义务，即安全保障义务。

一、旅游经营者的安全保障义务

（一）安全保障义务

安全保障义务，是指开启或持续特定危险的人所应承担的、根据具体情况采取必要的、具有期待可能性的防范措施，以保护第三人免受损害的义务。[①]

安全保障义务具体可以区分为两类：其一是通过影响潜在受害人以防止、避免危险发生的安全保障义务，其二是直接对危险源产生影响的安全保障义务。[②] 前者包括告知、警示、禁止、指示义务等，例如张贴“禁止入内”的标

---

① 周友军：《交往安全义务理论研究》，中国人民大学出版社2008年版，第2页。

② 周友军：《侵权法学》，中国人民大学出版社2011年版，第204页。

牌、设置栅栏、对危险或副作用予以说明。后者包括危险控制义务、组织义务、调查和告知的义务以及看守和照料义务等，例如，群众性活动组织者不能在人群或易燃品附近燃放烟花，建立完善的组织结构以保证组织活动的有序进行，宾馆的经营者负有保护客人免受他人攻击的义务等。

继2003年《最高人民法院关于审理人身损害赔偿案件适用法律若干问题的解释》（以下简称《人身损害赔偿司法解释》）之后，我国原《侵权责任法》首次在民事基本法的层面上确立了安全保障义务，并明确将违反安全保障义务的责任区分为，公共场所管理人责任和群众性活动组织者责任两种类型。《民法典》第1198条关于违反安全保障义务的侵权责任，虽然只设计了公共场所和群众性活动两个调整领域，但这一规定很大程度上具有一般条款的意义，在其他相关领域，如有借助安全保障义务扩展保护范围时，可以借助对《民法典》第1198条的类推适用来实现。[①]《旅游纠纷规定》第7条的制定，就是建立在这种认识的基础之上。

《旅游纠纷规定》之所以在原《侵权责任法》第37条（《民法典》第1198条）之外，还要再次规定旅游经营者的安全保障义务，也旨在进一步明确地将《民法典》第1198条的适用范围扩张到旅游经营活动中来，避免旅游经营者以自己既不属于公共场所管理人，也不是群众性活动组织者，而拒绝承担安全保障义务。就此而言，《旅游纠纷规定》第7条具有明确甚至扩张《民法典》第1198条适用范围的意义。

（二）旅游经营者的安全保障义务

旅游经营者的安全保障义务，是指旅游经营者在组织旅游活动、提供旅游服务时，应采取合理措施，保障旅游者的人身和财产利益免受侵害的义务。作为旅游活动的组织者，旅游经营者在进行策划、实施、管理行为时，应当对旅游活动的参与者和相关服务人员承担合理的注意义务，并采取合理有效的措施保障旅游者的人身、财产安全。旅游活动具有群众性活动的属性，旅游经营者作为旅游活动的组织者，其安全保障义务主要具有群众性活动组织者的安全保障义务性质。《旅游纠纷规定》第7条之所以规定旅游经营者的安全保障义务，原因主要有两个方面：其一，从维护旅游安全、保护旅游者合法权益的角度来讲，确立旅游经营者、组织者的责任是十分必要的。近年来，旅游安全事故多

① 王利明、周友军、高圣平：《侵权责任法教程》，人民法院出版社2010年版，第491页。

次发生，大多与旅游经营者、组织者违反安全保障义务有关。其二，规定旅游经营者的责任有利于督促旅游经营者、旅游活动的组织者加强安全措施和防范，保护旅游者的人身、财产权益。

旅游经营者的安全保障义务包括两个方面：一方面，旅游经营者自身在旅游活动的安排方面、旅游服务内容设计方面以及旅游服务提供过程中应尽的安全保障义务，例如旅游经营者明知目的地在雨季经常暴发泥石流，仍然安排雨季前往该地，导致旅游者在泥石流中受害等；另一方面，旅游辅助服务提供者的安全保障义务，也属于旅游经营者的安全保障义务，例如由于酒店地板湿滑导致旅游者摔倒，旅游经营者应当就其辅助人（此处即酒店）的过错向旅游者承担违反安全保障义务的责任，[①] 向旅游者承担责任后再根据与酒店之间的合同关系处理二者之间的责任分担。旅游经营者对其自身的安全保障义务的违反承担最终责任，对旅游辅助服务者违反安全保障义务向旅游者先行承担责任，但通常并不承担最终责任，而是可以向旅游辅助服务者进行追偿。[②]

（三）旅游辅助服务者的安全保障义务

旅游辅助服务者的安全保障义务，是指交通、住宿、餐饮、游览、娱乐、购物等旅游服务的提供者在为旅游者提供相应服务时，负有保障旅游者人身、财产安全的义务。旅游辅助服务者违反安全保障义务，造成旅游者人身、财产损害，是旅游活动中违反安全保障义务责任的主要形态。其原因大致在于：一方面，旅游服务提供者所涉部门较多，发生违反安全保障义务的概率自然较大；另一方面，旅行社等旅游经营者主要业务在于组织、招徕、安排旅游行程并为旅游者提供某些联络、讲解服务等，主要的旅游服务均由旅游辅助服务者向旅游者直接提供，这也同时增加了旅游辅助服务者的安全保障义务。以下分别就各旅游辅助服务者的安全保障义务做简单的说明。

1. 交通服务提供者的安全保障义务

交通服务提供者包括两类，一类是公共交通服务提供者，另一类是旅行社或其他旅游经营者安排的交通服务提供者。这两种交通服务提供者的区分，仅对旅游经营者与交通服务提供者的责任分担具有意义，对于其安全保障义务并不产生影响。

---

① 苏号朋、唐慧俊：《论旅游辅助服务者的法律地位及责任承担》，载《法学杂志》2011 年第 6 期。

② 税兵：《不真正连带之债的实定法塑造》，载《清华法学》2015 年第 5 期。

交通服务提供者，一方面根据旅客运输合同承担着保障旅客人身、财产安全的义务，另一方面对旅游者集散的车站、码头等公共场所的安全保障也承担着公共场所管理人的安全保障义务。

2. 住宿服务提供者的安全保障义务

住宿服务提供者的安全保障义务有二：其一，住宿服务的提供必须有一定的住宿场所，即宾馆，我国《民法典》第1198条明确规定宾馆属于公共场所，住宿服务提供者对于该公共场所中的人负有安全保障义务；其二，住宿服务提供者还就住宿客人的财产安全承担安全保障义务，在比较法上多将之称为“旅店主人处物的携入”。《民法典》第888条第2款吸收比较法上做法，规定寄存人到保管人处从事购物、就餐、住宿等活动，将物品存放在指定场所的，视为保管，但是当事人另有约定或者另有交易习惯的除外。

3. 游览游乐服务提供者的安全保障义务

游览游乐服务提供者的安全保障义务，既具有公共场所管理人安全保障义务的性质，也具有群众性活动组织者的性质。一方面，游览游乐服务提供者应当就旅游者参观、游览景区和娱乐服务设施本身的状况承担安全保障义务，如对于景区内的树木进行维护、对危险区域的警示、对于摩天轮安全状况的检修等。游览游乐服务提供者在此方面的安全保障义务，更多具有公共场所管理人的安全保障义务性质。另一方面，游览游乐服务提供者应当根据景区、游乐区的容量控制参观、游览、娱乐的人流量，维持游览游乐秩序，及时制止不当行为，在发生安全事故后，应当根据预定的应急处理办法处理，避免造成不必要的人身伤害、财产损失。

4. 餐饮服务提供者的安全保障义务

餐饮服务提供者的安全保障义务，是指餐饮服务提供者应当保障旅游者在接受服务时人身、财产安全的义务。餐饮服务提供者首先应当保障提供餐饮服务的场所、设施等安全生产条件应当符合《中华人民共和国安全生产法》（以下简称《安全生产法》）的相关规定，并应当符合保护旅游者人身、财产安全的要求，这是餐饮服务提供者就其场所所应当承担的安全保障义务。另外，餐饮服务提供者应当保障其提供的食品符合《食品安全法》第33条关于食品制作、储存的要求和相应的食品卫生标准，不得生产、经营《食品安全法》第34条禁止生产、经营的食品。发生食品安全事故后，应当根据食品安全事故处置方案立即处置，防止事故扩大。

5. 购物服务提供者的安全保障义务

购物服务提供者的安全保障义务，主要是对于作为公共场所的商场、商店的安全保障义务。购物服务提供者安全保障义务的内容，主要是就购物场所的基础设施、服务设施、货物放置等应当符合《安全生产法》的相关规定。另外，购物服务提供者根据其规模，应当配备相应的安全保卫人员和设施，在第三人侵害旅游者时，能够提供及时的安全保护。例如，在购物场所行窃者被旅游者发现后向旅游者行凶时，购物服务提供者就应当尽其相应的安全保障义务，不能置之不理，否则应当承担违反安全保障义务的责任。

二、旅游经营者违反安全保障义务的责任

旅游经营者违反安全保障义务，造成旅游者人身损害、财产损失，旅游者可以请求旅游经营者承担责任。《旅游纠纷规定》第 7 条虽然明确规定了旅游经营者的安全保障义务，也明确规定违反该义务应当承担责任，但是对于旅游经营者违反安全保障义务承担责任的归责原则、构成要件、责任承担等都没有非常明确的规定。换言之，旅游经营者违反安全保障义务而承担的责任是否以旅游经营者的过错为前提，除违反安全保障义务以外还应当具备什么条件，都还没有明确。另外，至关重要的一个问题是，旅游辅助服务者违反安全保障义务时，旅游者能否要求旅游经营者先承担责任呢？

（一）归责原则

旅游纠纷中，确定旅游经营者违反安全保障义务责任，就是确定具体在什么条件下旅游经营者应该承担侵权责任，即理论上所谓的责任构成要件；而归责原则的确定，是确定责任构成要件的基本前提。《旅游纠纷规定》第 7 条起草过程中，以原《侵权责任法》第 37 条为依据，确立了以“推定证明”说予以调节的过错责任原则的归责原则。

旅游经营者违反安全保障义务侵权责任的归责原则是一种过错责任，即违反安全保障义务发生旅游者人身、财产损害的，旅游经营者仅在自己有过错的情况下承担责任，没有过错则不承担责任。过错的体现，就是“未尽安全保障义务”。法律制度的设计是对当事人利益关系的平衡，关系到整个社会经济的发展，甚至可能影响旅游行业的兴衰存亡。因此，应当清楚地认识、解释法律制度，以使其对社会利益发挥良好的平衡作用，一方面给予旅游者必要的、充分的保护，以补偿其法定财产权或人身权所遭受的损害；另一方面必须顾及经常

性的、巨额的赔偿对社会经济所可能产生的消极作用。[①] 就我国目前而言，一方面要保护旅游者的利益，给予合理的补偿；另一方面又要考虑目前旅游业发展的实际状况，考虑到旅游经营者的经济赔偿的承受限度。权衡的结果就是让公共场所管理人仅在自己有过错的情况下才承担赔偿责任，而不使公共场所管理人承担无过错责任。

但是，《旅游纠纷规定》第7条规定的旅游经营者违反安全保障义务的侵权责任，并非一般的侵权行为责任而是特殊的侵权责任，在旅游者与旅游经营者之间存在显著的经济实力、风险控制、损失分散等方面能力的差异。另外，让旅游者去证明旅游经营者的主观过错，并非一件非常容易的事情，导致的结果很可能就是，旅游者因无法证明旅游经营者的过错而无法获得赔偿。

为了强化对旅游者的保护，《旅游纠纷规定》采取了以违反安全保障义务推定旅游者证明旅游经营者过错的"推定证明"理论。要加强对旅游者的救济，在归责原则方面最有力的方式就是确定旅游经营者承担过错推定责任或者无过错责任。但无论是过错推定还是无过错责任，都必须有法律的明确规定，我国法律尚无类似的规定，因此并不能认定旅游经营者承担过错推定责任或者无过错责任。"推定证明"理论，在不违反过错推定、无过错责任法定原则的前提下，通过将旅游者对旅游经营者违反安全保障义务的证明，推定为对其过错的证明，即可以实现对旅游者的倾向性保护。

《旅游纠纷规定》第7条的规定，也符合我国《民法典》侵权责任编的基本立场。从条文表述方面来考察，《人身损害赔偿司法解释》原第16条规定的违反安全保障义务责任，明确突出"过错"，目的就是强调在这个责任构成要件的确定上必须要明确有过错的才承担责任，即违反安全保障义务之外，还必须考察是否有过错。但是，《民法典》第1198条与《人身损害赔偿司法解释》相反，把"过错"二字删掉了。虽然这并不意味着违反安全保障义务的侵权责任适用无过错责任原则，但更接近立法本意的合理解释是，在此采用的是一个客观的过错标准，即直接从行为人违反安全保障义务的行为来确定其过错。[②]

---

① 张新宝、唐青林：《经营者对服务场所的安全保障义务》，载《法学研究》2003年第3期。

② 王利明、杨立新、张新宝：《我国侵权责任立法的新进展三人谈——民商法前沿论坛第338期实录》，载中国民商法律网，http：//www. civillaw. com. cn/article/default. asp? id=46877［2009-11-20］。

（二）旅游经营者承担责任的构成要件

1. 旅游经营者违反安全保障义务

旅游经营者承担责任的首要前提，是其违反了安全保障义务。旅游经营者安全保障义务的基本类型，前文已有详述，此处不赘。实践中，针对不同的安全保障义务类型，在判断是否违反安全保障义务时，需要考虑众多的具体因素。通常而言，对于旅游经营者是否违反安全保障义务，需要从以下几个方面着重考虑。

（1）法律、行政法规、部门规章、技术规范等

法律、行政法规、政府规章、技术规则和事故防免规则等都可能包含了关于安全保障义务的规定。例如，《旅游法》（第79条至第82条）、《旅行社条例》（第39条）、《导游人员管理条例》（第14条）、《旅馆业治安管理办法》（第3条、第5条、第7条）、《风景名胜区条例》（第36条）、《食品安全法》（第4章）等都直接涉及旅游经营者、旅馆、餐饮、景区等旅游辅助服务者的安全保障义务。另外，在行业协会足够发达的德国，行业协会制定的事故防免规则也可以用于确定安全保障义务。[①] 这一点，值得我国旅游相关行业协会的借鉴。

值得注意的是，这些法律、法规的规定与安全保障义务并不能完全等同，它们仅仅确定了最低标准，安全保障义务的范围应当超出法律、法规、规章、技术规则、事故防免规则等的规定。

（2）危险的开启或持续

旅游经营者的安全保障义务产生基础在于，开启或持续危险。旅游经营者就是要对危险的升高负责，此处所谓“危险”，就是指对损害发生的较大可能性的判断。

当然，安全保障义务并不会介入每一个微不足道的危险，具体来说，并不是每个危险都必须被防免。[②] 只有存在一种不正常的状态，而且通过专业的判断认定它显然会导致损害，此时才应当产生安全保障义务。而且，如果危险是显而易见，而且对于旅游者来讲轻易即可避免，那么，一般也不产生安全保障义务。[③]

---

① BGH VersR 1964, 942, 944. Vgl. Staudinger/Hager (1999), §823, Rn. E34.

② Christian von Bar, Verkehrspflichten: richterliche Gefahrsteuerungsgebote im deutschen Deliktsrecht, S. 113.

③ Christian von Bar, Verkehrspflichten: richterliche Gefahrsteuerungsgebote im deutschen Deliktsrecht, S. 113f.

（3）旅游者的合理期待

在旅游者相信或可以相信某处没有特别危险的地方的情况下，就产生了安全保障义务，而且不考虑此危险是人的危险还是物的危险，也不考虑危险是如何产生的。例如，组织团队旅游的旅行社给旅游者们制造的期待就是，跟随旅行社旅游是安全的，从而就降低了人们自我负责的准备。再如，春节庙会活动的组织者对庙会活动所选择的场所、场所的布置等负有责任，使得旅游者可以信赖它是安全的游乐活动设施、场所，不会发生火灾、踩踏、食品中毒等危害事件。

通过旅游者的合理期待，可以看出，安全保障义务并不要求旅游经营者排除一切危险。是否违反安全保障义务由“合理期待”确定，也意味着，它取决于具体情境，随时间和环境的变化而变化。例如，在地震刚刚结束的时候，人们应当考虑到公路网络遭到破坏的情况。再如，人们也应当预想到，在西部戈壁地区，通信、道路、补给等情况在相当长的时间内，不可能达到东部发达地区现在的标准。

相应地，旅游经营者要考虑到旅游者的合理期待，从而采取相应的措施。例如，饭店的经营者应当考虑到，饮酒以后的顾客会有不理智或不够注意的行为，所以，经营者要采取强度更大的安全措施，以防止酒后的顾客在饭店内（如楼梯）或停车场上（如已结冰）发生事故。

2. 造成相对人损害

旅游经营者违反安全保障义务承担侵权责任，还需具备造成相对人损害的构成要件。只有当过失行为对他人受到保护的利益造成了可见的损害，行为人才承担责任。对他人或他物的过失行为不会导致责任，除非造成了可见的损害。在造成相对人损害的要件中，需要注意的问题有二，其一是相对人范围的确定；其二是损害的类型。

（1）相对人的范围

旅游经营者违反安全保障义务致他人损害的，该他人既有可能是群众性活动的参与者，也可能是群众性活动之外的第三人。群众性活动的参与者作为受害人，是较为常见的现象，例如学术会议的组织者未尽安全保障义务，发生踩踏事件，通常遭受损害的都是该学术会议的参与者。群众性活动之外的第三人作为受害人的情况也并不罕见，例如组织群众性集会、游行，集会、游行的参与者将停在道路旁边的进口汽车砸毁，遭受损害的可能就是群众性活动之外的第三人。

区分相对人的不同类型，对于相对人就其所遭受的损害寻求救济的请求权基础有重要的意义。对于群众性活动的参与者来讲，其损害赔偿的请求权基础可能是侵权责任法的相关规定，也有可能是合同法的相关规定，即可能发生责任竞合。对于群众性活动之外的第三人来讲，其损害赔偿请求权基础主要是侵权责任法的相关规定，通常不能援引合同法规范，毕竟其与旅游经营者之间并不存在特别的结合关系。

另外，在抗辩事由方面，对于旅游者所受的损害，组织者最经常主张的抗辩事由是，受害人“自甘风险”，即其自愿冒此风险，遭受损害不用由旅游经营者予以赔偿。而对于群众性活动之外的第三人，自甘风险通常都不能成为抗辩事由。

（2）损害

群众性组织者承担违反安全保障义务的侵权责任必须有损害结果的发生。损害，即损害后果，是指受害人因他人的加害行为（举动）或者物的内在危险之实现，而遭受的人身或财产方面的不利后果。[①] 作为一种事实现象，损害是旅游经营者没有尽到安全保障义务而产生的法益所受之不利益，其作为组织者承担不作为的侵权责任的构成要件之一，必须符合一定的要件，这些要件包括：

其一，损害后果在法律上的可补救性。[②] 损害的可补救性是指，损害后果在法律上具有救济的必要和救济的可能。虽然已经发生了损害，但并非所有损害都能够成为法律上予以赔偿的损害，而损害必须达到一定的程度，在法律上才是可补救的。其理由在于，群众性活动中，人们彼此之间不可避免地会产生各种摩擦和冲突，损害的产生总是在所难免的，如果对于所有的损害都予以赔偿，人们将陷入无休止的损害赔偿纠纷之中。为了维持社会活动的顺利进行，对于参与社会交往的民事主体来讲，就有义务容忍来自他人行为的轻微伤害。具体到旅游经营者来讲，此种活动的风险更加难以控制，对于那些轻微的损害，即没有必要使旅游经营者对其承担赔偿责任，这也有利于旅游经营者适当的行为自由。

其二，损害的客观真实性和确定性。损害的客观真实性是指，损害事实必须是客观存在的，是一个确定、真实的事实，而不是臆想的、虚构的、尚未发

---

① 张新宝：《侵权责任法原理》，中国人民大学出版社2005年版，第53页。

② 张新宝：《侵权责任法原理》，中国人民大学出版社2005年版，第54页。

生的。对于损害是否客观真实地存在，需要由受害人举证证明，为保证损害的客观真实性和确定性，受害人应当对损害的存在、损害的种类、范围和程度承担举证责任。如果受害人对于损害不能举证和证明，旅游经营者即无需承担侵权责任。原《侵权责任法》第37条关于旅游经营者违反安全保障义务致人损害的规定，改变了原《人身损害赔偿司法解释》第6条将组织者责任限制在人身损害范围内的规定。旅游经营者未尽安全保障义务致使他人遭受人身、财产损害时，均应承担相应的侵权责任。

3. 违反安全保障义务与损害事实之间具有因果关系

旅游经营者未尽安全保障义务需与损害事实之间存在相当因果关系，方能成立组织者的责任。所谓相当因果关系的判断标准在于，“无此行为，虽必不生此损害，有此行为，通常即足生此种损害者，是为有因果关系。无此行为，必不生此种损害，有此行为，通常亦不生此种损害者，即无因果关系”。[①]

关于旅游经营者未尽安全保障义务与损害事实之间存在相当因果关系的判断，因为相当因果关系是由“条件关系”与“相当性”所构成，所以在适用时区分为两个阶段，首先判断条件上的因果关系，如果成立，再进一步认定条件的相当性。[②] 其中的条件关系，是指旅游经营者未尽安全保障义务与受害人所受的损害之间，具有不可或缺的条件关系，对此通常采取“but-for”规则进行判断。就相当性阶段的判断，其实是通过条件的相当性来合理限制侵权责任的范围。对“相当性”的认定，各国所采取的判断标准宽严不等，但有一项基本的共识，即相当因果关系不仅是一个技术性的因果关系，更是一种法律政策工具，具有归责上的价值判断属性。

关于相当因果关系的举证责任的分配，其中的“条件关系”应由受害人举证证明，“相当性”的举证责任，在德国侵权法通说中是采取客观认定标准，由违反安全保障义务的旅游经营者承担举证责任。

4. 旅游经营者具有过错

违反安全保障义务导致他人人身、财产损害的，旅游经营者仅在有过错的情况下才承担责任，根据《民法典》第1198条的规定，旅游经营者未尽安全保障义务即是有过错。19世纪德国法学家耶林（Rudolf von Jhering）有一句名言：“使人负损害赔偿的，不是因为有损害，而是因为有过失，其道理就如同化学上

---

① 王伯琦：《民法债编总论》，台北编译馆1997年版，第77页。

② 王泽鉴：《侵权行为》，北京大学出版社2009年版，第186页。

之原则，使蜡烛燃烧的，不是光，而是氧，一般的浅显明白。”[①] 这句话一语中的地指出了过错责任的精要。但是过错的认定，却从来没有达到蜡烛燃烧那般精确、明了过。

由于旅游经营者违反安全保障义务的侵权责任，属于过失责任，所以在此仅就过失的认定做简要的阐明。关于过失的认定应采取何种标准，主观过失标准说认为，过错立基于对行为人的“无价值判断”，而不是立基于对行为的无价值判断。所以，行为人是否“能够”的问题不能被客观地判断。个人避免实施某行为的“可能性”是过失认定中的决定性因素。而客观过错标准说则认为，过失是被客观认定的，也就是说，依照行为人所从事的职业、所属的年龄段、所处的地点等确定他所属的阶层，并以该阶层的一般人的知识和能力来认定行为人的过失。过失的认定并不取决于具体加害人的实际能力和个人情况。过失的客观标准可以保证，社会生活的参与者达到这种典型的注意标准。

德国侵权法学者克雷斯蒂安·冯·巴尔认为，“只要严守在过失责任的范围内就不会对组织者造成过重的责任负担。他们只在‘根据内行人的评估侵害他人法益之危险是可预见的’时才承担过失责任。因此，高速车道赛车的组织者无须比一个有使用该车道经验的司机所预见的更多。就会议的组织者而言，倘若与会者晚上通过足球赛放松，他对潜在危险所应有的注意无须超过参与者自己认为合理的程度。对一个滑雪道经营者的要求不能高于一个想展示一番的一般滑雪者所期待的。对一个自行车赛组织者所要求的也不能超过被赛车手认为是必要的范围”。[②] 显然，按照其主张，客观的过失标准更有利于侵权责任法目的的实现。

三、第三人侵害旅游者与旅游经营者的安全保障义务

根据《民法典》第1198条第2款的规定，在公共场所管理人违反安全保障义务致人损害案件中，可能直接对受害人承担侵权赔偿责任的主体有二：公共场所管理人和第三人。所谓公共场所管理人违反安全保障义务致人损害的责任分担，是指公共场所管理人和第三人这两个责任主体之间的责任分担关系。

---

① Rudolf von Jhering, Das Schuldmoment im römischen Privatrecht, 1987, S. 40. 转引自王泽鉴：《民法学说与判例研究（二）》，中国政法大学出版社1998年版，第144-145页。

② ［德］克雷斯蒂安·冯·巴尔：《欧洲比较侵权行为法（下卷）》，焦美华译，法律出版社2001年版，第348页。

《民法典》第1198条第2款就公共场所管理人和第三人对被侵权人的责任分担，所确立的规则有二：其一，第三人的自己责任，即因第三人的行为造成他人损害的，由第三人承担侵权责任；其二，公共场所管理人的补充责任，即第三人侵权且公共场所管理人违反安全保障义务的，公共场所管理人承担相应的补充责任。

1. 第三人的自己责任

第三人就自己的侵权行为承担责任，遵循《民法典》侵权责任编关于侵权责任承担的一般规则。如第三人为单个自然人时，不发生责任分担问题。如第三人为多人，或者第三人为法人等用人单位时，可能会发生责任的分担问题。

首先，如果第三人为多人时，因共同实施侵权行为，造成他人人身损害的，应该根据《民法典》第1168条的规定，承担连带责任。此处的共同侵权行为，根据立法机关的解释，不仅指主观的共同侵权，而且也包括客观的共同侵权，即二者既没有共同故意也没有共同过失，但行为直接结合造成同一损害结果的情形。这种扩张共同侵权范围的立法政策，将有利于受到侵害者权益的保护。需要注意的是，这种共同侵权的判断，不采取共同行为、共同结果的判断标准，而是采取客观的关联共同，即共同因果关系以及共同结果作为客观共同侵权行为的标准。

其次，根据《民法典》第1169条的规定，如果第三人教唆、帮助他人实施侵权行为的，应当与行为人承担连带责任；如果教唆、帮助无民事行为能力人、限制民事行为能力人实施侵权行为的，第三人应当承担侵权责任；该无民事行为能力人、限制民事行为能力人的监护人未尽到监护责任的，应当承担相应的责任。

再次，多个第三人都实施了危及他人的人身、财产安全行为的，并因此造成了他人人身、财产损害的话，如果能够确定具体侵权人的，由该具体侵权人承担责任。但如果不能确定具体侵权人的话，多个第三人承担连带责任。多个第三人分别实施侵权行为造成了他人受到同一人身、财产损害的话，如果各方的侵权行为都足以造成全部损害的，各侵权责任人承担连带责任。多个第三人分别实施侵权行为造成了他人受到同一人身、财产损害的话，如果能够确定各自的责任大小的，各侵权人各自承担相应的责任；难以确定责任大小的，多个第三人平均承担赔偿责任。

最后，如果直接实施侵权行为的人是用人单位的工作人员，该工作人员因执行工作任务造成他人损害的，例如快餐店送餐人员在给商场工作人员送餐过程中，致商场顾客人身伤害时，应该由用人单位承担责任。如果该工作人员有过错的，用人单位可以向其追偿。

2. 公共场所管理人的补充责任

根据《民法典》第 1198 条第 2 款的规定，因第三人的行为造成他人损害的，宾馆、商场、银行、车站、娱乐场所等经营场所、公共场所的管理人未尽到安全保障义务，承担相应的补充责任。据此规定，公共场所管理人应当对第三人的侵权行为承担补充责任，这一补充责任应当如何分担，应予明确。

第一，公共场所管理人承担补充责任的外部原因是，因第三人的行为造成他人损害。

在公共场所中的人员受到人身、财产损害的，不仅存在直接因为公共场所管理人未尽安全保障义务所致的，也存在因为第三人侵权导致的人身、财产损害的情形。比如，第三人在旅店对住店的旅客实施人身伤害，抢劫犯在银行营业场所抢劫顾客的钱财或伤害顾客的身体，顾客到餐厅用餐时与他人发生争执而遭到毒打，顾客在商场购物时被偷、被打等，均是此类案件常见的表现形式。在这种情况下，公共场所的管理人往往应承担一定的安全保障义务，而且作为进入公共场所的人员，也是以该公共场所是安全的场所为交往基础的。如果第三人造成他人损害，而事后无法查找第三人或第三人没有赔偿能力的，如果仅由受害人自己承担责任，在责任分担上显然不公。

第二，公共场所管理人承担补充责任的自身原因是，宾馆、商场、银行、车站、娱乐场所等公共场所的管理人未尽到安全保障义务。

第三人在公共场所侵害他人，致人身、财产损害的，公共场所管理人并非任何情况下都必须承担赔偿责任。公共场所管理人承担补充责任的前提是，宾馆、商场、银行、车站、娱乐场所等公共场所的管理人本身未尽到安全保障义务。虽然，损害是因为第三人的直接侵害行为造成的，公共场所管理人未尽安全保障义务的行为并非侵权损害的直接原因。也就是说，行为人只是没有尽到注意义务，从而不合理地加大了损害发生的盖然性。虽然不能说，在未尽安全保障义务与第三人直接侵害之间存在必然的联系，但未尽安全保障义务的公共场所管理人毕竟违反了其法定义务，理应承担一定的责任，特别是在直接侵权人无法确定或者不能完全赔偿所受损害时，让无过错的受害人承担损失，而免除有过错的公共场所管理人的责任，在责任分担上并不妥当。

第三，公共场所管理人承担责任须有受害人无法获得全面赔偿的情事。

在第三人介入的案件中，公共场所管理人只是消极的不作为而未尽安全保障义务，属于过失违反安全保障义务。因此，由其承担补充责任，这种责任在全部侵权责任中处于补充地位，在责任承担上采取顺位补充的原则。由于第三人是故意或者过失侵害他人合法权益，公共场所管理人与第三人不存在共同过错，所以这种情况不适用共同侵权，所以公共场所管理人不应承担连带责任。让公共场所管理人直接完全赔偿是不可取的，这样完全无视损害事实的直接原因，对公共场所管理人过于苛刻，违背了公平正义原则。所以《民法典》侵权责任编在制度设计上要求先由直接责任人承担全部责任，如果直接责任人能够承担全部责任，则补充责任人的责任消灭；如果直接责任人不能承担全部责任或完全不能承担责任，则由补充责任人在直接责任人未能承担责任的范围内承担补充责任。该制度设计的终极目标是，在侵权人、安全保障义务人以及被害人之间合理分配损失。在整个事件中，受害人本人并无可归责之处，损失应当在因故意或过错致人损害的第三人与安全保障义务人之间进行分配，如果直接责任人不能予以充分赔偿，补充责任人就应当承担赔偿余额，甚至是全额赔偿。如果按照一般过错责任原则，不论直接责任人承担责任到何种程度，均将补充责任人的责任限定在其过错范围内，就会导致不可归责之受害人无法得到赔偿，有过错的安全保障义务人又受到责任限制的矛盾之中。这显然是与《民法典》侵权责任编合理分担损害的基本宗旨相违背的。

第四，公共场所管理人承担责任后，可向直接侵权的第三人行使追偿权。

未尽安全保障义务而承担补充责任的公共场所管理人在承担责任后，对于直接责任人享有追偿权。虽然原《侵权责任法》一度放弃了原《人身损害赔偿司法解释》关于追偿权的规定，但《民法典》第1198条再次恢复追偿权的规定。这一做法符合民法的基本理论，追偿权是此种补充责任的题中应有之义。

尽管公共场所管理人与第三人的责任是基于不同的法律事实而单独产生的，但却是由于最终可归责于第三人侵权的事由而引起的。在第三人介入案件中，第三人才是终局的责任人，公共场所管理人承担补充责任意味着其为第三人承担了赔偿责任，这种情况下，公共场所管理人当然地取得受害人对终局责任人的请求权，而不需经当事人的意思表示。这种追偿权是建立在终局责任承担的基础上的，不同于普通连带责任人之间的建立在内部责任分担基础上的追偿权。我国《民法典》第1198条就是根据这一理论明确规定了“经营者、管理者或者组织者承担补充责任后，可以向第三人追偿”的规则。

另外，作为直接侵权人的第三人本应承担全部赔偿责任，只是由于未能在诉讼阶段找到该加害人或者其没有相应的资力进行赔偿，为了充分保护无过错的受害人权益，才让公共场所管理人承担补充的赔偿责任。从不当得利的角度来看，直接加害的第三人实际上因此而获得了消极利益（没有支付或者少支付了赔偿金额的消极获利），并且这种利益的获得没有法律上的依据，符合不当得利的构成要件，因此应当予以返还。

第二节　侵害旅游者信息纠纷

近年来，随着信息传播手段的日新月异，个人信息的不当扩散、公开、利用已经严重地影响到人民群众的正常生活，成为我国法治建设不得不直面的重大挑战。“人肉搜索”等通过互联网对普通群众个人信息权益的侵害，已经引起法学界的普遍关注，各地也在不断尝试从行政管制方面着力改善。包括旅游经营者在内的各种经营者、服务提供者，通过与旅游者等消费者交易，取得旅游者等消费者个人信息，一方面作为经营者的客户名单，属于经营者的无形资产；另一方面作为消费者的个人识别标识，是消费者的人身权益。不法经营者肆意泄露消费者个人信息，消费者因此受到不必要的困扰，成为我国法律目前亟须予以解决的民生问题之一。

旅游者在参加旅游过程中，大多需要向旅游经营者提供签证、护照、电话号码、家庭住址等个人信息，个人信息泄露的普遍程度、造成后果的严重程度，一点也不逊于《民法典》第1226条规定的医疗机构泄露患者隐私、公开病历资料的侵权责任。毕竟，患者的隐私、病历资料多被用于侵害其名誉等以加害为目的的违法行为；而旅游者的个人信息更多是被用于以经营为目的的行为当中；欲对患者实施加害行为者，通常为与患者有特殊关系的主体；而利用旅游者个人信息进行推销等经营行为者，则属于不特定的经营主体。由此可见，对旅游者个人信息进行保护十分有必要。

一、旅游者对个人信息的权利

1. 旅游者个人信息的概念

旅游者的个人信息，是指旅游者的姓名、性别、出生年月、婚姻状况、家庭状况、教育背景、工作履历、健康信息、联系方式等可以识别特定旅游者个人的客观信息。

旅游者的个人信息之所以应当受到保护，是因为个人信息具有识别性，即通过个人信息可以识别特定的旅游者个人。旅游者的个人信息的识别性，包括直接识别性与间接识别性。所谓直接识别性，是指通过某种信息即可直接识别出信息主体；所谓间接识别性，是指单独通过某些信息并不能识别信息主体，但若与其他信息进行比对，即可识别信息主体。① 对旅游者个人信息的不当收集、处理与利用，将导致旅游者的隐私、名誉、生活安宁等人格利益遭受损害。旅游者个人信息保护的另一重要原因还在于，旅游者的个人信息在一定程度上具备财产属性，② 对旅游者个人信息的不当收集、处理与利用，有些情况下虽然不会直接造成财产上的损失，但不法处理、利用旅游者个人信息的人可能因此而获得财产利益。旅游经营者泄露旅游者个人信息或者未经旅游者同意公开其个人信息，有可能因此而获得不正当的财产利益，这种不正当的财产利益，反过来就相当于旅游者所遭受的损害，应当将其返还给旅游者。

2. 旅游者个人信息权的属性

旅游者个人信息，首先是旅游者的人格利益，旅游者个人信息权因此属于广义人格权的范畴。一方面，侵害个人信息的行为常常会同时导致对个人隐私的侵害，从而，在美国等国家的个人信息保护立法中，有将个人信息权纳入隐私权保护的范畴。但值得注意的是，个人信息与隐私内容不完全相同，有的个人信息是公开信息，并不属于隐私信息。另外，隐私信息重在保护个人的秘密空间，而个人信息的概念则侧重于识别，即通过个人信息将个人认出来。因此，个人信息概念远远超出了隐私信息的范围。③ 另一方面，对个人信息的保护，主要是对个人信息中所蕴含的人格利益的保护，人格利益是个人信息保护的终极目标和核心价值取向。个人信息所承载的人格利益内涵丰富，违反个人信息保护法所侵害的人格利益也有多种表现，比如对个人信息的不当公开，可能侵害隐私权；④ 对个人信息的不当更改或歪曲，可能损害人格之形象；对个人信息的非法商业利用，使人格商品化，将对人格造成侮辱；删除个人信息，可能

---

① 洪海林：《个人信息的民法保护研究》，西南政法大学 2007 年博士学位论文，第 110 页；陆青：《数字时代的身份构建及其法律保障：以个人信息保护为中心的思考》，载《法学研究》2021 年第 5 期。

② 彭诚信：《论个人信息的双重属性》，载《清华法学》2021 年第 6 期。

③ 李晓辉：《信息权利研究》，知识产权出版社 2006 年版，第 119 页。

④ 张新宝：《论个人信息权益的构造》，载《中外法学》2021 年第 5 期。

侵害信息权利人对其个人信息的支配和控制权；对个人肖像资料的利用，可能会侵害肖像权。[①] 可见，个人信息保护涉及多方面的人格利益，与传统某种单一的具体人格权保护的人格利益不一致。根据具体人格权的构建方式，应当以一般人格权为依据，赋予信息主体以新的具体人格权，从而全面直接地保护信息主体的人格利益。[②]《旅游纠纷规定》第 9 条明确将旅游者的个人信息作为保护对象，并设定了责任承担规则，对于旅游者乃至全体人民的个人信息保护具有重要的意义。

旅游者个人信息不仅具有人格利益的内涵，而且旅游者对其个人信息也享有财产利益，从而旅游者个人信息权也具有财产权的属性。一项权利是否具有财产利益，并不能仅以权利是否以财产为客体进行判断，还应当结合权利的作用与功能的发挥予以衡量。人格权人通过对其人格要素如姓名、肖像、联系方式等的支配，如授权他人商业性使用等，可以实现某种经济目的。旅游者的个人信息也是如此，对旅游者具有经济价值和有利于旅游者人格发展的实益。因此，旅游者的个人信息作为广义人格权的组成部分，虽然不以传统的有形财产或无形财产为客体，但同样也具有经济利益。对于旅游者个人信息所蕴含的经济利益的侵害，当然应当承担损害赔偿的责任。

3. 旅游者个人信息权利保护在我国法制体系中的意义

我国《个人信息保护法》于 2021 年 8 月 20 日通过，11 月 1 日施行。在此之前十年通过的《旅游纠纷规定》在《护照法》《中华人民共和国居民身份证法》之外，对个人信息的保护予以重申，对于我国个人信息保护法制的健全具有重大的历史意义。旅游活动所涉主体广泛，不仅旅行社等旅游经营者和交通、住宿、餐饮、娱乐、游览以及购物等相关经营者受该司法解释的规范，旅游者的范围就更是几乎与全体国民相当。因此，《旅游纠纷规定》第 9 条的规定引起了实务界的普遍重视，旅游者也应当深入了解该规定在个人信息保护方面的构成和适用范围，以及应当予以重视的相关问题。

二、侵害旅游者信息的责任构成

（一）归责原则

根据《旅游纠纷规定》第 9 条的规定，旅游经营者、旅游辅助服务者以非

---

① 杨芳：《肖像权保护和个人信息保护规则之冲突与消融》，载《清华法学》2021 年第 5 期。

② 洪海林：《个人信息的民法保护研究》，西南政法大学 2007 年博士学位论文，第 31 页。

法收集、存储、使用、加工、传输、买卖、提供、公开等方式处理旅游者个人信息，旅游者可以请求其承担相应责任。从其文字表述以及最高人民法院的权威解释来看，《旅游纠纷规定》就旅游经营者、旅游辅助服务者非法收集、存储、使用、加工、传输、买卖、提供、公开等方式处理旅游者个人信息采取了无过错责任原则。所谓无过错责任原则，是指旅游经营者承担责任不以其有故意或过失为要件，换言之“无过错也要承担责任”的责任承担原则。

无过错责任原则，又称作危险责任、严格责任。所谓危险责任，是以特定危险为归责根据的，[①] 例如我国《民法典》侵权责任编上明确规定了产品责任、环境污染责任、航空器、核设施等适用无过错责任，就是以航空器、核设施本身的危险为归责依据，无需当事人具有主观上的过错。《民法典》侵权责任编对于特定侵权行为之所以适用无过错责任原则，大多是出于此种危险要么造成非常严重的损害后果，要么造成巨大范围的、难以恢复的损害。综观《民法典》侵权责任编所设定的无过错责任原则，莫不如此。然而，旅游者个人信息的侵害尚不至于造成环境污染、航空器、核设施致害的严重程度，要求旅游经营者对此承担无过错责任，显然与适当保护旅游者个人信息这一目标存在严重的矛盾。旅游者个人信息固然重要，但并未达到必须以无过错责任原则予以保护的程度。

此外，以《旅游纠纷规定》这样一个仅具有解释现行法而无超越现行法资格的文件来讲，也不可能在《民法典》侵权责任编之外确立新的适用无过错责任原则的侵权行为类型。《民法典》侵权责任编的归责原则体系中，以过错责任为原则，以适用无过错责任原则为例外，而对于适用无过错责任原则的侵权行为类型，由于其对于侵权责任人科以很重的责任，因此必须有《民法典》侵权责任编的明文规定，否则仅能适用过错责任原则。《民法典》侵权责任编并未明文规定隐私权、人格权等遭受侵害时，适用无过错责任原则；就其立法思路而言，对于个人信息的保护，也不会以无过错责任作为其归责原则。[②]

因此，那种认为《旅游纠纷规定》第 9 条确立了旅游者个人信息保护的无过错责任原则的理解是错误的，既不符合起草者的思路，也与我国民法理论存在极大的矛盾。事实上，《旅游纠纷规定》第 9 条并未直接规定旅游者个人信息保护的归责原则，而仅仅是明确了旅游者个人信息应当受到法律保护的基本观

① 程啸：《侵权责任法》，法律出版社 2021 年版，第 123 页。
② 程啸：《侵害个人信息权益的侵权责任》，载《中国法律评论》2021 年第 5 期。

念。《旅游纠纷规定》第 9 条中最关键的要点是“相应责任”。所谓相应的责任，不仅是指明了赔礼道歉、消除影响、赔偿损失等责任形态，更重要的是指，旅游经营者究竟应当根据什么法律、承担什么样的责任都需要根据“相应法律”的规定予以确定。例如，旅游经营者泄露了某旅游者曾经患有艾滋病的个人信息，就应当根据《民法典》侵权责任编关于侵犯隐私权的法律规定（具体为第 110 条、第 1165 条、第 1182 条和第 1183 条）确定旅游经营者所应当承担的法律责任。在此，旅游经营者承担侵权责任的归责原则是过错责任原则（《民法典》第 1165 条），而不是直接根据《旅游纠纷规定》第 9 条承担无过错责任。相反，如果是民用航空器发生事故导致旅游者的个人信息侵害而造成损害的，则应当根据《民法典》第 1238 条承担无过错责任。

（二）构成要件

1. 侵害旅游者个人信息的行为

旅游经营者侵害旅游者个人信息的行为，是其承担相应法律责任的必备前提。没有侵害旅游者个人信息的行为，旅游经营者即无需承担任何法律责任。在 2020 年修订之前，《旅游纠纷规定》规定的侵害行为是“泄露、公开”旅游者个人信息。为与《民法典》保持一致，2020 年修订时将侵害行为表述为，以非法收集、存储、使用、加工、传输、买卖、提供、公开等方式处理旅游者个人信息。经此修订，取得了与《民法典》第 111 条规定的一致。

上述行为以具有不法性为前提，因此并不排斥旅游经营者向有权知悉的单位、个人提供旅游者的个人信息，例如根据《旅行社条例实施细则》第 52 条接受县级以上旅游行政管理部门监督检查时提供旅游者的个人信息，就不属于侵害旅游者的个人信息。上述侵害旅游者个人信息的行为，是从信息被特定的、无权知悉人获取这一结果角度做出的规定，至于是采取交换、倒卖、无偿提供或者其他形式，均不做任何限制。《旅游纠纷规定》起草过程中曾经规定为“旅游经营者出售、泄露旅游者个人信息”，为了避免挂一漏万，参照原《侵权责任法》第 62 条的规定，删除了“出售”这一行为方式规定，从“泄露”这一行为效果角度对其做出规定，以期全面规范旅游经营者的保密义务。2020 年修订后，通过增加不法性要件和详细列举大数据背景下的侵害个人信息行为，使得这一规定更为全面。

实践中，旅游者通常是在无权知悉其个人信息的第三人利用其个人信息时，才发现个人信息侵害的情况，而其个人信息究竟是受旅游经营者侵害的，还是从其他途径被侵害的，存在巨大的举证难度。因为，现代社会中，旅游者个人信息被众多的部门收集，旅游经营者仅是其中的一部分，在发生个人信息侵害时，无法准确锁定导致信息侵害原因的情况，属于绝大多数。因此，《旅游纠纷规定》第 9 条虽然明确宣示了对旅游者个人信息保护的法律政策，但实际所能产生的效果如何，还有待结合《个人信息保护法》的具体操作规范予以落实。

2. 违法性

旅游经营者侵害旅游者个人信息的行为，是违法行为。旅游者对其个人信息具有绝对的权利，未经其允许，不得以非法收集、存储、使用、加工、传输、买卖、提供、公开等方式处理旅游者个人信息。旅游经营者因为旅游活动所需而掌握旅游者的个人信息，对旅游者的个人信息仅具有在旅游目的范围内利用的权利。旅游经营者超出提供旅游服务的目的，以非法收集、存储、使用、加工、传输、买卖、提供、公开等方式处理旅游者个人信息，就意味着对旅游者个人信息权的侵犯，违反了法律对于个人信息权的保护。此即为旅游经营者侵害旅游者个人信息的行为的违法性。具体而言，旅游经营者侵害旅游者个人信息的行为，既可以作为违约行为，即归咎为违反旅游服务合同附随义务的违法性；也可以作为侵权行为，即归咎为侵犯旅游者个人信息保护权的违法性。

3. 造成旅游者的损害

《旅游纠纷规定》第 9 条对旅游者个人信息的保护，是否要求造成旅游者的损害，在起草过程中有所争论。消费者保护协会主张，旅游经营者根据《旅游纠纷规定》第 9 条承担责任不以造成旅游者损害为要件，其理由在于损害作为侵权责任要件具有相对性。[①] 所谓损害要件的相对性，具体是指停止侵害、排除妨碍、消除危险等侵权责任不以损害为前提，在个人信息泄露或不当公开案件中对损害是否存在难以客观判定，且个人信息的泄露一般不具有有形损害的客观外在表现形态等。消费者保护协会的主张有一定的道理，特别是在损害的证明上，旅游者通常难以证明因为个人信息的侵害究竟产生了多大的损害。

然而，就此否定损害作为《旅游纠纷规定》第 9 条责任的构成要件，尚难令人信服。旅游经营者泄露旅游者个人信息的普遍性、侵害后果的严重性、受害人举证的困难程度，都远远不如医疗机构泄露患者隐私那么严重。而我国《民法典》第 1226 条对患者隐私的保护还规定了损害这一要件，《旅游纠纷规

① 最高人民法院民事审判第一庭编著：《最高人民法院审理旅游纠纷案件司法解释理解与适用》，人民法院出版社 2010 年版，第 109-110 页。

定》却以理论上不太妥当的损害要件相对性、旅游者的弱势地位、个人信息外泄情况严重、旅游者举证损害结果困难为由，否定损害要件，其妥当性值得斟酌。

在处理旅游纠纷的实践中，应当坚守《旅游纠纷规定》第9条所规定的“相应责任”，根据不同责任形态，确定损害的法律地位。如果旅游者要求旅游经营者停止侵害其个人信息或者消除侵害个人信息危险的，可以不以损害为要件，但这在旅游纠纷处理实践中，几乎不可能发生。在实践中，几乎所有的情形都是旅游者发现个人信息已经被泄露、被公开，在这种情况下，旅游者当然可以基于个人信息控制权要求旅游经营者停止侵害，在造成其损害时，可以要求予以损害赔偿。

旅游者因为旅游经营者侵害其个人信息而遭受的损害，不限于财产损害，既可以是精神受到损害，例如旅游者曾患性病的信息公开导致旅游者精神痛苦、社会评价降低等，也可以是生活安宁受到侵扰，例如旅游者家庭电话被泄露，不断遭到各种推销电话等。在处理旅游纠纷的过程中，只要旅游者因为个人信息的侵害导致生活遭受了不利影响，即可认定存在损害，不能将损害限制在有形的、可依金钱进行计算的狭窄范围内。由于个人信息的侵害导致的最常见后果就是，受害人接到各种推销单位的电话、收到垃圾信息、邮件等，如果将这些情形排除在外，将导致对旅游者个人信息保护的落空。

4. 损害与个人信息侵害行为有因果关系

损害与旅游者个人信息侵害行为之间应当存在因果关系，根据因果关系理论的通说，此种因果关系是相当的因果关系，而不是必然的因果关系。换言之，并不要求旅游经营者非法收集、存储、使用、加工、传输、买卖、提供、公开等方式处理旅游者个人信息必然导致旅游者的损害，而只要侵害旅游者个人信息的行为在通常情况下可能造成旅游者损害即可。

民法理论通说主张，因果关系分为事实因果关系和法律因果关系，[①] 事实因果关系根据客观事实上的因果律来判断，不掺杂主观价值的判断，只讨论客观上是否造成旅游者损害。法律因果关系的判断，则需要考虑旅游经营者是否能够合理预见、保护旅游者个人信息法律规范的目的，以及这种行为是否在客观上增加了损害发生的风险等，最终确定法律上因果关系的成立与否。在事实

① 胡雪梅：《英国侵权法》，中国政法大学出版社2008年版，第134页以下；周友军：《侵权法学》，中国人民大学出版社2011年版，第137页。

上的因果关系、法律上的因果关系同时具备的情况下，即可以认定旅游者的损害与旅游者个人信息泄露、不当公开之间存在因果关系。

值得注意的是，在旅游纠纷处理实践中，常常会发生旅游者无法准确证明其所遭受的生活安宁被侵扰、精神痛苦等是由于旅游经营者非法收集、存储、使用、加工、传输、买卖、提供、公开等方式处理其个人信息行为导致的。旅游者大多数情况下可以举证证明本身所遭受的侵扰、损害，也可以举证证明旅游经营者以非法收集、存储、使用、加工、传输、买卖、提供、公开等方式处理旅游者个人信息（虽然难度很大），但证明二者之间存在相当因果关系，却非常困难。对此，我们认为，从保护旅游者个人信息的法律规范目的出发，只要旅游经营者以非法收集、存储、使用、加工、传输、买卖、提供、公开等方式处理旅游者个人信息，就增加了旅游者生活安宁、个人隐私等遭受侵害的危险，在没有其他异常因素介入导致因果链中断的情况下，可以认定二者之间存在相当因果关系。对于其他异常因素介入，由旅游经营者负责举证证明。

三、侵害旅游者信息的责任承担

（一）责任承担主体

1. 旅游经营者

旅游经营者作为《旅游纠纷规定》第 9 条的责任承担主体，主要基于两种情况，一种情况是对自身侵害旅游者信息的行为承担的责任，这种责任既可能是基于违反旅游合同的附随义务的违约责任，也可能是基于侵害旅游者个人信息权、隐私权等侵权行为的侵权责任。另一种情况是旅游辅助服务者非法收集、存储、使用、加工、传输、买卖、提供、公开等方式处理旅游者个人信息时，旅游者可依据《民法典》第 593 条、《旅游纠纷规定》第 4 条的规定，要求旅游经营者承担违约责任。当然，在第二种情形下，旅游经营者可以根据其与旅游辅助服务者之间的合同约定或相关法律的规定，向旅游辅助服务者追偿。

2. 旅游辅助服务者

旅游辅助服务者根据《旅游纠纷规定》第 9 条承担相应责任，通常是基于其自身非法收集、存储、使用、加工、传输、买卖、提供、公开等方式处理旅游者个人信息的侵权行为。将餐饮、住宿、交通、游览等旅游服务的直接提供者界定为旅游经营者的履行辅助人，其基本的立场就是在旅游者与上述服务提供者之间并无直接的合同关系。因此，对于旅游辅助服务提供者侵害旅游者合法权益的行为，旅游者通常仅能依据《民法典》侵权责任编的相关规定主张其承担侵权责任。

3. 直接侵害的第三人

旅游者个人信息侵害，经常会导致第三人借助其掌握的旅游者个人信息实施侵害行为，这是导致旅游者因非法收集、存储、使用、加工、传输、买卖、提供、公开等方式处理旅游者个人信息而遭受损害的主要类型。直接利用旅游者个人信息实施侵权行为的第三人，符合《民法典》侵权责任编的规定，构成侵权行为的，应当根据《民法典》侵权责任编的相关规定承担侵权责任。

实践中可能出现的情形是，旅游经营者虽然采取非法收集、存储、使用、加工、传输、买卖、提供、公开等方式处理了旅游者的个人信息，但本身并未符合《民法典》侵权责任编规定的构成要件，而是由第三人直接实施的侵害行为并造成损害后果。在这种情况下，旅游经营者应否对此承担相应责任？对此，应该根据《民法典》第1172条的规定，在旅游经营者或者旅游辅助服务者与直接侵害的第三人分别实施侵权行为造成同一损害时，能够确定各自责任大小的，由其各自承担相应的责任；如果难以确定各自责任大小的，旅游经营者或者旅游辅助服务者与直接侵害的第三人平均承担责任。

如果旅游经营者尽到了对旅游者个人信息保密义务的情况下，第三人盗取旅游者个人信息，并实施侵害行为，并不构成旅游经营者泄露旅游者个人信息，从而对因此造成的旅游者损害也不负侵权责任。

(二) 责任承担方式

旅游经营者以及直接利用旅游者个人信息侵害旅游者合法权益的第三人，承担责任的主要方式是损害赔偿，包括财产损害赔偿和精神损害赔偿。除此之外，如果侵害旅游者个人信息的行为仍在持续中时，旅游者可以要求停止侵害。有妨碍旅游者利用个人信息，或者有造成旅游者损害危险时，旅游者可以要求旅游经营者排除妨碍和消除危险。根据非法收集、存储、使用、加工、传输、买卖、提供、公开等方式处理旅游者个人信息行为的情况，以及造成旅游者损害的情况，旅游者还可以要求旅游经营者赔礼道歉或者消除影响、恢复名誉。

实践中，由于旅游经营者非法收集、存储、使用、加工、传输、买卖、提供、公开等方式处理旅游者个人信息所造成的损害往往较难客观计算，旅游经营者经常以旅游者无法举证证明损害的数额而拒绝赔偿。对此，应当根据《民法典》第1182条的规定予以处理。据此，能够确定旅游者的财产损失时，按照旅游者所受到的损失赔偿；如果旅游者的损失难以确定，旅游经营者因非法收集、存储、使用、加工、传输、买卖、提供、公开等方式处理旅游者个人信息而获得利益的，按照其获得的利益赔偿；如果旅游经营者因此获得的利益难以确定，与旅游者就赔偿数额又不能协商一致时，可以提起诉讼，由人民法院根据实际情况确定赔偿数额。

第三节　旅游服务欺诈纠纷

一、旅游欺诈行为规范的现状

（一）旅游欺诈的现状

在旅游业发展过程中也暴露出了很多问题，其中，旅游欺诈首当其冲。旅游者在体验旅游带来的精神愉悦的同时，也可能碰到旅游行业存在的种种匪夷所思的“坑蒙拐骗”，因此所造成的不仅仅是旅游者的人格伤害、精神伤痛以及经济损失，更是对中国旅游业的伤害。

（二）旅游欺诈产生的原因

旅游行业，在吃、住、行、游、购、娱的任何一个环节，都可能发生欺诈行为，如酒店星级欺诈、门票欺诈、食品欺诈、运输工具欺诈，等等。欺诈高发的原因很多，最为重要者有三：其一，旅游市场发展初期的必然现象。任何一个行业的崛起，大多都会经历一个较为混乱的发展期，但旅游市场上的问题尤其严重，这就涉及第二个方面。其二，旅游市场自身特性决定。旅游市场范围极为庞杂，涉及面非常广泛，几乎所有的行业都与之有关，旅游者异地旅游会发生各种各样的刚需消费和休闲、享乐消费，各行业所存在的问题，都因此而汇聚在“旅游”的名义之下。另外，旅游者本身具有流动性，维权成本较高，除非遭受巨额损失，多数旅游者都会选择沉默；相应地，服务提供者的短期行为违法成本很低，越是旅游者流动性大的地方，旅游欺诈行为越常见，其原因即在于此。其三，相关部门对市场的监管不力所致。旅游市场涉及多个领域，监管职责也分属不同部门，旅游行政主管部门仅能对旅行社进行监管，对于相关的酒店、餐饮、景区、交通等并无监管、处罚职权。加之，一些监管部门有行业利益保护思维，遇到投诉可能会相互推诿。

在此背景下，《旅游纠纷规定》针对行政监管力度不足的缺陷，从民事责任有利于刺激旅游者维权积极性的角度出发，对旅游服务欺诈行为采取了惩罚性的双倍赔偿措施（这一措施随着《消费者权益保护法》的修正提升至三倍赔偿），以期有效遏制旅游市场欺诈多发的局面。

（三）旅游服务欺诈责任确立的基本考虑

旅游服务欺诈惩罚性赔偿责任的确立，是以旅游者合法权益的保护为出发点，克服以往旅游市场管理过度依赖行政监管的缺陷，提高旅游者维权意识，推动其主动维权，最终促进旅游市场的良性发展。

旅游者权益的维护，是旅游市场良性发展的根本所在。市场秩序混乱，旅游者权益遭受侵害，最终会导致旅游者选择更为安全的旅游方式。当前我国旅游者选择自助旅游，一个重要原因就是想避免权益遭受侵害，破坏旅游应有的愉悦。自助旅游虽然带来了新的旅游形态，但是也造成了组团旅游市场部分客源的流失。如果不能从根本上保护旅游者的合法权益，旅游者用脚投票的情形可能会更为普遍，最终导致的是旅游市场的萎缩。因此，通过旅游服务欺诈责任的确立，有效遏制旅游经营者的欺诈行为，必定有利于旅游市场良好秩序的形成。

我国旅游市场秩序的规范、管理，对行政主管机关的行政监管、处罚过于依赖，而旅游行政主管部门在执法条件、执法能力方面存在重大的缺陷，这也是《旅游纠纷规定》起草过程中明确各种民事法律责任的重要考虑之一。我国旅游行政主管部门没有对所有涉及旅游部门（例如住宿、餐饮、游览等）的主管职权，而仅仅以旅行社为管制对象。对于旅行社的严格管制，一方面涉及地方利益、行业利益的维护，另一方面也存在无法杜绝相关部门各种不良诱因的弊端。这种局面不仅导致各界对文化和旅游部门“行政不作为”的谴责，而且也使得旅游市场的混乱不断加剧。虽然部分以旅游为经济命脉的省市、地区采取了所谓联合执法的措施，但收效均不明显。旅游市场涉及面过广，容易滋生大量纠纷，这些都使得本来已经捉襟见肘的行业行政管理更难以应付。《旅游纠纷规定》即旨在行政管制之外，通过明确相关民事责任的方式，推动旅游者这一强大群体通过维护自身权益来弥补行政监管的不足。

旅游纠纷的重要特点是，纠纷易发、涉案金额较小。因此，在司法实践中可以发现，尽管旅游者对旅游市场的不满充斥于各种新闻媒体的报道之中，但真正形成诉讼、得到有效解决的案件量却微乎其微。长此以往，旅游经营者有恃无恐、肆意妄为，而旅游者只能在无奈中采取非常的手段解决矛盾，容易导致旅游者与旅游经营者之间的矛盾不断升级。为了将旅游者维护自身权益的措施纳入正常的法治轨道，缓解由旅游所滋生的社会矛盾，刺激旅游者以法律武器维权的积极性，《旅游纠纷规定》根据原《消费者权益保护法》第49条的规定，对旅游服务欺诈科以双倍赔偿的惩罚性赔偿责任。随着2013年10月25日第十二届全国人民代表大会常务委员会第五次会议对《消费者权益保护法》的修改，旅游服务欺诈的惩罚性赔偿责任转变为旅游者“接受服务的费用的三倍；增加赔偿的金额不足五百元的，为五百元”（第55条第1款）。2020年修订《旅游纠纷规定》时，也一并予以调整，并于第15条第2款明确规定，旅游者依据《消费者权益保护法》第55条第1款规定请求旅游经营者承担惩罚性赔偿责任的，人民法院应予支持。

二、旅游服务欺诈行为的法律性质

根据《旅游纠纷规定》第15条第2款的规定，旅游经营者提供服务时有欺诈行为的，旅游者可以请求旅游经营者承担惩罚性赔偿责任。从其渊源上来讲，该条规定的立法思想来源于原《消费者权益保护法》第49条。原《消费者权益保护法》第49条的规定是，经营者提供商品或者服务有欺诈行为的，应当按照消费者的要求增加赔偿其受到的损失，增加赔偿的金额为消费者购买商品的价款或者接受服务的费用的一倍。修正后的《消费者权益保护法》第55条第1款在立法精神上与之保持一致，主要是对惩罚性赔偿的倍数和最低额做了相应的调整。在适用《旅游纠纷规定》第15条第2款时，首先需要解决的问题就是，什么是欺诈行为？实践中，旅游合同约定住宿为四星级酒店，实际上是准四星酒店，是否为欺诈行为？约定的购物行程中所购商品质价不符、价格虚高（如比市场价高十倍）等，是否属于欺诈行为？其次，在欺诈行为之外，旅游经营者有胁迫、强制消费或者变相强制消费时，是否能够要求三倍赔偿？如果不能，其理由何在？以下对上述问题做简单分析、介绍。

（一）旅游经营者服务欺诈行为

欺诈行为，是指对不真实的事实表示为真实，而使他人陷于错误、加深错误或者保持错误。[1] 参考原《最高人民法院关于贯彻执行〈中华人民共和国民法通则〉若干问题的意见（试行）》（以下简称原《民通意见》）第68条的

① 朱庆育：《民法总论》，北京大学出版社2016年版，第279页。

规定，一方当事人故意告知对方虚假情况，或者故意隐瞒真实情况，诱使对方当事人做出错误意思表示的，可以认定为欺诈行为。原《民通意见》第68条的规定，是我国相关法律文件中唯一对欺诈行为的明确规定。理论、实务界对《消费者权益保护法》等法律规定中的欺诈行为的解释，通常也是以原《民通意见》第68条为依据的。

通常来讲，旅游经营者的欺诈行为应符合以下几项构成要件：

第一，旅游经营者告知旅游者的是虚假情况，或者隐瞒真实情况。告知虚假情况，如所预订酒店为三星级而谎称为四星级，是欺诈行为最常见的表现形式。隐瞒真实情况也可以构成旅游经营者的欺诈行为，例如旅游行程中安排的购物商店存在商品质价不符、价格虚高等情形，旅游经营者隐瞒该真实情况，不向旅游者告知，也可以构成旅游经营者的欺诈行为。旅游经营者隐瞒真实情况，之所以能构成欺诈行为，是以旅游经营者在法律上、旅游合同上或者依交易习惯就相关事项对旅游者负有如实告知义务为基础，违反如实告知义务而不告知，则构成欺诈行为。

第二，旅游经营者故意实施欺诈行为。旅游经营者明知告知旅游者的是虚假情况，或者明知所隐瞒的真实情况可能导致旅游者拒绝缔约，而实施欺诈行为，希望旅游者对旅游服务产生错误认识。旅游经营者的故意，属于其主观状态，通说认为应由受害人承担举证责任。[①] 但“举证责任之所在，败诉之所在”，由旅游者对作为法人（其主观状态较之于自然人更加难以测知）的欺诈故意承担举证责任，对旅游者极不公平。理论上以及各国法律上有采取表面证据、事实自证的理论，推定经营者存在故意。例如，某酒店并未获得四星评级，对外号称准四星，旅行社与该酒店签约安排旅游者接待事宜，告知旅游者住宿接待为四星级酒店，就此可以推定旅行社存在欺诈故意，而无需旅游者举证证明其主观上确实存在欺诈故意。

第三，旅游者因欺诈而产生错误认识，做出意思表示。换言之，欺诈行为与旅游者对旅游活动的错误认识、签订旅游合同之间存在因果关系。相反，如果旅游者签订旅游合同并非因欺诈行为导致发生认识错误，而是明知旅游经营者存在欺诈行为，订立旅游合同主要是为了借此要求旅游经营者承担惩罚性赔偿责任，因此获益，则不具备因果关系。例如，“王海打假”现象，王海之所

① 王泽鉴：《侵权行为》，北京大学出版社2009年版，第254页。

以不能根据原《消费者权益保护法》第 49 条的规定获得双倍赔偿，其原因就在于“知假买假”欠缺因果关系这一构成要件，而不能成就侵权行为。

第四，旅游者因欺诈行为而遭受损害。《旅游纠纷规定》第 15 条第 2 款虽属于惩罚性损害赔偿责任，但仍以损害赔偿为其基础，即有损害方有赔偿。如果旅游者未遭受损害，则损害赔偿丧失其基本前提，惩罚性损害赔偿更无从谈起。旅游者受欺诈而订立旅游合同，根据《民法典》第 148 条，可向人民法院或者仲裁机构请求撤销，在撤销、变更之前，旅游者支付的旅游费用超过其所接受旅游服务的价值，因而遭受财产上的损害。另外，旅游经营者的欺诈行为是对旅游者自由权的侵害，旅游者因受欺诈订立该旅游合同，而丧失订立其他能够实现旅游目的之旅游合同的机会，也可认为遭受机会损失。[①] 至于旅游者在接受旅游服务之后主张撤销、变更旅游合同，能否要求惩罚性赔偿的问题，也应该以其是否遭受损害为决定性条件。如果旅游者因欺诈而遭受损害，仍然可以要求惩罚性的损害赔偿，而无论其是否主张撤销、变更旅游合同。有观点认为，依据《消费者权益保护法》第 55 条第 1 款（原第 49 条）规定主张惩罚性损害赔偿，无需消费者遭受损失这一要件。对此，我们认为，《消费者权益保护法》第 55 条第 1 款（原第 49 条）规定非常明确，惩罚性赔偿是消费者要求的“增加赔偿其受到的损失”，显然以受到损失为其前提。

（二）旅游服务欺诈行为的证明

旅游活动过程中，由于旅游服务的直接提供者多与旅游经营者并非同一主体，旅游经营者所实施的欺诈行为很多时候具有临时起意的性质。例如，甲旅行社组织前往三亚旅游的旅游团，约定住宿为四星酒店，将在三亚旅游的服务提供委托给三亚的乙旅行社，乙旅行社派遣 A 导游安排旅游团的旅游活动。由于零负团费的压力，A 导游将旅游团安排在小旅馆住宿。如果旅游者维权态度坚定、手段激烈的话，A 导游可能改为四星酒店；否则，旅游者即只能住宿小旅馆。实践中，如何将这种临时起意的欺诈行为与擅自变更服务档次、不当履行合同相区分，是非常困难的问题，根本的症结就在于欺诈行为的证明责任问题。

关于欺诈行为的举证责任，传统上认为应该由受害人承担举证责任，[②] 即

① 王泽鉴：《意思表示之欺诈与侵权行为》，载《民法学说与判例研究（二）》，中国政法大学出版社 1998 年版，第 207 页。

② 王泽鉴：《民法总则》，北京大学出版社 2009 年版，第 309 页。

所谓“谁主张谁举证”的原则。具体就旅游服务欺诈行为而言，是否存在欺诈行为应由旅游者承担举证责任，如果旅游者不能证明旅游经营者实施了欺诈行为（而不仅仅是一般的违约行为），则不得主张基于欺诈的惩罚性赔偿请求权。然而，传统民法理论上的欺诈行为认定及其举证责任分配，对旅游服务提供的异地性、旅游者的流动性、旅游服务的不可存储性、旅游服务提供的间接性、旅游服务的易受影响性等并未顾及。特别是，旅游者在未接受旅游服务之前，根本无从判断旅游经营者告知的旅游服务与其实际提供的旅游服务是否相同；接受旅游服务之后，旅游者也无从证明旅游经营者在签订旅游合同之初就已经实施了欺诈行为。所以，从根本上来讲，应该由旅游经营者就其提供旅游服务不存在欺诈行为承担举证责任，旅游者仅承担约定旅游服务与实际提供的旅游服务不符的初步举证责任即可。

使旅游经营者承担不存在欺诈行为的举证责任，其理由主要在于：其一，在商业道德失范、旅游欺诈高发的社会背景之下，欺诈行为承担惩罚性赔偿责任是以加重经营者责任、打击旅游欺诈行为为规范目的的。由旅游经营者对其不存在欺诈行为承担举证责任，意味着在存在初步证据（旅游者提供）时，推定旅游经营者实施了欺诈行为，如此既符合欺诈行为在旅游市场上存在的高盖然性，也与打击旅游欺诈行为的规范目的相匹配。其二，就是否存在欺诈行为来讲，旅游经营者与旅游者之间，以旅游经营者掌控绝对性的证据材料为典型，旅游者除能够证明承诺服务和接受的服务不一致外，完全处于无证据状态，要想证明旅游经营者存在欺诈行为（特别是欺诈的故意），几乎是不可能完成的任务。由旅游经营者对不存在欺诈行为承担举证责任，与双方之间关于证据材料的控制情况完全相符。①

（三）欺诈行为与胁迫、强制消费的关系

实践中，在旅游经营者欺诈行为之外，尚可能发生各种强制或者变相强制消费、购物等情形，《旅游纠纷规定》第 15 条第 2 款仅对欺诈行为做出了惩罚性赔偿规定，那么对于在违法性程度上更为恶劣的强制、变相强制消费是否也能够适用该规定，主张惩罚性赔偿呢？旅游活动过程中，常见的强制消费情形是，导游将旅游者强行带至某购物场所，强迫旅游者购物，购物不达到一定数

① 关于经营者对欺诈行为的举证责任，可参见杜亚敏：《初论欺诈行为实施者“双倍赔偿”理论之重构——对〈消费者权益保护法〉第四十九条规定的思考》，载《广西社会科学》2006 年第 7 期。

额不得离开，甚至采取“关门放狗”的极端手段。无论这种现象背后的原因是什么，这种行为都是极端恶劣，不容姑息的。对于具有较强隐蔽性的欺诈行为科以严厉的惩罚性赔偿，而对于公然挑战市场秩序、法律权威的强制或变相强制消费、购物的行为却置若罔闻，前后反差如此之大，其道理何在？

强制或者变相强制消费、购物，属于民法上的胁迫。所谓胁迫，是指相对人或者第三人故意表示危害致生恐惧而做出意思表示的行为。原《民通意见》第69条规定，以给公民及其亲友的生命健康、荣誉、名誉、财产等造成损害，或者以给法人的荣誉、名誉、财产等造成损害为要挟，迫使对方做出违背真实的意思表示的，可以认定为胁迫行为。旅游活动中，导游人员等作为旅游经营者的工作人员，以限制旅游者人身自由、浪费旅游时间、甩团等作为威胁，迫使旅游者购物、消费的，具备实施胁迫行为、旅游者因受胁迫发生恐惧、基于恐惧而做出意思表示这三项构成要件，则构成胁迫。

在民法理论上，欺诈与胁迫均属于导致当事人意思表示不自由的原因，二者虽然在行为方式、构成要件以及违法性程度上存在较大的差别，但是其法律效果始终是一致的：一方面，因为欺诈、胁迫而做出的法律行为（例如签订合同）属于可撤销、可变更的法律行为，受欺诈、胁迫一方当事人有权请求人民法院或者仲裁机构撤销（《民法典》第148条第2款）；另一方面，欺诈、胁迫侵犯了他人的意思自由权，构成侵权行为，应当承担侵权责任（《民法典》第1165条）。[①] 对于欺诈行为追究经营者的惩罚性赔偿责任，无疑是对其主观恶意方面严厉的消极评价，然而对于胁迫或者强制交易等恶意程度较欺诈更甚的违法行为，却未配置惩罚性赔偿规则，在立法政策上显然存在不平衡之处。这一点在旅游纠纷中尤其明显，学者对此已有议论，[②] 但显然并未引起《消费者权益保护法》修改者的重视。

因此，就我国现行法的规定来看，胁迫、强制交易等行为，尚不能主张三倍的惩罚性赔偿。现行法上关于强制交易的规范，主要体现在《治安管理处罚法》第46条的规定和《刑法》第226条的规定。《治安管理处罚法》第46条规定：“强买强卖商品，强迫他人提供服务或者强迫他人接受服务的，处五日以

---

① 曾隆兴：《详解损害赔偿法》，三民书局2008年版，第392页。

② 苏号朋：《论中国法上的惩罚性赔偿——现状、问题与未来立法思考》，载费安玲执行主编：《罗马法、中国法与民法法典化（文选）——从古代罗马法、中华法系到现代法：历史与现实的对话》，中国政法大学出版社2011年版，第273-282页。

上十日以下拘留，并处二百元以上五百元以下罚款；情节较轻的，处五日以下拘留或者五百元以下罚款。”《刑法》第226条规定：“以暴力、威胁手段，实施下列行为之一，情节严重的，处三年以下有期徒刑或者拘役，并处或者单处罚金；情节特别严重的，处三年以上七年以下有期徒刑，并处罚金：（一）强买强卖商品的；（二）强迫他人提供或者接受服务的；（三）强迫他人参与或者退出投标、拍卖的；（四）强迫他人转让或者收购公司、企业的股份、债券或者其他资产的；（五）强迫他人参与或者退出特定的经营活动的。”同时，根据《刑法》第231条的规定，单位犯强制交易罪的，对单位判处罚金，并对其直接负责的主管人员和其他直接责任人员，依照《刑法》第226条的规定处罚。

本书认为，通过行政处罚、刑罚固然能够达到威慑强迫交易违法行为的目的，但仍存在较大的弊端。一方面行政、刑事执法成本较高，也需要公安部门积极介入；另一方面也不易达到《刑法》第226条所要求的情节严重程度，且仅以行政处罚、刑罚对违法行为人予以制裁，并未调动起消费者、旅游者的积极性。如能像《旅游法》第70条第1款那样，对恶意侵害旅游者权益的行为配置惩罚性赔偿，必将有利于旅游者积极主动维权，遏制经营者的违法行为。

三、旅游服务欺诈行为的法律效果

（一）基于欺诈签订的旅游合同的撤销及其损害赔偿

根据《民法典》第148条、第159条、第151条的规定，一方以欺诈、胁迫的手段或者乘人之危，使对方在违背真实意思的情况下订立的合同，受损害方有权请求人民法院或者仲裁机构撤销。据此，旅游者在与旅游经营者签订合同过程中，因旅游经营者故意告知虚假情况，或者故意隐瞒真实情况，诱使旅游者做出错误意思表示的，旅游者可以请求人民法院或者仲裁机构撤销所签订的旅游合同。根据《民法典》的规定，旅游者请求人民法院或者仲裁机构撤销旅游合同的期间是，自知道或者应当知道受欺诈事由之日起一年（《民法典》第152条）。

旅游纠纷实践中可能发生的问题是，旅游者原则上只有到达目的地之后才能发现所提供旅游服务与旅游合同承诺存在不同，此时旅游者主张撤销或变更合同时，需向有管辖权的法院或仲裁机构提起诉讼或申请，而不能径直向旅游经营者表示撤销合同，旅游者此时无法摆脱基于受欺诈而签订的合同的束缚。如果旅游者因此而拒绝接受旅游服务，则存在承担违约责任的风险。对此问题，究竟应如何处理？

首先，在旅游经营者提供的旅游服务与合同所约定的旅游服务不一致时，至少可以认定其构成合同债务的不完全给付。根据合同法原理，不完全给付债权人未受领的，债权人可以拒绝受领。①

其次，旅游者因当时情势而不得不接受旅游服务的，明确声明不放弃撤销权时，待旅游行程结束后，旅游者请求人民法院或者仲裁机构变更或者撤销所签订的旅游合同，旅游经营者应当向旅游者退还所约定旅游服务与实际提供旅游服务之间的价格差额。如认定其行为构成欺诈，并应根据《消费者权益保护法》第55条第1款的规定，承担惩罚性赔偿责任。

有疑问的是，旅游者当时接受了旅游服务，但未明确声明不放弃撤销权时，能否认为其构成《民法典》第152条第1款第3项所规定的“以自己的行为表明放弃撤销权”，从而在之后不得再请求人民法院或者仲裁机构变更或者撤销所签订的旅游合同？对此，本书认为，除非旅游者明确表示放弃撤销权或者有明确的原宥旅游经营者欺诈行为的行为，否则不应当认定旅游者接受旅游服务即构成“以自己的行为表明放弃撤销权”。其理由在于：第一，在旅游合同场合，由于旅游者必须以人身接受旅游服务的提供，且旅游者身处旅游经营者熟悉的陌生环境之中，其根本不具备行使撤销权或变更权的条件，或者行使权利极为不便。在此种情形下，认为旅游者接受服务即构成放弃撤销权，对旅游者之要求过于苛刻，实难赞同。第二，《民法典》第152条第1款第3项所规定的“以自己的行为表明放弃撤销权”，在法理论上类似于德国司法实践中的“权利失效（Verwirkung）”制度，参照德国理论界的认识，在此不仅要有撤销权人不行使、放弃行使权利的行为或者表示，而且还需要以相对人基于对此种“放弃撤销权”行为的信赖而调整了自己的行为为要件。② 而旅游者受领旅游经营者不符合旅游合同约定的旅游服务时，并不能使旅游经营者产生此种信赖，并对其行为进行相应的调整。第三，按照诚实信用原则的要求，旅游者在知悉所提供旅游服务涉嫌欺诈的情况时，应当毫不迟延地向旅游经营者提出，一方面有利于旅游经营者及时进行补正，另一方面也有利于嗣后行使撤销权。

（二）旅游经营者的惩罚性赔偿责任

旅游经营者提供旅游服务有欺诈行为的，应当按照旅游者的要求增加赔偿

---

① 史尚宽：《债法总论》，中国政法大学出版社2000年版，第419页。

② ［德］迪特尔·施瓦布：《民法导论》，郑冲译，法律出版社2006年版，第183页。

其受到的损失，增加赔偿的金额为消费者购买商品的价款或者接受服务的费用的三倍；增加赔偿的金额不足五百元的，为五百元。法律另有规定的，依照其规定。

关于旅游经营者的惩罚性赔偿责任，还应说明的有如下几点：第一，惩罚性赔偿不排除旅游经营者的合同责任。旅游经营者采取欺诈手段，使旅游者做出错误意思表示与其签订旅游合同，该旅游合同为可变更、可撤销的合同。经旅游者撤销后，旅游合同罹于无效，旅游经营者因此应当承担缔约上过失责任，赔偿旅游者因此所遭受的信赖利益损失。[①] 第二，惩罚性赔偿的计算基础为旅游费用。根据《消费者权益保护法》第 55 条第 1 款的规定，增加赔偿的金额为消费者购买商品的价款或者接受服务的费用的三倍。就旅游纠纷而言，旅游经营者增加赔偿的计算基础即为旅游者接受服务的费用，即旅游团费的三倍。第三，惩罚性赔偿的最低限额为 500 元，即按照前述标准计算的惩罚性赔偿额度不足 500 元的，应补齐至 500 元。第四，如涉及生产不符合食品安全标准的食品或者经营明知是不符合食品安全标准的食品的情况，则应按照《食品安全法》第 148 条第 2 款的规定，除赔偿损失外，旅游者还可以向生产者或者经营者要求支付价款十倍或者损失三倍的赔偿金；增加赔偿的金额不足 1000 元的，为 1000 元。

① 韩世远：《合同法总论》，法律出版社 2011 年版，第 229 页。

第五章 旅游经营者民事责任的分担

第一节 旅游经营者民事责任的范围

一、旅游者与旅游经营者的法律关系

在组织旅游合同的履行过程中，旅游者遭受人身、财产损害时，旅游经营者是否承担责任，以及在多大范围承担责任，均以旅游者与旅游经营者之间的法律关系为前提。对于旅游经营者民事责任的确定，从积极的角度来看，应当明确旅游经营者是否具备承担民事责任的构成要件，例如，是否存在违约行为与损害结果；从消极的角度来看，应当明确旅游经营者对哪些损害结果不承担责任，例如，是否存在不可抗力、旅游者自己过错等减免责任的事由。

在实践中，有一种观念认为，旅游者参加了旅行社组织的旅游活动后，旅游过程中出了任何问题，旅行社等旅游经营者都应该承担责任。实际上，这是一种非常错误的认识。如上所述，旅行社等旅游经营者是否承担责任，应以旅游者与旅游经营者之间的法律关系为判断依据。

组织旅游合同是旅游者支付报酬、旅游经营者直接或者通过履行辅助人等提供旅游服务的合同。在组织旅游合同履行过程中，旅游者需要以自己的人身接受旅游经营者提供的旅游服务，旅游经营者在提供旅游服务的过程中，应当保证旅游者的人身、财产安全。然而，在整个旅游行程中，旅游者的人身不受限制，一方面可能存在双方约定的不提供旅游服务时间段，另一方面可能存在旅游者拒绝接受旅游服务、自行游玩的情况。在这两种情况下，旅游者与旅游经营者之间是否存在法律关系？如果存在，为何种法律关系？在该法律关系中，旅游经营者与旅游者之间的权利义务关系如何？

从旅游者与旅游经营者协商签订合同开始，组织旅游合同就进入一个动态的发展过程，从旅行证照的办理、行程开始、各个目的地的游览直到返回出发地，完成旅游合同的履行。组织旅游合同的动态发展过程，是一个围绕着旅游

者、旅游经营者、旅游活动展开的时间进程。然而，在这一时间进程中，并非所有的活动都是组织旅游合同法律关系的展开，还涉及很多与组织旅游合同无关的活动。例如，旅游者签订前往欧洲旅游的组织旅游合同，到达目的地之一的德国时，旅游者提出要去拜望自己阔别多年的导师，得到领队的同意。在拜望导师的途中，旅游者身份证件被盗，无法继续完成其他行程。显然，身份证件被盗是在整个赴欧洲旅游的时间段内发生的，但却并非组织旅游合同本身的内容，即使这一事件对旅游活动造成不可克服的影响，也不能要求旅游经营者承担因此造成的损失。

实践中，很多旅游纠纷的发生都是因为双方对于哪些属于组织旅游合同本身的内容、哪些不属于组织旅游合同调整的范围有不同的理解而引起的。

组织旅游合同最大的特点在于，在旅游的时间进程中，组织旅游合同关系及与之有关、无关的各种法律关系（或者非法律关系）纵横交错，相互纠缠在一起。在旅游纠纷处理实践中，任何对组织旅游合同法律关系与其他法律关系、非法律关系的不正确切分，都会导致对旅游经营者责任范围的错误界定。可以毫不夸张地说，正确处理旅游纠纷、确定旅游经营者法律责任的根本前提，就在于正确区分旅游过程中组织旅游合同法律关系与其他法律关系、非法律关系。

组织旅游合同（organized travel contract），是指旅游经营者提供事先组织、安排的旅游服务给旅游者，旅游者支付旅游费用的合同。根据组织旅游合同，旅游经营者的主要义务是向旅游者提供合同约定的旅游服务，该旅游服务不仅在内容、品质、档次方面必须符合组织旅游合同的约定，而且在提供的顺序上也应当遵守合同约定的行程次序。旅游经营者的所有义务均围绕旅游服务展开，其核心是提供旅游服务的义务与旅游服务瑕疵担保义务；为使旅游者能更好地接受旅游服务，应对旅游服务相关内容负有说明义务，如对旅游服务之特色等相关注意事项的说明；旅游经营者所提供之旅游服务之最低要求是，该服务不会造成对旅游者的人身、财产的损害，此项要求作为旅游经营者的附随义务，属于群众性活动组织者的安全保障义务（《民法典》第1198条）的特殊类型。[①] 与安全保障义务紧密关联的是，旅游者在旅游过程中遭受人身、财产损害时，无论是否可归责于旅游经营者，旅游经营者都应当予以积极救助、协助处理事故的善后事宜。

---

① 邹海林、朱广新主编：《民法典评注（侵权责任编1）》，刘文杰执笔，中国法制出版社2020年版，第354页。

简言之，在组织旅游合同关系中，旅游经营者所负担的主要义务是提供旅游服务，相应地，其责任范围也应当是与提供旅游服务紧密联系的，与提供旅游服务无关的原因导致的旅游者人身、财产损害不属于旅游经营者的责任范围。

二、自由活动期间

自由活动期间，是指旅游经营者安排的在旅游行程中独立的自由活动期间。组织旅游过程中，通常全程有旅游经营者指派的导游、领队人员组织、安排旅游活动，本无所谓自由活动的内容。随着旅游者组成的多样化、旅游者知识水平的不断提高，旅游服务不断适应旅游者的各种要求，产生了多种多样的个性化旅游服务，其中自由活动的安排就属于个性化旅游服务的一种情形。自由活动期间为旅游者提供了单独享受旅游乐趣的时间和空间，确实受到很多旅游者的欢迎，但这种组织旅游活动中间所开辟出来的自助旅游，却往往成为旅游纠纷滋生的温床：在陌生的旅游环境中，旅游者同样面临着来自各个方面的风险，而且在缺乏专业的导游、领队人员协助的状态下，发生各种人身、财产损害的概率再次大幅提高。实践中，因旅游者在自由活动期间遭受损害而发生的纠纷，凸显了各方主体对于自由活动期间旅游经营者责任范围的争议。为了正确、合理划定旅游经营者责任范围、保护旅游者合法权益，《旅游纠纷规定》在第17条明确规定了自由活动期间旅游经营者所负担的义务及其相应责任。根据该规定，旅游经营者对旅游者在自由活动期间遭受的损害承担责任，应当具备以下几个要件：

1. 旅游者遭受人身损害、财产损失

没有损害，就没有赔偿。旅游者遭受人身损害、财产损失是旅游经营者承担责任的基本前提。

2. 旅游者是在独立的自由活动期间遭受人身损害、财产损失

（1）自由活动期间

自由活动期间的本质是，旅游经营者在此期间不提供旅游服务，由旅游者安排自己的旅游活动，这些旅游活动与组织旅游合同没有紧密的关系，不属于旅游合同的组成部分。在自由活动期间所进行的旅游活动，有些会引起法律关系的产生，例如旅游者在自由活动期间前往行程中未安排的景点旅游，因而与景点发生旅游服务法律关系；有些根本不受法律调整，而不属于法律关系，例如旅游者在自由活动期间探望在该地区居住、生活的亲友。

在自由活动期间，旅游者与组织旅游服务经营者之外的第三人发生的法律关系，组织旅游服务经营者不是法律关系的当事人，不承担相应的法律义务，当旅游者因该法律关系而遭受人身、财产损害时，旅游经营者也就不应当承担法律责任。例如旅游者在自行前往商场购物过程中，购买到质次价高的旅游商品，遭受了财产损失，对此应当由该商场根据《民法典》合同编、《消费者权益保护法》承担相应的法律责任，旅游经营者无需负责。对于非法律关系中的旅游者遭受人身损害、财产损失的，因其与旅游经营者没有任何法律上的联系、旅游经营者也没有任何法律义务，当然更不用承担任何法律责任了。例如，旅游者在自由活动期间前往探望在该地工作的同学，聚餐（非法律关系）期间，由于旅游者自己不慎将鱼刺卡到喉咙中，导致严重的咽部损伤。组织旅游合同中的旅游经营者对此不负有任何责任，不仅对旅游者所遭受的咽部损伤不负责任，对旅游者因而无法参加的旅游行程的相应损失更没有给予赔偿的责任。至于是否应当将尚未实际发生的旅游费用退还给旅游者，则不属于自由活动期间所特有的问题，应当适用相应的减价规则。

因此，自由活动期间旅游者所从事的相关旅游活动，不属于旅游经营者旅游服务的内容，在此期间旅游者所遭受的损害，不应由旅游经营者来承担。

（2）独立的自由活动期间

组织旅游经营者提供旅游服务的过程中，对于自由活动期间的理解有各种不同的认识。那么哪些情形属于自由活动期间，哪些不属于自由活动期间，就成为解决相应纠纷的关键点之一。为了合理界定自由活动期间的范围、妥善解决相应的旅游纠纷，《旅游纠纷规定》中明确规定，自由活动期间应当具备两方面的条件：其一，自由活动期间是旅游经营者安排的；其二，自由活动期间在旅游行程中具有独立的地位。

首先，自由活动期间应当是旅游经营者安排的时间段，即旅游经营者明确说明，在此期间旅游者可以自由安排相关活动，旅游者不提供旅游服务的期间。如旅游经营者未安排自由活动时间，而旅游者擅自脱离旅游团队期间遭受损害，则不属于自由活动期间的问题。

其次，自由活动期间在旅游行程安排中应具有独立的地位，那些在旅游行程安排中未明确规定、没有独立地位的自由活动期间，不属于《旅游纠纷规定》所规定的自由活动期间。例如，导游带队进入一处公园，由于该公园为自然风光，既无特别的危险设施，也无需要特别讲解的内容，导游按照惯例安排旅游者“自由活动”，两个小时后在公园门口集合。此处的“自由活动期间”就不属于《旅游纠纷规定》第 17 条第 2 款所规定的自由活动期间。原因在于，该自由活动期间隶属于“公园参观”这一旅游经营者提供的旅游服务，是接受旅游服务的特殊方式，而非旅游者可以不受任何限制地活动的自由活动期间，旅游者在该公园中的“自由活动”完全处于旅游经营者可以掌控、应予负责的范围。对于旅游者在此期间所遭受的损害，例如由于公园景点设施缺陷导致人身损害，组织旅游经营者依然应当承担责任。

另外，旅游纠纷处理实践中可能发生的情形是，旅游经营者在事先的行程安排中并未明确规定“独立的自由活动期间”，导游、领队人员在旅游过程中临时安排的“自由活动期间”，是否属于《旅游纠纷规定》第 17 条第 2 款所规定的自由活动期间？如果旅游者在此期间遭受人身、财产损害时，应如何处理？对此，首先应当区分，导游、领队人员临时安排的“自由活动期间”是否征得旅游者的同意。如果征得旅游者同意，则属于合同双方当事人根据《民法典》第 543 条，协商变更合同，应当属于《旅游纠纷规定》第 17 条第 2 款所规定的自由活动期间，在此期间遭受的损害，旅游经营者原则上不承担赔偿责任。如果导游、领队人员未征得旅游者同意，而临时安排“自由活动期间”，则可能构成《旅游纠纷规定》第 15 条规定的“旅游经营者违反合同约定，有擅自改变旅游行程、遗漏旅游景点、减少旅游服务项目、降低旅游服务标准等行为”，因此不仅不能免除其所谓“自由活动期间”的责任，要对旅游者在此期间的人身损害、财产损失负责，而且应当赔偿旅游者未完成约定旅游服务项目等合理费用。

值得注意的是，组织旅游合同往往采取团队旅游的形式，在涉及“征得旅游者同意”的问题时，就存在到底应当取得多数旅游者的同意还是取得全部旅游者同意的争论。对此，旅游经营者往往存在一个误区，认为只要全团多数旅游者同意，就符合“征得旅游者同意”的要求。这是一种非常错误的观念。分析组织旅游合同关系，我们非常清晰地看到，旅游者是分别与组织旅游经营者签订的组织旅游合同，每一个旅游者都是独立的合同当事人，旅游经营者变更每一个旅游合同，就需要与该合同的对方当事人达成协议。所以，旅游经营者变更旅游行程，绝不是征得全团多数旅游者或者部分旅游者的同意即可变更，而是征得全部旅游者的同意方可变更。

有观点认为，要求征得全部旅游者的同意就意味着不可能变更，这种要求根本不符合旅游行业的特殊性。我们认为，首先，以团队形式将多个旅游合同集中在一起、同时履行，是旅游经营者降低经营成本、履约成本的一种手段，并非组织旅游合同的固有内容，以此推翻《民法典》合同编关于合同变更应协商一致的原则，并不具有强大的说服力。其次，少数服从多数的多数决原则的适用，通常以较为紧密的组织决议型法律行为为前提，例如在公司股东大会决议、民主选举等情况下。而以团队形式履行组织旅游合同，在旅游者之间并未形成像股东大会那样紧密联系的组织体，并不具备采取多数决原则的正当性。另外，目前我国旅游市场上，擅自改变旅游行程、遗漏旅游景点、减少旅游服务项目、降低旅游服务标准等侵害旅游者合法权益的行为，占据了变更旅游合同的绝大多数，要根本地改变此种现状，就必须从严适用法律，挤压旅游经营者任意规避法律的空间，否则旅游市场秩序的改善将无从谈起。基于此种法律政策，结合《民法典》合同编关于合同变更的原则，要求旅游经营者与全部旅游者达成一致意见，是比较合理的解决方案。

3. 旅游经营者未尽到必要的提示义务、救助义务

（1）提示义务

有一种错误的认识是，既然旅游者自行安排旅游活动，旅游经营者就不再负有任何义务了。旅游经营者提供旅游服务期间，对于旅游者负有概括的安全保障义务，这种安全保障义务围绕着旅游经营者提供的旅游服务展开，与旅游服务关系越紧密，安全保障义务就越大，距离旅游服务这一核心越远，旅游经营者的安全保障义务就越小。在旅游者自行安排旅游活动时，旅游经营者没有任何义务，旅游经营者对于自行活动期间容易引发旅游者人身伤害、财产损失的事项应当予以事前提示，以降低旅游者遭受人身损害、财产损失的风险。之所以在旅游经营者不提供旅游服务期间，还令其承担提示义务，是因为旅游经营者对旅游目的地的社会环境较为熟悉，对于该地区容易造成旅游者人身损害、财产损失的风险比较了解，相反旅游者却可能完全不知悉将会面临的危险。为此，从保护旅游者合法权益、降低社会交易成本等方面考虑，赋予旅游经营者必要的提示义务，是有其合理性的。

当然，旅游经营者的提示义务，并不是没有任何边界的。首先，旅游经营者仅对可能造成旅游者人身损害、财产损失的注意事项负有提示义务。对于其他与旅游者人身、财产安全无关的信息，旅游经营者并不负有提示义务，否则将会导致旅游经营者的义务过于沉重，而无法履行。其次，旅游经营者的提示

义务是对非常识性事项的提示义务，而不是对所有可能的风险的提示、注意义务，例如吃鱼要小心鱼刺当然无需提示；但当地比较畅销的鱼可能不适合北方人食用，会导致严重的胃肠不适，就应当特别予以提示。

（2）救助义务

旅游者在自行安排活动期间，即使听从了旅游经营者的提示，仍然可能遭受到各种人身伤害、财产损失。当旅游者遭受损害之后，旅游经营者就负有必要、合理的救助义务，不论此种损害是否因为旅游经营者的原因造成，即使是旅游者自身的过错、第三人的原因或者自然灾害等造成的，旅游经营者也负有相应的救助义务。与其救助义务的设计根据一样，旅游经营者的救助义务也来源于旅游经营者作为专业机构，在旅游目的地所掌握的信息和拥有的社会资源，而这些都是离开经常居住地的旅游者所欠缺的。旅游者在组织旅游经营者的组织、安排下，前往陌生的旅游目的地接受旅游服务，与该地最主要的联系纽带就是旅游、旅游经营者，对旅游经营者存在高度的依赖性。因此，在遭遇不测特别是人身损害、财产损失时，旅游经营者当然是旅游者寻求救助的首选，客观上也是最适宜负责协助旅游者解决问题者。[①]

就旅游经营者承担救助义务的程度、范围来讲，应以经营该旅游项目的经营者通常能够提供的救助为限，即承担合理范围内的救助义务。从当事人的注意程度来讲，旅游经营者达到善良管理人的注意义务程度即可。就旅游经营者是否违反其救助义务的判断，理论上通常从能否预见、能否避免两个角度来衡量。至于其判断标准通常采用客观标准，即在同一事件之下，一般人、正常人、理性人能否预见、能否避免损害的发生。[②] 如果正常的、理性的旅游经营者能够预见、能够避免，而旅游经营者未能预见、未能避免的，就达到了违反其注意义务的程度，构成对其救助义务的违反。在此，应该特别强调的是，不能对旅游经营者提出过于苛刻的救助义务要求，那些超出一般旅游经营者要求的救助义务要求，只会导致打击旅游经营者承担救助义务积极性的恶果。

实践中，旅游经营者承担救助义务必然发生相应的费用支出，关于该费用的承担也是旅游纠纷争议的焦点之一。由于旅游经营者对旅游者自行安排活动期间的人身、财产安全并不负有保障责任，其救助义务仅仅是法律为了避免旅游者遭受更大的损失而赋予旅游经营者的。因此，旅游经营者承担救助义务而

① 邱聪智：《新订债法各论（中册）》，姚志明校订，中国人民大学出版社2006年版，第109页。
② 曾世雄：《损害赔偿法原理》，中国政法大学出版社2001年版，第81页。

发生的费用，应由旅游者自身来承担，而不能将该笔费用强加于旅游经营者。从法律性质来讲，旅游经营者的救助义务的履行，属于管理他人事务的行为，其因此支出了特定的费用，旅游者因此获益，这些费用的支出并未包括在旅游费用之中，因此应当考虑对旅游经营者的补偿。[①] 简而言之，这种为旅游者的利益支出的费用，作为本人的旅游者应当予以偿付。

旅游经营者未尽到提示义务、救助义务，是其对旅游者自行安排活动期间遭受人身损害、财产损失承担责任的必要前提。旅游经营者适当地履行其事前提示义务、事后救助义务之后，旅游者遭受的损害，或者由造成损害的第三人承担赔偿责任，或者由其自身基于损失自担的原则承担。

4. 旅游者的损害与旅游经营者未尽到义务之间存在因果关系

旅游者在自行安排活动期间遭受人身损害、财产损失时，旅游经营者承担责任的前提是，该损害是由于旅游经营者未尽提示、救助义务所致。换言之，在旅游经营者未尽提示、救助义务与旅游者所遭受的损害之间应当存在因果关系。没有因果关系，即使旅游者遭受人身损害、财产损失，而且旅游经营者也未尽到某些提示义务、救助义务，也不能要求旅游经营者承担责任，或者承担超出其违反义务程度、范围的责任。

关于因果关系的判断，首先应该明确的是法学意义上的因果关系并不能完全等同于自然科学上的因果关系。在确定责任是否成立过程中，一方面，需要借助自然科学的因果关系规则来判断，这是因果关系以客观事实为基础的一面；另一方面，对自然科学规则基础上认定的因果关系需要通过价值判断要素加以衡量，这是因果关系认定的价值判断层面。[②] 因果关系认定中的价值判断层面，是根据法律规范的目的对于客观事实基础上识别的因果关系的调整，既可能是在客观上无法认定真正因果关系时，出于对受害人的保护而肯定因果关系；也可能是在客观上因果关系清晰时，出于社会政策、经济效率的考虑而否定因果关系。

另外，在因果关系的判断上，基本上采取的是相对优势或者高度盖然性的理论，而不是绝对的客观化标准。就旅游经营者对旅游者自行安排活动期间的损害承担责任来讲，如果旅游经营者尽到事前提示、事后救助的义务，旅游者

---

① ［德］迪特尔·梅迪库斯：《德国债法分论》，杜景林、卢谌译，法律出版社 2007 年版，第 499 页。

② 参见朱岩：《侵权责任法通论·总论》，法律出版社 2011 年版，第 183 页。

通常就不会遭受或者仅遭受较小的损失时，那么旅游经营者违反义务与旅游者人身损害、财产损失之间就具有相当的因果关系；反之，如果旅游经营者即使尽到其事前提示、事后救助的义务，旅游者仍然会遭受损失时，则二者之间就不存在因果关系。

三、擅自脱团

所谓擅自脱团，是指旅游者在旅游行程中未经导游或者领队许可，故意脱离团队的行为。擅自脱团是旅游经营者、辅助服务者免除责任的法定事由。

就旅游风险控制来讲，擅自脱团意味着旅游者逾越了旅游经营者安全保障义务的边界，进入旅游经营者等事实上无法控制风险的领域。如果强令旅游经营者对其无法控制的风险承担责任，在风险分配、经济效率和社会正义上都是不科学的，所以旅游经营者对擅自脱团期间造成的损害不承担责任。

就法律性质来讲，旅游者按照规定的行程安排，在导游、领队人员的照管之下，从事旅游活动、接受旅游服务，旅游经营者就负有保障其人身、财产安全的义务。一旦旅游者擅自脱离团队，即意味着旅游者放弃了旅游经营者对其人身、财产安全的保障，免除了后者对其人身、财产的安全保障义务。根据《民法典》第575条的规定，债权人（此处为旅游者）免除债务人（此处为旅游经营者）部分或全部债务的（此处为部分免除），合同的权利义务部分或者全部终止。就擅自脱团来讲，旅游者（组织旅游服务的债权人）以其擅自脱离团队的行为默示地做出免除旅游经营者、辅助服务者（组织旅游服务的债务人）的脱团期间的安全保障义务（部分免除），从而，旅游经营者、辅助服务者就不再承担该项义务。既然旅游经营者、辅助服务者不再负有安全保障义务，对此期间旅游者的人身损害、财产损失，旅游经营者、辅助服务者也就无需承担责任。

较之于自行安排活动期间，擅自脱离团队并非旅游经营者所能够预见、安排的，所以二者也并不负有对脱团期间旅游者活动的提示义务。那么，旅游经营者在知悉旅游者擅自脱团而遭受损害后，是否负有救助义务呢？答案是肯定的，理由同样在于旅游者对于旅游经营者的依赖性以及旅游者对旅游目的地的陌生性。旅游者免除了旅游经营者的安全保障义务，但任何人都不会放弃在身处险境时获得救助的权利，基于诚实信用原则，旅游经营者、辅助服务者依然应当承担起对旅游者的救助义务。当然，此时的救助义务的注意程度要低于自行安排活动期间的救助义务。

实践中，对于何种情形构成擅自脱离团队，往往难以形成统一的认识。擅自脱团的规则设计目标是，免除旅游经营者无法控制的旅游风险因素造成旅游者的损害赔偿责任。因此，从规范目的来考察，擅自脱团的一个本质性的认定标准是，旅游者自行进入到旅游经营者无法控制风险的领域。因此，在旅行团队休息过程中，旅游者未经导游、领队人员同意，前往卫生间如厕的行为，并不构成擅自脱离团队。相反，旅游团队在景区游览过程中，旅游者未经同意自行进入禁止游览区域的行为，就构成了擅自脱离团队。

第二节　旅游经营者与旅游辅助服务者的责任分担

组织旅游合同中，组织旅游经营者往往并不直接提供旅游服务，而是通过交通、餐饮、住宿、景区等为旅游者提供相应服务。但同时，旅游者并未与服务的直接提供者签订组织旅游合同，而是与组织旅游经营者签订合同，合同约定由组织旅游经营者负责提供旅游服务。当旅游合同履行出现瑕疵或者履行障碍时，组织旅游经营者如何分担其责任，是旅游纠纷处理的重要环节，本节就相关问题进行如下分析，以期有助于组织旅游经营者责任分担问题的解决。

一、旅游辅助服务者与债务履行辅助人

《旅游纠纷规定》第 1 条第 3 款规定，“旅游辅助服务者”是指与旅游经营者存在合同关系，协助旅游经营者履行旅游合同义务，实际提供交通、游览、住宿、餐饮、娱乐等旅游服务的人。

旅游辅助服务者，是债务履行辅助人（Erfuellungsgehilfen）在旅游合同中的特定称谓。[①] 我国原《合同法》以及《民法典》未明确规定债务履行辅助人制度，司法解释囿于权限，仅能就旅游合同设定规范，选择“旅游辅助服务者”的名称，既能体现“辅助人”的地位，也较易理解。但在《旅游法》已经明确采纳了“履行辅助人”概念和制度的情况下，2020 年修订《旅游纠纷规定》仍然保持了“旅游辅助服务者”的表述，值得商榷。当然，“履行辅助人”或“旅游辅助服务者”这一名称反映的是从法学的视角对旅游经营主体地位的

---

① 叶金强：《旅游纠纷中的连带责任——以“焦某与中山国旅等旅游侵权纠纷案”为参照》，载《法学》2015 年第 2 期。

观察，我国旅游业界并无相应的认识，甚至对于将航空公司、铁路部门、酒店、景区等统称为“旅游辅助服务者”还有很多反对的声音。[①] 那么，这种将航空公司、铁路部门、酒店、景区等统称为“旅游辅助服务者”的做法，在理论上的合理性何在？是否能够正确反映其与旅游经营者之间的法律关系？欲回答上述问题，有必要对债务履行辅助人相关制度有所了解。

现代社会经济一个非常重要的特征即为社会分工，从而利用他人从事各种交易就非常普遍，利用他人从事交易不限于委托他人签署合同、代理诉讼等，而且也包括借助他人履行自己的合同义务。除非合同义务具有高度的人身属性，或者合同双方有明确约定，债务原则上可由第三人予以履行。[②] 在社会化大生产的情况下，此种情形尤其必要。例如，甲为生产商，乙为销售商，丙消费者在乙商场选购了甲生产的电器 A，由甲送货给丙，并进行调试安装。其中，甲的分工为生产电器，乙的分工为销售。至于是否由乙亲自送货、安装，对于丙来讲，并无特殊的差异，甚至由甲负责调试安装，较之于乙负责调试安装，更有利于丙对电器的正确、有效使用。该案中，虽然买卖合同存在于乙和丙之间，但包括送货、调试、安装等在内的合同的履行行为，均由甲来实施。

在借助他人来履行自己的债务的情况下，如果债务履行存在不当，则产生究竟应由谁来承担责任的问题，由此产生了“为债务履行辅助人而负责”的法律制度，即债务人借助他人（即履行辅助人）履行债务的，对于履行辅助人的故意或过失（违反义务）行为承担责任。[③] 这一规则设立的正当性在于，债务人利用他人履行债务，通常都会增加发生履行障碍的危险性，在债权债务关系，特别是合同关系中，债权人所信赖的是作为合同相对方的债务人，而不是其所选择的债务履行辅助人。既然债务人因社会分工使用他人履行债务而获益，基于利益与风险同在的原则，理应由其承担相应的风险，而且债权人对于债务人选择履行辅助人通常没有任何影响力，债务人对于履行辅助人的行为应当承担法定的担保责任。另外，使债务人负担法定担保责任可以督促其审慎选择、监督履行辅助人。否则，债务人如果对履行辅助人的行为不负责任，则债权人的

---

① 谢雯、尹彦品：《旅游合同中旅游营业人的民事责任》，载《河北法学》2007 年第 12 期；周江洪：《从“旅游辅助服务者”到“履行辅助人”》，载《旅游学刊》2013 年第 9 期。

② 王泽鉴：《为债务履行辅助人而负责》，载《民法学说与判例研究（六）》，北京大学出版社 2009 年版，第 50 页。

③ ［德］迪特尔·梅迪库斯：《德国债法总论》，杜景林、卢谌译，法律出版社 2003 年版，第 259 页。

保护将无从谈起：一方面，作为合同当事人的债务人无需负责；另一方面，实际履行债务的履行辅助人与债权人无合同关系，而无从救济。[①]

同样，在旅游合同的履行过程中，典型地存在借助他人履行旅游合同中义务的情况。旅游经营者与旅游者签订旅游合同，但基于社会分工，旅游经营者通常选择由航空公司、铁路、公路运输单位完成该合同中的旅客运输服务；由酒店向旅游者提供住宿、餐饮服务；由景区向旅游者提供游览服务……旅游经营者借助上述各部门提供各种服务而获利，对相应的经营风险，包括上述各部门提供服务与旅游合同约定不符等情况承担违约责任。通过使旅游经营者对上述各部门的行为负责，能够促使旅游经营者在选择具体的旅游服务提供者时尽到审慎选择的义务，避免不必要的风险发生。反之，如果认为旅游经营者无需对上述债务履行辅助人的行为承担责任，则存在如下问题：（1）旅游经营者自身几乎不提供任何旅游服务，那么何以能够从中获取利益呢？（2）旅游经营者在签署的旅游合同中，并非做出代理或者居间等业务的承诺，而是提供约定的旅游服务，那么该项义务并未予以履行，是否应追究其合同不履行的责任呢？（3）旅游经营者对旅游服务存在的瑕疵不负责任的同时，旅游者与实际提供旅游服务的经营者又无明确的合同关系，旅游者的合法权益如何得到保护？

正是从债务履行辅助人制度出发，结合旅游营业的基本构成，《旅游纠纷规定》确立了旅游经营者对旅游辅助服务者的行为负责的基本规则。这一规则集中体现在该司法解释第4条的规定之中，该条规定，因旅游辅助服务者的原因导致旅游经营者违约，旅游者仅起诉旅游经营者的，人民法院可以将旅游辅助服务者追加为第三人。

在旅游纠纷解决的实践中，最集中反映的问题在于，究竟哪些部门属于旅游辅助服务者？对这一问题的处理，从本质上讲，属于履行辅助人的范围问题。履行辅助人，包括代理人和使用人两类，换言之，既包括法定代理人、委托代理人，也包括根据债务人的意思事实上履行债务的人，后者即为使用人。[②] 值得注意的是，就使用人来讲，当事人之间有无合同关系、有无报酬，使用人是否知悉是为债务人履行债务，均不影响其使用人地位的成立，只要事实上构成履行债务的行为即可。因此，就其范围来讲，任何个人、法人和其他单位，只

---

① 王泽鉴：《为债务履行辅助人而负责》，载《民法学说与判例研究（六）》，北京大学出版社2009年版，第53-54页。

② 韩世远：《合同法总论》，法律出版社2008年版，第534页。

要实际上履行了旅游经营者在旅游合同中承诺的合同义务，就属于旅游经营者的旅游辅助服务者。至于《旅游纠纷规定》第1条第3款规定的“与旅游经营者存在合同关系”，是对履行辅助人制度的误解。虽然，在旅游经营活动中，旅游经营者与旅游辅助服务者通常是存在合同关系的，但却忽视了实践中合同签订不规范、合同是否存在难以认定等客观现实，给旅游纠纷的恰当解决造成不必要的阻碍。例如，景区是否与旅行社签订了游览接待合同，航空公司、铁路部门是否与旅行社签订了旅客运输合同，酒店与旅行社是否签订了住宿合同，要么就合同是否签订存在极大争议，要么在合同主体究竟是旅行社还是旅游者自身存在分歧。而事实上，这些主体作为履行辅助人的法律地位，是显而易见、不容否认的。

至于旅游辅助服务者是否仅限于受旅游经营者的指示、监督者，就此，在债务履行辅助人理论上存在“干涉可能性必要说”和“干涉可能性不要说”两种截然对立的观点。前者主张，虽然在债务人与履行辅助人之间不以存在支配、从属关系为必要，但债务人对履行辅助人应当有指示、监督等干涉的可能性，从而将垄断性企业排除在履行辅助人范畴之外。这种主张在20世纪的德国、当代日本、我国台湾地区属于主流学说。“干涉可能性不要说”则主张否定干涉可能性这一要件，主张邮电、铁路等垄断性企业也应包括在履行辅助人范围之内。[①] 由于我国《民法典》合同编采取了无过错责任原则，《民法典》第593条的规定并未将干涉可能性作为债务人对债务履行辅助人行为承担责任的前提，因此在我国应采取“干涉可能性不要说”的立场。[②] 就旅游辅助服务者来讲，《旅游纠纷规定》也并未将“干涉可能性”作为旅游辅助服务者的条件，因此具有垄断地位、旅游经营者无法选择、无从干涉的铁路、民航、景区等，也属于旅游辅助服务者的范畴。

二、旅游经营者对旅游辅助服务者的行为负责

对于《旅游纠纷规定》第4条规定的旅游经营者对旅游辅助服务者的行为负责的基本规则应从以下几个角度出发予以把握，方能妥当、合法合理地解决

---

① ［德］霍恩、科茨、莱塞：《德国民商法导论》，楚建译，中国大百科全书出版社1996年版，第124页；王泽鉴：《为债务履行辅助人而负责》，载《民法学说与判例研究（六）》，北京大学出版社2009年版，第59页。

② 崔建远：《合同法》，法律出版社2010年版，第306页；韩世远：《合同法总论》，法律出版社2008年版，第535页。

旅游纠纷。

（一）旅游经营者一方违约

旅游经营者违反合同约定，是《旅游纠纷规定》第4条适用的基本前提。如果旅游经营者一方未违反约定，则不存在向旅游者承担违约责任的前提，也就不存在与旅游辅助服务者的责任分担问题。

如何理解《旅游纠纷规定》第4条所规定的“违约”，是一个非常重要的问题。根据我国《民法典》第577条的规定，当事人一方不履行合同义务或者履行合同义务不符合约定的，应当承担继续履行、采取补救措施或者赔偿损失等违约责任。该规定是《民法典》合同编关于违约与违约责任的一般规定，从中可以看出，违约就是违反合同义务，而且仅指违反合同义务这一客观事实，不涉及当事人及有关第三人的主观上是否有过错。①《旅游纠纷规定》第4条所规定的“违约”的理解，也应从《民法典》合同编的这一基本立场出发，仅考虑旅游经营者一方是否违反旅游合同中的合同义务以及相应的附随义务，只要提供的旅游服务与旅游合同中的约定、《旅游纠纷规定》的要求不符，即满足这一要件，而无需考虑旅游经营者是否存在过错。

（二）违约因旅游辅助服务者的原因导致

违约因旅游辅助服务者的原因导致，是在旅游经营者与旅游辅助服务者之间分担责任的前提。如果违约并非旅游辅助服务者的原因导致的，而是由于旅游经营者或是不可归责于旅游经营者的原因，甚至旅游者的原因所致，要么由旅游经营者来承担，要么免除旅游经营者的责任，要么由旅游者承担违约责任，根本不存在旅游经营者与旅游辅助服务者之间分担责任的问题。

具体来讲，因旅游辅助服务者的原因导致的违约，主要是指旅游辅助服务者向旅游者提供的旅游服务与（旅游者与旅游经营者签订的）旅游合同约定的旅游服务不符，或者是存在数量、质量不符，或者是提供旅游服务的时间不符，或者是旅游服务的提供顺序与约定的不符而影响旅游服务整体质量。

值得注意的是，一般而言，旅游辅助服务者何时向旅游者提供何种标准、内容的服务，其依据是旅游辅助服务者与旅游经营者之间的合同约定，而不是旅游者与旅游经营者签订的旅游合同的约定。旅游辅助服务者与旅游者并无直接的合同关系，也并不受旅游合同的约束。实践中，经常出现的情况是，旅游

① 崔建远：《合同责任研究》，吉林大学出版社1992年版，第91页。

辅助服务者所提供的旅游服务符合其与旅游经营者的合同约定，但却与旅游合同的约定不符。例如，旅游经营者与旅游辅助服务者之间签订的合同中约定午餐标准为10元每人，但与旅游者之间签订的旅游合同中约定的午餐标准是20元每人，餐馆向旅游者提供10元标准的午餐并不违反合同约定，但从旅游者的角度来看，确实存在违反旅游合同约定的情况。因此，此处的违约是旅游经营者违反旅游合同的约定，而非旅游辅助服务者违反合同约定，至于旅游辅助服务者是否最终需要承担法律责任，还需要根据其与旅游经营者之间的合同约定加以判断。但值得注意的是，《旅游法》第69条第2款规定，地接社应当按照包价旅游合同和委托合同提供服务。这一规定是对旅游合同相对性的击破，使得地接社这一履行辅助人也受到包价旅游合同的约束。

（三）旅游经营者应承担违约责任

旅游经营者应承担违约责任，是指旅游经营者本应按照旅游合同适当提供约定的旅游服务，但却（因旅游辅助服务者的原因而）未能适当履行合同，应当承担违约责任。旅游经营者应向旅游者承担违约责任，是其与旅游辅助服务者之间分担责任的前提。一般而言，存在违反合同约定的客观情况就应承担违约责任，这是《民法典》第577条所确立的违约责任归责原则。但是，在这一原则之外还存在一些例外情形，当违反合同约定而不履行合同或未按合同约定履行合同，是由于不可归责于旅游经营者的原因所致，旅游经营者则不应承担违约责任。对此，《旅游纠纷规定》原第13条即予以了明确规定：因不可抗力等不可归责于旅游经营者的客观原因导致旅游合同无法履行，……旅游经营者、旅游者请求对方承担违约责任的，人民法院不予支持。该条删除后，则可以根据《民法典》第180条、第590条的规定处理。

应当予以说明的是，旅游经营者应承担违约责任，仅仅是就其与旅游者之间的旅游合同法律关系之处理而言。至于旅游经营者是否最终实际承担违约责任，在所不问。事实上，如果完全因旅游辅助服务者的原因导致违约，根据《旅游纠纷规定》第4条的规定，旅游辅助服务者作为第三人被加入诉讼中以后，最终即实际向旅游者承担相应的法律责任，而旅游经营者无需实际承担任何违约责任。再者，根据《旅游法》第71条第1款的规定，组团社承担责任后可以向地接社、履行辅助人追偿。因此，这里所说的旅游经营者应承担违约责任，仅仅是从旅游合同法律关系的应然层面而言，与旅游纠纷处理这一实际结果无关。

（四）旅游辅助服务者应承担最终责任

旅游辅助服务者应承担最终责任，是旅游经营者与旅游辅助服务者分担民事责任的必要条件。

旅游辅助服务者承担责任的基础，是其未履行或者未适当履行某种义务，而这种义务产生于旅游辅助服务者与旅游经营者之间的法律关系。例如，在住宿服务提供者向旅游者提供住宿服务过程中，由于酒店对湿滑地面未予警示致旅游者摔伤。由于住宿服务是旅游合同约定由旅游经营者提供的，在旅游者要求下旅游经营者承担违约责任后，旅游经营者即可根据其与旅游辅助服务者之间的协议，要求酒店承担相应责任。

在此需要注意的是，并不要求旅游辅助服务者承担全部的责任，只要违约是因旅游辅助服务者的原因导致，其应当承担最终责任即可。[①] 实践中，经常出现的情况是，因旅游辅助服务者的原因导致旅游服务未能妥当提供，旅游经营者在采取相应补救措施时也存在过错，共同导致旅游者产生某种损害。对此，如要求旅游辅助服务者承担全部责任，则显然不符合法理。根据《民法典》第591条的规定，当事人一方违约后，对方应当采取适当措施防止损失扩大；没有采取适当措施致使损失扩大的，不得就扩大的损失要求赔偿。在旅游辅助服务者违反与旅游经营者之间的合同之后，旅游经营者未采取适当措施，导致旅游者损失扩大，进而致使所承担的违约责任加重，旅游经营者即不能就扩大的损失部分要求旅游辅助服务者承担责任。

在实践中，可能发生因旅游辅助服务者方面的原因导致的旅游经营者违约，但该情况是由于不可抗力等不可归责于旅游辅助服务者的原因引起的，对此种情况，应当如何处理存在较大的争议。例如，组团旅行社委托目的地旅行社接待旅游者，目的地旅行社与A酒店签订住宿服务合同，A酒店因自然灾害发生火灾，导致未能提供住宿服务，A酒店根据《民法典》第590条的规定，因不可抗力不能履行合同的，根据不可抗力的影响，部分或者全部免除责任。但根据《民法典》第593条的规定，旅游经营者却应当先向旅游者承担违约责任。在此，应当明确，不可抗力在根本上是属于“当事人以最大谨慎和最大努力仍不能防止的事件”[②]，并不存在对甲构成，对乙则不构成的不可抗力情形。因

---

① 苏号朋、唐慧俊：《论旅游辅助服务者的法律地位及责任承担》，载《法学杂志》2011年第6期。

② 韩世远：《合同法总论》，法律出版社2008年版，第324页。

此，无论不可抗力是发生在旅游经营者管控的领域，还是旅游辅助服务者直接遭受，都构成旅游经营者违约责任的免责事由。

三、旅游经营者对旅游辅助服务者的侵权行为负责

（一）旅游经营者对旅游辅助服务者的谨慎选择义务

该规则的设计有较为复杂的背景，通常旅游经营者仅从经济收益最大化的角度考虑，而不考虑旅游者合法权益之最大限度维护，选择成本最低但不具有良好资质的旅游辅助服务者，是其必然的经济选择。我国市场上也普遍出现此类情形，很多零负团费的恶性竞争也是因此而发生的。

从合同自由的角度来看，旅游经营者选择辅助服务者是其合同自由的当然内涵，旅游经营者因此也承担了相应的风险，即如果因为旅游辅助服务者的原因导致违约，旅游经营者要向旅游者承担违约责任。[①] 就旅游者来讲，其利益似乎已经从旅游经营者处得到切实的保障，根本没有干涉旅游经营者合同自由的必要。何以还需要有这样一个对旅游辅助服务者的谨慎选择义务？

就合同法的基本理论来讲，上述主张是完全成立的，但这种主张仅仅适用于“真空状态”下，根本无法应对我国旅游市场的具体交易现实。一方面，从旅游经营者选择旅游辅助服务者的角度来讲，对于可能发生的法律风险，几乎不予考虑。旅游经营者之所以不考虑可能发生的法律风险，与我国旅游市场执法情况有着紧密的联系，在旅游行政执法不力的情况下旅游经营者没有任何实际的法律风险。另一方面，从民事诉讼的角度来讲，旅游者通过合同诉讼主张由旅游经营者承担违约责任，所获赔偿原本就非常少；加之司法解释更明确否定了原本仅仅是有争议的违约精神损害赔偿的可能性，导致消费者维权积极性受到巨大的抑制。行政执法不力，民事诉讼无效益，两相结合，不良的市场环境无法得到根本扭转。一旦出现这种情况，旅游经营者选择任何旅游辅助服务者都几乎没有法律风险，而即使发生了纠纷，最终也不会遭受有影响力的经济损失。合同自由在一个完全失范的旅游市场中的存在，只会导致该市场的进一步失范，而不是市场的良性转向。

值得考虑的问题是，赋予旅游经营者对旅游辅助服务者的谨慎选择义务是否妥当，其合理性、正当性和法律根据是什么？

---

① 孟凡哲：《论旅游合同违约类型及责任认定》，载《法律适用》2012 年第 9 期。

事实上，正是基于上述旅游市场现实，为解决仅依据“为履行辅助人负责”法理无法全面保护旅游者的问题，《旅游纠纷规定》以传统民法上的“定作人责任”作为其理论基础，确立了旅游经营者对旅游辅助服务者的谨慎选择义务。在此，有必要阐明该规则的妥当性、合理性和可能的法律根据，以期有助于旅游纠纷的正确处理。

旅游经营者与旅游辅助服务者之间的合同，相当程度上具有承揽合同的性质。所谓承揽合同，是指承揽人按照定作人的要求完成工作，交付工作成果，定作人给付报酬的合同。[①] 定作人与承揽人之间的关系，与雇主和雇员之间的关系有着原则性的不同：承揽人具有独立契约人（independent contractor）的地位，较之于受雇人完全隶属于雇主而言，本身具有预防损害、将风险消化吸收于其内部经营管理之中的特点。[②] 从而，承揽人在从事承揽活动过程中侵害他人权利的，原则上定作人并不承担责任，而由承揽人自行承担责任。[③] 但在此原则之外，当定作人在定作、指示或者选任有过失时，应当承担相应的赔偿责任（《民法典》第1193条）。定作人据此所承担的责任，是定作人对因自己定作、指示或者选任所存在的过错而导致的他人的损害承担的责任，这与我国《民法典》第1191条规定的用人者责任完全不同，后者是一种替代责任，而定作人过错责任是一种自己责任。

在旅游经营者（尤其是旅行社）与酒店、运输、餐饮等旅游辅助服务者之间的合同中，旅游辅助服务者提供相应服务给（旅游经营者指定的）旅游者，旅游经营者向旅游辅助服务者支付报酬。二者之间的合同关系主要体现为承揽合同关系：酒店所提供的并非简单的房屋租赁而是为旅游者提供适当的住宿服务（并非简单的劳务提供活动），旅游运输服务者所提供的旅客运输服务等均要求达到“完成工作”的程度，因而通常认为具有承揽合同的性质。[④] 在此基础上，旅游经营者如果在预订相应服务（性质为定作）、指示及选择旅游辅助服务者时存在过错，而导致旅游辅助服务者侵害旅游者合法权益的，旅游经营

---

① 黄薇：《中华人民共和国民法典合同编解读（下册）》，中国法制出版社2020年版，第934页。

② 王泽鉴：《侵权行为》，北京大学出版社2009年版，第455页。

③ 周友军：《侵权法学》，中国人民大学出版社2011年版，第429页。

④ 黄茂荣：《债法各论》，中国政法大学出版社2004年版，第279页。诚然，实务中组团社与地接社、旅游辅助服务者之间经常会将委托、提供劳务等与主要提供的旅游服务拟定在一项合同之中，从而使得旅游经营者与辅助服务者之间的关系乱象纷呈，但这些并不能掩盖二者之间最基本的关系为承揽合同关系这一主线。

者应当承担相应的赔偿责任（《民法典》第1193条）。《旅游法》第71条第2款未再强调旅游经营者对旅游辅助服务者的谨慎选择义务，而是直接规定旅游经营者对地接社、履行辅助人造成旅游者人身损害、财产损失的行为承担替代责任。此种替代责任的理论基础尚不明确，本书认为其实质上还是对旅游经营者在承揽合同中所应承担的定作人过错责任的明确承认与再次强调。基于此，更加应该明确的是，旅游经营者不仅对其未尽谨慎选择义务之过错承担责任，对于其在预订旅游服务、指示旅游辅助服务者过程中的过错也应当承担责任。但由于理论上多主张此时应由旅游经营者承担过错推定责任，而旅游经营者能够举证免责的情况极为少见，故干脆直接规定为替代责任。

在《旅游纠纷规定》制定过程中，就旅游经营者选任适当旅游辅助服务者义务的确立上，参与者几乎一致赞同，但对于其法理根据考虑并不十分充分。有观点认为，旅游经营者谨慎选择安全的住、行、陪同人员及旅游景点等旅游辅助服务者的义务，是旅游经营者根据原《侵权责任法》第37条（《民法典》第1198条）所承担的安全保障义务的具体形式。[①] 对此观点笔者不敢苟同，理由主要有以下两个方面：

一方面，关于旅游经营者的安全保障义务，《旅游纠纷规定》已经在第7条明确做出了规定，而且该规定基本是参照原《侵权责任法》第37条（《民法典》第1198条）起草的，是就《民法典》第1198条对旅游经营者可适用性的重申。如果《旅游纠纷规定》试图对旅游经营者安全保障义务做出更为具体的规范的话，应当不会选择在《旅游纠纷规定》第7条完全采取“概括条款”[②]的方式重复《民法典》第1198条之规定，而会在该条进行具体规定，否则无疑是对立法资源的严重浪费。因此，从体系上解释，《旅游纠纷规定》原第14条第2款、《旅游法》第71条第2款不应属于旅游经营者安全保障义务的具体表现形式。

另一方面，这种认识有片面照搬国外法理、忽视我国法律状况的嫌疑。诚然，在比较法上可以看到德国法院将旅游经营者选择给付义务承担人视为其安全保障义务的内容之一，但与此同时必须明确认识的是，德国法上并未规定定

---

① 最高人民法院民事审判第一庭编著：《最高人民法院审理旅游纠纷案件司法解释理解与适用》，人民法院出版社2010年版，第182页。

② 最高人民法院民事审判第一庭编著：《最高人民法院审理旅游纠纷案件司法解释理解与适用》，人民法院出版社2010年版，第178页。

作人过错责任。[①] 而根据德国普通法的学说，仅在有法律规定、合同约定或者在先的危险行为时，才产生作为不作为责任基础的作为义务（在此为旅游经营者的谨慎选任义务）。德国法院创设安全保障义务的主要动因就在于，克服这种不作为责任成立所受到的巨大限制。[②] 由此看来，德国法院未将旅游经营者谨慎选择的义务视为定作人义务，就是理所当然的了：因为在德国法上根本就不存在定作人责任的明确法律依据。也正因为如此，德国法院才需要将定作人谨慎选任义务归入其安全保障义务之中。

但是，我国法上的情况却与德国法有所不同，在《人身损害赔偿司法解释》原第 10 条（《民法典》第 1193 条）已经明确肯定定作人责任、《旅行社条例实施细则》第 38 条已经明确规定旅行社选任义务的前提下，旅游经营者谨慎选任旅游辅助服务者的义务已经具有了明确的法律依据，而根本无需援引具有一般性、具有填补法律漏洞功能的安全保障义务条款。

（二）旅游经营者的相应补充责任

旅游经营者对旅游辅助服务者未尽谨慎选择义务，造成旅游者人身损害、财产损失的，旅游经营者应当承担相应补充责任。值得讨论的是，旅游经营者承担相应补充责任的范围如何？《旅游纠纷规定》原第 14 条第 2 款规定的旅游经营者承担相应补充责任与《人身损害赔偿司法解释》原第 10 条（《民法典》第 1193 条）规定的相应的赔偿责任之间是什么关系？进而，旅游经营者承担相应补充责任是否合理？

如前所述，旅游经营者对旅游辅助服务者未尽谨慎选择义务，造成旅游者人身损害、财产损失的，旅游经营者承担的责任在法律性质上属于定作人责任。旅游经营者承担定作人责任是对自己行为承担的责任，责任范围确定的原则应该是“造成多大损害，承担多大责任”的损害填补原则。但是，《旅游纠纷规定》原第 14 条第 2 款规定，旅游经营者承担的是相应补充责任。结合《旅游纠纷规定》原第 14 条第 1 款的规定，所谓旅游经营者的补充责任应属于旅游经营者在旅游辅助服务者先行承担责任之后所应该承担的责任，至于责任的范围则根据其过错与所造成损害的“相应”程度予以确定。

根据《民法典》第 1165 条的规定，因旅游辅助服务者的原因造成旅游者人

① 王泽鉴：《侵权行为》，北京大学出版社 2009 年版，第 455 页。

② 李昊：《交易安全义务论——德国侵权行为法结构变迁的一种解读》，北京大学出版社 2008 年版，第 78 页。

身损害、财产损失，旅游辅助服务者应当自行承担全部的侵权责任，并无使旅游经营者承担补充责任的必要。当然，如果旅游经营者与旅游辅助服务者恶意串通，损害旅游者合法权益，造成旅游者人身损害、财产损失的话，旅游经营者与旅游辅助服务者构成《民法典》第1168条规定的共同侵权行为，应当承担连带责任。事实上，《旅游纠纷规定》之所以规定旅游经营者应当承担相应补充责任，主要基于以下几个方面的考虑：

其一，当前旅游市场上的短期行为愈演愈烈，旅游经营者不顾旅游者安危，选择没有合法资质、不具备提供旅游服务条件的旅游辅助服务者的情况非常严重，为使旅游经营者能够更加谨慎地选择旅游辅助服务者，防范不必要损害的发生，使其承担谨慎选择的义务，当违反该义务时，旅游经营者就要承担相应的责任。

其二，由于没有合法资质、不具备提供旅游服务条件的旅游辅助服务者往往不具备充分的财力，导致旅游者即使在对其提起的侵权诉讼中获得胜诉判决，也无法从这些旅游辅助服务者处获得实际的赔偿。为了更有力地保护旅游者的合法权益，使旅游经营者承担相应的补充责任，不失为一个较好的选择。

其三，旅游经营者使用旅游辅助服务者的情况，在旅游市场上极为普遍，仅由旅游经营者承担定作人责任，不一定能够充分保障旅游者的合法权益，甚至可能造成旅游经营者责任过重的不良社会效果。因此，《旅游纠纷规定》原第14条首先确认由旅游辅助服务者承担侵权责任，与此同时确立旅游经营者的定作人责任，不仅有利于旅游者合法权益的保护，而且也在相当程度上限制了旅游经营者的责任，避免旅游市场的发展因旅游经营者责任过重而受到消极的影响。

（三）旅游经营者与旅游辅助服务者之间的责任分担

根据《旅游纠纷规定》原第14条的规定，因旅游辅助服务者的原因造成旅游者人身损害、财产损失，且旅游经营者对旅游辅助服务者未尽谨慎选择义务时，旅游辅助服务者应根据旅游者的选择承担侵权责任，旅游者也可以请求旅游经营者承担相应的补充责任。通常来讲，在这种情况下，旅游经营者与旅游辅助服务者之间就存在责任分担的问题。

然而，如上文所述，旅游经营者承担相应补充责任的法律基础是旅游经营者所应承担的定作人责任，而非旅游经营者对旅游者的违约责任。而旅游经营者承担定作人责任的前提是，旅游经营者违反了谨慎选择旅游辅助服务者的法定义务，旅游经营者是对自己的过错行为承担责任。基于自己对自己行为负责的原则，旅游经营者既然是对自己的过错行为承担责任，而不是对旅游辅助服务者的行为承担责任，也就不存在与旅游辅助服务者分担责任的前提，即旅游经营者在向旅游者承担未尽谨慎选择义务之侵权责任之后，不享有向旅游辅助服务者进行追偿的权利。从而，实际上并不存在旅游经营者与旅游辅助服务者之间分担责任的问题。

当然，从一般意义上来讲，在《旅游纠纷规定》原第 14 条规定的情况下，旅游经营者与旅游辅助服务者各自就自己行为承担责任，也可以被认为是对旅游者造成人身损害、财产损失这一整体的责任分担。在此，可能存在争议的问题是，旅游辅助服务者在旅游者主张其承担侵权责任时，能否以旅游经营者未尽谨慎选择义务而应当承担责任作为减轻其责任的抗辩事由呢？我们认为，旅游辅助服务者是旅游者造成人身损害、财产损失的直接责任人，应当承担因此所造成的全部损失，不得以旅游经营者未尽谨慎选择义务而应当承担责任作为减轻其责任的抗辩事由。旅游经营者所承担的责任，是就其违反谨慎选择义务而承担的定作人责任，其范围是相应的补充责任，此种补充责任尤其是在旅游辅助服务者不能完全赔偿旅游者所遭受的损失的情况下发生，具有充分保障旅游者合法权益的功能，而不具有减轻旅游辅助服务者责任的属性。

《旅游法》第 71 条第 2 款放弃《旅游纠纷规定》原第 14 条的规定后，2020 年《旅游纠纷规定》修订进一步删除了原第 14 条的规定。这一转向虽有简化法律关系的功效，但就旅游经营者对地接社、履行辅助人的侵权行为承担替代责任的法理依据不清。其在实践中将引起何种反馈，还有待进一步观察研究。

第三节　签约社与地接社的责任分担

基于旅游活动的跨地域性特征，旅游经营者在履行旅游合同的过程中，往往采取签约与履约相分离的做法，即通常由旅游者所在地的旅游经营者与旅游者签订旅游合同，该旅游经营者并不直接到旅游目的地为旅游者提供旅游服务，而是交由旅游目的地当地的旅行社负责接待旅游者，并直接或间接地提供旅游服务。这种特定的行业运作模式，与一般合同签约人与债务人、履约人是同一人的情况完全不同。因此所提出的问题就比较突出：签约社与地接社是什么关系？在因为地接社的原因造成旅游服务瑕疵时，应由谁承担责任？签约社如果承担责任后，能否向地接社追偿？这一系列问题的回答，需要从旅游者、签约社与地接社三方之间的法律关系入手，明确各主体的权利义务，在此基础上划分签约社与地接社之间的责任，最终妥当地解决旅游纠纷。

一、旅游者与签约社、地接社的法律关系

旅游者、签约社与地接社三方之间的法律关系，是明确各主体享受权利、承担义务与责任的前提和基础。为期明确，以下分别就旅游者与签约社之间、签约社与地接社之间以及旅游者与地接社之间的法律关系做深入分析，为签约社与地接社责任分担规则的确立奠定基础。

（一）旅游者与签约社之间的法律关系

签约社，即《旅游纠纷规定》第13条规定的“签订旅游合同的旅游经营者”，具体而言，是指与旅游者签订旅游合同，约定向旅游者提供旅游服务、收取旅游费用的经营者。旅游行业内也将签约社称为组团社，但为了避免与旅游经营者转团中相关主体纠缠不清，本书依据《旅游纠纷规定》第15条的表述方式，将其简称为签约社。

根据《旅游纠纷规定》第15条的规定，旅游者与签约社之间的法律关系即为旅游合同关系。旅游合同中，旅游经营者与旅游者之间的权利义务关系，前文已经做了较为详细的分析，此处不再赘述。在此需要讨论的是，从旅游合同由地接社作为主要实际履行人的角度来看，旅游者与签约社之间的旅游合同关系具有哪些特殊性，这些特殊性对旅游合同双方当事人的权利义务产生哪些影响？

根据《民法典》第509条的规定，旅游者与签约社签订旅游合同，因此，旅游者、签约社作为旅游合同的双方当事人，双方应当根据旅游合同的约定，适当履行各自的合同义务。问题是，根据旅游行业运作的实际情况来看，签约社自己通常并不实际履行合同的主要义务，而是交由地接社在旅游目的地具体履行接待旅游者，并具体安排旅游者住宿、餐饮、交通、游览、购物等相关旅游活动。这种履行合同的方式，是否妥当？旅游者能否以签约社未经其同意委托地接社履行合同为由，主张签约社承担违约责任呢？旅游者与签约社签订旅游合同，其中是否应明确地接社？如果明确了地接社，那么是否可以认为旅游者认可了地接社？那么，三者之间的关系是什么？如果旅游经营者对地接社的情况并未告诉旅游者，那怎么看待三者之间的关系？

从旅游产品或旅游服务的构成来看，旅游者与签约社签订旅游合同，该合同的内容是，签约社向旅游者提供以吃、住、行、游、购、娱等各种服务为整体的旅游服务，签约社是生产商而不是中介。[①] 作为整体的旅游服务，从旅游行业的角度来看，属于一项旅游产品，该旅游产品的形成，地接社是一个非常关键的环节，是该旅游产品中的固有内容，不能将地接社这一要素从旅游服务中剥离出来。这就类似于，北京烤鸭是一项产品，全聚德的北京烤鸭是一个非常特别的产品，后者与前者是完全不同的。旅游服务中，服务提供者的人身的要素经常是具有决定性影响的，既可能影响到服务本身的质量，也同时会影响到旅游服务的费用。

从这一角度来看，签约社在与旅游者的旅游合同中约定，提供旅游服务的整体，也就包括由地接社来提供相应的具体旅游服务。简言之，地接社就是签约社签订旅游合同的一个必要构成要素，从而，签约社对其旅游产品负责，也就应当对地接社的行为负责。

也正因为如此，可以说，任何签约社所提供的旅游服务与其他旅游经营者所提供的旅游服务都不可能完全相同，在转团过程中事实上是存在违背合同权利义务概括移转这一基本原理对于债权债务关系同一性的要求的。[②]

从旅游者与签约社之间旅游合同履行的角度来看，签约社应当依据合同约定向旅游者履行旅游合同，地接社则是以辅助签约社履行旅游合同的身份出现的，属于债务履行辅助人。因此，在《旅游纠纷规定》起草过程中，有一种观点认为，地接社就是“旅游辅助服务者”，即《旅游纠纷规定》第 1 条第 3 款所规定的，与旅游经营者存在合同关系，协助旅游经营者履行旅游合同义务，实际提供交通、游览、住宿、餐饮、娱乐等旅游服务的人。由此，即可适用《民法典》第 523 条的规定：当事人（旅游者与签约社）约定由第三人（地接社）向债权人（旅游者）履行债务的，第三人（地接社）不履行债务或者履行债务不符合约定的，债务人（签约社）应当向债权人（旅游者）承担违约责任。

当然，根据《民法典》第 523 条的规定，旅游者与签约社应当约定，由地

---

① 戚东祥：《〈旅游法〉中“旅游服务合同”有关规定释义》，载《旅游学刊》2013 年第 9 期。

② 参见马俊驹、余延满：《民法原论》，法律出版社 2007 年版，第 600 页；崔建远主编：《合同法》，法律出版社 2010 年版，第 230 页；韩世远：《合同法总论》，法律出版社 2011 年版，第 487 页、第 496 页。

接社向旅游者履行旅游合同债务，方可主张由签约社就地接社（履行辅助人）的行为向旅游者承担责任。但是，《旅游纠纷规定》第13条并未要求签约社与旅游者就地接社负责履行合同达成合意。因此，并不能认为，《旅游纠纷规定》第13条的规定，是对《民法典》第523条规定的简单套用。事实上，签约社与地接社之间所存在的履行辅助关系，并不以签约社与旅游者之间的约定为前提，这也是债务履行辅助人制度的内在规定性。只要债务人使用第三人为其履行合同，债务人就应当对该第三人的行为承担责任，而无需债务人与债权人就第三人履行合同达成合意。例如，出租车公司作为运输合同的一方当事人与乘客之间的运输合同，通常均由出租车公司雇用的司机来履行，在交易上根本没有要求出租车公司与乘客之间就履行辅助人达成合意的必要。在社会分工高度发达的市场经济环境中，债务人自己履行债务已经不再是合同履行的典型形态了，甚至可以说，债务人原则上没有自己实施履行合同行为的责任。①

（二）签约社与地接社之间的法律关系

签约社，是指与旅游者签订旅游合同，约定向旅游者提供旅游服务、收取旅游费用的经营者。地接社，则是指旅游目的地从事旅游接待业务的旅游经营者。签约社与地接社均为旅行社，且此种区分并不具有绝对性，旅行社的经营范围上通常也并不会将自身固定为签约社或者地接社。这一划分是基于异地旅游活动中相关旅行社与旅游者之间的关系而做出的，与旅游者签订旅游合同者，为签约社；在旅游目的地负责接待旅游者，为地接社。因此，同一旅行社在不同的旅游业务活动中，既可能充当签约社，又可能充当地接社。例如四川某旅行社在与旅游者签约前往北京旅游时，为签约社；在北京旅游者前往四川旅游，该旅行社负责北京旅游者在四川境内的旅游活动时，该旅行社即为地接社。

另外，值得注意的是，地接社必须为旅游目的地的旅游经营者。《旅游纠纷规定》征求意见稿中并未作“旅游目的地”这一限定，但如果不将地接社限定在旅游目的地这一范围内，在理论上还可能包括与签约社处于同地的其他旅行社，这将可能导致转团、倒团等损害旅游者利益的问题。《旅游纠纷规定》第13条最终加入“旅游目的地”作为地接社的限制，目的在于排除未出发即转团、倒团的行业不良操作行为。

关于签约社与地接社之间存在何种法律关系，《旅游纠纷规定》第13条采

① Medicus, AT. SchuR, S. 318.

取了“委托”这一表述方式，但此种表述是否即意味着签约社与地接社之间即为“委托合同”关系呢？旅游业界存在各种不同的理解，主要的观点有委托合同说、承揽合同说、分包合同说以及混合合同说。[①]

委托合同说的观点，以《旅行社条例》第 36 条[②]为法律依据，认为旅游组织者对于各个旅游项目的给付，并不一定亲自履行，通常是委托航空公司、铁路以及旅游目的地的旅行社、宾馆、餐厅、旅游汽车公司等提供相应的运送、接待、住宿、餐饮服务。[③] 因此，签约社与地接社是一种委托代理的法律关系。此外，作为委托合同说佐证的立法例还有《旅游纠纷规定》第 13 条的表述方式以及日本《标准旅行社条款》第 4 条的规定。

承揽合同说将安排旅游者在旅游目的地的活动作为一项工作，签约社（定作人）将这项工作交由地接社（承揽人）来完成，地接社要按照签约社的指示工作，接受签约社的监督与检查，最终根据地接社接待旅游者的工作情况即交付定作成果后才支付足额报酬，与承揽合同的性质、特点一致，属于承揽合同。[④]

采用分包合同说的学者认为，旅游合同具有包价性质，相当于总包合同。旅游者将旅游事宜整体交由签约社处理，旅游者相当于发包人，签约社相当于承包人。签约社与地接社之间的合同相当于分包合同，地接社承担了旅游合同中部分义务的履行，是分包人。操作中一般也是地接社按照签约社提供的要求整体报价供签约社选择，如果签约社认为合适才与其确立合同关系，类似于招标、分包。[⑤]

混合合同说的观点认为，签约社与地接社之间合同的规范对象比较复杂，前承旅游合同，后接旅游业务合同，因此认为二者之间的合同兼具委托、承揽的性质，是含有相当于两种以上的典型契约内容之全部或一部分的混合合同。

---

① 关于签约社与地接社之间法律关系性质争议的整理，可参见郭志平：《组团社与地接社合同关系若干法律问题研究》，载韩玉灵、申海恩主编：《中国旅游法评论（第一辑）》，旅游教育出版社 2014 年版，第 199-203 页。

② 《旅行社条例》第 36 条规定：“旅行社需要对旅游业务作出委托的，应当委托给具有相应资质的旅行社，征得旅游者的同意，并与接受委托的旅行社就接待旅游者的事宜签订委托合同，确定接待旅游者的各项服务安排及其标准，约定双方的权利、义务。”

③ 刘劲柳：《旅游合同》，法律出版社 2004 年版，第 12 页。

④ 郭志平：《组团社与地接社合同关系若干法律问题研究》，载韩玉灵、申海恩主编：《中国旅游法评论（第一辑）》，旅游教育出版社 2014 年版，第 202 页。

⑤ 乔显佳、温涛、宋小珣：《旅行社招标选地接伙伴》，载《齐鲁晚报》2007 年 1 月 27 日第 A05 版。

此种观点认为采用混合合同说，可以把委托和承揽合同中最相类似的理论运用到组团社与地接社之间的合同中，更有利于一些实践问题的解决。[①]

本书认为，就签约社与地接社之间法律关系之确定，首先必须限定在履行旅游者与签约社所签订的旅游合同（包价旅游合同）这一法律关系框架之内，签约社与地接社超出这一框架之外的法律关系存在无限可能，无法统一界定。因此，认为签约社与地接社之间合同的规范对象比较复杂，从而兼具委托、承揽的性质的混合合同说的观点，就存在不断变换讨论对象、在不同法律关系之间滑动的逻辑缺陷。此外，在承认组织旅游合同中给付的整体性前提下，将一个整体性的法律关系分割成不同部分，分别确定法律性质，的确存在自相矛盾的可能。事实上，恰恰是组织旅游合同给付的整体性决定了对于签约社与地接社之间法律关系之确定，不能采取此部分为委托、其他部分为承揽的解说方式。

就委托合同与承揽合同之属性争议来看，承揽合同重结果，必然强调工作成果的取得，无结果即无报酬；委托合同重过程，无从强调一定结果的取得。[②]承揽合同与委托合同均属于提供劳务为必要的合同，而且为他人提供劳务，原则上均在于为相对人提供对其有意义的服务，这些服务一般来讲均可称之为工作，[③] 这也正是委托合同与承揽合同容易发生混淆之处。二者区分的关键点在于委托合同中的受托人提供劳务不以达到一定的成果为必要，而承揽合同则贯彻“无结果，即无报酬”的原则。[④] 据此，签约社将在旅游目的地履行组织旅游合同这一任务交由地接社完成，地接社履行合同义务如果不能达到“完成工作”的程度，不仅对签约社没有任何利益，甚或会导致签约社向旅游者承担责任，所以签约社与地接社之间就履行旅游合同所建立的合同关系应以承揽合同的相关规范为其处理原则。

有观点认为承揽合同里的工作是以有体物为主，[⑤] 承揽工作成果的范围仅限于有形物，[⑥] 进而认为签约社与地接社之间完成的工作成果并非有体物，也不存在交付工作成果的问题，不能将其认定为承揽合同。本书认为，不具有有

---

① 郭志平：《组团社与地接社合同关系若干法律问题研究》，载韩玉灵、申海恩主编：《中国旅游法评论（第一辑）》，旅游教育出版社 2014 年版，第 203 页。

② 韩世远：《合同法学》，高等教育出版社 2010 年版，第 483 页。

③ 黄茂荣：《债法各论（第一册）》，中国政法大学出版社 2004 年版，第 275 页。

④ 黄立主编：《民法债编各论（上）》，中国政法大学出版社 2003 年版，第 394 页。

⑤ 许惠佑：《旅行契约之研究》，台湾政治大学研究所 1988 年博士学位论文，第 4-5 页。

⑥ 郭洁：《承揽合同若干法律问题研究》，载《政法论坛》2000 年第 6 期。

形物形态的工作当然也可以作为承揽合同所要完成的工作客体，对此，我国合同法上虽无《德国民法典》第631条第2款的明文规定，但解释上多认为，承揽合同不仅以有形物作为工作成果，也可以无形的结果作为工作成果。[①] 进一步来讲，关于交付工作成果的规定也仅适用于以有形物为工作成果的情形，根据工作的性质而无需交付的（如歌唱、演讲），则以工作完成时视为交付。[②]

至于所谓的分包合同说，实际上是在承认了承揽合同的前提下，从旅游者、签约社和地接社三方关系来考察的结果。分包是次承揽合同的俗称，所谓次承揽合同是指，承揽人将其承揽的工作全部或一部分交由他人完成的合同。所谓次承揽是相对于主承揽而言的，从旅游者、签约社和地接社三方关系来讲，旅游者与签约社之间的合同关系为主承揽合同，签约社与地接社之间的合同即为次承揽合同。我国《民法典》合同编对次承揽并未在承揽合同一章中做出明确规定，但也并不禁止次承揽，允许当事人自由约定。[③] 在建设工程合同这一特别承揽中，则明确规定了次承揽的规则，但该规则仅适用于建设工程合同，而不能推广适用至所有的承揽合同。进而，也不能以建设工程合同分包规则不适用于旅游者、签约社和地接社三方关系而否定分包合同说的合理性。

综上所述，从组织旅游合同之履行的角度来看，签约社与地接社之间的法律关系以地接社完成签约社委托的旅游接待工作为支付其报酬的前提，这些旅游接待工作作为二者之间法律关系的客体，是一个有机结合的整体，不能按照旅游经营的经济学观点将旅游接待中的各要素分解开来对待。也正因为签约社注重的是地接社为其适当履行旅游合同这一工作成果，而不仅仅是提供劳务本身，因此二者之关系应属于承揽合同无疑。如进一步从旅游者、签约社与地接社三方关系的视角出发，则旅游者与签约社之间签订的组织旅游合同为主承揽合同，签约社与地接社之间签订的委托接待合同为次承揽合同。

（三）旅游者与地接社之间的法律关系

在旅游合同履行、向旅游者提供旅游服务过程中，地接社扮演着在旅游目的地实际接待旅游者、具体执行旅游行程安排、接受旅游者各种合同履行具体要求的重要角色。那么，在更为直接地向旅游者提供各项旅游服务的过程中，地接社对旅游者负有何种义务？地接社是否应当按照旅游者与签约社之间签订

---

① 崔建远主编：《合同法》，法律出版社2010年版，第447页。

② 王泽鉴：《民法概要》，北京大学出版社2009年版，第307页。

③ 韩世远：《合同法学》，高等教育出版社2010年版，第485页。

的旅游合同提供旅游服务？为期正确回答上述问题，有必要在明确旅游者与签约社之间、签约社与地接社之间法律关系的基础之上，进一步阐明旅游者与地接社之间的法律关系。

如前所述，旅游者与签约社之间签订的组织旅游合同具有承揽合同的性质，签约社与地接社之间的合同具有次承揽的法律性质。据此，旅游者与地接社之间的法律关系，在本质上具有承揽合同中定作人与次承揽人之间关系的属性。在旅游活动中，作为定作人的旅游者仅与签约社这一承揽人存在合同关系，而与作为次承揽人的地接社之间并无合同关系。地接社向旅游者提供的旅游服务，是履行其与签约社之间的次承揽合同中的义务。换言之，地接社对于旅游者并无合同上的义务，旅游者也不能根据组织旅游合同本身要求地接社履行合同、承担相应的违约责任等。①

前述分析，是严格根据合同的相对性原则所得出的结论。但是，从旅游活动的实践来看，一方面，旅游者在旅游目的地接受旅游服务的过程中，必然与地接社之间进行各种交涉，而无需先向签约社提出请求，再由签约社向地接社转达，这种迂回曲折的做法既不符合现实，也根本没有必要；另一方面，地接社原则上也不会以自己对旅游者没有合同义务拒绝旅游者提出的履行合同要求。显然，完全教条地按照合同相对性的原则来认识旅游者与地接社之间的关系，是不符合社会实践需求的。

事实上，在肯定合同相对性原则之下，对于旅游者与地接社之间的关系，仍然应当从组织旅游合同的履行这一角度来认识，如此更能符合旅游活动的客观属性。基于旅游活动异地性的特点，签约社通过签订地接合同委由地接社向旅游者提供相应旅游服务，地接社在此扮演着组织旅游合同中签约社的履行辅助人的角色。据此，旅游者与地接社之间的法律关系，应当界定为组织旅游合同中债权人与债务人履行辅助人之间的关系。

旅游者与地接社之间这种组织旅游合同中债权人与债务人履行辅助人之间的关系，使得旅游者因此可以根据组织旅游合同中的约定，对地接社做出特定的意思表示、要求地接社适当履行组织旅游合同。然而，需要明确的是，旅游者所做出的意思表示，对地接社并无直接的约束力。地接社作为签约社的履行辅助人，在此充当了签约社意思表示的受领传达人，该意思表示首先对签约社

---

① 杨富斌、苏号朋主编：《中华人民共和国旅游法释义》，中国法制出版社 2013 年版，第 239 条。

发生法律效力，然后经由签约社与地接社之间的地接合同转而对地接社发生法律效力。当然，地接社作为签约社的意思表示受领传达人，通常需要签约社对其有代为受领意思表示的授权。[①] 事实上，签约社在其与地接社之间的地接合同中，通常都有明示或默示的授权，即使没有书面合同或没有明确的约定，也可以通过行业的交易习惯得出这一授权的存在：签约社通常会（明示或默示地）授权地接社全权处理旅游者在旅游目的地的一切事宜，这也正是“签约社—地接社”这一交易结构产生的根据所在。与此同时，地接社在特定场合，也可能充当签约社的意思表示传达人，即担任传达人将签约社的意思表示转达给旅游者。

就地接社担任传达人的法律效果来讲，地接社担任意思表示的受领传达人时，旅游者的意思表示到达地接社时，即视为到达签约社，因为地接社的原因没有转达或者推迟转达意思表示的风险，由签约社承担；相应地，地接社担任意思表示的表示传达人时，签约社将意思表示告知地接社，而因为地接社的原因没有转达或者推迟转达意思表示给旅游者带来的风险，也由签约社承担。[②]

二、签约社与地接社分担责任的构成

根据《旅游纠纷规定》第13条的规定，签约社与地接社的责任分担以地接社未尽旅游合同义务，旅游者因而在旅游过程中受到损害为前提。签约社与地接社之间分担责任，与普通的合同责任之间存在较大的不同，为期明确，以下分述之。

（一）委托接待

委托接待是指，签订旅游合同的旅游经营者将其部分旅游业务委托旅游目的地的旅游经营者。委托接待，是签约社与地接社分担责任的基本前提，也是签约社就地接社造成旅游者损害时承担责任的法理依据。如果不存在委托接待，也就不存在“签约社—地接社”这一旅游业务结构，从而无从要求签约社对他人（地接社）的违法行为或违约行为承担责任。替代责任是民法上“当事人就自己行为造成之损害承担责任”这一自己责任原则的例外，委托接待即为签约社例外地承担替代责任的原因所在。

---

① ［德］迪特尔·梅迪库斯：《德国民法总论》，邵建东译，法律出版社2001年版，第217页。

② 关于意思表示传达人的规则，参见［德］迪特尔·梅迪库斯：《德国民法总论》，邵建东译，法律出版社2001年版，第216页以下。

如前所述，虽然《旅游纠纷规定》第13条采用了“委托”这一表述方式，而且在实践中经营者也经常认为签约社与地接社之间是“委托合同”关系，但究其性质，签约社与地接社之间的关系应更准确地界定为“次承揽关系”或者“分包关系”。另外，《旅游纠纷规定》起草过程中，征求意见稿并未就所委托的旅游业务做出限制，从而可能导致签约社在与旅游者签订组织旅游合同之后，不进行任何相关组织、安排工作，直接将旅游团卖给旅游目的地的旅行社，这可能导致另一种形式的转团、倒团，签约社凭借其客源地地位而牟取非法利益。为避免上述扰乱市场秩序行为的发生，我们提出修改意见将委托的旅游业务限制在“旅游目的地接待业务”这一范围，而且这种表述也符合业内将地接社称作“接待社”这一行业习惯。最终生效的《旅游纠纷规定》虽未将可委托的业务范围限定为“接待旅游业务”，而是限定为“部分旅游业务”，但限制的目的也在于避免签约社与地接社之间的卖团、倒团行为。

（二）地接社未尽旅游合同义务

地接社未尽旅游合同义务，是旅游者遭受损害的原因，也是签约社与地接社分担责任的事实依据。地接社未尽旅游合同义务这一事实的存在，即足以认定签约社作为组织旅游合同的一方当事人，存在不履行合同义务或者履行合同义务不符合约定的事实，根据《民法典》第577条的规定，应当承担继续履行、采取补救措施或者赔偿损失等违约责任。

在此，值得注意的是，地接社未尽旅游合同义务并不等于地接社存在违约行为。原因有二：其一，地接社并非组织旅游合同的当事人，并无履行旅游合同的法律义务，既然没有履行旅游合同的法律义务，逻辑上也就不可能存在地接社对于组织旅游合同的违约行为。其二，地接社与签约社之间的地接合同才是地接社在旅游目的地向旅游者提供旅游服务的根据，地接社只有违反了地接合同，才成立违约行为；而地接合同内容与旅游合同内容可能一致，也可能不一致。如果地接社提供旅游服务完全符合地接合同的约定，但这一约定与组织旅游合同的相应内容不一致，从而导致“地接社未尽旅游合同义务”但却并不构成违约行为的情形。

由此，“地接社未尽旅游合同义务”这一构成要件，仅仅表明旅游者所接受的旅游服务与旅游合同约定不符，签约社未能向旅游者提供符合旅游合同约定的旅游服务以及与此合同相关的义务未得到全面履行，根本来说，是签约社未尽旅游合同义务，而非地接社未尽旅游合同义务。正是基于上述认识，在责任承担上，《旅游纠纷规定》第 13 条规定，由签约社承担赔偿责任。

（三）旅游者遭受损害

《旅游纠纷规定》第 13 条所规定的，是签约社的损害赔偿责任，签约社与地接社所分担的也是损害赔偿责任。损害赔偿法的基本原则是，有损害即有赔偿，无损害则无赔偿。因此，旅游者遭受损害是签约社承担损害赔偿责任、签约社与地接社分担损害赔偿责任的前提条件。

旅游者所遭受的损害，既可能表现为财产损害，也可能表现为非财产损害。鉴于损害赔偿是旅游纠纷解决中的共性问题，本书将在第六章予以深入研究，此处不赘。

（四）因果关系

因果关系这一要件要求，旅游者所遭受的损害是地接社未尽旅游合同义务、即签约社的违约行为导致的，二者之间存在结果与原因的关系。在因果关系的认识中，仅仅考虑的是地接社未尽旅游合同义务与旅游者遭受损害之间的客观联系，即所谓的“责任成立的因果关系”。[①] 至于签约社是否要对旅游者所遭受的全部损害予以赔偿，则属于责任范围的问题，在理论上称之为“责任范围的因果关系”。[②] 前者是确定签约社是否应当承担责任的依据，后者是在签约社应当承担责任的前提下，确定在多大范围内承担多少责任的依据。举例来讲，旅游者因地接社未尽到提醒、警示义务而摔倒，签约社因此要对所造成的旅游者人身伤害承担责任，此为“责任成立的因果关系”。至于旅游者因此所遭受的损失（如医疗费 2 万元、误工费 8000 元等）则属于“责任范围的因果关系”，其范围的大小仅仅影响签约社责任的大小，而不会导致签约社不承担责任。

三、签约社与地接社的责任分担

关于签约社与地接社的责任分担，《旅游纠纷规定》并未明确规定，这等于就旅游者、签约社与地接社三方纠纷关系中，仅仅解决了旅游经营者对旅游者的责任承担问题，而未解决旅游经营者内部的责任分担问题。以下就在上文分析二者法律关系的基础上，提出处理签约社与地接社责任分担的基本方案。

首先，如果签约社与地接社在其相关的合同中，对责任分担有约定的，从

---

① Brox/ Walker, Allgemeines Schuldrecht, §30, Rn. 5.

② Deutsch/Ahrens, Deliksrecht, Rn. 46.

其约定。

实践中，签约社与地接社往往存在长期的合作关系，可能没有书面合同作为责任分担依据。但是，如果二者之间存在口头约定，如果当事人对此约定不存在争议，或者一方当事人能够举证证明存在该约定时，也当然可以据此约定确定签约社与地接社的责任分担。

其次，关于签约社与地接社之间的责任分担，如果合同中没有进行明确约定，双方在事后协商，不能达成协议时，可以根据交易习惯确定。如签约社与地接社双方在长期的合作过程中，形成了交易习惯，则可以按照双方的交易习惯处理。[①] 签约社与地接社之间的地接合同，无论是口头的还是书面的，均未对责任分担做出约定，属于《民法典》第510条规定的“当事人就质量、价款或者报酬、履行地点等内容没有约定或者约定不明确的”情形，就此签约社与地接社可以协议补充；不能达成补充协议的，按照合同有关条款或者交易习惯确定。《民法典》第510条的规定，主要适用于合同履行相关内容的补充，但笔者认为，交易习惯不仅可以适用于合同履行内容的解释，而且完全可以适用于双方当事人关于责任分担问题的处理。唯其如此，既能保证责任的有效分担，又能保证良好交易关系、交易秩序的形成。

当然，签约社与地接社之间是否存在关于责任分担的交易习惯，应由提出该主张的一方当事人负担举证责任。主张一方不仅应当就存在与责任分担有关的交易习惯，而且要就此项责任分担已经成为“交易习惯”举证证明。仅能证明双方就类似事件以特定方式分担过责任，而不能证明此种责任分担方式已经成为双方之间的交易习惯时，不能要求按照该责任分担方式分担当前对于旅游者的责任。

最后，双方没有约定，也没有相应的交易习惯时，根据二者之间的法律关系来确定责任分担的原则。如前所述，签约社与地接社之间签订的地接合同，在法律性质上为次承揽合同关系，在次承揽关系中，承揽人和次承揽人之间的关系本质上也是承揽合同关系。据此，签约社与地接社之间的责任分担问题，最终是要根据《民法典》合同编关于承揽合同的规定来确定。

《民法典》第781条规定，承揽人交付的工作成果不符合质量要求的，定作人可以合理选择请求承揽人承担修理、重作、减少报酬、赔偿损失等违约责任。

---

① 渠涛：《对〈旅游法〉中有关民事法律关系问题的解读和思考》，载《旅游学刊》2012年第12期。

就签约社与地接社之间的关系来讲，如果地接社提供的地接服务不符合地接合同的约定，则签约社可以据此要求地接社承担相应的违约责任。

通常情况下，就签约社、地接社以及旅游者三方关系来讲，签约社首先对旅游者承担损害赔偿责任，之后再根据其与地接社之间的地接合同的约定，要求地接社承担《民法典》第 781 条规定下的违约责任。正因为如此，《旅游纠纷规定》征求意见稿中第 15 条曾规定，签订旅游合同的旅游经营者将其旅游业务委托旅游目的地的旅游经营者的，旅游者在旅游过程中受到损害的，作出委托的旅游经营者应当承担赔偿责任。作出委托的旅游经营者赔偿后，向接受委托的旅游经营者追偿的，人民法院应予支持。

然而，签约社并非理所当然地享有向地接社追偿的权利。签约社向地接社进行追偿，是以地接社存在违反地接合同的行为为前提。如果地接社完全遵照地接合同履行其义务，而因组织旅游合同和地接合同的内容不一致，导致地接社向旅游者实际提供的旅游服务不符合组织旅游合同的要求，则并不能径直赋予签约社向地接社追偿的权利。正因为如此，《旅游纠纷规定》第 15 条最终删除了关于签约社向地接社追偿的规定。《旅游法》第 71 条第 1 款的规定未注意到这一考虑，径直规定了组团社的追偿权。当然，在司法实践中，如双方存在明确的地接合同约定，该追偿权会遭遇相应的抗辩而无法实现。

第四节　转团中的责任分担

旅行社转团，是指与旅游者签订旅游合同的旅行社（以下简称组团社）将旅游团队转交其他旅行社（以下简称受让社），由后者向旅游者提供旅游服务的行为。由于不同旅行社之间提供的旅游服务存在种种差异，旅行社违规转团、严重侵害旅游者合法权益的现象屡禁不止，对旅游市场秩序构成严重威胁。2009 年 5 月 1 日施行的《旅行社条例》对转团规定了明确的操作规程和处罚措施；《旅游纠纷规定》再次对因转团引起的旅游纠纷审理做出了明确规定。国务院和最高人民法院相继出台规范性法律文件予以规范，可见旅行社转团问题的严重性。然而，何种情况下构成旅行社转团？旅游者同意后转团签约社是否不承担任何责任？擅自转团连带责任的法理依据何在？转团旅行社承担连带责任后，如何分担该责任？《旅行社条例》与《旅游纠纷规定》之间是何种关系？只有在对这些问题有了非常清晰的回答之后，旅行社转团过程中旅游者的合法权益才能得到切实的保护，才能真正做到正确审理旅游纠纷案件。

一、旅行社转团的法律结构

《旅游纠纷规定》第10条所规定的“旅游经营者将旅游业务转让给其他旅游经营者”，即为旅游行业所称的转团行为。旅行社转团行为，是以旅游合同为转让标的的法律行为，转团之前，旅游合同关系存在于组团社与旅游者之间，转团后则存在于受让社与旅游者之间。转让旅行社与受让旅行社之间存在的是“旅游业务转让”合同，就其法律性质来讲，一般认为是组团社将其在旅游合同中的权利义务转让给其他旅行社，由受让旅行社取代组团社成为组织旅游合同当事人的行为，理论上称之为“合同转让”“合同承受”或者“合同权利义务的概括移转”。[①]

转团行为涉及整个旅游合同中旅行社法律地位的移转，既包括旅行社作为债权人可向旅游者主张的旅游费用给付请求权、旅游者协助履行请求权、抗辩权和解除权，也包括旅行社作为债务人时所承担的提供旅游服务的义务、对旅游者的安全保障义务、协助旅游者返程的义务等。[②] 根据《民法典》第556条的规定，涉及合同权利转让的部分，适用有关债权让与的规定；涉及合同义务转让的部分，适用有关债务承担的规定。换言之，转团行为事实上是由旅行社对其在组织旅游合同中的债权让与和债务（转由第三人）承担两个交易组成的，在法律适用上也是分别适用不同的规则。

值得注意的是，无论债权让与还是债务承担，都必须是在保持债权、债务同一性的前提下完成的。所谓债权、债务的同一性，是指债权让与和债务承担均不改变所移转的债权、债务的内容。[③] 在旅行社转团过程中，债权让与部分，即旅行社可以向旅游者主张的权利，特别是其中最重要的旅游费用请求权、旅游者协助履行请求权通常不会发生改变，是符合债权让与中保持债权同一性的要求的。但是，债务承担部分则有所不同。如前所述，旅行社通常并非自行向

---

① 关于合同权利义务的概括移转，可参考韩世远：《合同法总论》，法律出版社2011年版，第495页。

② 申海恩：《旅行社转团中的责任承担——德国法视角的考察》，载《苏州大学学报（哲学社会科学版）》2017年第1期。

③ 参见马俊驹、余延满：《民法原论》，法律出版社2007年版，第596页；崔建远主编：《合同法》，法律出版社2010年版，第207页、第228页；韩世远：《合同法总论》，法律出版社2011年版，第457页、第495页。

旅游者提供全部的旅游服务，而是通过交通、餐饮、地接旅行社等履行辅助人向旅游者提供旅游服务，而不同的组团社选择的履行辅助人完全不同，所提供的服务在内容、标准上也会存在诸多差异。由于各组团社与其履行辅助人具有商业上的合作关系，这种合作关系具有商业秘密的性质，转让方基于保护自身商业秘密的考虑，绝不会将其与履行辅助人之间的合作关系转移给受让的旅行社。①

就此来讲，实践中旅行社转团的法律性质是否能够被认定为《民法典》第555条、第556条所规定的合同权利义务的概括移转，是存在疑问的。加之，旅游行业运作过程中，自始就没有履行旅游合同准备，组成旅游团队之后通过将团队转让而获利，侵害旅游者权益的转团、炒团行为的存在，更加剧了转团行为对旅游者权益侵害的程度。例如，A旅行社招徕旅游者组成旅游团，然后将旅游团转让给B旅行社，并从中抽取团费的2%作为转让收益，B旅行社随之又将旅游团转让给C旅行社，再抽取团费的2%作为转让收益……如此循环往复，最终向旅游者提供旅游服务的旅行社所获得的团费极低，没有收到团费甚至还要在没有收到团费的情况下支付买团的费用，形成了另外一种零、负团费的情况。在此，最终提供旅游服务的旅行社不可避免地会采取降低服务标准、强迫购物等种种非法手段，侵害旅游者合法权益。正是看到旅行社转团存在这种风险，《旅行社条例》第37条第1款规定，旅行社将旅游业务委托给其他旅行社的，应当向接受委托的旅行社支付不低于接待和服务成本的费用；接受委托的旅行社不得接待不支付或者不足额支付接待和服务费用的旅游团队。

因此，实践中旅行社的转团行为，不能当然地适用《民法典》第555条、第556条关于合同权利义务概括移转的法律规定。正确的做法是，针对具体的案例进行具体分析，只有那些转团前后旅游服务的实质性内容并未发生变动的，才能认定为合同权利义务的概括移转。即使旅游者同意转团，也同样要进行上述分析。至于那些形式上看似符合《民法典》第555条、第556条规定，但实际提供的旅游服务与旅游合同约定的内容不符的，一方面，可以追究受让旅行社的违约责任。另一方面，可以根据《旅行社条例》第37条、第55条的规定，由旅游行政管理部门责令改正，处2万元以上10万元以下的罚款；情节严重的，责令停业整顿1个月至3个月。

---

① 申海恩：《旅行社转团中的责任承担——德国法视角的考察》，载《苏州大学学报（哲学社会科学版）》2017年第1期。

二、未经旅游者同意转团的违约责任

(一) 违约责任的构成：旅游经营者转让旅游业务

旅游经营者转让旅游业务，是指旅游经营者在与旅游者签订组织旅游合同后，将其在合同中的权利义务转让给其他旅游经营者的行为。

在此，首先要明确的是，《旅游纠纷规定》第10条所规定的旅游经营者转让旅游业务，与《旅行社条例实施细则》第27条规定的转让、出租或者出借旅行社业务经营许可证的行为不同。《旅游纠纷规定》第10条所规定的旅游经营者转让旅游业务并非对旅行社经营业务资格的转让，而是对旅游经营者在特定组织旅游合同内的具体权利义务的转让。而《旅行社条例实施细则》第27条规定的，则是旅行社准许或者默许其他企业、团体或者个人，以自己的名义从事旅行社业务经营活动，或者准许其他企业、团体或者个人，以部门或者个人承包、挂靠的形式经营旅行社业务的行为。准许、默认的其他企业、团体或者个人经营旅行社业务的行为，是转让旅行社业务经营资格的行为。前者在具备法律规定的条件下，是合法有效的行为，可以发生当事人所期望的法律效果；而后者则是《旅行社条例实施细则》禁止从事的违法行为，将遭到旅游行政主管部门的行政处罚。

关于旅游经营者能否转让旅游业务，在旅游纠纷处理实践和《旅游纠纷规定》的起草过程中，是存在争议的。而且在相关旅游立法中，也确实存在禁止、限制旅游经营者转团的相关规定。例如，《旅行社条例实施细则》第41条规定，仅当发生约定的解除旅游合同的情形时，旅行社在征得旅游者同意的前提下，才可以将旅游者推荐给其他旅行社组织、接待，并由旅游者与被推荐的旅行社签订旅游合同。

事实上，旅游服务具有鲜明的人身属性，[①] 即使旅游目的地、旅游线路相同，但由于旅游经营者不同，旅游辅助服务者不同，所提供的旅游服务也会存在相当大的差异。在旅游经营者良莠不齐的背景下，旅游者选择一个资质高、口碑好的旅游经营者，正是组织旅游合同人身属性的体现。甚至有观点认为，擅自转团可能构成利用其品牌对旅游者进行欺骗，剥夺旅游者对旅行社的品牌

---

① 最高人民法院民事审判第一庭编著：《最高人民法院审理旅游纠纷案件司法解释理解与适用》，人民法院出版社2010年版，第120页。

选择权。[①] 正因为如此，旅游服务在相当程度上是重视旅游经营者人身属性的债务，此种债务构成债务承担和合同权利义务概括移转的障碍。因为无论在债务承担还是在合同权利义务概括移转中，债务的可转让性和合同地位的可让与性均因为债务或者合同地位的人身性导致债务不可移转、合同权利义务不能概括移转。[②]

如前所述，在旅游经营者转团过程中，存在利用竞争优势克扣团费牟取不当利益和旅游服务内容必然发生变更甚至实质性变更的情况，因此不能简单套用《民法典》合同编关于合同权利义务概括移转的相关规定。特别是我国现阶段旅游市场较为混乱，通过转团、买团、炒团导致严重侵害旅游者合法权益的情况极为普遍、严重，僵化地运用《民法典》合同编原则、制度看待和解决行业发展中的问题，将所有问题归结为合同自由原则，由旅游者、消费者自行承担市场风险，不仅不利于行业的良性发展，而且可能导致消费者权益保护落空、劣币驱逐良币、市场失灵等一系列严重的社会问题。当然，我们也并不同意那种"一刀切"地禁止旅游经营者转团的观点，这无疑是因噎废食的做法。但无论如何，不能无视旅游服务的特殊性，僵化地将《民法典》合同编一般原则套用在旅游经营者转团等类似的操作之中。对于旅游经营者转团的法律规制，将是正在起草过程中的《旅游法》需要面对的重要问题。

（二）违约责任的构成：转团行为未经旅游者同意

根据《民法典》第555条、《旅游纠纷规定》第10条的规定，旅游经营者转团必须取得旅游者的同意。旅游经营者的转团行为未取得旅游者同意，是其承担相应违约责任的重要构成要件。

旅游经营者转团，即旅游经营者将其在与旅游者签订的组织旅游合同中的权利义务转让给其他旅游经营者，这一行为是转让旅游经营者与受让旅游经营者之间的合同行为。旅游经营者之间的转团合同应当符合合同成立、生效的一般要件，此不待言。除此之外，旅游经营者之间的转团合同还需要具备特别的生效要件，即旅游者的同意，这一特别生效要件是根据《民法典》第555条对于一般的合同权利义务概括移转的要求，而在《旅游纠纷规定》第10条做出的

---

① 国务院法制办工交商事法制司、国家旅游局政策法规司：《〈旅行社条例〉释义》，人民交通出版社2009年版，第156页。

② 马俊驹、余延满：《民法原论》，法律出版社2007年版，第600页；崔建远主编：《合同法》，法律出版社2010年版，第230页；韩世远：《合同法总论》，法律出版社2011年版，第487页、第496页。

特别规定。旅游者同意要件的特别规定的理论依据在于，旅游经营者之间转让合同的行为涉及旅游者作为债权人合法权益的保护，如果没有旅游者的同意而直接承认转团合同的效力，常常会导致旅游者合法权益受到损害。①

旅游经营者转团合同涉及的是对其债务的转移，依照原《合同法》第84条（《民法典》第551条第1款）的规定，应该取得旅游者的同意。未取得旅游者的同意，不发生免责的债务承担的效力。此时，旅游合同依然存续于组团社与旅游者之间，其效力并未受到影响。在征得旅游者同意之后，转团合同即溯及至旅游经营者转团合同成立时发生效力。当然，在旅游者同意之前，旅游经营者也可以催告旅游者在合理的期间内表示是否同意，如果旅游者未做出明确表示的，可以根据《民法典》第551条第2款的规定，视为旅游者拒绝同意，导致旅游经营者转团合同无效。

在此，有必要强调的是，作为旅游者同意的前提，旅游经营者应对转团前后债务相关内容是否发生变更做出明确的说明，这是旅游经营者在转团中应该履行的信息告知义务。这一义务的法律根据是，《消费者权益保护法》第20条关于“经营者应当向消费者提供有关商品或者服务的真实信息”的规定。旅游者在签订组织旅游合同时，经营者承诺的旅游服务内容、标准和档次等当然属于上述《消费者权益保护法》第20条规定的信息；经营者在转让合同时，其承诺的旅游服务内容、标准和档次是否发生变动，无疑也属于该条规定的信息范围。如果将后者排除于《消费者权益保护法》第20条规定的信息范围之外，必然导致经营者利用消费者欠缺对行业运作的了解，侵犯消费者合法权益的后果。旅游经营者违反上述义务，未对转团前后债务相关内容是否发生变更做出明确的说明，应该承担相应的责任。如果借此诱使旅游者做出错误的意思表示的，旅游者可以根据《民法典》第151条的规定，请求人民法院或者仲裁机构撤销其对转团合同的同意。

此外，关于旅游者同意转团，有两个方面的问题需要明确，其一，未于合理期间提前通知旅游者时，旅游者能否于事后主张撤销同意的意思表示？其二，旅游者的同意，是否以明示为要件呢？换言之，旅游者参加旅游团是否能被视为同意转团？

---

① 关于债权人同意作为合同权利义务概括移转、债务承担生效要件的一般论述，参见马俊驹、余延满：《民法原论》，法律出版社2007年版，第600页、第601页；韩世远：《合同法总论》，法律出版社2011年版，第488页、第496页。

由于实践中旅游者往往是在旅游行程即将开始或者开始之后，甚至旅游行程结束后才知晓被转团，如果在旅游行程开始时或开始后表示拒绝，将导致整个假期泡汤；而如果不表示拒绝而勉强接受受让社提供的旅游服务，则意味着旅游者对组团社的信赖落空，客观上也会助长旅行社违规转团的气焰。旅游者为了避免浪费时间，不得不接受转团的事实，这种情况下旅游者对转团的承认，属于因经济胁迫而做出的意思表示。在组团社未于合理期间提前告知转团的情况下，旅游者同意转团的意思表示可以撤销，并追究组团社的违约责任。因此，旅游者的同意，并不当然构成旅行社转团行为的合法性要件。

旅游者的同意，是否以明示为要件呢？换言之，旅游者参加旅游团是否能被视为同意转团？《旅游纠纷规定》对此并未明确规定。在一般的合同转让情况下，合同另外一方当事人的同意既可以是明确表示的，也可以是通过其行为进行推断，例如该甲方将其在与乙方合同中的权利义务一并移转给丙方，乙方直接向丙方履行合同（表明其同意），或者向甲方提出违约解除合同（表明其不同意）。如果旅游者未得到转团的告知，但却参加了旅游团，旅游结束后，要求解除旅游合同、追究旅游经营者的违约责任，人民法院是否予以支持呢？特别是，旅游者在旅游过程中仅受到诸多不便，并未遭受人身损害、财产损失时，如何处理，值得讨论。特别是旅游者参加旅游的行为，不能视为旅游者默示同意旅行社转团。

理论上通常认为，通过特定行为间接推定的意思表示，与明示的意思表示具有相同的法律效力。旅行社转团所要求的旅游者同意如果不以明示为要件，即意味着旅游者参加旅游团、接受受让社提供的旅游服务，应当认定为旅游者默示同意了旅行社转团行为的效力。但是，在旅行社转团情况下，应当针对不同情况，区别对待。第一种情况下，在组团社于合理期限内提前通知旅游者后，旅游者未表示异议而接受受让社提供的旅游服务时，应当认定为旅游者默示同意旅行社转团行为的效力。第二种情况下，组团社未于合理期限内提前通知旅游者，或者根本未通知旅游者转团的，旅游者无从同意，即使旅游者参加旅游团、接受受让社提供的旅游服务，也不能认定为旅游者默示同意转团。此时，由于旅行社转团的法律性质是，未征得旅游者同意而不履行旅游合同规定义务的违约行为，应当承担违约责任。这种情况下，关于旅游者与实际提供旅游服务的旅行社之间的关系，可以认定为，旅游者通过参加旅游团与发团社之间形成了事实上的旅游合同关系，双方之间的权利义务关系可以根据意思表示解释规则，依旅游者与组团社之间的旅游合同来确定。

据此，即使旅游者参加了旅游团，也并不能当然认为旅游者默示同意旅行社转团行为，而应当允许旅游者返回后主张解除旅游合同，追究旅游经营者的违约责任。唯其如此，方能达到限制旅游经营者随意转团，甚至根本不经营某项业务而以广告招徕旅游者，然后将旅游者转交给资质、信用较差，甚至完全不具备相应资质的旅行社发团。

(三) 未经旅游者同意转团违约责任的承担

1. 旅游者可以解除合同

旅游者不同意旅游经营者转团的，旅游者可以请求解除旅游合同、追究旅游经营者违约责任。[①]《旅游纠纷规定》第 10 条第 1 款允许旅游者以转团为由行使解除权，并非《旅游纠纷规定》毫无根据地创设规则。该规定的法律依据一方面在于，将转团行为认定为旅游经营者“以自己的行为表明不履行主要债务”，从而适用原《合同法》第 94 条第 2 项（《民法典》第 563 条第 1 款第 2 项）的规定，赋予旅游者法定的解除权；另一方面，由于旅游合同具有承揽合同的性质，原《合同法》第 253 条第 2 款（《民法典》合同编第 772 条第 2 款）规定，承揽人未经定作人同意将承揽的主要工作交由第三人完成时，定作人可以解除合同。正是基于此，《旅游法》第 63 条第 2 款也明确肯定了旅游者不同意时的解除权。

值得注意的是，《旅游纠纷规定》第 10 条第 1 款关于旅游者解除旅游合同的表述，与《民法典》第 563 条第 1 款第 2 项、《民法典》第 772 条第 2 款、《旅游法》第 63 条第 2 款均有所不同。《旅游纠纷规定》第 10 条第 1 款将旅游者解除旅游合同，表述为“请求解除旅游合同……人民法院应予支持”；而《旅游法》第 63 条第 2 款和《民法典》合同编上述条文则表述为“可以解除合同”。这一表述上的差别，可能会导致旅游者解除旅游合同是否以向人民法院提起诉讼为必要的争论。

本书认为，旅游者解除旅游合同不以向人民法院提起诉讼为必要，其理由有三：其一，《旅游纠纷规定》第 10 条第 1 款的法律依据在于原《合同法》第 94 条第 2 项（《民法典》第 563 条第 1 款第 2 项）、原《合同法》第 253 条第 2

---

① 最高人民法院民事审判第一庭编著：《最高人民法院审理旅游纠纷案件司法解释理解与适用》，人民法院出版社 2010 年版，第 119 页。

款（《民法典》第772条第2款）的规定，在缺乏特别需要法院介入的情况下，应当对其采取与《民法典》合同编相关规定相同的解释；其二，旅游服务的提供，具有严格的时效性，旅游者得知旅游经营者转团而不能立即解除旅游合同，反而要面临冗长的诉讼程序，与旅游活动严格时效性的特殊性相违背，此种要求既不必要，也无可能；其三，《旅游纠纷规定》之所以采取“请求解除旅游合同……人民法院应予支持”的表述，完全是因为《旅游纠纷规定》的制定机关为最高人民法院，由其制定的相关司法解释主要目的在于指导各级人民法院的审判工作，因此不能采取《民法典》合同编那样直接向当事人授权的表述方式，而非对旅游者行使解除权方式的限制。《旅游法》第63条第2款径直规定旅游者的解除权，即非常清晰地说明了这一原因。

2. 转团旅游经营者承担违约责任

旅游经营者未经旅游者同意而转团，构成“以自己的行为表明不履行主要债务”，是为违反合同约定的违约行为，应当承担《民法典》第577条所规定的违约责任。《民法典》第577条规定的违约责任，主要包括继续履行、采取补救措施或者赔偿损失等。

继续履行的违约责任，以组织旅游合同的存在为前提，只有旅游者未解除旅游合同时，方能适用。至于采取补救措施和赔偿损失违约责任的承担，既可以在旅游者解除合同之后，也可以在旅游者未解除合同的情况下适用。以下分别就采取补救措施和赔偿损失违约责任的承担予以简要阐明。

旅游经营者转团未能得到旅游者的同意，其可能采取的补救措施以实现旅游者签订组织旅游合同的目的为原则。对此，《旅行社条例实施细则》做出了可供选择的规定。《旅行社条例实施细则》第41条规定，旅游行程开始前，当发生约定的解除旅游合同的情形时，经征得旅游者的同意，旅行社可以将旅游者推荐给其他旅行社组织、接待，并由旅游者与被推荐的旅行社签订旅游合同。虽然该条规定旨在调整发生约定解除旅游合同的情形，但旅行社向旅游者推荐其他旅行社组织、接待的处理方案，完全可供转团失败的旅游经营者借鉴。除此之外，为避免造成更大损失，旅游经营者还可以协商提供其他替代的旅游服务、变更旅游合同履行日期等。

鉴于赔偿损失的违约责任在旅游纠纷解决中的重要地位，本书在第六章将予以详细讨论。此处需要特别予以说明的是，旅游经营者转团未能得到旅游者的同意构成“以自己的行为表明不履行主要债务”，如果在旅游者未同意且旅游行程未开始前，旅游经营者决定自行履行旅游合同，则不能构成“以自己的行为表明不履行主要债务”，既不能解除旅游合同，也不能据此要求赔偿损失。关于此时旅游经营者赔偿损失的标准，应以履行利益为准。所谓履行利益，是指一方当事人因另一方没有履行所遭受的损害，在此赔偿损失的结果应使受害人处于如同该合同获得履行场合所处的状态。[①]

3. 对肯定以人数不足为由转团的批评

人数不足不能发团，是旅行社转团的最常用的理由。以人数不足为由转团可能涉及的问题是，旅游经营者将人数不足约定为旅游合同的解除条件，[②] 为实现转团目的恶意促成人数不足的情况。《旅游纠纷规定》起草过程中即非常明确这一问题，故对所谓人数不足不能成团的行业惯例不予认可。但《旅游法》第 63 条对此予以肯定，可能的理由在于通过赋予旅游者解除权的方法足以平衡转团所可能造成的不利影响。对此，本书持怀疑态度。其根本理由在于，人数不足不能成团根本无法确认，是否人数不足完全在旅行社一方的操作范围内。针对《旅游法》第 63 条第 1 款所规定的解除条件，虽然可以适用《民法典》第 159 条规定，当事人为自己的利益不正当地阻止条件成就的，视为条件已成就；不正当地促成条件成就的，视为条件不成就。但如何举证证明旅行社不正当地促成条件成就，是几乎不可能实现的举证责任。

另外，事实上可能出现的情况是，旅行社将所有的旅游者均转让出去，赚取收客与转团之间的差价，根本不存在人数不足的情况。对于这种情况，是否允许旅游者依据《旅游纠纷规定》第 15 条第 2 款和《消费者权益保护法》第 55 条第 1 款的规定，要求惩罚性赔偿其损失呢？涉及欺诈的问题是，《旅游纠纷规定》第 15 条规定的是“提供服务时有欺诈行为”，承担惩罚性赔偿责任，那么在转团理由上存在欺诈，是否属于“提供服务”时的欺诈行为？

首先，就“提供服务”的解释而言，至少应当包括“是否”提供服务和“如何”提供服务，而不能将“提供服务”仅仅理解为“如何”提供服务。其次，就旅游服务提供的期间和内容而言，旅游合同成立后，旅行社即处于持续地提供旅游服务状态。在旅游行程开始前，旅行社还应当向旅游者说明、告知旅游相关事项，对存在的潜在风险予以警示，在出境旅游中可能为旅游者代办

---

① 曾世雄：《损害赔偿法原理》，中国政法大学出版社 2001 年版，第 135 页。

② 参见原国家旅游局、原国家工商行政管理总局制定：《团队国内旅游合同（示范文本）》第 12 条的规定。

签证，包括因无法成行而安排其他旅行社提供服务在内。

根据“举轻以明重”的当然解释规则，在旅游经营者已经提供旅游服务的情况下，尚需要对其欺诈行为承担责任；那么旅游经营者拒绝提供旅游服务的，其违反义务的程度更为严重，理应承担更为严格的法律责任，存在欺诈行为的，当然应当承担惩罚性赔偿的责任。

三、擅自转团的连带责任

旅游合同转让，属于旅游合同权利义务的概括移转，有效的转让将意味着组团社退出旅游合同，由受让旅行社承受旅游合同中的权利义务，成为旅游合同的主体。如果转团未征得旅游者的同意，导致旅游合同权利义务的概括移转合同无效，[①] 旅游者要求与其签订组织旅游合同的旅游经营者承担违约责任，已如前文所述。问题是，旅游者可否要求与其签订旅游合同的旅游经营者和实际提供旅游服务的旅游经营者一起承担责任呢？对此，《旅游纠纷规定》第 10 条第 2 款给予了肯定的回答，即旅游经营者擅自将其旅游业务转让给其他旅游经营者，旅游者在旅游过程中遭受损害，请求与其签订旅游合同的旅游经营者和实际提供旅游服务的旅游经营者承担连带责任的，人民法院应予支持。

《旅游纠纷规定》起草过程中，关于可否要求转团社与受让社承担连带责任，是存在争议的。《旅游纠纷规定（征求意见稿）》中曾有另一种意见主张，转让后，旅游者在旅游过程中遭受损害，请求与其签订旅游合同的旅游经营者承担责任的，人民法院应予支持。这一意见事实上是坚持认为，《旅行社条例》是禁止旅游经营者转团的，无论旅游者是否同意，旅游经营者均不得将其在组织旅游合同中的权利义务概括移转给其他经营者，因此受让旅游业务的旅游经营者并未与旅游者发生法律关系，转团后发生的旅游者损害依然应由与旅游者签订旅游合同的旅游经营者承担责任。

本书认为，虽然旅游经营者转团对旅游者权利构成严重、普遍的损害，但《旅行社条例》并未明确禁止旅游经营者转团，《旅行社条例》第 55 条也仅仅是对未经旅游者同意的转团行为规定了行政处罚，事实上是允许经旅游者同意的转团行为的。无视旅游者同意下的旅游经营者转团引起的法律关系变化，一概要求转团旅游经营者承担全部责任并非合理的主张。因此，在旅游经营者履

---

① 最高人民法院民事审判第一庭编著：《最高人民法院审理旅游纠纷案件司法解释理解与适用》，人民法院出版社 2010 年版，第 121 页。

行了相应的说明义务、在合理期间内征得旅游者同意的转团行为，应当认为其有效，而由受让旅游经营者承担相应的旅游合同义务。因为提供旅游服务导致旅游者损害的，应当由受让旅游合同、实际提供旅游服务的旅游经营者承担相应的法律责任。

存在疑问的是，即使旅游经营者未经旅游者同意擅自转团，根据《民法典》第556条、准用第171条的规定，也仅导致转团行为无效，根据《民法典》合同编认定组团社存在违约行为，通常并不能要求组团社与受让社承担连带责任。那么，《旅游纠纷规定》第10条第2款规定的连带责任，其法律基础何在？由于连带责任的法律基础决定了最终在承担连带责任的主体之间的责任分担，为此有必要对其加以明确。

旅游经营者转团未获旅游者同意时，旅游经营者基于转团所追求的法律效果因此而搁浅。然而，旅游经营者转团的行为是由其债权让与行为与债务承担行为相结合而构成，根据《民法典》第546条的规定，旅游经营者转让其在组织旅游合同中的债权的行为，即债权让与行为并不需要征得债务人（旅游者）的同意，只要通知旅游者即可；至于旅游经营者将其在组织旅游合同中的义务转移给其他旅游经营者的行为，理论上称为债务承担行为，根据《民法典》第551条的规定，应当经债权人（即旅游者）同意。因此，旅游者同意与否，实质上并不能影响旅游经营者的债权让与行为，而仅仅构成债务承担行为的障碍。

债务承担，在理论上有广义、狭义之分。广义的债务承担，是指不改变债务的同一性而由第三人承受债务或者加入债务关系而成为债务人，包括免责的债务承担和并存的债务承担。[①] 所谓免责的债务承担，是以原债务人所负担的债务移转给新债务人为目的，由第三人替代债务人承担债务，原债务人脱离债务关系，也称为狭义的债务承担。[②] 由于免责的债务承担中原债务人将脱离合同关系由新债务人承担债务，而新债务人是否具有资历，足以满足债权人的债权，对于债权人来讲关系重大，因此免责的债务承担应征得债权人的同意，[③] 我国《民法典》第551条即反映了上述对于债权人利益的关切。

至于债务承担中的并存债务承担，是原债务人与债权人维持其债务关系，

① 史尚宽：《债法总论》，中国政法大学出版社2000年版，第740页。

② 孙森焱：《民法债编总论（下册）》，法律出版社2006年版，第800页。

③ ［德］迪特尔·梅迪库斯：《德国债法总论》，杜景林、卢谌译，法律出版社2003年版，第566页。

而由第三人加入二者既有的关系成为新债务人，所以又称之为重叠的债务承担。[①] 并存的债务承担中，原债务人继续负担其债务，并不导致原债权人和债务人之间的债务关系，第三人加入进来重叠承担债务，对于债权的实现有利无害，因此并无必须经债权人同意的理由。[②]《民法典》第 551 条所规定“应当经债权人同意”的要件，主要系针对免责的债务承担而言，对并存的债务承担并不适用。

旅游经营者转团，是对其在组织旅游合同中权利、义务的概括移转，其中的债权让与并不受旅游者（不）同意要件的阻碍，仅其中的债务承担行为受旅游者同意行为的限制。从上述关于债务承担的构成来看，旅游者同意仅构成免责的债务承担的生效障碍，而对于并存的债务承担并不构成障碍。事实上，理论上也将未经对方当事人同意的合同权利义务概括移转，肯定为债权让与和并存的债务承担的结合，而达到经济上接近于全部的合同权利义务概括移转的结果，理论上称之为契约加入。[③] 就旅游经营者转团而言，虽其转团行为未经旅游者同意，但也可认为是由受让的旅游经营者加入原组织旅游合同之中，与原旅游经营者共同对旅游者承担提供旅游服务的责任。《旅游纠纷规定》第 10 条第 2 款关于连带责任的规定，在法理上的基础首先就在于未经同意的合同转让向契约加入的转换。

四、擅自转团连带责任的分担

《旅游纠纷规定》第 10 条第 2 款规定，旅游经营者擅自将其旅游业务转让给其他旅游经营者，旅游者在旅游过程中遭受损害的，与其签订旅游合同的旅游经营者和实际提供旅游服务的旅游经营者承担连带责任。从旅游者权益保护的角度来看，由擅自转团的旅游经营者承担连带责任，对于旅游者权益的保护提供了更有力的保障。但从旅游纠纷的彻底解决角度来看，问题还远未结束。实务中可能出现的问题是，擅自转团旅游经营者承担连带责任之后，究竟应由谁来承担最终的责任？转团双方如何分担损失？对此，《旅游纠纷规定》并未

---

① 邱聪智：《新订民法债编通则（下）》，中国人民大学出版社 2004 年版，第 434 页。

② 孙森焱：《民法债编总论（下册）》，法律出版社 2006 年版，第 815 页。

③ 史尚宽：《债法总论》，中国政法大学出版社 2000 年版，第 755 页；邱聪智：《新订民法债编通则（下）》，中国人民大学出版社 2004 年版，第 439 页；林诚二：《民法债编总论：体系化解说》，中国人民大学出版社 2003 年版，第 518 页；孙森焱：《民法债编总论（下册）》，法律出版社 2006 年版，第 820 页。

做出明确规定，有待于理论、实务界根据法理进一步发掘解决方案。

如前所述，擅自转团旅游经营者承担连带责任的法理基础在于，未经旅游者同意的转团行为将导致契约加入，即转团旅游经营者并不因为转团而免责，买团旅游经营者则加入进来，二者作为组织旅游合同的共同债务人，就旅游服务的提供向旅游者承担连带责任。就擅自转团的相关旅游经营者之间的关系来看，二者之间存在明确的合同关系，转团经营者业已将提供旅游服务的全部义务转移给买团旅游经营者。旅游者所遭受的损害乃是因为买团旅游经营者实际提供旅游服务时违反义务所致，与转团旅游经营者转团行为并无因果关系。因此，在转团旅游经营者和买团旅游经营者之间并不存在所谓的“连带债务的分担部分”，而应由买团旅游经营者承担全部责任。

事实上，擅自转团相关旅游经营者对旅游者所承担的连带责任，在理论上属于“不真正连带责任”。所谓不真正连带责任，是指数个债务人客观上具有同一目的，而因不同的发生原因，对债权人各负全部给付义务的债务关系。[①]就擅自转团相关旅游经营者来讲，转团旅游经营者对旅游者负全部责任的原因在于，其在与旅游者之间的组织旅游合同中负有该项义务；而就受让旅游经营者来讲，对旅游者负全部责任的原因在于，其在与转团旅游经营者之间的转团合同中，负有向旅游者提供全部旅游服务的义务。正因为二者基于不同的法律原因而对旅游者负担全部的义务，所以在对外关系上表现为连带责任。但这种不真正连带责任与一般连带责任最大的不同点之一就在于，在其对内关系上，不真正连带债务人之间，不存在分担部分。[②]

因此，擅自转团旅游经营者虽然违反了《旅行社条例》的禁止性规定，但造成旅游者损害的原因并非转团行为本身，而是旅游服务提供过程中违反了组织旅游合同上的特殊的保护义务，而与对他人的一般保护义务不同，此种特殊保护义务的违反构成违约行为。[③] 就保护的利益来讲，合同责任保护的利益涉及信赖利益、履行利益和固有利益，而侵权责任所保护的利益仅为固有利益。[④]在擅自转团后旅游者遭受的损害，首先是信赖利益和履行利益这两种合同上典型的利益，而对于固有利益的损害在双方存在合同关系的情况下，往往构成侵

---

① 孙森焱：《民法债编总论（下册）》，法律出版社2006年版，第742页。

② 邱聪智：《新订民法债编通则（下）》，中国人民大学出版社2004年版，第405页。

③ 黄茂荣：《概论损害赔偿之债（一）》，载《植根杂志》第25卷第3期。

④ 黄茂荣：《概论损害赔偿之债（一）》，载《植根杂志》第25卷第3期。

权责任和合同责任的竞合。所以，就擅自转团旅游经营者来讲，不能无视合同责任与侵权责任的根本差异，将转团行为与未尽到旅游合同上的相关义务均视为侵权行为，而径自认为擅自转团旅游经营者构成共同侵权行为，要求双方承担共同侵权的连带责任。[①] 当然，如果擅自转团相关旅游经营者各自均有侵害旅游者固有利益的行为，也不排除承担共同侵权连带责任的可能。但是，擅自转团情况下，旅游者所遭受的损害，通常是指因受让旅游经营者未依组织旅游合同规定履行其提供旅游服务的义务而导致的人身损害、财产损失。

综上所述，擅自转团相关旅游经营者承担的连带责任，并非共同侵权的连带责任，也非一般的连带责任，而是基于转团未经旅游者同意转化的契约加入承担的不真正连带责任。其中，应对旅游者所遭受的损害负责者，即最终的责任承担者为受让旅游经营者，擅自转团相关旅游经营者对于旅游者的损害并无各自应分担的责任部分。[②] 在司法实践中，如果转团旅游经营者对旅游者承担了赔偿责任，则其可以根据转团合同要求受让旅游经营者予以偿还。

第五节 挂靠经营的责任分担

挂靠经营现象并非旅游业所独有，在计划经济体制下，几乎所有的工商业部门都存在这种畸形的经营方式。时至今日，这种计划经济体制下酝酿、发展的经营方式，还普遍存在于医疗、交通、建筑、旅游等市场准入存在较高门槛的经济部门。在中国旅游市场上，以出借、出租营业许可为本质特征的挂靠经营，已经成为零负团费、低质竞争、损害旅游者合法权益的重要根源，成为旅游业进一步健康发展的体制障碍。如何根除挂靠经营这一毒瘤，并非旅游民事纠纷解决这一途径所应肩负的重任，但显然绝不能将挂靠经营的“现实存在”作为侵害旅游者合法权益的理由。

为此，《旅游纠纷规定》第 14 条做出了挂靠经营双方对旅游者人身损害、财产损失承担连带责任的规定，以期通过民事责任的明确，为解决挂靠经营问题提供一定的支持。然而，在适用《旅游纠纷规定》第 14 条处理旅游纠纷时，

---

① 最高人民法院民事审判第一庭编著：《最高人民法院审理旅游纠纷案件司法解释理解与适用》，人民法院出版社 2010 年版，第 121-123 页。在未考虑责任分担问题时，比较容易产生共同侵权行为的误解，本书作者之前也曾表示过此种观点，本书在此予以纠正。参见申海恩：《旅行社转团过程中旅游者的法律保护》，载《人民法院报》2010 年 12 月 1 日第 7 版。

② 参见孙森焱：《民法债编总论（下册）》，法律出版社 2006 年版，第 744 页。

还存在挂靠经营的本质属性是什么、挂靠经营如何来识别等问题，尤其是挂靠双方承担连带责任后，内部是否还需要进一步确定各自承担的部分，如何分担责任等司法实践中非常重要的问题，《旅游纠纷规定》并未做出明确规定，而是交由理论界和实务界处理。以下在分析挂靠中的法律关系基础上，着重明确挂靠双方承担连带责任、分担责任的基础，最终明确双方各自的责任。

一、挂靠中的法律关系

（一）挂靠的法律属性

挂靠，并非一个严格的法律概念。我国现行法律法规中，除《旅游纠纷规定》外，《民法典》第1211条，《最高人民法院关于适用〈中华人民共和国民事诉讼法〉的解释》第54条，《民事案件案由规定》和《安全生产法》第48条、第72条等均涉及挂靠的概念。但上述法律对何谓挂靠均未做出明确的界定。同样，《旅游纠纷规定》第14条也没有明确挂靠的概念。这就给什么是挂靠、挂靠的法律性质如何以及在纠纷解决中如何来证明、认定挂靠行为造成了不小的困难，甚至可能导致该条规定无法适用。为此，有必要总结实践中挂靠的基本形态、特征，进而确定挂靠的法律性质，为解决挂靠相关纠纷奠定基础。

旅行社挂靠经营，是指具有相应经营资格的旅行社，允许没有相应资质的个人、组织、资质较低的旅行社或其他不具有经营资格经营主体以其名义从事旅游经营活动，并收取报酬的现象。以他人名义从事旅游经营活动的，称为挂靠人、挂靠旅行社；允许他人以其名义从事旅游经营活动的旅行社称为被挂靠人、被挂靠旅行社。

挂靠经营，首先是挂靠人和被挂靠人之间的协议。该协议双方当事人中，一方为具有相应旅游业务经营资质的旅行社，另一方则为不具有相应旅游业务经营资质的其他人。双方协议的目的在于，使未获得经营相应旅游业务资质者规避《旅行社条例》，在未获得旅游行政主管部门许可的情况下，从事旅游业务经营。实践中，欲达到上述目的，挂靠人征得被挂靠人的同意，以被挂靠人的名义从事相应旅游业务的经营，但实际并不受被挂靠人的控制、管理，仅需向被挂靠旅行社缴纳所谓的“管理费”即可。在该协议中，协议的标的是“转让、出借或出租旅行社业务经营许可证”，该协议在内容上存在违反法律强制性规定的情形。因此，根据《民法典》第153条的规定，挂靠经营协议属于无效合同，在挂靠经营双方并不能发生其所追求的法律效果。①

从旅游经营监督管理的角度来看，旅行社挂靠经营的本质属性在于，挂靠人和被挂靠旅行社违反《旅行社条例》规定，规避旅游业务经营应申请设立旅行社，缴纳质量保证金等规定的违法行为。就挂靠人来讲，其行为构成《旅行社条例》第46条第1项关于“未取得相应的旅行社业务经营许可，经营国内旅游业务、入境旅游业务、出境旅游业务”的规定，应由旅游行政管理部门或者市场监督管理部门责令改正，没收违法所得，违法所得10万元以上的，并处违法所得1倍以上5倍以下的罚款；违法所得不足10万元或者没有违法所得的，并处10万元以上50万元以下的罚款。就被挂靠旅行社来讲，其行为构成《旅行社条例》第47条所规定的旅行社“出租、出借旅行社业务经营许可证”，应由旅游行政管理部门责令停业整顿1个月至3个月，并没收违法所得；情节严重的，吊销旅行社业务经营许可证。受让或者租借旅行社业务经营许可证的，由旅游行政管理部门或者市场监督管理部门责令停止非法经营，没收违法所得，并处10万元以上50万元以下的罚款。由此可见，旅行社挂靠经营属于违反行政法规禁止性规定的违法行为，并应受到相应的行政处罚。

旅游挂靠经营这一违法行为在相关主体之间可能引起多种法律关系的发生，大致可分为两类：其一为挂靠人与被挂靠旅行社之间的内部法律关系；其二为挂靠相关旅游经营者与旅游者之间的外部法律关系。以下分述之。

（二）挂靠的内部关系

挂靠的内部关系，是在被挂靠旅行社与挂靠人之间所发生的法律关系。挂靠的内部法律关系的发生，是基于被挂靠旅行社与挂靠人之间的挂靠协议的。被挂靠旅行社与挂靠人之间签订挂靠协议，允许不具有旅游经营资质的挂靠人以自己的名义非法从事旅游经营活动，是规避《旅行社条例》的违法行为，不能发生双方预期的法律效果，已如前述。有疑问的是，挂靠协议因违反法律的强制性规定而无效，是否在法律上就不发生任何效力？挂靠双方之间实际上发生的出租、出借旅游经营许可证的行为，应该如何处理？挂靠人向被挂靠旅行社缴纳的“管理费”等应当如何处置？

事实上，挂靠经营协议无效，仅仅是不能发生协议双方预期的法律效果，即挂靠经营双方不能主张挂靠经营协议上约定的权利、义务和责任。具体来讲，

---

① 参见马俊驹、余延满：《民法原论》，法律出版社2007年版，第213页。

挂靠方不能主张被挂靠旅行社允许其使用后者的旅游经营许可证；被挂靠方也不能根据挂靠经营协议要求挂靠方向其缴纳“管理费”。但这并不意味着，挂靠经营协议无效，就不发生任何法律效力。[①] 通常来讲，合同无效可能发生的法律效力主要包括：返还财产、赔偿损失和行政处罚。[②]

就返还财产来讲，挂靠经营双方根据挂靠经营协议所交付的财产，因为挂靠经营协议的无效而失去存在的依据，应当予以返还。例如，被挂靠旅行社交给挂靠人使用的旅行社门市部章、合同专用章、经营许可证复印件等，因为挂靠协议无效，挂靠人就应当将其返还给被挂靠旅行社。有疑问的是，挂靠人能否要求被挂靠旅行社返还其缴纳的“管理费”？“管理费”缴纳的依据为挂靠协议，由于挂靠协议无效，缴纳“管理费”的依据也就自始不存在了，根据上述原则，被挂靠旅行社本应当向挂靠方返还后者所缴纳的“管理费”。但是，根据《旅行社条例》第 47 条的规定，旅行社出租、出借旅行社业务经营许可证的，由旅游行政管理部门责令停业整顿 1 个月至 3 个月，并没收违法所得。被挂靠旅行社所收取的“管理费”应属于其出租、出借旅行社业务经营许可证的“违法所得”，根据上述规定，“管理费”属于被没收的对象，挂靠人不能主张被挂靠旅行社返还其缴纳的“管理费”。

就赔偿损失来讲，在挂靠经营双方之间，并不存在此种关系。其理由在于，合同无效时赔偿损失的基础在于，一方当事人合理地信赖合同的有效性而遭受的损害。[③] 但是，在挂靠经营协议签订双方中，任何一方都明知挂靠经营属于违反法律强制性规定的违法行为，对挂靠协议的合法性根本不存在合理的信赖，因此也就不存在基于该信赖而遭受损失的情况。任何从事旅游经营业务者，均应当清晰地知道，只有获得旅游行政主管部门批准的旅游经营许可证方可从事旅游经营业务，此种授权绝不应来自其他旅游业务经营者。

至于行政处罚，并不属于挂靠经营双方的内部法律关系，而是旅游行政管理部门或者市场监督管理部门与被挂靠旅游经营者、挂靠人之间的行政法律关系，本质上应属于挂靠的外部关系，但由于其与挂靠经营协议联系密切，故置于此。关于旅游行政管理部门或者市场监督管理部门对于挂靠经营双方的行政处罚，前文已述，此处不赘。

---

① 参见崔建远：《合同法》，法律出版社 2010 年版，第 121 页。

② 参见马俊驹、余延满：《民法原论》，法律出版社 2007 年，第 213 页。

③ 韩世远：《合同法总论》，法律出版社 2011 年版，第 621 页。

（三）挂靠的外部关系

挂靠的外部关系，是基于挂靠人的经营行为，在挂靠人、被挂靠人与第三人之间所发生的法律关系。旅游挂靠经营中，挂靠人多以被挂靠人接待部、出境部、门市部等名义，与旅游者签订旅游合同，这就引起了如下问题：旅游合同的效力如何？旅游者根据旅游合同所享有的权利的相对人是谁？就合同的履行、违反合同造成损害时向谁主张责任承担？欲回答上述问题，即需要对挂靠人、被挂靠旅行社与旅游者之间的法律关系予以厘清。

挂靠人通常以被挂靠旅行社的接待部、出境部、门市部等名义与旅游者缔结旅游合同，与旅游目的地的旅游服务提供者缔结住宿、游览、餐饮、接待等协议，向旅游者提供旅游服务。由此，首先需要确定的是，旅游者、交通、住宿等旅游服务直接提供者所缔结合同的对方当事人究竟是挂靠人还是被挂靠旅行社？

本书认为，被挂靠旅行社应为相关旅游合同的当事人。其理由有二：

其一，挂靠人通常以被挂靠旅行社的接待部、出境部、门市部等名义与旅游者等相关第三人签订旅游合同，而接待部、出境部、门市部等均不具备独立的民事主体资格，而属于被挂靠旅行社的内部机关，其行为无论是以接待部、出境部、门市部等名义还是以被挂靠旅行社本身的名义做出，相应合同法律行为的后果均由作为独立法人实体的被挂靠旅行社承担。

其二，挂靠人不具备经营旅游业务的特殊行为能力要求，无法成为旅游合同中提供旅游服务一方当事人。根据《旅行社条例》第二章关于从事旅游业务的行业准入条件的规定，只有根据《旅行社条例》相关规定设立的旅行社才具有从事旅游经营业务、与旅游者缔结旅游合同的特殊行为能力。而挂靠人正因为不符合旅游行业准入条件、未取得旅游经营资格，才需要挂靠相关旅行社，从而不具备从事旅游经营业务、与旅游者缔结旅游合同特殊行为能力的挂靠人，不能成为旅游合同一方当事人。

在确定合同当事人之后，需要进一步确定的是作为挂靠外部关系的旅游合同的效力状况。在此存在的问题有二：其一，挂靠人以被挂靠旅行社的名义签订的旅游合同，是否构成对旅游者的欺诈行为？其二，该合同是否因为挂靠人无旅游业务经营资质而无效？

首先，就挂靠人以被挂靠旅行社名义签订旅游合同的行为来讲，挂靠人通常不会向旅游者披露其与被挂靠旅行社之间的挂靠经营关系，而是以被挂靠旅行社接待部、出境部、门市部等名义出现，掩盖其并非被挂靠旅行社内部机关、旅游服务从组织到提供均与被挂靠旅行社无关的真实情况。另外，旅游者多以被挂靠旅行社为正规旅行社，甚至具有良好的市场声誉为其签订旅游合同的重要依据。挂靠人此种故意告知旅游者虚假情况，或者故意隐瞒真实情况，诱使旅游者做出错误意思表示的行为，可以根据原《民通意见》第68条认定为欺诈行为。

其次，《旅游纠纷规定》并未对基于挂靠所签订的合同效力做出明确规定，其效力如何在理论上也是有争议的。但是，挂靠经营行为不仅存在于旅游行业，而且在建筑行业也非常普遍。《最高人民法院关于审理建设工程施工合同纠纷案件适用法律问题的解释（一）》（以下简称《建设工程司法解释（一）》第1条第1款第2项对于建筑施工中的基于挂靠所签订的合同效力曾经做出明确的规定，即没有资质的实际施工人借用有资质的建筑施工企业名义与他人签订建设工程施工合同的行为，应当依据《民法典》第153条第1款的规定，认定无效。同为基于挂靠而签订的合同，能否将基于挂靠的旅游合同效力与基于挂靠的建设工程施工合同效力做相同的认定呢？

从法律适用的角度来讲，《旅游纠纷规定》未对基于挂靠的旅游合同效力做出规定，构成开放的法律漏洞。[①] 处理这种法律漏洞通常是采取类推适用的方法。[②] 所谓类推适用，是指将法律的明文规定，适用于该法律规范并未直接规范的案件类型，其前提是该案件类型的重要特征与法律所明文规定的情况相同。[③] 那么对于基于挂靠的旅游合同之效力评价，能否类推适用《建设工程司法解释（一）》第1条第1款第2项的规定呢？决定后者能否适用于基于挂靠的旅游合同效力评价的关键在于，该规定所调整的基于挂靠的建设工程施工合同与基于挂靠的旅游合同在法律调整方面的重要特征是否一致。进而，需要回答的问题有二：其一，两种基于挂靠的合同在法律调整方面的重要特征是什么？其二，两种基于挂靠的合同在法律调整方面的重要特征是否一致？[④]

基于挂靠而签订建设工程施工合同，是借用具有法定资质条件建筑施工企

① 关于开放的法律漏洞和隐藏的法律漏洞之区分，参见［德］卡尔·拉伦茨：《法学方法论》，陈爱娥译，商务印书馆2003年版，第254页。

② ［德］卡尔·拉伦茨：《法学方法论》，陈爱娥译，商务印书馆2003年版，第258页。

③ 王利明：《法律解释学导论》，法律出版社2009年版，第495页。

④ 关于类推适用的决定性问题，参见黄茂荣：《法学方法与现代民法》，法律出版社2007年版，第492页。

业名义的行为，这种行为在《建设工程司法解释（一）》起草者看来具有“规避行政管理机关对建筑施工企业资质条件的管理，扰乱建筑市场秩序，严重影响了建设工程的质量”的性质。[①] 与此相类，基于挂靠关系而签订旅游合同，在《旅行社条例》制定者看来属于“对行业经营秩序、竞争环境的严重破坏”,[②] 是违反《行政许可法》第9条的违法行为；[③] 在《旅游纠纷规定》的制定者看来，是“规避国家对旅游业的监管措施，扰乱旅游业市场的正常经营秩序……给广大旅游者合法权益埋下了隐患”的行为。[④] 通过对立法者关于基于挂靠的旅游合同和基于挂靠的建设工程施工合同的基本认识的考察，两种行为在规范重点上具有相同性，即二者都是违反《行政许可法》禁止非法转让、出租、出借依法取得的行政许可的规定的违法行为，均属于规避行业行政主管部门对特定行业设置的市场准入条件的违法行为。

《建设工程司法解释（一）》针对此种规避市场准入条件、违法出租、出借行政许可的情况，为了“严格对建筑施工企业的资质条件”，“遏制违法行为、规范建筑市场，维护经济秩序”，而“明确规定借用有资质的建筑施工企业名义承揽工程施工合同的行为无效”。[⑤] 同样是为了“从源头遏制挂靠等不规范经营行为”，实现“维护旅游市场秩序，促进旅游业健康发展”之立法目的，[⑥] 依照同类事物应做相同处理的法律适用要求，即可以类推适用《建设工程司法解释（一）》第1条第1款第2项的规定，认定挂靠人与旅游者签订的旅游合同因违反《旅行社条例》第47条的强制性规定，符合《民法典》第153条的规定，为自始无效的合同。

---

① 最高人民法院民事审判第一庭编著：《最高人民法院建设工程施工合同司法解释的理解与适用》，人民法院出版社2004年版，第30页。

② 国务院法制办工交商事法制司、国家旅游局政策法规司：《〈旅行社条例〉释义》，人民交通出版社2009年版，第195页。

③ 国务院法制办工交商事法制司、国家旅游局政策法规司：《〈旅行社条例〉释义》，人民交通出版社2009年版，第194页。

④ 最高人民法院民事审判第一庭编著：《最高人民法院审理旅游纠纷案件司法解释理解与适用》，人民法院出版社2010年版，第201页。

⑤ 最高人民法院民事审判第一庭编著：《最高人民法院建设工程施工合同司法解释的理解与适用》，人民法院出版社2004年版，第30页，第31页。

⑥ 最高人民法院民事审判第一庭编著：《最高人民法院审理旅游纠纷案件司法解释理解与适用》，人民法院出版社2010年版，第203页。

二、挂靠方与被挂靠方的责任分担基础

《旅游纠纷规定》起草过程中，就旅游经营挂靠双方当事人是否应对旅游者承担连带责任，存在两种尖锐对立的观点：[①] 一种观点主张旅游经营挂靠双方对旅游者应一概承担连带责任，可以称之为统一说；另一种观点则认为被挂靠人仅在具有严重过错、获取相当利益及对挂靠人具有实际控制力的情况下方承担连带责任，否则不应承担连带责任，可以称之为区分说。虽然《旅游纠纷规定》第14条最终采纳了统一说的观点，但由于该规定并未明确挂靠人与被挂靠旅行社之间责任的分担问题，导致统一说与区分说的争论在实践中，尤其是在挂靠人与被挂靠旅行社责任分担问题上战火重燃。为此，有必要对挂靠人与被挂靠人之间承担连带责任的法理基础做以详细分析，以期有利于挂靠人与被挂靠人责任分担问题的解决。

挂靠人与被挂靠人之所以承担连带责任，其根本上的原因在于，二者共同故意实施违法行为，导致旅游者人身、财产权益受到侵害。其共同故意实施违法行为主要表现在两个方面：其一，挂靠人与被挂靠人通过出租出借旅游经营许可证，以代理的形式规避法律、实施违法行为；其二，挂靠人与被挂靠人通过出租出借旅游经营许可证，故意隐瞒真实情况，诱使旅游者与不具有经营资质的挂靠人签订旅游合同，构成共同故意欺诈。

挂靠人与旅游者签订旅游合同，并非以自己的名义，而是经被挂靠旅行社同意，以被挂靠旅行社的名义实施，本应构成代理行为。然而，挂靠人并不具备《旅行社条例》所规定的从事招徕、组织、接待旅游者等活动，为旅游者提供相关旅游服务，开展国内旅游业务、入境旅游业务或者出境旅游业务的法定资质，而与旅游者签订旅游合同。此种行为因为违反《旅行社条例》第46条第1项关于“未取得相应的旅行社业务经营许可，经营国内旅游业务、入境旅游业务、出境旅游业务的”规定，而属于违法行为。没有资质而以被挂靠人名义从事旅游业务为违法行为，而代理人所从事的代理行为应为意思表示行为，侵权行为、违法行为等事实行为不能成为代理的客体。[②] 所以，本书认为，旅游挂靠经营行为中挂靠人、被挂靠旅行社与旅游者之间不可能构成代理行为，即

---

① 关于挂靠经营双方是否承担连带责任的争论意见，可参见最高人民法院民事审判第一庭编著：《最高人民法院审理旅游纠纷案件司法解释理解与适用》，人民法院出版社2010年版，第203页。

② 王泽鉴：《债法原理》，北京大学出版社2009年版，第216页。

使是表见代理也不可能构成。[①]

对于此种在代理表象之下从事违法行为的情况，《民法典》第167条做出明文规定，即代理人知道或者应当知道代理事项违法仍然实施代理行为，或者被代理人知道或者应当知道代理人的代理行为违法未作反对表示的，被代理人和代理人应当承担连带责任。该条文虽然在表述上仍然使用了“代理人”“被代理人”“代理行为”“代理事项”等，但从其法律效果来看，并未肯定违法行为的代理，而是架构在具有代理表现形式上的共同违法行为。旅游挂靠经营行为即符合《民法典》第167条的规定，挂靠人以被挂靠旅行社的接待部、出境部、门市部等身份出现，以被挂靠旅行社的名义与旅游者签订旅游合同，被挂靠旅行社和挂靠人之间在对外表现形式上具有职务代理[②]中“被代理人”和“代理人”的关系，被挂靠人对于挂靠人所从事的违法行为属于明知或者应当知道，而未表示反对，因此被挂靠人与挂靠人双方应当对挂靠人所实施的违法行为（非法与旅游者签订旅游合同）承担连带责任。

在此应特别说明的是，与旅游者签订旅游合同本身并非违法行为，挂靠人行为的违法性主要表现在其借用、租赁经营许可证而签订旅游合同，后者才属于《民法典》第167条所指向的“违法行为”。通常情形下，《民法典》第167条所指向的违法行为是指行为本身的违法性，例如买卖枪支行为本身即具有违法性。但并非仅行为本身违法才构成《民法典》第167条的“违法行为”，不具备特定法律资格而从事相应行为也构成违法行为，甚至犯罪行为，例如非法吸收公众存款、非法集资行为等。挂靠人借用、租赁旅游经营许可证而签订旅游合同的行为即属于不具备特定法律资质而从事相应行为的违法行为。

从侵权行为的角度来讲，挂靠人的行为构成欺诈已如前述，问题是被挂靠旅行社是否也构成欺诈，进而与挂靠人作为共同欺诈人，就其对旅游者的“共同欺诈的侵权行为”承担连带责任？

挂靠人明知自己未取得相应的旅行社业务经营许可，根据《旅行社条例》第46条的规定，不能经营国内旅游业务、入境旅游业务、出境旅游业务，而故意隐瞒不具有经营资质的事实、故意告知旅游者其为被挂靠经营者接待部、出

---

① 有实务部门的观点认为，在被挂靠人否认同意挂靠人以自己名义从事旅游经营行为时，可能构成表见代理。参见最高人民法院民事审判第一庭编著：《最高人民法院审理旅游纠纷案件司法解释理解与适用》，人民法院出版社2010年版，第202页。

② 关于职务代理，可参见马俊驹、余延满：《民法原论》，法律出版社2007年版，第225页。

境部、门市部等虚假信息，诱骗旅游者与其签订旅游合同，构成原《民通意见》第68条所规定的欺诈行为。就被挂靠旅游经营者来讲，虽然并未直接实施对特定旅游者的欺诈行为，但其明知挂靠人以自己名义与旅游者签订旅游合同、欺诈旅游者，不仅不予以制止，反而与挂靠人签订挂靠协议，为挂靠人实施欺诈行为提供各种便利条件。被挂靠旅行社的上述行为，构成《民法典》第1169条所规定的“帮助他人实施侵权行为”，应与挂靠人承担连带责任。

所谓帮助行为，是指给予他人以帮助，如提供工具或者指导方法，以便使该他人易于实施侵权行为。[①] 需要引起注意的是，与侵权责任法上常见的帮助行为相比较而言，被挂靠旅行社的帮助行为有其自身的特殊性。侵权责任法上常见的帮助行为，例如甲为乙提供“万能钥匙”作为乙对丙实施盗窃的工具，通常是帮助他人实施特定的侵权行为，在这些帮助行为中，帮助人对于被侵权人、侵害对象通常具有具体的认识。而被挂靠旅行社为挂靠人提供条件从事非法旅游营业活动，为挂靠人实施欺诈行为提供条件，对于被欺诈对象的旅游者并无具体的认知，但这并不影响被挂靠旅行社的行为成立帮助行为，因为帮助人对被侵害对象是否有具体的认知并非帮助行为成立的决定性要素。[②]

此外，被挂靠旅行社的帮助行为与挂靠人对旅游者的欺诈行为构成共同侵权行为，被挂靠旅行社与挂靠人之间具有意思联络时当然可以构成，没有意思联络而在客观上作为旅游者的损害的共同原因时，根据《民法典》第1171条的规定，依然可以构成共同侵权行为，而应承担连带责任。[③] 同时，为了避免旅游者因无法证明被挂靠旅行社的帮助行为与挂靠人之间的挂靠关系，而承担不利的法律后果，旅游者仅需证明挂靠人使用被挂靠旅行社的印章、名义等即可，而由被挂靠旅行社对不构成挂靠关系承担举证责任。

---

① 全国人大常委会法制工作委员会民法室：《中华人民共和国侵权责任法：条文说明、立法理由及相关规定》，北京大学出版社2010年版，第38页。

② 侵权法上的帮助行为的成立要件中，理论上认为与刑法上的帮助行为相同。参见王泽鉴：《侵权行为》，北京大学出版社2009年版，第366页。刑法上的帮助行为，不需要被帮助人的行为在所有的细节上都是已经具体化了的行为。参见［德］约翰内斯·韦塞尔斯：《德国刑法总论》，李昌珂译，法律出版社2008年版，第331页。

③ 实践中，由于被挂靠旅行社与挂靠人之间存在挂靠协议，二者对于挂靠人实施欺诈存在意思联络，通常不会发生没有意思联络的、客观行为关联共同加害行为。但由于被挂靠旅行社往往会对其允许挂靠人从事挂靠行为这一事实予以否认，而受害旅游者却无法提出较为有力的证据予以证明。为保护旅游者的合法权益，可以通过客观行为关联共同加害行为的认定，使其依然承担连带责任。张新宝：《侵权责任法》，中国人民大学出版社2010年版，第50页。

三、挂靠方与被挂靠方的责任分担

如前所述，旅游挂靠经营双方就旅游者所遭受的损害承担连带责任的基础有二：其一为《民法典》第167条所规定的违法行为“代理”的连带责任；其二为《民法典》第1169条所规定的因帮助而实施共同欺诈侵权行为的连带责任。承担连带责任的基础明确之后，该连带责任在挂靠方与被挂靠旅行社之间的效力，即二者内部如何分担责任可得以明确。以下根据连带责任内部效力的基本理论，阐明挂靠方与被挂靠旅行社之间的责任分担规则。

挂靠方与被挂靠旅行社在向旅游者承担连带责任的规则，其目的主要在于确保旅游者受到侵害的权益能够得到充分的救济，是将旅游者因其中一方可能因为无力赔偿的风险转嫁给承担连带责任的另一方。[①] 挂靠方与被挂靠旅行社向旅游者承担连带责任的要义在于，旅游者可以向挂靠方或被挂靠旅行社分别要求承担全部责任，也可以要求双方同时承担全部责任，此为连带责任的外部效力。挂靠方或被挂靠旅行社中的一方如果向旅游者承担了全部责任，旅游者请求另外一方承担责任的权利即告消灭，因而发生承担责任一方可否向另外一方追偿的问题，这也被称为连带责任的内部效力，或内部连带效力问题。

根据连带责任是否具有内部效力，可将连带责任区分为真正（纯粹）连带责任和不真正（不纯粹）连带责任。真正（纯粹）连带责任不仅具备外部的连带效力，即每个连带责任人均对于权利人承担全部的责任，权利人可以同时或先后向连带责任人之一人或数人要求承担责任，而且还具备内部连带的效力，即部分连带责任人承担超出自己应承担的部分的，可向其他连带责任人予以追偿的效力。而不真正（不纯粹）连带责任则具有外部连带的效力，而在连带责任人之间并无相互追偿的内部效力。[②]

然而，挂靠方与被挂靠旅行社对于旅游者所承担的连带责任究竟是否具有内部效力，并不能以将其界定为真正（纯粹）连带责任或不真正（不纯粹）连带责任来确定。[③] 事实上，在法律就连带责任人之间是否具有内部连带的求偿关系未作明文规定时，究竟是否存在求偿权以及谁对谁有求偿权，必须就个案

---

① 黄茂荣：《多数债务人或债权人之债》，载《植根杂志》第27卷第7期。

② 关于连带责任的内部效力，参见孙森焱：《民法债编总论（下册）》，法律出版社2006年版，第732页。

③ 黄茂荣：《多数债务人或债权人之债》，载《植根杂志》第27卷第7期。

进行具体分析评价来决定。[1] 前已述及，挂靠方与被挂靠旅行社对于旅游者承担连带责任的基础在于，二者为违法行为的“代理”和共同为欺诈侵权行为。就违法行为的“代理”而言，挂靠方明知自身并无从事旅游业务的资质而与旅游者签订旅游合同，被挂靠的旅行社明知挂靠方违法经营却为其提供各种便利条件，使其假借自己名义从事旅游业务，二者对旅游者因此所造成的损害，均有其过错，均当承担一定的责任。就共同欺诈侵权行为而言，挂靠方和被挂靠旅行社同样均存在自身的过错，均应承担一定的责任。《民法典》第 178 条第 1 款和第 2 款明确规定：“二人以上依法承担连带责任的，权利人有权请求部分或者全部连带责任人承担责任。连带责任人的责任份额根据各自责任大小确定；难以确定责任大小的，平均承担责任。实际承担责任超过自己责任份额的连带责任人，有权向其他连带责任人追偿。”因此，挂靠方和被挂靠旅行社中的一方如果对旅游者承担了全部责任的话，有权要求另外一方承担该方应承担的部分。

第六节　通过保险的责任分担

旅游经营者从事旅游经营活动，因其对旅游者承担广泛的安全保障义务，而旅游者必须亲身接受旅游服务的提供，从而导致旅游经营活动过程中，旅游经营者经常面临重大的赔偿责任风险。就旅游经营者责任分担的方法来讲，除了区分旅游经营者与旅游者之间的责任分担、旅游经营者之间的责任分担之外，向保险公司投保责任保险也是当代社会关于责任分担的重要方法之一。《旅游纠纷规定》第 5 条即考虑到旅游经营者责任保险的情况，为旅游纠纷中通过保险分担责任、解决旅游纠纷提供了具体的诉讼关系安排。然而，《旅游纠纷规定》第 5 条仅仅规定了旅游经营者投保责任险的情况下，人民法院可将保险公司作为第三人纳入诉讼当中，对于如何通过责任保险具体分担旅游经营者的责任、旅游者能否直接向保险公司要求赔偿、保险公司在何种范围内向旅游者承担何种责任等问题均未明确规定。对此，有必要结合《保险法》《旅行社责任保险管理办法》以及当前主要的旅行社责任保险条款的情况，做以分析和阐明。

应予说明的是，当前旅行社责任保险实践中，影响最大的应属原国家旅游局组织实施的旅行社责任保险统保示范项目。该项目是由原国家旅游局发起，

---

① 黄茂荣：《多数债务人或债权人之债》，载《植根杂志》第 27 卷第 7 期。

通过保险经纪公司的协调，由多家保险公司共同承保，在全国范围内开展的旅行社统一投保的责任保险。2010 年至今，旅行社责任保险统保示范项目累计承保超 20 万家次旅行社的责任风险、690 亿人天的旅游活动的风险、提供保障额度超 8000 亿元，投保旅行社范围覆盖全国 31 个省（自治区、直辖市）、660 余个城市，约占旅行社总数的 60%。项目调处中心累计处理旅责险案件超 10 万件，累计垫付、预付 4169 万元，为旅行社挽回经济损失 7.88 亿元。新冠肺炎疫情期间，该项目免费扩展"旅行取消附加险"，使 420 余家旅行社得到补偿超千万元；项目经纪人积极为参保旅行社争取保费减免政策，2021—2022 年度，项目已累计减免保费超过 3 亿元。[①] 较之于一般的责任保险，该统保项目符合旅游行业特点和司法审判实践，贴近旅行社实际需求。而且旅行社责任保险统保示范项目在保险公司自身的理赔程序之外，结合旅游行业的特殊性，成立了事故调解处理中心和事故鉴定委员会，负责旅行社责任保险统保示范产品基本险人身伤亡事故、财产损失事故的鉴定和调解处理，在案件处理中引入旅游行业的声音，更客观地处理索赔，更好地协调旅游经营者、旅游者和保险公司之间的利益平衡。虽然该项目在 2016 年到期后，旅游行政主管部门不再居间推动，旅行社责任保险已经进入市场化运行模式，由旅行社自主选择保险公司投保旅行社责任保险，但是，由于该项目下的统保条款是经过旅行社行业和保险行业共同磋商的结果，集中体现了双方的最大共识，而且其在旅行社责任保险市场上占比较大，故本书以下结合该项目《2017—2021 年度旅行社责任保险统保示范项目保险条款》（以下简称《2017—2021 年度统保条款》），就旅游经营者与责任保险公司之间的责任分担做以简要阐述。

一、旅行社责任保险法律关系

责任保险，是指以被保险人对第三者依法应负的赔偿责任为保险标的的保险（《保险法》第 65 条第 4 款）。旅行社责任保险，是指以旅行社因其组织的旅游活动对旅游者和受其委派并为旅游者提供服务的导游或者领队人员依法应当承担的赔偿责任为保险标的的保险（《旅行社责任保险管理办法》第 2 条第 2 款）。在旅行社责任保险中，旅行社作为被保险人向保险人（即保险公司）缴纳保险费，作为保险人的保险公司，在旅行社依法应对旅游者、导游或者领队

① 江泰保险经纪股份有限公司唐兵女士提供了统保项目的相关信息，特致谢忱！

人员承担赔偿责任时，根据旅行社与保险公司的责任保险合同，向旅行社负赔偿责任，也可以依法或根据合同约定直接向旅游者、导游或者领队人员承担赔偿责任。从责任保险的角度来看，旅行社责任保险固然是旅行社与保险公司的保险合同关系；但从旅游民事责任分担的角度来看，旅游纠纷的最终解决，始终是涉及旅行社（被保险人）、保险公司（保险人）和旅游者、导游或者领队人员（第三者）三方面的法律关系，以下分述之。鉴于导游或者领队人员作为第三人的旅游经营者责任保险并非《旅游纠纷规定》所调整的范围，且其仅在其与旅游经营者法律关系方面和旅游者作为第三人存在不同，以下仅以旅游者作为第三人的情形予以讨论，导游、领队人员与责任保险的相关问题拟另文详述。

（一）保险标的：旅游经营者对旅游者的赔偿责任

通过责任保险分担的责任，是旅游经营者对旅游者的赔偿责任。因此，旅游经营者依法应对旅游者承担损害赔偿责任，是旅游责任保险的前提条件，在保险法上属于旅游经营者责任保险的保险标的。①

作为责任保险标的的损害赔偿责任，应为被保险人依法应对第三者承担的民事赔偿责任。原则上，可以作为责任保险标的的损害赔偿责任，既可以是违约责任也可以是侵权责任，但该责任必须为民事赔偿责任，而不能是行政责任、刑事责任等公法上的责任，否则无异于鼓励人们犯罪，与保险的目的相悖。传统保险法理论认为，作为保险标的的赔偿责任，应当是被保险人及其代理人、雇佣人因过失导致他人损害应负的赔偿责任，如果是故意所致，被保险人应当自行承担，而不在保险范围之内。② 我国《保险法》第 65 条第 4 款仅规定，责任保险以被保险人对第三者依法应负的赔偿责任为保险标的，并未明确被保险人因故意导致的损害赔偿责任是否可以作为责任保险的保险标的。立法部门认为，虽然《保险法》对此并未明确规定，但因被保险人故意行为造成的赔偿责任不属于责任保险的保险标的，其理由在于保险事故的不确定性，即保险法禁止故意制造保险事故（《保险法》第 27 条第 2 款）。③ 理论界也认为，被保险人

---

① 关于责任保险的保险标的，参见梁宇贤：《保险法新论（修订新版）》，中国人民大学出版社 2004 年版，第 205 页。

② 参见梁宇贤：《保险法新论（修订新版）》，中国人民大学出版社 2004 年版，第 207 页。

③ 吴高盛主编：《〈中华人民共和国保险法〉解读》，对外经济贸易大学出版社 2009 年版，第 74 页。

故意造成的损失不予赔偿，是保险法的基本原则。[①] 实践中，保险公司与旅游经营者签订责任保险协议时，通常也会将旅游经营者的赔偿责任限制在过失导致的范围内。

有疑问的是，旅游经营者责任保险属于企业责任保险，企业责任保险必然涉及的问题是，企业所雇用的雇员、委任的代理人等的故意行为导致的对第三人的损害赔偿责任，能否作为旅行社责任保险的保险标的？本书认为，虽然企业的雇员故意实施加害行为，但损害的发生对于被保险人企业来讲依然属于偶然的意外，符合保险事故的不确定性要求。[②] 实际上，为了避免道德风险，责任保险中排除故意导致的损害赔偿责任，仅仅排除的是被保险人、投保人的故意行为（《保险法》第 27 条第 2 款），即使投保人、被保险人的代理人或雇员有故意，除非投保人、被保险人与其代理人或雇员就“故意造成损害”有意思上的联络，否则投保人、被保险人顶多是存在“选任或监督上的过失”，而不能认为投保人、被保险人也有促使保险事故发生的故意。[③] 因此，旅游经营者对其代理人、工作人员因故意导致损害的赔偿责任，依然可以作为责任保险的保险标的。

正是基于上述理由，《2017—2021 年度统保条款》第 3 条第 3 款第 8 项、第 10 项并未排除被保险人的工作人员故意造成旅游者人身伤害导致的赔偿责任，也未排除被保险人的履行辅助人或其他第三人故意造成旅游经营者或履行辅助人经营场所的旅游者人身伤害导致的赔偿责任。《2017—2021 年度统保条款》第 12 条第 1 款第 4 项虽然排除了被保险人的故意行为造成的损失、费用、责任，但在明确区分被保险人、被保险人的工作人员的体系之下，该条应解释为未排除被保险人的工作人员的故意行为。因此，上述原因导致的旅游经营者责任，属于旅行社责任保险的保险范围，保险公司应予赔偿。显然，这一约定更有利于对旅游经营者利益的保护，也有利于旅游者所遭受的损害得到有效的救济。

（二）保险事故：保险公司对旅游经营者赔偿责任的基础

保险合同成立生效以后，投保人应当缴纳保险费等合同义务虽然确定，但保险人是否应当履行保险赔付义务以及应赔偿的保险金额等，则必须依不确定

① 郑玉波：《保险法论》，刘宗荣修订，三民书局 2009 年版，第 116 页。

② 参见邹海林：《责任保险论》，法律出版社 1999 年版，第 57 页。

③ 参见刘宗荣：《新保险法：保险契约法的理论与实务》，中国人民大学出版社 2009 年版，第 332 页。

的事实是否发生以及发生的结果来确定，该不确定的事实即为保险事故，正因为如此，保险合同被称为不确定合同或射幸合同。[①] 可见，保险事故乃是保险人赔偿责任发生、赔偿范围确定的依据，在整个保险合同法律关系中，处于枢纽地位。根据《保险法》第 16 条第 7 款的规定，所谓保险事故，是指保险合同约定的保险责任范围内的事故。一般的财产保险中，保险事故都比较清晰、明了，具体来讲，在火灾保险中，保险事故就是火灾；在海上保险中即为海上发生的一切事变和灾害。但是在责任保险中，保险事故究竟是什么，并非一目了然。例如，甲旅行社就其对旅游者可能承担的营业责任向乙保险公司投保，而后甲旅行社委派的导游丙在提供旅游服务的过程中导致丁旅游者损害，当丁向甲旅行社请求赔偿时，甲旅行社即可以向乙保险公司请求赔付。在这一系列的事实中，究竟哪个属于责任保险的保险事故，《保险法》并未做出明确规定，理论与实务上也存在诸多争议。

第一种观点认为，第三人遭受损害的事实，例如上例中旅游者所遭受损害的事实，即为责任保险的保险事故，这种观点理论上称之为损害事故说。[②]《旅行社责任保险管理办法》第 19 条规定："旅行社组织的旅游活动中发生保险事故，旅行社或者受害的旅游者、导游、领队人员通知保险公司的，保险公司应当及时告知具体的赔偿程序等有关事项。"其中对保险事故的理解，应该是采此种观点。然而，旅游者作为责任保险合同中的第三人，其所遭受的损害并不能等同于被保险人旅游经营者的损害，因为作为第三人的旅游者所遭受的损害，旅游经营者并不一定都要承担赔偿责任；即使旅游经营者应承担赔偿责任，旅游者是否主张该赔偿责任也并非必然，[③] 因此二者不能混同。

第二种观点认为，损失事故发生后，如果被保险人应承担责任，即为保险事故的发生，因此被保险人责任的发生即为责任保险的保险事故，学说上称之为被保险人责任发生说。[④] 根据此种观点，在旅行社责任保险中，旅游者遭受损害旅游经营者应承担赔偿责任，即为保险事故。换言之，如果旅游者遭受损害，但旅游经营者依法不应承担赔偿责任的，则并不属于保险事故的发生，保险公司即无需负保险赔偿责任。[⑤] 旅行社之所以投保责任保险，其目的即在于

---

① 刘宗荣：《新保险法：保险契约法的理论与实务》，中国人民大学出版社 2009 年版，第 36 页。
② 梁宇贤：《保险法新论（修订新版）》，中国人民大学出版社 2004 年版，第 209 页。
③ 郑玉波：《保险法论》，刘宗荣修订，三民书局 2009 年版，第 116 页。
④ 梁宇贤：《保险法新论（修订新版）》，中国人民大学出版社 2004 年版，第 209 页。
⑤ 郑玉波：《保险法论》，刘宗荣修订，三民书局 2009 年版，第 117 页。

避免旅行社（被保险人）因向旅游者（第三人）承担赔偿责任而遭受财产上的损失，因此当旅游者遭受损害，旅游经营者应承担赔偿责任时，似乎即有必要启动责任保险程序。《保险法》第65条第2款即采取了此种观点。但是，一方面，旅游经营者“应当”承担责任并不意味着旅游经营者“已经”遭受财产上的损失而有保险赔付的必要，毕竟旅游者是否主张该赔偿责任尚不确定。另一方面，即使旅游经营者不应承担赔偿责任，根据《保险法》第66条的规定，责任保险的被保险人因给第三者造成损害的保险事故而被提起仲裁或者诉讼的，被保险人支付的仲裁或者诉讼费用以及其他必要的、合理的费用，除合同另有约定外，由保险人承担。旅游经营者（被保险人）支付的仲裁或者诉讼费用以及其他必要的、合理的费用在旅游经营者败诉时，保险公司（保险人）固然应予赔偿；即使旅游经营者胜诉而无需承担赔偿责任时，保险公司（保险人）依然应予赔偿。① 就此来看，被保险人责任发生说，也有其不完善之处。

第三种观点系针对《保险法》第66条的规定提出，这种观点主张第三人请求被保险人予以赔偿时保险事故发生，即以第三人请求赔偿为保险事故，学说上称之为被保险人受请求说。② 根据此种观点，无论第三人之请求是否合理，保险事故即已发生，保险人均应承担保险责任：旅游者遭受损害而请求旅游经营者承担赔偿责任有法律依据时，旅游经营者当然应负赔偿责任；如其请求并无法律依据，旅游经营者作为被保险人虽然不负损害赔偿责任，但其因为诉讼或仲裁所支付的合理费用除可向败诉方追回的以外，保险公司即应予以赔偿。然而，此种观点固然能够对《保险法》第66条提供较为合理的解释，对被保险人也有利，但对于保险人来讲未免过于苛刻。③ 况且，第三人请求被保险人赔偿并不必然导致被保险人财产上的损失，以第三人请求为保险人赔偿的原因，在赔偿条件上未免过于宽松。

第四种观点认为，被保险人受第三人的损害赔偿请求还不是保险事故的发生，而必须被保险人已经向第三人履行损害赔偿义务，方才构成保险事故，学说上称之为赔偿义务履行说。④ 此说虽然符合被保险人遭受财产上损失这一本质性要求，也有利于对《保险法》第65条第3款关于“责任保险的被保险人

① 郑玉波：《保险法论》，刘宗荣修订，三民书局2009年版，第117页。
② 梁宇贤：《保险法新论（修订新版）》，中国人民大学出版社2004年版，第209页。
③ 郑玉波：《保险法论》，刘宗荣修订，三民书局2009年版，第117页。
④ 梁宇贤：《保险法新论（修订新版）》，中国人民大学出版社2004年版，第209页。

给第三者造成损害，被保险人未向该第三者赔偿的，保险人不得向被保险人赔偿保险金”的规定做出解释，但却与责任保险通行的立法例有所不符。各国保险法多允许第三人直接向保险人要求赔偿，被保险人也可以直接向第三人支付赔偿。我国《保险法》第 65 条第 1 款和第 2 款即采纳各国通例，一定情况下允许保险人直接向第三人支付赔偿，也允许第三人直接请求保险人赔偿保险金。

综上所述，关于责任保险的保险事故，我国《保险法》以第二种观点为主，兼采第三种和第四种观点。在旅游纠纷处理的过程中，对保险事故何时发生，还需要针对纠纷的具体情况，妥善确定保险事故，兼顾旅游经营者、旅游者和保险公司三方的利益。

（三）旅游者对保险公司的请求权

在旅游经营者、旅游者和保险公司三方关系中，旅游经营者与旅游者之间以旅游合同为联系纽带，保险公司与旅游经营者通过责任保险合同产生法律关系，唯独旅游者与保险公司并无直接的法律关系。那么，旅游者在旅游过程中因旅游经营者原因造成损害后，能否直接向保险公司请求支付保险金呢？

根据合同相对性的原理，旅游经营者与旅游者之间的法律关系依据旅游合同予以确定；旅游经营者与保险公司的权利义务依据责任保险合同判断，旅游者并非责任保险合同的当事人、保险公司也不是旅游合同的当事人，二者之间并无法律关系，原则上旅游者对保险公司并无请求支付保险金的法律基础。如此，事实上存在密切联系的两个法律关系，因为合同相对性原则而区隔开来，这在实践上也使旅游经营者处于困境之中：一方面，旅游经营者往往向旅游者承担较大赔偿责任；另一方面，在另案处理与保险公司的责任保险理赔中，又得不到足够的保险金赔付。如能将两个法律关系相互沟通、两个案件合并审理，既有利于纠纷的最终解决，也有利于旅游者尽快获得赔偿，同时也不会伤害旅游经营者投保责任保险的积极性。正是基于此，《旅游纠纷规定》第 5 条规定，人民法院可以应当事人的请求将保险公司列为第三人。《旅游纠纷规定》第 5 条在一定程度上解决了涉及责任保险的旅游纠纷诉讼程序问题，但旅游纠纷的解决最终是依赖于当事人的实体权利、义务关系，在允许保险公司作为第三人的背后，旅游者对于保险公司究竟享有何种实体法上的权利，纠纷最终应当如何解决，有必要从理论与实务结合的角度予以阐明。

根据《保险法》的规定，作为责任保险的第三人，旅游者对于保险公司的请求权是附条件的请求权。[①] 所谓附条件的请求权，是指责任保险的第三人在符合法律规定或者合同约定的条件时，可以请求保险人给付责任保险约定的赔偿金。通常来讲，基于责任保险合同的相对性，只有被保险人方可请求保险人按照保险合同的约定向被保险人自己支付约定的赔偿金。但责任保险的基本目的在于保护因被保险人的加害行为而受到损害的第三人，基于此我国《保险法》确立了不得因被保险人的原因导致第三者无法取得保险金的责任保险原则。[②] 据此，《保险法》第 65 条第 1 款确立了保险人向第三者直接赔偿保险金的赔偿原则，其前提是直接赔偿具有法律规定或者合同约定作为其赔偿根据。因此，只要有相关法律规定或者责任保险合同的约定，保险公司即可直接向旅游者赔偿约定的保险金，旅游者也享有直接向保险公司请求赔偿保险金的请求权，这是旅游者一般的直接请求权。

另外，当旅游经营者对旅游者的赔偿责任确定时，保险公司应当直接向旅游者赔偿保险金。对此种附条件请求权，需要说明的有以下四点：

第一，保险公司直接向旅游者赔偿保险金，以旅游经营者对旅游者的赔偿责任确定为前提。所谓赔偿责任确定，是指旅游经营者向旅游者支付损害赔偿数额确定，至于其确定的方法可以包括和解、承认、判决，[③] 根据《2017—2021 年度统保条款》第 3 条第 2 款第 3 项的规定，赔偿责任的确定根据可以是人民法院判决、有关仲裁机构裁决、旅行社责任保险调解处理中心或事故鉴定委员会的认定。

第二，赔偿责任确定后，旅游经营者应向保险公司提出向旅游者支付保险金的请求，保险公司据此应当直接向该第三者赔偿保险金（《保险法》第 65 条第 2 款）。据此，作为第三人的旅游者，在旅游经营者应向其承担的赔偿责任确定时，也并不能直接向责任保险的保险公司请求支付赔偿金，而必须由被保险人旅游经营者向保险公司提出请求。在旅游经营者向保险公司提出向旅游者支付赔偿金的请求后，保险公司方可向旅游者直接支付赔偿金。那么，保险公司如未向旅游者支付的话，旅游者能否向保险公司提出支付赔偿金的请求呢？本书认为，作为被保险人的旅游经营者向保险公司表示由后者向旅游者直接支付，

---

① 参见邹海林：《责任保险论》，法律出版社 1999 年版，第 230 页以下。

② 吴高盛主编：《〈中华人民共和国保险法〉解读》，对外经济贸易大学出版社 2009 年版，第 75 页。原文为“不得因保险人的原因导致第三者无法取得保险金”，从其下文分析可见，该表述显为“被保险人”之笔误。

③ 刘宗荣：《新保险法：保险契约法的理论与实务》，中国人民大学出版社 2009 年版，第 339 页。

构成旅游经营者将其根据责任保险合同所享有的损害赔偿债权转让给旅游者，旅游者取得该项债权之后，当然可在保险公司未主动支付赔偿金的情况下，行使该项债权，请求保险公司向其支付赔偿金。

第三，赔偿责任确定后，旅游经营者怠于向保险公司提出向旅游者支付保险金的请求的，旅游者可以直接向保险公司请求向其赔偿保险金（《保险法》第 65 条第 2 款后句）。根据该规定，被保险人对第三者应负的赔偿责任确定、被保险人怠于请求直接向第三者支付赔偿金的，第三者有权就其应获赔偿部分直接向保险人请求赔偿保险金。所谓怠于请求，是指作为被保险人的旅游经营者应当请求并且能够请求而不请求保险公司向旅游者支付赔偿金。应当请求，是指旅游经营者如不及时提出请求，会使权利消灭或者有丧失的可能，或者会致使旅游者处于困境之中；能够请求，是指不存在阻碍旅游经营者向保险公司提出请求的客观障碍；不请求，是指旅游经营者消极地不作为，至于是否出于旅游经营者的过错，在所不问。①

第四，赔偿责任确定后，无论旅游经营者向保险公司提出请求，还是怠于提出请求时，保险公司只能直接向旅游者支付相应的保险金，而不得将赔偿金支付给旅游经营者，也不得由旅游经营者转交旅游者。《保险法》第 65 条第 3 款规定，责任保险的被保险人给第三者造成损害，被保险人未向该第三者赔偿的，保险人不得向被保险人赔偿保险金。如此规定的目的，主要在于防止作为被保险人的旅游经营者取得保险金后不转交旅游者，导致旅游者无法取得保险金。② 虽然旅游者可以根据旅游合同和相关法律规定，要求作为被保险人的旅游经营者承担损害赔偿责任，但因此辗转而导致的时间成本、诉讼成本将大幅上升，不符合迅速解决纠纷、责任保险填补受害人利益的原则。

二、旅游经营者与保险公司的责任分担基础

旅游经营者与保险公司的责任分担基础，是旅游经营者与保险公司之间的责任保险合同。责任保险合同，是指被保险人与保险人签订的，以被保险人对第三者依法应负的赔偿责任为保险标的的保险合同。根据《旅行社条例》的规

---

① 关于怠于行使权利的论述，参见崔建远主编：《合同法》，法律出版社 2010 年版，第 151-152 页。

② 吴高盛主编：《〈中华人民共和国保险法〉解读》，对外经济贸易大学出版社 2009 年版，第 75 页。

定，从事旅游经营活动应依法设立旅行社。因此，旅游经营者的责任保险合同主要是指旅行社责任保险合同。旅行社责任保险，是指以旅行社因其组织的旅游活动对旅游者和受其委派并为旅游者提供服务的导游或者领队人员依法应当承担的赔偿责任为保险标的的保险。旅行社投保旅行社责任保险的，应当与保险公司依法订立书面旅行社责任保险合同（《旅行社责任保险管理办法》第7条）。

作为责任保险合同的一种，旅行社责任保险合同具有责任保险合同的共同属性：

第一，旅行社责任保险合同的标的是，因旅行社组织的旅游活动对旅游者和受其委派并为旅游者提供服务的导游或者领队人员依法应当承担的赔偿责任，而与一般的人寿保险、其他的财产保险相区别。

第二，因其以旅行社应承担的赔偿责任为标的，所以为减轻赔偿责任所支出的必要费用，应由保险公司承担。例如，旅行社支付的仲裁或者诉讼费用以及诉讼外的其他必要的、合理的费用，即应由保险公司承担（《保险法》第66条）。其原因在于，旅行社应诉、抗辩或进行损失估算等，实际上是间接为保险公司争取利益，[①] 因而应由保险公司负担其费用支出。

第三，旅行社责任保险是旅游经营者转嫁自身损害赔偿责任的手段，虽然责任保险的保险公司本应向被保险人支付保险金，但为免被保险人享受不当利益、保护遭受损害的第三人，因而保险公司在旅游经营者未向旅游者等第三者赔偿之前，不得向作为被保险人的旅游经营者赔偿保险金。进而，只要存在法律规定或者合同约定，保险公司即可直接向受到损害的旅游者等第三者赔偿保险金。即使无法律规定、合同约定，只要赔偿责任确定，旅游经营者向保险公司请求其直接向旅游者等第三人支付保险金的，保险公司也应当直接赔付。

第四，责任保险合同的目的在于，旅游经营者通过责任保险合同的签订、保费的缴纳分散其赔偿责任，因此责任保险合同保险公司在向受害的旅游者等第三人承担赔偿责任之后，不能主张代位行使旅游者等第三者对于被保险人旅游经营者的损害赔偿请求权，否则有违责任保险的基本目的。故此，原则上，旅行社责任保险合同并无保险代位法律制度适用的余地。不过，因旅游经营者及其工作人员、辅助服务者和旅游者之外的第三者损害而造成保险事故的，保

---

① 梁宇贤：《保险法新论（修订新版）》，中国人民大学出版社2004年版，第212页。

险公司自直接赔偿保险金或者先行支付抢救费用之日起，在赔偿、支付金额范围内代位行使对第三者请求赔偿的权利（《旅行社责任保险管理办法》第23条）。此为旅行社责任保险不适用保险代位法律制度的例外。

与一般的责任保险合同相比较而言，旅行社责任保险合同的特殊性主要表现在：

第一，旅行社责任保险是强制性责任保险。根据《旅行社责任保险管理办法》第2条第1款的规定，在中华人民共和国境内依法设立的旅行社，应当依照《旅行社条例》和本办法的规定，投保旅行社责任保险。据此，旅行社责任保险属于强制责任保险，与一般的任意性责任保险的立法宗旨有明显不同。任意性责任保险的宗旨在于填补被保险人因向第三人赔偿而遭受的损害；强制责任保险则具有安定社会的功能，宗旨在于保障第三人能够获得赔偿。[①] 旅行社强制责任保险的立法目的即在于“保障旅游者的合法权益”（《旅行社责任保险管理办法》第1条），而非分散旅行社经营风险、填补旅行社因承担赔偿责任所遭受的损害。因此，旅游经营者虽然就保险人的选择有一定的选择权，但其不得拒绝签订责任保险合同，甚至其投保的额度也是受到强制的，例如《旅行社责任保险管理办法》第18条第2款即规定，每人人身伤亡责任限额不得低于20万元人民币。

第二，旅行社责任保险是企业责任保险，是为自己兼为他人利益的责任保险合同。旅游经营者属于企业法人，以旅游经营者为被保险人的责任保险即为旅游经营者责任保险，属于企业责任保险，此种企业责任保险因旅游经营者必须使用工作人员从事相关营业活动，由此即涉及旅游经营者的工作人员致旅游者损害时的赔偿责任是否纳入旅游经营者责任保险范围内的问题。我国《保险法》对此并未作明确规定，但由于旅游经营者的工作人员履行职务的行为所导致的损害，应由旅游经营者予以承担，所以为了分散旅行社经营风险、保障旅游者合法权益，旅行社责任保险合同往往将旅游经营者的工作人员和旅游辅助服务者纳入责任保险范围。

当然，责任保险合同仅在旅游经营者提供旅游服务有关的范围内才能将其适用于旅游经营者的工作人员和旅游辅助服务者，如果与旅游经营者提供旅游服务无关的工作人员故意或过失所致的损害赔偿责任，则不在责任保险保险公

---

① 刘宗荣：《新保险法：保险契约法的理论与实务》，中国人民大学出版社2009年版，第342-343页。

司应予赔付的范围之内。[①] 据此，如果受害旅游者依据《民法典》第 593 条或第 1191 条第 1 款的规定，请求旅游经营者承担赔偿责任时，旅游经营者当然可以请求保险公司赔付保险金；而且如果旅游者直接请求致害的工作人员或旅游辅助服务者承担损害赔偿责任的，该工作人员或旅游辅助服务者也可以请求保险公司赔付保险金。工作人员或旅游辅助服务者在责任保险合同上，本来处于第三人的地位，但其也可以享受责任保险上的利益，因此理论上也将此种责任保险合同认为是为自己兼为他人利益的责任保险合同。[②]

三、旅游经营者与保险公司的责任分担

与其他的旅游民事责任分担有所不同，旅游经营者与保险公司的责任分担的基础在于二者之间的责任保险合同，而非保险公司本身违反其法律义务而需要对旅游者承担法律责任，此种赔偿责任的承担并非法律对保险公司的消极评价，本质上仅仅是保险公司在保险合同上的保险义务。因此，责任保险合同对于二者之间关于责任的分担约定，发挥着至关重要的决定性作用。在旅行社责任保险统保示范项目实施之前，责任保险合同对于旅游经营者多有不利，并未充分发挥分散旅游经营者经营风险的功能。在国家旅游行政主管部门的推动下，旅游行业联合起来与保险公司进行谈判，使得责任保险能够更有效地发挥“大数法则”的功效，对旅游经营者分散风险、迅速解决旅游纠纷、有效保护旅游者合法权益均形成有力的推动。《2017—2021 年度统保条款》对保险公司所应承担的保险责任、保险公司无需承担责任的除外责任都进行了非常具体的约定，明确了旅游经营者与保险公司的责任分担，以下主要以《2017—2021 年度统保条款》为参考对象，对二者的责任分担予以阐述。

（一）保险责任：保险公司应承担的损害赔偿责任

保险责任，是指保险人按照保险合同的约定，在保险事故发生时或在保险金支付的条件成就时应当承担的法律后果。[③] 换言之，保险责任即为，保险公司应当承担的损害赔偿责任。根据《2017—2021 年度统保条款》的规定，保险公司所应承担的损害赔偿责任主要有以下几个方面：

---

① 刘宗荣：《新保险法：保险契约法的理论与实务》，中国人民大学出版社 2009 年版，第 334 页。
② 郑玉波：《保险法论》，刘宗荣修订，三民书局 2009 年版，第 114 页。
③ 傅廷中：《保险法论》，清华大学出版社 2011 年版，第 36 页。

1. 旅游者人身伤害损害赔偿责任

保险公司按照旅游经营者责任保险合同的约定，通常需要对因被保险人过失、发生意外事故被保险人应当承担的旅游者人身伤害赔偿责任以及经人民法院判决，或有关仲裁机构裁决，或旅行社责任保险调解处理中心①认定或事故鉴定委员会②认定被保险人应当承担的旅游者人身伤害赔偿责任。

就其具体发生原因来看，保险公司应对下列情形下的旅游者人身伤害损害赔偿责任承担保险责任：(1) 在被保险人组织、接待的旅游活动中发生交通事故的；(2) 在被保险人组织、接待的旅游活动中发生旅游者食物中毒事件的；(3) 被保险人因过失，未尽到选择合格供应商义务，发生旅游者人身伤害事件的；(4) 被保险人因过失，在行前未尽到询问旅游者与旅游活动相关的个人健康信息义务，或未告知旅游者不适合参加旅游活动的情形，或对行程中可能危及旅游者人身、财产安全的事项未向旅游者做出必要的真实说明和明确的警示，或未采取防止危害发生的必要措施，发生旅游者人身伤害事件的；(5) 发生危及旅游者人身安全事故时，被保险人因过失未采取必要的保护、救助措施，致使损害进一步扩大的；(6) 被保险人因过失，对旅游行程或旅游项目安排不当，发生旅游者人身伤害事件的；(7) 发生本保险条款第五条约定的延误情形后，遭遇自然灾害、事故灾难、突发公共卫生事件、战争、敌对行为、军事行动、武装冲突、骚乱、暴动、恐怖活动等不可归责于被保险人及其履行辅助人的客观原因导致的事件，致使旅游者人身受到伤害的；(8) 由于被保险人的履行辅助人的原因，导致在被保险人或其履行辅助人的经营场所发生旅游者人身伤害事件的；(9) 由于第三人的原因，导致发生旅游者人身伤害事件，且被保险人或其履行辅助人未尽到安全保障义务，被保险人应承担补充赔偿责任的；(10) 被保险人的工作人员履行职责的过程中，由于其导致旅游者人身伤害的；(11) 保险事故发生后，根据旅游者治疗的实际情况或经医生要求，旅游者需要转院进行后续治疗，包括但不限于从境外医院转往境内医院或从境内医院转往境外医院，为此发生的被保险人应承担的合理、必要的交通费、食宿费用；(12) 在旅游者自行安排活动期间发生旅游者人身伤害事件，被保险人未尽到

---

① 旅行社责任保险调解处理中心，是负责旅行社责任保险统保示范产品事故的调解、处理的专业化运行、制度化管理的机构。

② 事故鉴定委员会，是由法律专家、旅游行业专家、医学专家、保险人和保险经纪公司代表共同组成，负责旅行社责任保险统保示范产品人身伤害和财产损失案件的鉴定工作机构。

安全提示、救助义务，应当承担相应责任的。

值得注意的是，上列 12 项情形中，交通事故（1）、食物中毒（2）以及被保险人的履行辅助人（8）、工作人员（10）等 4 项原因导致的旅游者人身伤害的损害赔偿责任，不限于过失责任，即使存在故意导致损害的情形也包括在内。此外，发生保险事故可能引起的被保险人向旅游者承担的精神损害赔偿责任，必须经人民法院有效判决，保险人才负有依照保险合同的约定负责赔偿的责任（《2017—2021 年度统保条款》第 7 条）。

2. 旅游者财产损失的赔偿责任

保险期间内，在被保险人组织、接待的旅游活动中，旅游者财产有明显痕迹被盗窃的，或旅游者财产在被保险人或履行辅助人的集中照管下损失的，或在旅游者人身伤害事件中同时发生财产损失的，保险人按照保险合同的约定负责赔偿。旅游者的旅行证件在被保险人集中照管下损毁、丢失的，对旅行证件重新办理的费用保险人也负责赔偿。

3. 旅游行程延误的赔偿责任

在本保险期间内，被保险人组织、接待的旅游活动中，由于发生上述导致旅游者人身损害的 12 种事件（具体情形 5、11 除外）或发生旅游者行李物品、旅行证照被盗、丢失、毁损时，导致旅游者行程延误或终止（含被拒绝出入境），因此发生的合理、必要的交通费、食宿费用等，保险人依照本保险合同的约定负责赔偿。

4. 旅游者救助费用的赔偿责任

保险期间内，被保险人在组织、接待旅游活动中，发生自然灾害、事故灾难、突发公共卫生事件、战争、敌对行为、军事行动、武装冲突、骚乱、暴动、恐怖活动等不可归责于被保险人及其履行辅助人的客观原因导致的事件，导致被保险人组织、接待的旅游者人身受到伤害的，被保险人履行救助义务而发生的合理、必要的交通费、食宿费、救护车使用费、必要物品购置费、通信费用，保险人依照保险合同的约定负责赔偿。

发生保险事故后，被保险人为防止或者减少损失所支付的必要的、合理的费用，保险人依照保险合同的约定负责赔偿。保险人所承担的施救费用数额在保险标的损失赔偿金额以外另行计算，最高不超过每次事故责任限额。

5. 纠纷处理费用的赔偿责任

发生可能引起保险合同项下索赔的情形时，被保险人被提起仲裁或诉讼所需要支付的合理的、必要的仲裁费、诉讼费、鉴定费、评估费、公证费、律师费及其他相关费用等，保险人依照保险合同约定负责赔偿。

（二）除外责任：旅游经营者自行承担的风险

除外责任，是指依照法律的规定或合同约定，不属于保险责任的范围而保险人不承担赔偿责任的被保险人致人损害的赔偿责任。① 除外责任的功能在于，划定保险公司承担责任的消极范围，即属于除外责任的保险公司不负赔偿责任，至于最终应由旅游经营者承担责任抑或由旅游者自行承受损失，则属于责任保险范围之外的问题，本书在旅游经营者责任的相关部分已经做了讨论，此处不赘。

1. 不可归责于被保险人及其履行辅助人原因的除外责任

不可归责于被保险人及其履行辅助人原因的除外责任，主要包括以下几种情形：(1) 对于战争、敌对行为、军事行动、武装冲突、骚乱、暴动、恐怖活动等不可归责于被保险人及其履行辅助人的客观原因造成的损失、费用、责任，保险人不负责赔偿。但在上述情形下被保险人因履行应尽的救助义务而发生的合理、必要的交通费、食宿费、救护车使用费、必要物品购置费、通信费用，保险人依照本保险合同的约定负责赔偿。(2) 行政行为或司法行为。(3) 核辐射、核爆炸、核污染及其他放射性污染。(4) 被保险人的故意行为、违法行为或违规行为，但被保险人的违法行为或违规行为与保险事故的发生无因果关系的除外。

2. 因旅游者自身原因造成的人身伤害、财产损失

因旅游者自身原因造成的人身伤害、财产损失，被保险人旅游经营者则无需承担损害赔偿责任，从而保险人也不负担赔偿旅游者因此所遭受损害的义务。因旅游者自身原因造成的人身伤害、财产损失主要包括以下情形：(1) 旅游者的故意行为、犯罪行为所致的或旅游者擅自脱离团队过程中发生的人身伤害或财产损失。(2) 旅游者在被保险人组织、接待旅游活动中猝死或突发急性病的，保险人不负责赔偿，但被保险人未尽到安全保障义务的除外。(3) 旅游者在被保险人组织、接待旅游活动中由于自身疾病导致人身伤害的，保险人不负责赔偿，但被保险人未尽到安全保障义务的除外。(4) 由于公共交通经营者的原因造成旅游者人身损害或财产损失。(5) 金银、首饰、珠宝、文物、软件、

---

① 邹海林：《责任保险论》，法律出版社 1999 年版，第 203-204 页。

数据、现金、信用卡、票据、单证、有价证券、文件、账册、技术资料及其他不易鉴定价值财产的丢失和损坏，保险人不负责赔偿。

另外，在责任保险合同中，保险人原则上对于因保险责任事故造成的一切间接损失不负责赔偿，但有另行约定的除外。基于责任保险避免发生鼓励违法的原则，对于旅游经营者因违反相关法律法规而应承担的罚款、罚金及惩罚性赔偿，被保险人的工作人员故意犯罪、醉酒或者吸毒、自残或者自杀等所造成的损失、费用，保险公司也不承担赔偿责任。

前述情形为一般的旅行社责任保险基本保险的规则，在基本保险之外，被保险人可自行选择投保紧急救援费用保险、旅程延误附加保险、旅行取消损失保险、抚慰金附加保险、扩展费用保障保险中的一项或几项，以期在最大程度上分散旅游经营者的经营风险。

第六章 旅游损害赔偿

第一节 财产损害赔偿

在我国《民法典》所规定的民事责任承担方式中，损害赔偿无疑是最重要的一种类型，在理论与实践中也都受到极大的重视，同时也涉及很多具有争议的问题。所有这些问题，在旅游法的理论与实践中都得到了充分的展现。旅游损害赔偿既涉及人身损害赔偿，也包括财产损害赔偿、非财产损害赔偿（主要包括精神损害和时间浪费的损害赔偿），既有基于合同上的损害赔偿，也有基于侵权行为的损害赔偿。因此欲在本书中解决所有的旅游损害赔偿问题，实际上是无法完成的任务，在此仅能择其要者，做较为简单的阐述。

一、旅游财产损害赔偿概述

旅游财产损害赔偿，是作为民事责任的损害赔偿责任投射在旅游纠纷中的一种特殊形态，应该遵守损害赔偿、财产损害赔偿的一般规则。损害赔偿作为民事责任的一种非常重要的形态，其主要的功能在于复原功能，即在发生损害之后，使受害人重新处于如同损害事故未曾发生时的处境，这也是损害赔偿的最高指导原则。[①] 使受害人重新处于如同损害事故未曾发生时的处境，又称作恢复原状，[②] 例如导游遗失了旅游者委托其保管的相机，即应购置同样的相机，恢复旅游者原来的财产状况。唯有当恢复原状不可能，或者因其他原因法律不做此要求时，方发生金钱赔偿。[③] 所以，以金钱赔偿损害，仅是损害赔偿的一种补救形态。就恢复原状来讲，所恢复的“原状”，究竟是恢复损害发生时受害人所处的“原有状态”，还是应恢复受害人如果没有发生损害事故，而应当处于的“应有状态”呢？这两种观念的差别在于，是否将遭受损害的事物在未

① 曾世雄：《损害赔偿法原理》，中国政法大学出版社 2001 年版，第 7 页。
② 史尚宽：《债法总论》，中国政法大学出版社 2000 年版，第 295 页。
③ 王泽鉴：《损害赔偿》，北京大学出版社 2017 年版，第 114-115 页。

发生损害时可能发生的变动考虑进来。[①] 例如遗失相机后，是仅仅赔偿相机的购置费用，还是应将旅游者租赁相机的费用也纳入赔偿的范围，二者之间的差别是很清晰的。损害赔偿的目的在于填补所生的损害，所以应恢复的是受害人所应当处于的“应有状态”，而非“原有状态”。[②] 具体来讲，在违约等债务不履行的情况下，损害赔偿达到的效果应当和未发生违约而适当履行了债务一样；在侵权行为导致损害的情况下，其效果应当与侵权行为未曾发生的状态相同。[③]

旅游中的财产损害赔偿是财产损害赔偿的一种类型。财产损害赔偿是根据损害赔偿的客体是否表彰财产利益而对损害赔偿的一种分类，与其相对的是非财产损害赔偿。[④] 财产上损害赔偿的客体是财产上的不利益，即财产上不应减少而减少或应增加而未增加的情况。而相对的非财产损害赔偿的客体为非财产上的不利益，所表彰的并非财产上的减少或未增加，而主要表现为生理或心理上的不适。[⑤] 财产损害应予赔偿不存在争论，仅其赔偿范围大小不同而已；然而非财产损害是否应予赔偿，法律规定不一，理论上争议也很大。在旅游纠纷中，也是如此。本节仅讨论财产损害赔偿，关于旅游中非财产损害赔偿的争论，容后详述。

从财产损害赔偿发生的原因来讲，旅游者与旅游经营者之间的旅游财产损害赔偿发生基础大致有三：其一是违反合同约定而引发的损害赔偿责任，具体是指一方对二者之间所缔结的组织旅游合同的违反，此种损害赔偿称之为违约损害赔偿。违约损害赔偿是指，“违约方因不履行或不完全履行合同义务而给对方造成损失，依法或根据合同规定应承担赔偿对方当事人所受损失的责任”。[⑥] 其二是违反合同相关义务而造成的损害赔偿责任，此种损害赔偿责任虽然与合同的缔结等紧密相关，但不以合同有效成立为其前提，其中的典型即为缔约过失责任。[⑦] 所谓缔约过失责任是指，缔约当事人一方因过错违反通知、阐明、保护及照顾等先合同义务，致使相对人遭受损失而应承担的损害赔偿责任。[⑧]

---

① 曾世雄：《损害赔偿法原理》，中国政法大学出版社 2001 年版，第 8 页。
② 史尚宽：《债法总论》，中国政法大学出版社 2000 年版，第 295 页。
③ 周友军：《侵权法学》，中国人民大学出版社 2011 年版，第 56 页。
④ 韩世远：《合同法总论》，法律出版社 2018 年版，第 779 页。
⑤ 曾世雄：《损害赔偿法原理》，中国政法大学出版社 2001 年版，第 41 页。
⑥ 马俊驹、余延满：《民法原论》，法律出版社 2005 年版，第 638-639 页。
⑦ 韩世远：《合同法总论》，法律出版社 2018 年版，第 161-162 页。
⑧ 参见韩世远：《合同法总论》，法律出版社 2011 年版，第 134 页。

通常认为，缔约过失责任所涉及的情形主要是合同不成立、无效、被撤销或不被追认而致相对人损失，[①] 但在合同有效的情形下，如违反信息提供义务、可撤销合同被变更以及因撤销权的消灭而变为完全有效合同等情形下，还是有缔约过失责任存在的可能性的。[②] 其三是因侵害他人受《民法典》第 110 条、第 1164 条所保护的权益而应承担的损害赔偿责任，被称为侵权损害赔偿责任，此种责任的承担不以当事人之间事先存在法律关系为前提，因此常被称为契约外责任。[③] 值得注意的是，侵权损害赔偿责任虽不以事先存在法律关系为要件前提，但其并不排除当事人之间事先存在法律关系。[④]

二、旅游财产损害赔偿的构成

旅游财产损害赔偿，是旅游纠纷民事责任承担的主要方式之一，因此旅游财产损害赔偿的承担首先应当具备旅游纠纷民事责任承担所需要具备的各种构成要件。旅游纠纷民事责任承担的构成要件，本书此前已经就各种不同类型的纠纷做了较为详细的讨论，此处不赘。综观各种旅游纠纷民事责任的构成要件，不外乎如下四个：第一，对法律义务或合同义务的违反：其在缔约过失责任和侵权责任中为法律上的义务，在违约责任中为合同上的义务。第二，旅游者或旅游经营者遭受损害：本书所述主要是旅游者遭受损害，但实际中不乏旅游者造成旅游经营者的损害的案例，只是此种案例并非本书关注的焦点。所遭受的损害，既可能是财产上的损害，也可能是非财产上的损害，本节仅限于对财产损害的论述。第三，违反义务的行为与所造成的损害存在因果关系，即对法律义务或合同义务的违反，是导致损害发生的原因。[⑤] 第四，违反义务的行为是当事人基于自身原因所致，对于侵权责任和缔约过失责任大多要求是因当事人的过错所致，对于违约责任则通常不做这一要求。以下就旅游财产损害赔偿中，上述四项构成要件可能发生的疑问，分别予以阐述。

（一）违反义务的行为

旅游经营者存在违反义务的行为，是其承担旅游损害赔偿责任的基本事实

---

① 参见崔建远主编：《合同法》，法律出版社 2010 年版，第 122 页。

② 参见韩世远：《合同法总论》，法律出版社 2011 年版，第 129-130 页。

③ 王利明：《侵权责任法的中国特色》，载《法学家》2010 年第 2 期。

④ 杨佳元：《侵权行为损害赔偿责任研究：以过失责任为重心》，元照出版有限公司 2007 年版，第 3 页。

⑤ 韩世远：《合同法总论》，法律出版社 2018 年版，第 790 条。

前提。如前所述，旅游经营者违反义务的行为，既包括对其法定义务的违反也包括对合同约定义务的违反。因而，旅游损害赔偿责任，既可能属于侵权责任，也可能属于合同责任。

违反法定义务最典型的是违反“任何人不得侵害他人合法权益”的义务，违反此种义务者多应承担民事侵权责任，最典型的是侵权损害赔偿责任，例如旅游经营者的工作人员与旅游者发生口角而将旅游者打伤。其次，是违反法律规定的保护义务，以安全保障义务为此种义务的典型，我国《民法典》第 1198 条规定了公共场所管理人和群众性活动组织者的安全保障义务，《旅游纠纷规定》第 7 条更是明确规定了旅游经营者对旅游者负有安全保障义务，此种义务的上位法渊源虽为《民法典》侵权责任编，但在旅游纠纷中则并不能脱离旅游经营者和旅游者之间的旅游合同关系而独立存在。最后，有些义务属于法律规定的合同义务，无需双方当事人约定，当事人也不可协议排除，例如《旅游纠纷规定》第 8 条规定的旅游经营者的警示告知义务即属于此。此项义务的发生是以双方存在旅游合同关系为前提的，因此违反此项义务而承担的责任也被认为是合同上的责任。

此外，还有一种义务被称为先合同义务，或者先契约义务，此项义务不以双方当事人之间存在合同关系为前提，而是要求双方在缔结合同的时候应本着诚实信用的原则进行磋商，[①] 如因一方当事人的过失导致对方当事人的损害，则该方当事人应当承担缔约过失责任。[②] 在旅游纠纷中，旅游经营者无特定旅游线路产品，而恶意与旅游者磋商，导致旅游者失去与其他旅游经营者订约机会的，即属于违反先合同义务的形态。缔约过失责任的主要承担形式，也是损害赔偿。[③]

在违反法定义务之外，旅游经营者违反与旅游者协商一致承担的义务的，即属于违反约定义务。例如，旅游经营者违反约定，故意遗漏旅游景点、无正当理由未经旅游者同意改变旅游行程等，均属于违反约定的义务，因此承担的损害赔偿责任，则属于违约责任范畴。值得追问的是，约定义务的范围如何？是否仅限于旅游合同中明确写明的义务，抑或还包括类似旅游产品通常均包括

---

① 韩世远：《合同法总论》，法律出版社 2018 年版，第 171-175 页。

② 关于缔约过失责任的详细论述，参见王泽鉴：《缔约上之过失》，载氏著《民法学说与判例研究（一）》，北京大学出版社 2009 年版，第 70 页。

③ 韩世远：《合同法总论》，法律出版社 2018 年版，第 184 页。

的义务呢？例如，北京一日游产品中列明游览项目包括“八达岭长城”，但旅游经营者所提供的旅游服务并非“八达岭长城”而是位于八达岭的“八达岭水关长城”；三亚旅游五日游产品中写明游览项目包括“天涯海角”，但仅在大门外观看而不进入游览；等等。

对此，本书认为，部分不法旅游经营者玩弄的“文字游戏”，是对于合同解释规则的误解。合同条款文义不明、引起争议时，需要对合同进行解释，但合同解释并非仅有文义解释一种方法，除此之外尚有整体解释、目的解释、习惯解释和诚信解释等方法。[①] 而在利用文字多义性、旅游者知识欠缺侵害旅游者权益的情况下，整体解释、目的解释、习惯解释和诚信解释的合同解释方法，更处于重要地位。

所谓整体解释，是指将合同的全部条款和构成部分看作一个有机整体，从各个条款、构成部分的相互关联、所处地位和总体联系方面来阐明合同当事人所要表达的真实意思。[②] 目的解释是指，在合同条款存在两种以上不同的意思时，应当采取最符合交易目的的解释。例如，三亚五日游的旅游产品，从其旅游者的合同目的来看，是要游览全部的重要旅游景点，这可以通过其时间安排和旅游费用额度得到佐证，而非为节省门票而在门外“远观”天涯海角。所谓习惯解释，是参照交易习惯解释合同的方法。交易习惯既有行业的习惯，也有特定当事人之间长期往来形成的习惯，从行业的交易习惯来看，“八达岭长城”游览，应指作为国家“AAAAA”级景区的八达岭长城，而非位于八达岭的“AAA”景区的水关长城。诚信解释，则是要求对合同进行解释的时候，奉行诚实信用原则。由此可见，违反约定的义务，并不能简单地等同于违反合同明文规定，对于文字背后的合同目的、交易习惯、诚实信用的正确认识，都将影响到对约定义务范围的确定结果。

（二）损害

损害赔偿法的基本原则是，无损害即无赔偿。[③] 关于损害，大致可以定义为受害人领域可归责于加害人的必然发生的法律上之不利变化。[④] 此种不利变

---

① 韩世远：《合同法总论》，法律出版社 2018 年版，第 872-876 页。

② 韩世远：《合同法总论》，法律出版社 2011 年版，第 703 页。

③ 王泽鉴：《侵权行为》，北京大学出版社 2009 年版，第 176 页。

④ ［德］U. 马格努斯主编：《侵权法的统一：损害与损害赔偿》，谢鸿飞译，法律出版社 2009 年版，第 277 页。

化，既可包括财产利益的不利变化，也可包括人身利益的不利变化；既可包括既有利益的丧失，也可包括应得利益的无法取得。[①]

旅游财产损害赔偿中所涉及的损害，既可能是合同上的损害，也可能是侵权法上的损害。由于在《旅游法》第70条、第71条以及《旅游纠纷规定》中并未明确区分合同上的损害还是侵权法上的损害，滋生了不少疑问，在此应予述明。合同损害和侵权损害的最大区别有两个方面，其一为非财产损害的赔偿问题，即在合同法领域存在排斥非财产损害赔偿的观念，[②] 而在侵权法领域（《民法典》第1183条）是认可对非财产损害的赔偿的（尽管在赔偿的范围上存有争论）；其二为损害的评定方式有所不同，即在合同法上评定的标准是如果合同适当履行了债权人本来可以得到的利益（履行利益），而侵权法上的标准则是没有侵权行为和有侵权行为时受害人状况的差异（固有利益）。[③] 除此之外，二者适用相同的法律规范，并无其他原则性差异。

在旅游活动中，由于旅游者必须亲自跟随旅游经营者前往旅游目的地接受旅游服务，参与到旅游合同的履行过程中，因此旅游者的人身和财产安全往往因为旅游合同的不适当履行而遭受侵害。这种在合同履行过程中因违反保护义务而侵害旅游者人身、财产权益的情况，理论上称之为加害给付，是合同不完全履行的一种类型。[④] 由于旅游者人身、财产权益也属于侵权法的保护对象，因此会发生违约责任和侵权责任的竞合，[⑤] 旅游者可以选择依照违约责任或者侵权责任要求旅游经营者承担责任。正是鉴于旅游者人身、财产权益亦属于旅游服务合同保护的范畴，造成此类损害也应承担违约责任的理由，《旅游法》在第五章旅游服务合同中对造成旅游者人身、财产损害的法律责任也作了明确的规定。

综上所述，作为旅游财产损害赔偿的构成要件之一，损害不仅包括旅游者在旅游合同得到全面履行时可获得利益（履行利益）的不利变化，也包括旅游

---

① 王泽鉴：《损害赔偿》，北京大学出版社2013年版，第70-73页。

② 参见《旅游纠纷规定》第21条的规定。但这一观念在我国已经有所动摇，主流学者提出应当承认违约的精神损害赔偿，其中典型之一即为违反旅游合同的精神损害赔偿。参见崔建远：《论违约的精神损害赔偿》，载《河南政法管理干部学院学报》2008年第1期；崔建远：《合同法》，北京大学出版社2013年版，第362-363页。

③ ［德］U. 马格努斯主编：《侵权法的统一：损害与损害赔偿》，谢鸿飞译，法律出版社2009年版，第278页。

④ 参见崔建远：《合同法》，北京大学出版社2013年版，第332页。

⑤ 参见韩世远：《合同法总论》，法律出版社2011年版，第431页。

者固有的人身、财产利益（固有利益）的不利变化。至于旅游者是依《旅游法》《旅游纠纷规定》还是依《民法典》侵权责任编主张损害赔偿，对于旅游财产损害赔偿本身的界定，并无影响。

从损害赔偿的角度来看，可将损害区分为所受损害和所失利益。所谓所受损害，是指因损害事故的发生导致赔偿权利人现有财产所发生的减少，[①] 如旅游者的人身伤亡、行李物品的丢失、应游览而未游览的景点等；所谓所失利益，是指因损害事故的发生导致赔偿权利人应增加而未增加的利益，[②] 如旅游者人身伤害导致不能工作所发生的损害等。

（三）因果关系

义务违反与损害之间存在的因果关系，是将损害归责于义务违反人、联系二者之间的纽带。仅有义务违反、损害，而缺乏将二者联系在一起的因果关系纽带，则要求义务违反者承担损害赔偿责任，就没有正当性的基础。

在因果关系，特别是侵权责任中的因果关系的具体构成方面，理论上认为存在责任成立的因果关系和责任范围的因果关系两种类型。所谓责任成立的因果关系，是指可归责的行为与权利受侵害之间的因果关系；[③] 所谓责任范围的因果关系，是指权利受侵害与损害之间的因果关系。[④] 二者之间的区别主要在于，责任成立的因果关系在于认定义务违反行为与受害人所遭受的权利被侵害之间的因果关系，[⑤] 如旅游者的死亡是否因旅行社未尽到及时救助义务所致，旅游者证照的丢失是否因导游、领队的保管不善所致；至于旅游者在发生交通事故后住院治疗的医疗费、住院期间感染传染病、家中财物被盗等“损害”是否与“身体受到侵害”之间存在因果关系，则属于责任范围的因果关系。

关于因果关系的认定，传统民法理论坚持相当因果关系说，后又在相当因果关系缺陷弥补的基础上提出了法规目的说。因果关系的认定，历来为侵权责任法、损害赔偿法的难题，在旅游纠纷的处理中同样如此。由于其所涉问题过于复杂，在此不能一一详述，仅对其中较为基础性的理念予以介绍，以期对旅游纠纷的解决有所帮助。

---

① 曾世雄：《损害赔偿法原理》，中国政法大学出版社2001年版，第156页。

② 曾世雄：《损害赔偿法原理》，中国政法大学出版社2001年版，第157页。

③ 周友军：《侵权法学》，中国人民大学出版社2011年版，第137页。

④ 王泽鉴：《侵权行为》，北京大学出版社2009年版，第183-184页。

⑤ ［德］埃尔温·多伊奇、汉斯-于尔根·阿伦斯：《德国侵权法——侵权行为、损害赔偿及痛苦抚慰金》，叶名怡、温大军译，中国人民大学出版社2016年版，第24-25页。

所谓相当因果关系，是指在行为与损害之间存在一定程度上的前因后果关系，按照王伯琦先生的表述，这种关系是指："无此行为，虽必不生此损害，有此行为，通常即足生此种损害者，是为有因果关系。无此行为，必不生此种损害，有此行为，通常亦不生此种损害者，即无因果关系。"① 换言之，相当因果关系由"条件关系"及"相当性"所构成，在适用时分两个阶段：在第一阶段判断是否构成条件上的因果关系，如构成，则在第二阶段进一步认定该条件的相当性。②

所谓条件关系，是指行为与权利受侵害之间具有不可或缺的条件关系（必要条件），在认定上采取"若无，则不（but-for）"的认定检验方法。③ 例如，"如果没有旅行社将旅游者照片贴错的行为，则不会导致所办证照与旅游者不一致"，"如果没有导游人员的辱骂和殴打，则旅游者不会受到身体上的伤害"等。

在确定某事实是某种结果的条件之后，为避免因果循环、无限牵连，有必要对因果关系的链条予以限制。在相当因果关系理论中，则是通过所谓相当性来予以限制，即"有此行为，通常足生此种损害"即具备相当性；"有此行为，通常亦不生此种损害"即不具备相当性。④

除此之外，鉴于相当因果关系说的内容抽象而不确定，德国学者拉贝尔（Rabel）提出了法规目的说。法规目的说强调，行为人对行为所产生的损害是否应当负责是法律问题，应当考察相关法规的目的来决定。⑤

（四）违反义务人自身的原因

违反义务人自身的原因是导致其承担损害赔偿责任的归责依据，或称为归责事由。⑥ 关于损失承受的基本原则是，将损失视为不幸或宿命，每个遭受损失的人都要自己来应对这些损失，⑦ 只有当损害可以归责于他人的时候，才发生损害赔偿的问题。违反义务人自身的原因包括两个方面：其一是指违反义务

① 王伯琦：《民法债编总论》，台北编译馆1956年版，第77页，转引自王泽鉴：《侵权行为》，北京大学出版社2009年版，第186页。

② 王泽鉴：《侵权行为》，北京大学出版社2009年版，第186页。

③ 程啸：《侵权责任法》，法律出版社2015年版，第234-235页。

④ 周友军：《侵权法学》，中国人民大学出版社2011年版，第142页。

⑤ 王泽鉴：《侵权行为》，北京大学出版社2009年版，第210页。

⑥ 程啸：《侵权责任法》，法律出版社2015年版，第86页。

⑦ [德] 马克斯米利安·福克斯：《侵权行为法》，齐晓琨译，法律出版社2006年版，第1页。

人自身的过错，包括故意和过失；其二是指应对其行为负责之人的原因所致，[①]例如旅游经营者的工作人员、旅游辅助服务者的原因导致旅游者的损害。以下分述之。

违反义务人自身的过错，首先是指违反义务人的主观方面所存在的不正当或者不良的心理状态，这种心理状态不同于正常人在正常情况下的正常心理状态，这种心理状态包含着不正当的动机、目的或者引起他人损害的心理驱动力。[②] 例如，旅游经营者自身并未开展相关旅游服务，而谎称可以提供相关服务以骗取旅游者与其签订旅游合同，此种心理状态并非正直、善良的旅游经营者在正常情况下的正常心理状态。

过错主要可以区分为故意和过失两种形式。所谓故意，是指行为人明知其行为会发生侵害他人民事权益的后果，仍有意为之的一种主观心理状态。[③] 行为人在认识到其行为会给他人造成损害的前提下，如其明知此种情形并且追求损害结果的发生，即构成直接故意；如其预见到侵害结果的发生，而其发生并不违背行为人的本意，即构成所谓的间接故意。[④] 从其识别的角度来讲，是否构成故意应从认识要素和意愿要素两个方面进行分析。所谓认识要素，是行为人对于其行为可能发生侵害他人民事权益的后果有所认识，在此所考虑的仅是行为人对侵害可能性的认识，而并非对具体损害的认识。[⑤] 例如，导游人员在帮助旅游者拎取行李时用力过猛，将旅游者行李箱损坏。因为导游人员并未认识到其行为会对旅游者造成损害，因此在主观上并不具有故意。当然，这并不妨碍对其主观上过失的认定。所谓意愿要素，是指行为人在对其行为后果有明确认识的前提下，对于该结果的实现的决意，其或者为主动追求，或者为放任结果的发生，由此即可区分为前述的直接故意和间接故意。[⑥]

所谓过失，是指行为人对侵害他人民事权益的结果的发生，应注意、能注意却未注意的一种心理状态。[⑦] 过失因其欠缺注意程度的不同，理论上通常将

---

① 程啸：《侵权责任法》，法律出版社 2015 年版，第 87-88 页。

② 张新宝：《侵权责任构成要件研究》，法律出版社 2007 年版，第 434 页。

③ 程啸：《侵权责任法》，法律出版社 2011 年版，第 198 页。

④ 王泽鉴：《侵权行为》，北京大学出版社 2009 年版，第 239-240 页。

⑤ 程啸：《侵权责任法》，法律出版社 2011 年版，第 198 页。

⑥ 杨佳元：《侵权行为损害赔偿责任研究：以过失责任为重心》，元照出版有限公司 2007 年版，第 67 页。

⑦ 程啸：《侵权责任法》，法律出版社 2011 年版，第 201 页。

其区分为轻微过失和重大过失，[①] 在轻微过失，则可进一步区分为具体轻过失和抽象轻过失。[②] 具体轻过失，是指违反应与处理自己事务相同程度的注意义务；抽象轻过失，则是指违反应为善良管理人的注意义务，[③] 或者交易上必要的注意。[④] 重大过失，则是指显著欠缺善良管理人的注意或交易上必要的注意。

然而，旅游经营者通常情况下都是依照《旅行社条例》设立的企业法人，该企业法人并非如自然人那样存在心理活动，更无从谈起其心理状态了。这就引起了就旅游经营者这类企业法人是否存在故意或过失，应如何认定的问题。实际上，现在关于过错多采取客观化和类型化的标准，[⑤] 即行为人应具有其所述职业、某种社会活动的成员或某年龄层通常所具有的智识能力，进而放弃了对于个人主观心理状态的考察。据此来讲，对于旅游经营者是否具有过失，应根据一般的旅行社在相同情形下所具有的注意程度进行衡量，达到者即无过失，未达到者则为抽象轻过失，如果明显违背通常的旅行社行为准则的，则构成重大过失。

应对其行为负责之人的原因，是指旅游经营者的代理人或者履行辅助人在履行债务的过程中存在故意或过失的，对此旅游经营者应承担与其自己的故意或过失一样的责任。之所以使旅游经营者对代理人或履行辅助人的故意、过失负责，其理由一方面在于，代理人、履行辅助人（如旅游经营者所雇用之导游人员）往往资力欠佳，导致难以使其有效负责；另一方面在于，旅游经营者借代理人、履行辅助人扩张了其活动范围，使其经营活动获得便利、增加了利润，因此而获有利益，故对相对人所增加的危险也应予以负责。[⑥]

在此应予特别强调的是，在旅游合同纠纷场合，或者旅游者选择旅游合同违约纠纷作为诉讼案由时，违反义务人自身的原因并非旅游财产损害赔偿的必备要件，特别是在证明责任方面，旅游者并不需要对旅游经营者及其代理人、履行辅助人的故意、过失承担举证责任。违反义务人自身的原因这一要件，主要目的在于排除那些属于“不可抗力或者旅行社、履行辅助人已尽合理注意义

---

① ［德］迪特尔·梅迪库斯：《德国债法总论》，杜景林、卢谌译，法律出版社2004年版，第243页。

② 曾隆兴：《详解损害赔偿法》，中国政法大学出版社2004年版，第57页。

③ 孙森焱：《民法债务总论（下册）》，法律出版社2006年版，第408页。

④ 史尚宽：《债法总论》，中国政法大学出版社2000年版，第116页。

⑤ 王泽鉴：《侵权行为》，北京大学出版社2009年版，第242页。

⑥ 史尚宽：《债法总论》，中国政法大学出版社2000年版，第362页。

务仍不能避免的事件”。根据《旅游法》第70条第1款的规定，旅行社只要存在“不履行包价旅游合同或者履行合同义务不符合约定”的情形的，即应当承担相应违约责任，至于旅行社是否存在故意或过失，则在所不问。据此，我国《旅游法》对包价旅游合同的违约责任，采取了无过错责任的归责原则。[①] 我们认为，对于旅游合同中的损害赔偿也应当适用无过错责任原则。相应地，其构成要件即为：（1）有违约行为的存在；（2）旅游合同当事人受有损害；（3）违约行为与损害事实之间有因果关系。

三、旅游财产损害赔偿的范围

我国《民法典》第584条规定：“当事人一方不履行合同义务或者履行合同义务不符合约定，造成对方损失的，损失赔偿额应当相当于因违约所造成的损失，包括合同履行后可以获得的利益；但是，不得超过违约一方订立合同时预见到或者应当预见到的因违约可能造成的损失。”学界一般认为，这条法律规定前段确立了违约损害赔偿的完全赔偿原则。根据该项原则，违约方不仅应赔偿受害人遭受的全部实际损失，还应赔偿合同在适当履行以后可以实现和取得的财产利益，即可得利益的损失。[②]

此外，为了保护消费者的合法权益，《消费者权益保护法》第55条第1款规定：“经营者提供商品或者服务有欺诈行为的，应当按照消费者的要求增加赔偿其受到的损失，增加赔偿的金额为消费者购买商品的价款或者接受服务的费用的三倍；增加赔偿的金额不足五百元的，为五百元。法律另有规定的，依照其规定。”《旅游法》第70条第1款也相应地规定了旅行社恶意不履行合同的惩罚性赔偿责任。根据这些规定，当经营者因欺诈而违约时，其对消费者所赔偿的损失额不受上一款规定的“预见到或者应当预见到的因违反合同可能造成的损失”的限制。旅游合同的当事人之间也存在经营者与消费者的特殊关系，因此在旅游组织者存在欺诈行为的场合也不受可预见性规则的限制，并且可以适用三倍赔偿的损害赔偿原则。

虽然我国法律确立了完全赔偿的违约赔偿责任原则，但是在实践当中，最终都需要采取一定的手段，来确定赔偿的范围，从而不可能存在不受任何限制的损害赔偿。加之为了公平地保护合同双方当事人的利益，减少交易风险，鼓

① 杨富斌、苏号朋：《中华人民共和国旅游法释义》，中国法制出版社2013年版，第221页。
② 王洪亮：《债法总论》，北京大学出版社2016年版，第409-410页。

励当事人从事交易行为，以提高效率等，也需要对完全赔偿原则作出适当的限制。[①] 根据我国现行立法及司法实践，完全赔偿原则的限制规则主要有：可预见性规则、与有过失规则、减轻损失规则与损益相抵规则。[②]

我国《民法典》第 584 条规定，赔偿损失“不得超过违约一方订立合同时预见到或者应当预见到的因违约可能造成的损失”。就该条所确立的可预见性规则之构成而言，主要包括以下几个方面：其一，预见的主体应为违约方；其二，预见的时间为订立合同时；其三，预见的内容不仅为损害的类型而且亦包括预见到损害的程度、范围。[③] 另外，判断违约方预见的标准应采取主客观相结合的标准。即在通常情况下，应当采取客观的可预见标准。[④] 在特殊情形下，如当事人主张可预见能力较之于常人为高或者为低，那么主张主观的可预见性判断标准者，应当对此种主张负举证责任。具体而言，如果受害人主张违约方的预见能力比与其同类型的社会一般人高，则受害人应对此负举证责任；如果违约方主张其预见能力较同类型的社会一般人低，则违约方对此应负举证责任，否则仍应以同类型的社会一般人的预见能力为标准。

我国《民法典》第 592 条规定：“当事人都违反合同的，应当各自承担相应的责任。当事人一方违约造成对方损失，对方对损失的发生有过错的，可以减少相应的损失赔偿额。”这个法律条文即确立了我国合同法上的与有过失规则。所谓与有过失规则，又称过错相抵规则或混合过错规则，是指在受害人对损失的发生或扩大有过失时，可以减轻或免除赔偿责任的规则。[⑤] 与有过失规则之适用一般应具备两方面的条件：其一，受害人必须有过错。某些情况下，受害人的行为虽然也是发生损害的共同原因，但如果该受害人并无过失，则仍不能适用与有过失规则，减免违约方之赔偿责任，此即所谓的违约方不能以受害人无过错的行为作为减轻或免除责任的事由。[⑥] 其二，受害人的过错行为需助成或者促进损失的发生或扩大，另外，受害人与有过失也应当包括助成损害

---

① 马俊驹、余延满：《民法原论》，法律出版社 2005 年版，第 640 页。

② 韩世远：《合同法总论》，法律出版社 2018 年版，第 792-818 页。

③ 韩世远教授认为，第 113 条第 1 款并未特别言明是否要求预见到损害的程度或数额，解释上应认为只要求预见损害的类型而无须预见到损害的程度。但笔者认为，从该款规定所采用的表述“不得超过”之字样来讲，似乎立法者内心所倾向的仍然是针对损害程度而言的，对于损害之类型，很难用“不得超过”来加以描述。参见韩世远：《合同法总论》，法律出版社 2004 年版，第 739 页。

④ 韩世远：《合同法总论》，法律出版社 2018 年版，第 796-797 页。

⑤ 王洪亮：《债法总论》，北京大学出版社 2016 年版，第 417 页。

⑥ 参见王泽鉴：《民法学说与判例研究（一）》，中国政法大学出版社 1998 年版，第 74 页。

原因事实的成立在内，而不仅仅局限于损害的发生或扩大。[①]

当事人一方违约后，对方应当采取适当的措施防止损失的扩大，如果因为其未采取适当措施致使损失扩大者，不得就扩大部分的损失请求赔偿，此即所谓的减轻损失规则，学说上亦有将其称为减轻损失义务者。[②] 我国现行立法对此亦有明确的规定，如《民法典》合同编第 591 条规定："当事人一方违约后，对方应当采取适当措施防止损失的扩大；没有采取适当措施致使损失扩大的，不得就扩大的损失请求赔偿。当事人因防止损失扩大而支出的合理费用，由违约方负担。"

就减轻损失规则之适用而言，应当具备以下三方面的要件：其一，存在因一方违约而导致的损害；其二，受害人未及时采取合理或适当的措施防止因违约所造成的损失之扩大；其三，事实上确实造成了受害人自身损失的扩大。减轻损失规则通常要求的是受害人及时采取措施防止损失的扩大，如果受害人采取了措施，但由于措施不当而造成的损失扩大，似乎又与前述的与有过失规则有所牵连。在此笔者认为存在与有过失与减损规则之竞合，并不能仅仅根据损失发生阶段和损失扩大阶段将二者截然区分，毕竟在与有过失与减损规则中，都包含了导致损害扩大的因素。

除以上三种规则外，另外一项对于完全赔偿责任原则的限制性规则为损益相抵规则。所谓损益相抵规则，又称损益同销规则，是指受益人基于损失发生的同一原因而获得利益时，则将所获利益从其应得的损害赔偿额中扣除的规则。[③] 损益相抵规则在我国现行立法中并无明文规定，但在司法实践中仍予以承认。

损益相抵规则的构成要件包括以下三个方面：其一，违约行为导致损害赔偿之债的成立；其二，受害人受有利益；其三，在损害事实与利益之间存在因果关系。在三个构成要件中，前两项为基本的事实前提，如果不具备此种事实前提，根本无从启动损益相抵规则。而损害事实与受有利益之间的因果关系问题则不仅仅是一项事实判断要件，而且存在一定程度的法律判断、价值判断。在德国和我国台湾地区，对因果关系的认识强调相当因果关系说。[④] 在英美法

① 韩世远：《履行障碍法的体系》，法律出版社 2006 年版，第 266 页。

② 王洪亮：《债法总论》，北京大学出版社 2016 年版，第 420-421 页。

③ 王泽鉴：《损害赔偿》，北京大学出版社 2017 年版，第 283-285 页。

④ 韩世远：《合同法总论》，法律出版社 2018 年版，第 814 页。

上，对于损益相抵问题的一个基本出发点即为，受害人所获得的利益，仅当如未曾发生违约即不可能获得此项利益时，始于计算损害赔偿时加以扣除。[①]

四、旅游财产损害赔偿的方法与计算

损害赔偿的方法，在立法上可采取两种立法主义，其一为恢复原状主义，其二为金钱赔偿主义，[②] 前者的赔偿责任人"赔偿受害人所受之损害，俾于赔偿之结果，有如损害事故未曾发生者然"，[③] 后者则在于按照损害程度估计金钱，使赔偿义务人向被害人给付金钱，以填补其损害。这两种损害赔偿方法中，以恢复原状为原则，以金钱赔偿为例外。

旅游法理论研究中，就如何计算所遭受之损害往往关注较少，在法律规范方面也较少明确规定。但是，采取何种计算方法计算损害，对纠纷当事人的利益影响最为根本和直接，在此有必要做一简述。

就损害赔偿的计算方法来讲，理论上有关于客观计算和主观计算两种计算方法的区分，客观计算方法，仅考虑不因受害人而异的普通的、客观的损害构成因素；反之，主观计算方法，则在普通、客观的损害构成因素之外，尚考虑因被害人之不同而导致损害有所不同的主观的、特殊的损害构成因素。[④] 关于人身损害，原则上只能就每个受害者主观的、特殊的损害构成要素进行计算，所以人身损害以主观计算为原则。[⑤] 我国司法实务中，对人身损害的赔偿，采取了相对的客观计算标准与主观因素相结合的计算方法。例如对于人身损害的医疗费即完全按照主观计算，根据医疗机构出具的医药费、住院费等收款凭证，结合病历和诊断证明等相关证据确定（《人身损害赔偿司法解释》第 6 条第 1 款前段）；对于丧葬费则完全按照客观计算方法，按照受诉法院所在地上一年度职工月平均工资标准，以六个月总额计算（《人身损害赔偿司法解释》第 14 条）；被扶养人生活费则在考虑扶养人丧失劳动能力程度（主观因素）的基础上，按照受诉法院所在地上一年度城镇居民人均消费支出标准（客观标准）计算（《人身损害赔偿司法解释》第 17 条第 1 款）。

而财产损害则因其既可能考虑不同人的主观因素（例如存储有全家巴黎旅

---

① See G. H. Treitel, Remedies for Breach of Contract, 185 (1988).

② 韩世远：《合同法总论》，法律出版社 2018 年版，第 775 页。

③ 曾世雄：《损害赔偿法原理》，中国政法大学出版社 2001 年版，第 16 页。

④ 曾世雄：《损害赔偿法原理》，中国政法大学出版社 2001 年版，第 162 页、第 164 页。

⑤ 曾世雄：《损害赔偿法原理》，中国政法大学出版社 2001 年版，第 169 页。

游照片的存储卡被毁损、装有衣物的旧行李箱丢失等)，也可能不考虑主观因素(例如丢失人民币若干)，因此在财产损害的赔偿方面，既可能采取主观计算方法，也可能采取客观计算方法。

第二节 非财产损害赔偿

旅游合同是旨在追求精神愉悦的法律行为，对旅游合同的违反不仅会造成财产上的损害，也可能造成精神、时间等非财产上的损害。然而，对于这些非财产上损害之救济在合同法上却困难重重，理论上存在众多争议、实务上也对其可操作性多有疑虑。鉴于旅游合同违约所导致非财产损害救济之特殊性及其重大意义，本节从精神损害赔偿与时间损失赔偿两个方面对其加以探讨，以求促进我国旅游合同制度之发展与完善。

一、旅游合同与精神损害赔偿

旅游合同伴随着旅游业的兴起而进入私法领域，此前，合同法是财产法、交易法，是规范商品交换关系的基本法律，是与商品交换及商品经济的发展相伴而生的，可以说，近代以来的合同，始终充当着商品经济发展急先锋的角色。根源于此，合同法所关注之赔偿也仅仅限于财产上损害之救济，那些损及当事人非财产上利益所招致的损害则通过侵权责任法予以救济。旅游合同的诞生，打破了合同法纯粹财产法、交易法的属性，将非财产上的利益纳入合同法领域，宣告了违约责任与非财产损害赔偿之间融合的开始。

(一) 违约责任与精神损害赔偿

违约责任与侵权责任二分的民事救济体系（损害赔偿体系）中，形成这样的一个基本的定式，即：违约责任用以救济财产上本应增加而未增加之正值，侵权责任则负责填补不应受损而受损的固有利益。① 按照美国学者贝勒斯的说法，则同样可以表述为，合同法的功能在于保护“正值”的交易，侵权法的功能在于保护“负值”的交易。② 因此，通说将非财产损害等同于人格权、身份权遭受侵害进而由侵权责任法予以救济，违约责任则与之绝缘。

---

① 程啸：《侵权责任法》，法律出版社2015年版，第65页。

② ［美］迈克尔·D. 贝勒斯：《法律的原则》，张文显等译，中国大百科全书出版社1996年版，第169页。

之所以在违约责任体系中排斥对于非财产损害的救济，理论上提出各种各样的理由予以解释。首先，有人认为非财产性损害（特别是精神损害）是无形的、主观的，因而缺乏客观的证据加以证明、无法进行精确的计算，从而为避免非财产性损害赔偿的滥用，应当禁止对违约的非财产上损害予以赔偿。另有学者认为，精神伤害或者焦虑几乎是基于合同许诺所产生期望的必然伴随物，对此缔约方必须予以承受。如果允许对精神伤害等进行赔偿，就会导致违约方责任的不确定性，从而增加缔约成本，并使合同权利分配面临新的风险，商品经济因此受到严重的阻碍。①

事实上，这些阻止非财产上损害之合同救济的理由之说服力都并不足以妨碍违约责任与非财产上损害赔偿之间的融合。就证据障碍的理由来讲，众多的例外案例事实本身就足以使法官确信受害人确实受到严重的精神损害。证据障碍和计算困难同样都属于技术问题，不应当影响到是否赔偿这一原则性问题的解答，更何况这些问题并不仅仅存在于因违约而造成的非财产损害上，侵权法上的非财产损害也同样存在这些问题，难道我们要因此而废除侵权法对于非财产损害的救济吗？答案显然是否定的。至于增加缔约成本、阻碍经济发展的说法也仅仅是看到问题的一面而已，如果当事人了解法律会对违约所导致的非财产损害加以救济的话，合同的缔结与履行将有可能得到严格的遵守，信用危机、违约泛滥的情形也可能得到遏制。这种遏制也同样是建立在可预见的基础之上的。对于一个正常人来讲，精神遭受损害的可能并非无从捉摸的，而是客观存在的、完全可以预见的。

笔者以为，从民事责任的二分体系构成来讲，也并不能得出违约责任排斥非财产损害赔偿的结论。诚如学者曾世雄所论，“某种权利或法益，依法律应受保护，侵害之应负侵权责任时，如将该权利或法益易置于契约下，当违反契约之结果侵害及该权利或法益时，理论上，应肯定其违约责任”。② 可见，违约责任乃是于合同场合救济权利、法益之手段，本身并未对可能救济之对象究为财产权利、法益或非财产权利、法益区别对待。易言之，特定权利、法益能否得到合同法上的救济，不能以此种权利、法益是否为财产性权利、法益为判定标准，而应当取决于该权利、法益之侵害是否基于违反合同上之义务而生，是则应予合同法上的救济，反之亦然。

---

① 李永军：《合同法》，法律出版社2005年版，第766-767页。

② 曾世雄：《损害赔偿法原理》，中国政法大学出版社2001年版，第363页。

合同法的基本目标在于保护合理、正当的交易，进而达到私人参与社会交往的目的。[①] 就此而言，合同作为典型的法律行为，乃是当事人私法自治的基本工具。从利益衡量的角度来看，当事人进入合同这一特殊的结合关系中，必然以追求特定的利益为根本目标，此种利益即为所谓的履行利益。[②] 从遭受损害的角度来看，履行利益，是指“法律行为（尤其是合同）有效成立，但因债务不履行而发生的损失，又称为积极利益或积极的合同利益”。[③] 合同权益的救济中最为重要的是履行利益的救济，只要存在履行利益损失，即应当由违约方承担违约责任，至于此种利益为财产上的利益抑或非财产上的利益，则在所不问。故此，倘若当事人订立合同所期望获得之履行利益为精神上之惬意与愉悦，当债务不履行时，此种非财产上的履行利益损失自应获得相应的赔偿。在合同责任体系内决然排斥非财产损害赔偿的主张，或者是未注意到非财产上履行利益之存在，或者是忽略了此种履行利益的可赔偿性。前者未能以发展的眼光看待合同在现代社会的发展，后者则如上文所述，多属于因技术性考虑而干扰原则性问题的主张。

此外，从比较法的角度考察，违约责任与精神损害赔偿也不再是互不相容的概念了。在法国法上，最初对于认定基于精神损害的违约责任甚为消极，不过在20世纪上半期已逐渐开始考虑精神损害的合同救济。法国法上对于基于精神损害的违约责任的范围认可相当广泛，甚至因违约致马死亡而给人造成的悲痛也被纳入违约责任之中。[④] 在德国法上，虽然《德国民法典》第253条规定非财产上之损害，仅于法律有特别规定的情形，始得请求金钱赔偿。但后来的判例通过“商品化理论”将凡交易上得以金钱支付方式购得的利益（例如享受愉快、舒适、方便）等界定为财产利益，进而在实质上实现了对于非财产性权益的违约责任保护。[⑤] 在英国判例上，因违约造成的非财产性损害赔偿主要有三种类型，其一为合同的目的就是提供安宁和快乐的享受；其二为合同的目的是摆脱痛苦与烦恼；其三为违反合同导致生活上的不便并直接造成了精神上的

---

① 李永军：《合同法》，法律出版社2005年版，第25页。

② 韩世远：《合同法总论》，法律出版社2018年版，第784页。

③ 韩世远：《合同法总论》，法律出版社2004年版，第724页。

④ 参见韩世远：《合同法总论》，法律出版社2004年版，第721页。

⑤ 参见王泽鉴：《民法学说与判例研究（七）》，中国政法大学出版社1997年版，第134页。

苦痛。[1] 美国法院起初认为对于因违约所致的精神痛苦不能赔偿，学者也认为"作为一般规则，感情痛苦（emotional distress）与其他的非财产损害不能在合同诉讼中获得赔偿"。[2] 但对于这一基本规则，美国很多法院也认为存在诸多的例外，只要合同涉及非财产价值，就应当给予非财产损害赔偿之救济。可见，当前关于违约责任与非财产损害赔偿之融合已经达成了基本的共识，各国法律或判例都未将违约责任与非财产损害赔偿相互对立，违约责任中也可以对精神损害等非财产损害加以赔偿。[3]

（二）旅游合同中的精神损害

"旅游的基本出发点，整个过程和最终效应都是以获取精神享受为指向，因此旅游不是一种经济活动而是一种精神活动，这种精神生活是通过美感享受而获得的。因此，旅游又是一种审美活动，一种综合性的审美活动。"[4] 在旅游合同这样一种将商业活动与精神活动融为一体的法律行为中，对于精神权益的触犯将是不可避免的，严重的将构成对精神利益保有者与追求者之精神损害，从而要求精神损害赔偿的法律救济。

就旅游合同中精神损害赔偿的发生领域而言，旅游合同履行过程中涉及的精神损害主要有两方面的来源：其一为因不适当履行导致的对于固有人格、身份权利的侵害，此为当事人固有利益或者维持利益的侵害；其二为旅游合同所追求的精神愉悦目的之不达，此为履行利益或者履行期待利益的损害。[5]

在传统德国法系民法上，对于固有利益或维持利益的侵害导致的是侵权损害赔偿。这一原则适用于旅游合同也是合乎法律逻辑的。在司法实践中，当事人也完全可以通过侵权之诉的路径寻求财产上或非财产上的损害赔偿。在侵权责任法上，除危险责任等特殊侵权领域适用过错推定或无过错责任原则外，过错责任原则依然处于统治地位。[6] 而在旅游合同履行过程中所经常发生的对于

---

① 程啸：《违约与非财产损害赔偿》，载杨立新主编：《民商法理论争议问题——精神损害赔偿》，中国人民大学出版社2004年版，第251页。

② Amy Hilsman, Deborah Waire Post, Scharon Kang Hom, Contracting Law, Carolina Academic Press (1996) 1025. 转引自程啸：《违约与非财产损害赔偿》，载杨立新主编：《民商法理论争议问题——精神损害赔偿》，中国人民大学出版社2004年版，第251页。

③ 王洪亮：《债法总论》，北京大学出版社2016年版，第414页。

④ 谢彦君：《论旅游的本质与特征》，载《旅游学刊》1998年第4期。

⑤ 谢登科：《论旅游合同纠纷中的精神损害赔偿——基于实证主义的阐释》，载《旅游学刊》2015年第7期。

⑥ 程啸：《侵权责任法》，法律出版社2015年版，第88-89页。

当事人固有人格、身份权益的侵害，加害人之主观过错的证明，往往存在不同类型的困难。

面对种种主观过错证明的困难，通过适用严格责任原则或无过错责任原则的违约责任对固有利益或维持利益侵害加以救济，成为可能的替代路径之一。①结合学界以及国外司法实践对于违约精神损害赔偿的认可，对于违反旅游合同所导致的人格利益、身份利益的损害，契约法上的救济就成为非常有利于受害人利益保护的途径。当然，如果在侵权责任法中能够对旅游过程中的侵权实行无过错责任原则，同样能够实现相同的效果，但对于过错责任原则的突破必须有特别重大的理由。而在旅游过程中涉及的交易领域繁多、法律关系复杂，相关当事人的权利义务的分配不同，从而扩展这一过程中当事人的注意义务，在当前来讲可行性并不如违约责任救济精神损害那么容易。在具有相同效果的两种可能路径之间选择，违反旅游合同导致精神损害承担精神损害违约责任成为必然的选择。

此种违约精神损害赔偿责任的构成要件为：（1）当事人之间的旅游合同成立有效。这里的旅游合同，并不限于包价旅游合同。因为即使在代办旅游合同中，也可能发生侵害当事人之固有人格利益等非财产性法益的违约行为。那种认为只有在包价旅游合同中才能发生违约精神损害赔偿的观点，② 是对于旅游合同中违约精神损害赔偿范围认识不全面所导致的结论。（2）有侵害旅游者人格法益的违约行为的存在。通常情况下，在旅游合同违约精神损害赔偿责任中，受害人必须是旅游者，而不包括旅游组织者。这里的人格法益主要是指旅游者的隐私权、名誉权以及人格尊严等传统上由侵权责任法予以保护的人格法益，而不包括基于旅游合同而追求的精神享受、物质性的便利与生活上的舒适等非财产性利益。后者属于后文所述的基于旅游目的不达的精神损害赔偿范围。（3）旅游者受到精神方面的损害。所谓精神方面的损害，则主要是指对上述人格法益之侵害。（4）违约行为与损害事实之间有因果关系。这里的因果关系是指违约行为与旅游者所受的非财产上损失的因果关系，只要这种损害结果确系违约行为造成，它们之间就具有因果关系。当然，在有不可抗力、旅游部门管理政策变更、第三人的行为等外来因素介入或影响的情况下，如果这些因素导致了违约行为，进而造成了当事人固有法益的损失，那么该因素应为旅游者精

① 张新宝：《侵权责任法》，中国人民大学出版社2016年版，第19页。

② 牛立夫：《旅游合同中的精神损害赔偿问题探讨》，载《旅游学刊》2006年第8期。

神损害的导因，从而不成立因果关系。

此种对于旅游者固有人格法益的侵害导致的违约精神损害赔偿责任与侵权责任法上的相应责任非常相似，特别是在损害赔偿的计算和范围控制上适用相同的规则。但二者存在重大的区别，主要在于归责原则的不同，旅游合同法上的违约精神损害赔偿适用严格责任原则，侵权责任法上的精神损害赔偿则适用过错责任原则。另外，前者在责任关系当事人之间必须存在相应的旅游合同关系，违约行为与合同上或缔约上的注意义务之违反行为乃是精神损害的原因；而对于侵权责任来讲，则没有这种当事人之间的特殊结合关系要求，加害人所违反的并非与合同相关的义务，而是不得侵害他人权利法益的一般义务。

旅游合同所特有的违约精神损害赔偿，是基于旅游合同所追求的精神愉悦目的之不达而发生的，此为履行利益或者履行期待利益的损害。所谓履行利益是指，法律行为（尤其是合同）有效成立，但因债务不履行而发生的损失，又称为积极利益或积极的合同利益。[①] 对于旅游者而言，根本的履行利益在于通过旅游合同的适当履行，而获得精神上的愉悦，身心的放松，对惬意生活的享受等。违约责任的基本范围即为对于履行利益的赔偿，对于旅游合同而言，自然就是对于旅游者的精神上愉悦方面的赔偿。对于这些精神上愉悦的赔偿，即构成旅游合同中典型的违约精神损害赔偿。正因为旅游合同的履行利益在于精神愉悦，旅游合同中确定违约精神损害赔偿才具有了强大的说服力。

旅游合同中履行利益侵害所致的违约精神损害赔偿，其构成要件为：(1) 当事人之间的旅游合同成立有效。这里的旅游合同，则限于包价旅游合同。因为只有包价旅游合同才以旅游乐趣为缔约目的，对于代办旅游合同则不能要求违约的精神损害赔偿。[②] 代办旅游合同是明确旅游者与旅行社之间委托代理关系的协议，旅行社接受旅游者的委托为其代订一项或者多项旅游服务的合同。其中的履行利益在于旅游服务合同的订立，主要是一种财产性利益，对此种履行利益的赔偿，应当是一种财产损害赔偿。(2) 有侵害履行利益的违约行为的存在。首先，在旅游合同违约精神损害赔偿责任中，受害人必须是旅游者，而不包括旅游组织者，这与前述对于旅游合同中固有利益侵害的违约精神损害赔偿相同。基于旅游合同而追求的精神享受、物质性的便利与生活上的舒适等非财产性利益是违约行为所侵害的对象。其次，需要明确的是，必须存在违反旅游

① 崔建远主编：《合同法》，法律出版社 2003 年版，第 260 页。

② 牛立夫：《旅游合同中的精神损害赔偿问题探讨》，载《旅游学刊》2006 年第 8 期。

合同的行为，此种行为或者是旅游组织者自身的作为或者不作为，也包括作为旅游组织者使用人的司机、导游等的作为或不作为。（3）旅游者所追求的精神上愉悦严重不达。此种因为旅游合同履行方面的瑕疵而导致的精神损失，有学者认为属于违反以提供欢娱、享受为目的的合同而引发的“失去的满足（loss of amenities）”。[①] 从损害的程度来讲，“失去的满足”属于界之于“身体上的不便与不适”与痛苦、悲痛以及心灵伤痛之间的损害。另外，由于旅游活动本身所具有的特殊性，旅游过程中遭受不便等影响旅游者旅游享受心理的因素，只有严重影响精神上愉悦目的的实现才应该承担违约责任。之所以对侵害履行利益而引发的违约精神损害赔偿有严重性的要求，主要基于精神损害所带有的主观性，这种要求能够有效防止对精神损害赔偿诉讼的泛滥，防止精神损害赔偿范围的任意扩大。[②]（4）违约行为与合同目的未实现之间有因果关系。

（三）我国旅游违约精神损害赔偿的趋势与障碍

旅游合同中的违约精神损害赔偿逐渐得到理论界与国外司法实务界的认可，甚至在有些国家地区的法律中得以确立。在这样的理论背景与国际背景下，我国旅游违约精神损害赔偿的确立在将来的立法中也应该能够得到立法部门的认可，甚至有可能通过对现行法律条文的解释得以实现。《民法典》第 577 条规定：“当事人一方不履行合同义务或者履行合同义务不符合约定的，应当承担继续履行、采取补救措施或者赔偿损失等违约责任。”本条关于违约责任的一般规则中所涉及的“损失”未被限定为物质性损失或财产损失，因此可解释为包括精神损害在内的一切损失。《民法典》第 996 条规定，因当事人一方的违约行为，损害对方人格权并造成严重精神损害，受损害方选择请求其承担违约责任的，不影响受损害方请求精神损害赔偿。就此而言，似乎现行法律对于旅游违约精神损害赔偿留下了可能获得法院支持的空间。但是需要看到的是，《民法典》第 996 条之违约之诉不排除精神损害赔偿请求权，是以违约行为损害对方人格权并造成严重精神损害为前提，是固有利益的损害赔偿。而旅游合同中的违约精神损害问题，是旅游合同目的未实现的履行利益赔偿，二者之间还存在根本性质上的不同。

---

① 程啸：《违约与非财产损害赔偿》，载杨立新主编：《民商法理论争议问题——精神损害赔偿》，中国人民大学出版社 2004 年版，第 251 页。

② 参见叶金强：《论违约导致的精神损害赔偿》，载杨立新主编：《民商法理论争议问题——精神损害赔偿》，中国人民大学出版社 2004 年版，第 298 页。

通过上述分析，我们认为，在我国当前的法律制度体系中，旅游合同违约精神损害赔偿还无法完全得到实务界的支持。本书作者曾期待旅游合同违约精神损害赔偿的法律确认可以通过两条途径来实现，其一是借助旅游专门立法实现对于旅游违约精神损害赔偿的法律确认，其二是在民法典中明确违约责任对于精神损害的救济，或者对旅游合同有名化中明确之。令人遗憾的是，不仅具有显著行业法色彩的《旅游法》在这一问题上较为保守①，而且《民法典》也仅是在人格权保护层面，而非在旅游合同违约责任层面肯定了精神损害赔偿。旅游合同的违约精神损害赔偿虽然在司法审判中已经有所突破，但形成法律规范仍需要时间。

二、时间损失赔偿

（一）时间在法律上的意义与时间损失赔偿

“一寸光阴一寸金，寸金难买寸光阴”，“时间就是生命，时间就是金钱”，“浪费他人的时间等于谋财害命”，众多关于时间之珍贵性、时间之重大意义的表述是妇孺皆知的，但在法律领域内对于时间利益的保护自古以来并未得到立法者的普遍重视。在私法体系上，时间的法律意义主要体现在时间作为生活的过程性标志方面，相应的民法规范称之为时间规范。民法上的时间规范，主要由两个方面构成，其一是立法者基于立法政策将特定时间或状态下的时间，设计为法律事实之构成，如取得时效；其二是基于当事人利益的稳定，针对某些特殊事实状态的存在，规定时间的经过具备确定特定法律关系起始、消灭或存续的法律标志，如除斥期间等。② 由此可见，当前民法理论对于时间的法律意义之认可，依然是以法律行为这一中心展开，以时间作为法律行为的过程性标志角度设计时间规范的。

近现代大陆法系，尤其是德国民法理论以法律行为为中心的理论进路，导致了法律对于作为稀缺资源的时间利益保护之忽视。当立法者与研究者的着眼点集中于以法律行为为核心的法律事实上时，虽然也会虑及时间在法律上的意义，但这种时间的法律意义必将仅仅局限于时间对于法律事实、法律行为的过程性描述。这种对于时间法律意义的狭隘认识同时也根源于时间自身的特性。

---

① 旅游法起草过程中，宁红丽教授也针对性地提出过这一问题，可惜也未能得到采纳。宁红丽：《〈旅游法（草案）〉与旅游合同的有名化》，载《旅游学刊》2012年第12期。

② 龙卫球：《民法总论》，中国法制出版社2002年版，第601页以下。

时间本身并非有形之物，时间最基本的功能即为对于特定生活过程的描述，正因为如此，对于时间的体认、把握都必须凭借与时间相关的其他因素来实现。法律对于时间的承认，也不得不凭借其他法律事实性要素来体现时间的法律意义，从而导致了私法体系中对于时间规范的双重设计。

现代社会发展日新月异，时间对于每一个人来讲都无比珍贵，在短暂的生命过程中，如何科学地管理时间、节省时间已经是人类生活中最主要的规划之一。虽然从历史的角度来看，时间对于人类来讲是一个永续存在的概念，但对于每一个具体的主体来讲，时间又是极其有限的。徒过之时间即无从挽回，将造成难以救济的损失。具体时间的这种稀缺性和不可恢复性，① 意味着时间对每个人来讲都是一笔无形的珍贵资源。对于如此稀缺的资源，如果因他人之原因而使之无益地流逝，如果不能从法律上予以保护，将无法切实满足人们珍惜时间、珍惜生命的基本需求。因此，就作为一种具备稀缺性和不可恢复性的资源来讲，时间利益的法律保护将是必然的选择。

时间是每个人最宝贵的财富，因此个人时间的利用，应当基于个人自己意思之自主决定，任何他人都不得干扰该个人对于自己时间的支配，并应当对于此种意思决定予以充分的尊重，这种不干扰他人时间支配、尊重他人意思决定的要求，不仅仅是伦理道德的诉求，也是私法自治基本原则的题中之义。② 私法自治的基本要义在于，民事主体能够以自己之意思安排自己的私法生活，其中自然包括对自己时间的规划，而不仅仅限于对其所有物的占有、使用、收益与处分，也不仅仅限于与他人达成合意而互通有无。时间的规划与支配，乃是民事主体自由意志的重要体现，只要人类社会还需要私法的存在，就必然要求对于规划、支配时间的自由意志予以法律上的保护。

既然时间应该得到保护，那么对于时间的法律救济途径是什么呢？私法上的救济路径有二，其一为恢复原状的救济方式，使得救济的实现如同损害并未发生一样；其二为金钱赔偿的救济方式，尽最大可能抚慰受害人因损害而遭受的损失。时间一旦浪费即无从恢复原状，因此第一种救济路径则无法实行，从而对于时间浪费的救济方式即为时间损害赔偿。然而，在当前的损害赔偿法体系中，时间浪费损害赔偿究竟属于何种法律性质的损害赔偿，是关于时间浪费损害赔偿的首要问题。

---

① 胡玉浪：《时间浪费与损害赔偿——以旅游合同为例》，载《旅游学刊》2011 年第 7 期。

② 王泽鉴：《民法学说与判例研究》，北京大学出版社 2015 年版，第 701 页。

（二）时间损失赔偿的法律属性

旅游过程中的时间浪费损害赔偿最典型的立法表现是《德国民法典》第651f条第2款的规定，关于该规定的理论争论值得刚涉及时间损失赔偿问题的我国法学界参考。《德国民法典》第651f条第2款在1979年进入《德国民法典》，有部分理论认为是对德国此前将度假乐趣（Urlaubsgenuß）视为财物的判例之确立，其他观点则认为属于《德国民法典》第253条意义上无形损害赔偿之例外规定。[①] 度假时间浪费损害的性质之争不仅仅存在于理论界，而且在司法界也存在不同的理解，德国联邦最高法院（BGH）在其判决中即主张《德国民法典》第651f条第2款为无形损害（ein immaterieller Schaden），而法兰克福地方法院（LG Frankfurt）则始终认为这是财产损害（ein Vermögensschaden）。[②]

1956年著名的海上旅游案（Seereise-Fall）[③] 是联邦法院关于旅游损害赔偿判例的起点，在该案中，德国联邦最高法院认为在度假乐趣障碍中存在一项财产损害，原因在于此种度假乐趣通常仅能通过财产的耗费方能获得。相反在1973年的杰拉德判决（Grado-Entscheidung）中，法院否认了因为在交通事故中汽车损坏而无法按计划前往威尼斯海湾，从而浪费了其在本国野营地的度假而产生财产损害的请求权。[④] 在该案中，德国联邦最高法院以当事人并未支付费用仅仅是其计划被破坏为由，拒绝做出和海上旅行案相同的判决，因为在海上旅行案中，由于行李箱未能及时到达，原告所支付的费用与旅游所得并不相称，而该案中原告并未发生金钱方面的浪费。1974年的罗马尼亚判决（Rumänien-Entscheidung）[⑤] 具有开创性意义，并成为1979年《德国民法典》第651f条第2款的奠基者。在该案中，联邦最高法院以商业化思想（Kommerzialisierungsgedanken）为出发点，承认了度假的财产价值。作为损害估算的正当大小（Richtgröße für die Schadensbemessung）额外度假购得之浪费，即雇员的收入减少和自由职业者在受赔偿假期时间中所能实现者，得到法院的承认。基于此种损害估算的类型，对于浪费的度假时间之损害赔偿请求权仅能由职业工作者（Erwerbstätige）所主张，个中例外是联邦普通最高法院承认家庭主妇享有相

---

① Lange, Hermann: Schadensersatz, 2. Aufl., Tübingen: Mohr 1990, S. 431.

② Münch Komm - Tonner, § 651f RdNr. 35.

③ BGH NJW 1956, 1234. 关于该案的中文资料，可参见王泽鉴：《民法学说与判例研究（七）》，中国政法大学出版社1998年版，第140-141页。

④ BGHZ 60, 214 = NJW 1973, 747 = JZ 1973, 425 mit Anm. Grunsky.

⑤ BGHZ 63, 68 = NJW 1975, 40 = JZ 1975, 249 mit Anm. Stoll.

应的请求权，因为她通过其家庭劳动与其丈夫共同赚得家庭收入。①

随着《德国民法典》第651f条第2款的生效，相应地产生了关于该条仅仅是确立了一项财产损害赔偿请求权抑或构成了一项无形损害赔偿请求权的问题。如果依然为财产损害赔偿请求权，则应当坚持将请求权主体范围限制于职业工作者，否则即应当承认无职业者亦可有效主张此种损害赔偿请求权。虽然，德国联邦最高法院并未明确回答这一问题，但该法院强调，在适用《德国民法典》第651f条第2款的规定时，法官较之以前更为自由，甚至可以突破关于职业工作者（Erwerbstätige）的主体范围限制。其引用立法理由指出，无形因素（immaterielle Momente）也是有意义的，因此有必要就个案情形加以考虑。②

由此可见，德国联邦最高法院并不再坚持所谓的商业化思想，而是更侧重于根据个案情况将无形因素考虑进来。度假时间浪费的损害赔偿因此更多地倾向于非财产上损害赔偿，并突破了根据商业化理论所确立的对于请求权主体范围的限制。③ 在我国旅游法学理论上，学者并未注意到采用商业化理论对于损害赔偿请求权的限制性影响，也并未阐明不采用商业化理论之理由，甚至有学者将因时间浪费之损害赔偿归结为对于因此所致的精神上的痛苦，其中确有其值得商榷的余地。

（三）时间损失赔偿的基本构成

根据《德国民法典》第651f条第2款的规定，对于浪费度假时间的请求权（der Anspruch wegen nutzlos aufgewendeter Urlaubszeit）的主张，必须具备三个前提条件：其一，旅游或者挫败（vereitelt）或者遭受重大障碍（erheblich beeinträchtigt）；其二，旅游者必须已经浪费了时间；其三，必须因此而遭受损失。④ 根据德国法院的相关判例，还需注意旅游者必须在旅游期间根据《德国民法典》第651d条第2款的规定已经将发生的瑕疵向对方进行了通知，另外应当注意根据第651g条第1款规定在相应的诉讼时效期间内主张其请求权。

作为构成要件，旅游的挫败是指，当旅游者根本未能出发或者在到达度假地点后立即返回的情况。⑤ 例如，在旅游开始前，旅游组织者告知旅游无法进

---

① BGHZ 77, 116 = NJW 1980, 1947., Münch Komm - Tonner, § 651f RdNr. 37.
② Münch Komm-Tonner, § 651f RdNr. 39.
③ 王泽鉴：《民法学说与判例研究》，北京大学出版社2015年版，第705-706页。
④ Münch Komm-Tonner, § 651f RdNr. 29.
⑤ 胡玉浪：《时间浪费与损害赔偿——以旅游合同为例》，载《旅游学刊》2011年第7期。

行；或者飞行因为罢工或者航空公司破产而不可替代地落空；或者旅游者在目的地得知没有给他预订酒店或者酒店已经客满，或者酒店因为地震而毁坏等。

就重大障碍而言，学界认为根据度假类型的要求，所有情形下的总体预期都完全不能实现或者部分不能实现时，即构成重大障碍。① 例如具体旅游给付的完全缺失、持续不断的建筑噪声、参观旅游没有参观、运动旅游缺乏运动可能性、酒店安排极其低劣等。在德国法兰克福地方法院第24民事法庭制定的著名的"法兰克福旅游费用扣减表（Frankfurter Tabelle zur Reisepreisminderung）"（以下简称法兰克福表格）② 中，重大性被确定为，旅游瑕疵使得整体旅游价值至少缩水50%。③ 就法兰克福表格中的这种取向被批评是一种错误确定，学界认为，对于旅游的重大障碍应当是从质的规定性方面的综合评价，而非数量上的简单累计，德国著名的Staudinger民法典注释书也采取这样的质的界限的观点。④ 但从另一方面来看，这种对于重大性的简单化的确有着法律安定性最低限度确保的意义，这一点是理论界概念性描述所无法实现的功能。正是基于此，德国另一部重要的民法典评注书慕尼黑评注即认为在原则上可以采纳法兰克福表格的主张。但令人难以理解的是，法兰克福表格在第651e条中对重大障碍的评价标准是至少20%，而此处却为50%，而事实上这两处应当对重大障碍做统一的处理。因此，托纳尔（Tonner）建议采取一个折中路线，即以33%为确定重大障碍的量的标准。⑤

所谓浪费度假时间，或者徒过的度假时间（nutzlos aufgewendete Urlaubszeit）是指，旅游者耗费了其依旅游合同本为了度假目的而安排的时间，而因为旅游挫败或者旅游的重大障碍未能遵循其合同目的地利用该时间。⑥ 此处首先关注的是时间的徒过，至于旅游者是否因此而遭受损害，则是损害要件要关注的问题。旅游者是否仍然能够利用发生障碍之时间进行休养（Erholung），经常不是那么能够清晰判断。被迫待在家中所耗费的时间尚可以被用于休养，此即德国民法学上所谓的阳台假日（Balkonurlaub），同样一项尽管受到重大障碍的度假

---

① Staudinger-Schwerdtner RdNr. 38.

② Staudinger/J. Eckert, 2003, §651d Rn. 40. 德国法兰克福地方法院第24民事法庭是一个职业法庭，对于旅游合同法相关案件具有专属的管辖权。这一表格公布于1985年，于1994年进行过一次补充、完善。

③ NJW 1985, 113.

④ Staudinger-Schwerdtner RdNr. 38.

⑤ Münch Komm-Tonner, §651f RdNr. 31.

⑥ Münch Komm-Tonner, §651f RdNr. 32.

也存在这种可能。德国判例法上将此称为“剩余休养价值（Resterholungswerte）”，并将其作为损害减少要素以免责的形式予以考虑。[①] 在此即有必要区分是因为挫败而住家徒过的假期（zu Hause verbrachtem Urlaub）与仅仅涉及在度假地的重大障碍之旅游。

在住家徒过的假期中，根据德国联邦最高法院的意见，必须根据具体的个案情况查明剩余休养价值。这就涉及旅游者在家中可能对度假做出安排的可能性，根据德国联邦最高法院的见解，可以考虑的因素包括房屋的大小和层数以及季节等。[②] 对于必须照顾家务者而言，剩余休养价值要确定得更少一些；而对于要照顾未成年人之家庭主妇而言，此次度假是其一年中唯一可能的时候，剩余休养价值即不再存在。[③] 与此相反，法兰克福地方法院则认为，在没有其他具体情形的支持下，应当考虑进行50%的减免。也就是说，因在家度过旅游时间而产生的剩余休养价值，只要没有其他事由，损害赔偿请求权将被折半。

对于在度假地徒过的、遭受严重障碍的假期，德国联邦最高法院同样考虑剩余休养价值理论。在一桩预订的酒店因地震毁坏的案件判决中，由于旅客被安排在另一地点而且旅馆的等级要低一级，因此该法院采纳了尚存50%的剩余休养价值的观点。[④]

（四）我国旅游合同制度中时间损失赔偿的构想

我国《民法典》并未将旅游合同列入有名合同。因此，在现行司法体系中，关于旅游合同纠纷基本上还是适用合同编的一般规则，并参照承揽合同的相关规定操作。至于时间损失赔偿，在笔者所涉范围内，尚未见有相关的判决出台，可以参照德国民法典的相关规定建立我国旅游合同中的时间损失赔偿制度。

首先对于旅游时间损失赔偿的法律性质，应当坚持是对于时间浪费之赔偿，而不是对于时间浪费而导致的精神痛苦之赔偿。因为时间之浪费并不必然导致旅游者的精神痛苦，即使可能发生精神上的消极影响，也不一定能够达到精神损害赔偿所要求的严重程度。此外，在坚持对旅游上时间赔偿的理论基础上，不应该再走商业化理论的道路，而应当直接承认对于时间利益的损害赔偿，以

---

① BGHZ 77，116 = NJW 1980，1947；BGH LM Nr. 2 = NJW 1983，35 und NJW 1983，218.

② 胡玉浪：《时间浪费与损害赔偿——以旅游合同为例》，载《旅游学刊》2011年第7期。

③ BGHZ 77，116 = NJW 1980，1947.

④ NJW 1983，35.

突破商业化理论固有的局限性，扩大对于旅游者保护的范围。

另外，在时间损失赔偿的构成上，应当确立对于旅游挫败和重大旅游障碍赔偿的基本立场。其原因在于，在旅游合同过程中，不仅要保护旅游者的合法权益，而且要兼顾旅游业的发展。在整体产业尚不发达的条件下，过重的法律责任负担将不利于产业的成长。但另一方面值得注意的是，我国司法界对非财产损害赔偿的控制较为严格，因此有必要在将来的立法中，对于非财产损害赔偿作进一步明确的规定。

第七章 未实际发生的费用及其计算

旅游纠纷发生后，旅游者与旅游经营者之间争议最多的问题就是应该退还哪些费用。2010 年 11 月 1 日公布施行的《旅游纠纷规定》在第 12 条、第 13 条、第 18 条和第 24 条出现了四次关于尚未实际发生费用退还的规定，为旅游纠纷案件中争议最多的问题之解决提供了初步的依据。与此同时，《旅游纠纷规定》关于尚未实际发生费用退还的规定，也提出了众多亟待澄清的问题。例如，何谓“尚未实际发生的费用”？旅游经营者支付给其他服务提供者的款项，是否属于已经“实际发生的费用”？在各种不同的案件事实中，应予退还的“尚未实际发生的费用”的范围是否相同？“尚未实际发生的费用”的计算，应当采取何种计算方式？凡此种种，均将直接影响旅游纠纷案件的妥当处理。本章试借鉴德国法上的相关规定与学说、判例，结合旅游纠纷司法解释的起草背景和实践中存在的具体问题，探讨旅游纠纷中应予退还的尚未实际发生费用的性质、范围和计算规则，以期有益于旅游纠纷的正确处理。

一、旅游者任意解除权与未实际发生费用的退还

旅游活动中，旅游者作为债权人，必须以其人身受领旅游服务，方能实现其文化体验、愉悦精神的合同目的。强迫旅游者参加旅游，既与旅游合同的目的不合，[①] 也与旅游者人身自由不受侵犯的原则相悖，旅游者在旅游过程中，即使没有正当理由，也可以随时解除旅游合同。[②] 旅游者随时解除旅游合同的权利，理论上称作任意解除权。任意解除权具有破坏“契约必须严守”这一合同法原则的属性，[③] 所以通常在赋予任意解除权的同时，权利人均需要承担不利的法律后果，以避免任意解除权的滥用。《旅游纠纷规定》在赋予旅游者任意解除权的同时，也在旅游费用返还方面对旅游者做出了相当的限制，旅游者

① So im RegE, BT- Drucks, 8/786, S. 19.

② Esser/Weyers, Schuldrecht, Bd. Ⅱ, BT, 8. Aufl., 1998, S. 308.

③ 黄茂荣：《债法各论（第一册）》，中国政法大学出版社 2004 年版，第 316 页。

仅可以要求退还未实际发生的费用，已经实际发生的费用，旅游经营者可以不予退还。

赋予旅游者任意解除权之目的在于，保障旅游者人身自由以及减少对旅游者无益的花费，而非基于旅游经营者违约行为而生的民事责任。然而，保护旅游者人身自由、节约无益花费，不应以旅游经营者利益为代价。行使任意解除权，在法律效果上具有因可归责于旅游者的原因，导致履行不能的属性，旅游经营者在其中并无任何可归咎之处。因此，旅游经营者依旅游合同享有的利益不应受损。然而，在旅游者解除旅游合同之后，旅游经营者基于旅游合同所享有的对于旅游费用的请求权随之消灭。为此，旅游经营者就其所遭受的损失享有获得填补的权利，理论上称之为旅游经营者的适当补偿请求权（angemessene Entschaedigungsanspruch），旅游者因此所负担的费用为解约费（Stornogebuehren）。[①] 我国《旅游纠纷规定》第 12 条并未直接赋予旅游经营者适当补偿请求权，而是采取将旅游者要求返还旅游费用的范围限制在未实际发生费用的范围内，通过对已经实际发生的旅游费用之扣除，间接实现对旅游经营者所受损失的填补。对已经实际发生的费用可以不予退还，该笔已经实际发生的费用，即为旅游经营者适当补偿请求权的对象。[②]

实践中容易引发争议的问题是，旅游者可以请求旅游经营者返还的、未实际发生的费用的范围如何？所谓未实际发生的费用，从旅游经营者角度观察，即为旅游经营者因免予提供旅游服务而节省的费用，或者可得、应得的利益。从全部旅游费用中扣除已经实际发生的费用，适用损益相抵的原则（Vorteilsausgleichung）。[③] 具体而言，未实际发生的费用应由两个方面的费用构成：其一，旅游经营者因此所节省的费用（ersparte Aufwendung）；其二，旅游经营者将相应旅游服务提供给其他旅游者时所获得的（或者应得的）收益（die anderweitigen Erwerbsmoeglichkeiten）。[④]

---

① Larenz, Lehrbuch des Schuldrechts, Bd. II, Besongderes Schuldrecht, 1. Halbband, 13. Aufl., S. 392; Brox/Walker, Besonderes Schuldrecht, 28. Aufl., S. 305; Kaller, Reiserecht, 2. Aufl., 2005, Rn. 385.

② 需要说明的是，根据旅游行业的交易习惯，旅游者在旅游合同履行前会先行全额付款。《旅游纠纷规定》规定未实际发生费用的返还，也正是以此为背景的。因此，《旅游纠纷规定》第 12 条一方面规定了全额先付款情形下旅游经营者的返还义务，另一方面也规定了未全额付款情形下旅游经营者合理费用的请求权。因此，实际发生费用的扣除与合理费用的请求权，所指向的都是旅游经营者的适当补偿请求权，二者必居其一，不可兼得。

③ Vgl. Medicus Schuldrecht I, Allgemeiner Teil, 16. Aufl., S. 223f.

④ Fikentscher/Heinemann, Schuldrecht, 10. Aufl., S. 617.

旅游经营者因此所节省的费用主要体现为，旅游者解除旅游合同之后，旅游经营者免予提供的旅游服务费用。例如，旅游者任意解除合同后，旅游经营者无需再向旅游者提供的住宿服务、餐饮服务、交通服务。这些剩余服务相应的费用即属于旅游经营者因旅游合同解除而节省的费用，属于未实际发生的费用。有疑问的是，所谓节省费用的额度，究竟仅指旅游经营者提供各项服务所支出的成本，抑或还包括旅游经营者合理利润，即旅游服务的市场价格？从旅游经营者角度来讲，免予提供旅游服务所能节省的费用仅为其服务成本，而合理利润应属于履行合同可期待的利益，即履行利益。从交易关系中价值总量的流动来看，旅游经营者与旅游者之间并未因旅游服务的提供而发生价值交换，旅游经营者并未支出服务成本，如果允许其就旅游服务的市场价值要求旅游者支付报酬，则显然旅游经营者方面就服务成本部分获得了不应获得之利益，与禁止得利（Bereicherungsverbot）的损害填补原则相悖，故应将此部分予以扣除。至于合理利润部分，则属于旅游经营者本应获得而因任意解除未能获得的利益，应予填补。另外，从会计学角度来看，旅游经营者所节省的费用，通常表现为预定的交通、住宿等服务没有提供而在损益表中表现出的贷方余额（erhaltene Gutschriften）。[①] 该贷方余额是作为贷方的营业收益与作为借方的成本费用相抵而产生的，可见扣除的基准应为旅游经营者的成本费用。

旅游经营者将相应服务提供给其他旅游者所能获得或应当获得的收益，也属于旅游经营者因为旅游者任意解除旅游合同而获得的收益，因而应根据损益相抵的原则予以扣除。例如，旅游经营者在旅游者任意解除合同后，将运输客票、酒店床位、景区门票等转让给其他旅游者时，所获得的收益，即属于所能获得或应当获得的利益。

值得注意的是，旅游经营者在此负有两方面的义务：一方面是将旅游者退订的旅游服务提供给他人，换言之，旅游经营者不仅要对其恶意不提供给其他旅游者的费用损失负责，而且要对客观上可能提供给他人而获得的收益负责。[②] 另一方面，旅游经营者还应当尽力争取其服务提供者返还相应费用。[③] 如果因旅游经营者的过错而违反上述义务，就应当由旅游经营者自己来承担客观上可

① Kaller, Reiserecht, 2. Aufl., 2005, Rn. 386. 就会计学方面的问题，笔者曾得到同事温晓红老师的指点，特此致谢。

② Fuehrich, Reiserecht, 5. Aufl., 2005, § 14, Rn. 519.

③ Tonner, Der Reisevertrag, 5. Aufl., 2007, § 651i Rn. 8.

能获得的利用收益，旅游者无需承担。另外，即使旅游者行使任意解除权解除了合同，但是如果尚未接受的预订服务能够改订给他人（Umbuchung），那么该服务的费用，旅游经营者就应当退还给旅游者，所扣除的仅仅只能是改订的费用（Umbuchungskosten）。[①]

总体而言，旅游者所负担的解约费之高低，取决于旅游经营者已经负担的费用的多少。[②] 然而，旅游经营过程中，在预定、居间以及旅游活动的实施过程中将会发生各种各样的费用，将这些费用分配在每个成本要素、旅游项目、旅游者上，将会面临重大的困难。[③] 从而，上述具体计算方法，在实践中将会带来很多的不便。到底节省了多少费用，获取了多少替代性的收益，都存在众多的不确定性。对此，值得借鉴的是，德国的法兰克福地方法院就此制作了标准性的表格，旅游行业协会（ARB）也制作了相应的推荐合同等，根据解除合同与旅游行程开始之间的时间间隔这一标准，确定不同的解约费等级，对补偿费用采取一揽子决算。[④] 旅游经营者乐意采取此种一揽子决算方案的动力主要在于，可以免遭由于分别计算以及成本公开所带来的不利影响。[⑤] 原国家旅游局、原国家工商行政管理总局联合制定的《中国公民出境旅游合同》（示范文本）第16条虽然也采取了一揽子决算方案，但存在两方面的问题：其一，将此界定为旅游者的违约责任，于法理不合；其二，不区分任何旅游类型（Reiseart）[⑥] 而使旅游者统一承担最高达90%的解约费，[⑦] 不利于保护旅游者的合法权益。

为了更好地保护旅游者的合法权益，一方面，应当赋予旅游者在具体计算（konkrete Einzelberechnung）和一揽子决算（Pauschalierung）之间的选择权；另一方面，旅游者还可以举证证明旅游经营者仅存在较小的损失，并未达到格式

① Fuehrich, Reiserecht, 5. Aufl., 2005, § 14, Rn. 421; Tonner, Der Reisevertrag, 5. Aufl., 2007, § 651i Rn. 8.

② Tonner, Der Reisevertrag, 5. Aufl., 2007, § 651i Rn. 10.

③ Staudinger/J. Eckert, 2003, § 651i Rn. 36.

④ Tonner, Der Reisevertrag, 5. Aufl., 2007, § 651i Rn. 10.

⑤ Kaller, Reiserecht, Rn. 387, S. 315.

⑥ 不同的旅游方式之间，在短期内寻找替代旅游者的难度有所不同，因此在计算其解约费时也应有所不同。例如，在德国司法实践中，游轮旅游的解约费最高、航空旅游的解约费次之，火车旅游、大巴旅游的解约费依次降低。而且，旅游经营者对不同旅游方式之间的差额，负有举证责任。Vgl. Staudinger/J. Eckert, 2003, § 651i Rn. 39. 唯其如此，方能真正实现旅游者合法权益的保护。

⑦ 与之形成对比的是，旅游经营者解除合同所承担的违约责任，最高仅为旅游费用总额的20%，超出部分需由旅游者举证证明。参见《中国公民出境旅游合同》（示范文本）第15条第1款。

合同规定解约费的程度，借此降低应承担的解约费责任。[①]

二、客观原因解除合同与未实际发生费用的退还

旅游服务涉及很多行业，在利用各行业优势的同时也将各种风险集于一身，极易遭受各种影响，具有相当程度的脆弱性。旅游服务的脆弱性，首先表现在因为客观原因导致旅游合同解除的情形。原《旅游纠纷规定》第13条在因不可抗力等不可归责于旅游经营者的客观原因（以下简称客观原因）[②]导致旅游合同无法履行时，允许解除旅游合同，并再次明确赋予旅游者对尚未实际发生费用的返还请求权。在此值得讨论的是，第13条规定的旅游者对尚未实际发生费用的返还请求权的性质如何？与任意解除权情形下的返还请求权有何不同？如有不同，是否对可以请求返还的范围发生影响？

就其法律结构而言，原《旅游纠纷规定》第13条"未实际发生的费用"的返还请求权，是将旅游者根据解除旅游合同而享有的已经事先支付的全部旅游费用与旅游经营者的补偿请求权相抵销，而赋予旅游者的直接返还请求权。[③]就其所处的法律关系而言，这一直接返还请求权，是因客观原因解除旅游合同，在旅游者与旅游经营者之间发生合同清算关系的最终表现。因客观原因解除旅游合同，是交易基础丧失（Wegfall der Geschaeftsgrundlage）[④]时，旅游者与旅游经营者自合同约束中解放出来的一种途径。此种情形下解除合同不可归责于合同当事人的任何一方，当事人无需承担违约责任，因此所发生的法律效果仅在于旅游合同中的风险分配（Risikoverteilung）。[⑤]合同清算关系，因客观原因的介入由旅游合同关系转化而来，旅游合同关系中的对待给付关系是当事人意思自治的选择，合同清算关系中的风险分配规则也首先建立在对待给付关系之

---

① Fuehrich, Reiserecht, 5. Aufl., 2005, §14, Rn. 520; Tonner, Der Reisevertrag, 5. Aufl., 2007, §651i, Rn. 16.

② 该规定在解除原因上扩张了原《合同法》第94条第1项的适用范围，将不可抗力这一解除原因扩展至不可归责于当事人的客观原因。该规定在起草过程中主要借鉴了《欧盟一揽子旅游指令》第4条第6款所采取的具有法国法属性的不可抗力概念，为了避免与我国法上通行的不可抗力概念造成冲突，选择了现在的表述方式。关于《欧盟一揽子旅游指令》对不可抗力概念的扩张，Vgl. Tonner, Der Reisevertrag, 5. Aufl., 2007, §651j Rn. 6，关于旅游合同中的不可抗力概念之扩展、客观原因的范围限制及其效力，笔者拟专文探讨，此处不赘。

③ Fuehrich, Reiserecht, 5. Aufl., 2005, Rn 559, S. 442.

④ Tonner, Der Reisevertrag, 5. Aufl., 2007, §651j Rn. 2.

⑤ Fuherich, Die Risikoverteilung bei hoeherer Gewalt im Reisevertragsrecht, BB 1991, 493.

上。据此，在旅游合同清算关系中，旅游者负担的风险，通常都是以旅游者接受了旅游合同中约定的旅游服务为前提。正因为如此，旅游行程开始前解除旅游合同的，旅游者可以要求返还的“未实际发生的费用”即为已经预付给旅游经营者的全部旅游费用。[①] 旅游行程开始之前，旅游者未接受任何旅游服务，旅游经营者就其经营成本也未获得任何有效的支付，旅游经营者应当自己单独负担此种投资风险。[②] 旅游经营者既不得以款项已经交付服务提供者为由拒绝返还，也不得扣除因旅游合同签订、解除所产生的各种办公费用。[③]

未实际发生费用的计算以旅游经营者补偿请求权的确定为前提。就其本质而言，旅游经营者的补偿请求权，乃是旅游经营者已经提供的旅游服务和嗣后必须提供的旅游服务的部分报酬请求权。因为旅游经营者不应对不可抗力结果负责，所以补偿请求权与已经提供的、尚待提供的服务对于旅游者是否有利益无关。[④] 举例来讲，在旅游者到达之后就因不可抗力而依法终止旅游合同必须返程，那么往返的航班服务费用以及逗留期间的费用，对于旅游者而言都没有任何利益可言，但旅游者依然应对这些服务承担费用支付义务。既然补偿请求权以提供旅游服务为前提，那么如果旅游服务有瑕疵，补偿请求权就应当按比例地予以相应扣减（Minderung）。换言之，旅游经营者所得请求的补偿请求权，应根据就事实上提供的服务来计算。[⑤] 特别是，当不履行或者不良给付正是基于不可抗力所致，旅游经营者丧失补偿请求权，除非例外地发生合同中没有规定的情形。也就是说，如果发生飓风导致根据《德国民法典》第651j条终止旅游合同，而旅游者遭到停电停水，那么就应当在经营者的补偿请求权中予以扣减。

实践中争议的焦点在于，由于解除合同旅游经营者需向酒店、航空公司等服务提供者支付解约费时，是否可以要求旅游者分担此项费用呢？在我国，旅游法理论界与实务部门也普遍存在解约费属于“已经实际发生的费用，不应退还”的认识。无独有偶，德国联邦最高法院在切尔诺贝利案判决（Tschernobyl-Urteil）中认为，在酒店解约费的承担问题上存在法律漏洞，而以交易基础丧失

① Tonner, Der Reisevertrag, 5. Aufl., 2007, § 651j Rn. 18.

② Risikoverteilung im Reisevertragsrecht S. 184.

③ Vgl. LG Hannover NJW 1985, 2903. Fuehrich, Reiserecht, 5. Aufl., 2005, Rn 375, S. 308.

④ Fuehrich, Reiserecht, 5. Aufl., 2005, Rn 559, S. 441.

⑤ Fuehrich, Reiserecht, 5. Aufl., 2005, Rn 559, S. 442.

(Wegfall der Geschaeftsgrundlage) 为由，判决旅游者应当分担一半的解约费。[①]笔者以为，德国联邦最高法院所做的判决，在理论上存在诸多瑕疵，我国旅游法理论界与实务部门之认识也多有舛误之处。首先，基于客观原因解除旅游合同时，旅游经营者就旅游服务提供者已经开始实施的预订服务而支付的解约费(Stornokosten)，其根据在于旅游经营者与酒店、航空公司之间的合同关系，[②]是旅游经营者与旅游服务提供者之间的风险分配结果，与旅游者并无直接关系，不能据以要求旅游者予以分担。德国联邦最高法院也在判例中明确，这种情况下，旅游经营者并不享有要求旅游者予以补偿的请求权。[③] 其次，从德国法律适用的层面分析，《德国民法典》第651j条作为专门调整不可抗力解约的条款，根据特别法优先于一般法的适用原则，排除了交易基础丧失理论的适用。再次，旅游经营者补偿请求权的理论根据是，旅游经营者向旅游者提供了旅游服务或者在旅游终止之后还应当提供相应的旅游服务，例如将旅游者运回出发地；没有旅游服务就无需补偿。[④] 复次，旅游者直接前往酒店住宿的情况下，因为不可抗力的原因而解除住宿合同时，旅游者无需承担解约费用；而借助旅游经营者的服务时，本应期待获得更有利的法律地位，要求旅游者分担解约费的观点显然不符合旅游合同订立的目的，以及有利于消费者的法律原则。[⑤] 最后，从风险分配的角度来讲，旅游经营者预订酒店作为其未来向旅游者提供旅游服务之用，本质上属于其经营的投资风险，属于经营风险的固有内容，要求旅游者承担其投资风险的请求，并无任何正当性根据。[⑥]

因客观原因导致合同履行障碍的情况下，可能会发生一些增加的费用，例如旅游者预定返程而无法返程时增加的住宿费用、餐饮费用，以及旅游者实际返回费用超出预计返程费用。对于这些增加费用的分配，依然应当坚持“接受服务，即承担费用”的风险分配原则。因返程所增加的费用，即实际旅费与预定旅费之间的差额，通常由旅游经营者与旅游者分担，其前提是旅游合同中约

---

① BGHZ 109, 224, 228.

② Fuehrich, Reiserecht, 5. Aufl., 2005, Rn 559, S. 442.

③ Staudinger/J. Eckert, 2003, §651j Rn. 39; Fuehrich, Reiserecht, 5. Aufl., 2005, Rn 446; Erman/Seiler Rn 7; Tempel NJW 1990, 821f.

④ Fuehrich, Reiserecht, 5. Aufl., 2005, Rn 559, S. 441f.

⑤ Fuehrich, Reiserecht, 5. Aufl., 2005, Rn 562, S. 443.

⑥ Tempel, Stornokosten bei Kündigung des Reisevertrags bei höherer Gewalt?, NJW 1990, 821.

定了旅游者的返程请求权。[①] 但是值得注意的是，即使旅游合同中并未明确约定旅游者的返程请求权，根据诚实信用原则，旅游者也可主张返程请求权，但是返程的费用应当由旅游者自行负担。[②] 就此而言，约定的旅游者返程请求权成为增加的返程费用的风险分配标准，而不再固守“接受服务，即承担费用”的原则。其理由大致在于，既然旅游经营者有提供返程服务的义务，那么也就应当承担费用可能增加的风险。除返程增加的费用之外，其他所有的增加费用均应由旅游者承担。

在增加费用的承担问题上，当旅游经营者对于增加费用有可归责之事由时，旅游经营者即应相应地分担，甚至全部承担因此增加的费用。例如，旅游经营者完全可以通过低廉的费用使旅游者安全返程，但由于旅游经营者的消极懈怠（Untaetigkeit），旅游者不得不乘坐更为昂贵的飞机返回出发地，那么旅游者可以基于积极违反合同（positive Vertragsverletzung），要求旅游经营者承担增加的全部费用。[③] 同样，如果旅游者因为旅游经营者的疏忽而不得不在度假地停留更长的时间，旅游经营者自己也必须分担因此延长期间而产生的增加费用。[④]

三、公交延误、证照瑕疵与未实际发生费用的退还

实践中，由于航班等交通工具延误或者证照代办、保管存在瑕疵导致旅游合同不能按照约定履行而引发纠纷，屡见不鲜。为此，《旅游纠纷规定》第 16 条、第 21 条第 2 款再度允许旅游者请求旅游经营者退还未实际发生的费用。实践中容易引起争论的是，这两处规定的未实际发生费用的退还与前述情形又有何不同？其法律效果、计算范围如何确定？

与第 12 条、原第 13 条不同的是，第 16 条、第 21 条第 2 款规定的“未实际发生的费用”之退还，并不以旅游合同的解除为前提，而是以“不能按照约定履行”为要件。“不能按照约定履行”应仅指合同可以履行但履行的情况与约定不符，即瑕疵履行的情形；而不涉及“旅游合同不能履行”的情形，否则

---

① Fuehrich, Reiserecht, 5. Aufl., 2005, Rn 561, S. 443.

② Staudinger/J. Eckert, 2003, § 651j Rn. 34.

③ Tonner, Der Reisevertrag, 5. Aufl., 2007, § 651j Rn. 21. S. 223.

④ Tonner, Der Reisevertrag, 5. Aufl., 2007, § 651j Rn. 22, S. 223. 例如，旅游经营者负有义务额外包租飞机，以便将所有的旅游者从危险地区撤离。当机场关闭时，旅游经营者负有义务采用其他交通工具将旅游者运回出发地，或者将其运送至最近的、依然开放的机场。如果旅游经营者疏于采取相应措施，那么旅游经营者必须承担自可能返程时起而增加的费用。

将与原第 13 条构成法条竞合。

因公交工具延误导致违约，本应适用《民法典》第 593 条的规定，由旅游经营者向旅游者承担违约责任，旅游经营者与公交工具运营部门之间的纠纷，依照法律规定或者按照约定解决。但考虑到旅游经营者对于公交工具运营无法干涉，且并无选择的余地，要求其因此承担违约责任，未免过于严苛。[①] 为此，《旅游纠纷规定》第 16 条允许旅游者请求退还未实际发生的费用，在违约责任与风险分担之间选择了第三条道路，在性质上属于因旅游服务存在瑕疵，旅游经营者根据《民法典》第 582 条承担的“减少价款”的责任。旅游者因此所享有的权利，在理论上称之为减价权（Minderung）。[②] 旅游经营者证照代办、保管行为存在瑕疵影响旅游行程，也构成瑕疵履行，因此承担的减少价款责任，在性质上同属于“减少价款”的责任，以下一并述之。

在出现旅游瑕疵的前提下，减价权的规范目的在于，维持在旅游合同中所建立的，旅游服务与旅游费用之间的等价关系（Aequivalenzverhaeltnis）。[③] 基于旅游者通常全额预付旅游费用的交易习惯，减价权在实践中最终的表现形式就是旅游者对于超出部分旅游费用的返还请求权，即我国《旅游纠纷规定》第 16 条、第 21 条第 2 款所规定的未实际发生费用的返还请求权。为此，在计算应扣减额度时，首先，需要确定扣减的基准值，即究竟应以旅游的全部费用为基准进行扣减，还是以发生瑕疵的部分旅游服务的费用作为基准？其次，扣减时应当采取何种减价标准？

旅游服务乃是一个整体，通常情况下，一项旅游服务存在瑕疵必然会影响到其他的旅游服务，因此，原则上减价的基准值是全部旅游费用。从旅游者的角度来看，他并不是孤立地支付机票费用，而是通过支付全部旅游费用而获得每一项具体的旅游服务。因此，尽管瑕疵看起来始终是存在于具体的旅游服务

---

① 其法律依据大致有二：其一，旅游经营者借助公共交通工具运营人完成旅游服务的提供，二者本应构成债务人与履行辅助人的关系，但由于债务人对该履行辅助人无选择、干涉的余地，故在法理上免除旅游经营者对其履行辅助人的故意、过失承担责任的义务，否则对旅游经营者无疑过于严苛。其二，我国旅游市场处于起步阶段，为鼓励产业发展，对旅游经营者采取限制其责任范围的做法，在法律政策上也有其合理性。在旅游市场成熟之后，仅对航班延误等旅游服务瑕疵，旅游经营者也应承担相应的减价责任，例如德国法院就采纳了航班延误情形下，最高可从旅游费用中扣除 20%的减价额度。Vgl. Fuehrich, Reiserecht, 5. Aufl., 2005, Rn. 329, S. 267.

② Fikentscher/Heinemann, Schuldrecht, 10. Aufl., S. 615.

③ Fuehrich, Reiserecht, 5. Aufl., 2005, § 651d Rn. 286, S. 227f. 正因为如此，减价与当事人是否存在过错无关，在因不可抗力等客观原因而解除旅游合同的情形下，也可以主张减价权。

之上的，但是在拥有丰富的旅游法判例的德国，对于减价的计算绝大多数都是以整个旅游所受到的妨碍（Gesamtreisebeeintraechtigung）为基准的。[①] 另外，从实践的视角来看，也要求将全部旅游费用作为基准值。原因在于，对于法院来讲，要想将全部旅游费用分摊在每项旅游服务之上，而不去考察旅游企业的企业内部经济成本核算，是几乎不可能完成的，但考察旅游企业的内部经济成本核算这一路径显然是走不通的。

就减价的标准来讲，由于减价权的规范目的在于，维持既定的旅游服务与旅游费用之间的等价关系。为此，根据合同签订时无瑕疵旅游的价值与（发生瑕疵时）实际价值之间的比例关系，成比例地扣减旅游费用，即可实现瑕疵旅游服务与经扣减的旅游费用之间依然保持旅游合同中确定的"服务—费用"等价关系。在瑕疵旅游服务实际价值的估算上，一方面，应该从客观的判断标准出发，旅游者的主观期待除非在合同中明确约定，否则在减价过程中不应予以考虑。[②] 另一方面，还应当考虑的因素包括，瑕疵发生的时间、瑕疵出现的频率等时间要素。[③]

然而，在个案中如何才能保证公正、高效、合理地对瑕疵旅游服务进行价值估算，必将成为《旅游纠纷规定》第 16 条、第 21 条第 2 款实施中的难点、焦点所在。毕竟在个案中，瑕疵旅游服务的实际价值的边界极为模糊，估算并无非常准确的计算公式可资参照。值得借鉴的是，法兰克福表格对住宿、膳食、交通以及其他相关旅游服务方面存在瑕疵时减价的额度，做出了明确、具体的规定，在提供司法透明度、增强法律确定性方面发挥了重要作用。随着我国旅游法制的不断发展，也需要制定类似的减价表，以促进我国旅游纠纷的妥当解决。

四、结语：旅游风险分担与亟待发展的旅游保险业

从法经济学的视角来看，未实际发生费用的退还是一个旅游风险分担的问题。旅游服务集中了许多个相关行业的风险，其风险之大可想而知。如此巨大的旅游服务风险，仅仅在旅游合同的双方当事人之间进行分担，对任何一方都

---

① Staudinger/J. Eckert, 2003, § 651d Rn. 37; Fuehrich, Reiserecht, 5. Aufl., 2005, § 651d Rn. 299; S. 233; Tonner, Der Reisevertrag, 5. Aufl., 2007, § 651d, Rn. 3.

② Fuehrich, Reiserecht, 5. Aufl., 2005, § 651d Rn. 304.

③ Tempel, Das zeitliche Moment bei Bestimmung der erheblichen Beeintraechtigung der Reise im Rahmen des § 651f II BGB, NJW 1999 Heft 28 2012.

是无法承受之重。包括德国在内的多数旅游发达国家都在旅游方面建立了强大的旅游保险业，以应对旅游服务所面对的巨大风险。而我国旅游业的发展，尚未得到保险业的有力支持，这一点将构成我国旅游纠纷借鉴国外理论、实践的重要现实障碍。为了能够更加切实地促进旅游业的发展，在旅游经营者与旅游者之间建立合乎理论要求、符合世界潮流的风险分担机制，旅游保险业的迅速建立、发展将是非常重要的前提条件。

第八章　旅行社转团中的责任承担

——德国法的视角

当前，我国旅游市场仍然存在旅行社等旅游业相关经营主体恶性竞争、侵害旅游者权益的现象。而旅游合同本身存在较为复杂的交易结构，也使得实践中旅游法律问题难以得到及时、妥当的解决。除了旅游市场上各种经营者恶意违法侵害旅游者权益之外，在复杂的交易结构之下，旅行社、旅游辅助服务者、履行辅助人、导游人员等市场主体的权利义务划分也显得稍有些混乱。其中通过转团、买团、炒团等引发的零负团费、强迫购物等问题，已经引起了社会各界普遍的关注。他山之石，可以攻玉。本章以德国法为视角，拟对旅游合同的特殊构造、各经营主体之间的法律关系，尤其是作为旅游组织者的旅行社的法律责任进行考察，以期对我国旅游合同司法实践有所助益。

一、旅游合同的特殊构造

德国旅游法学界对旅游合同（Reisevertrag）① 通常做广义理解，包括单项旅游（Individualreise）和包价旅游（Pauschalreise）。② 前者是旅游者自己直接与所需旅游服务的提供者签订相应的合同，如运输合同、租赁合同、服务合同

---

① 诚如陈卫佐教授所论，《德国民法典》第651a条以下的规定，更准确地应该称之为旅行合同，因为旅行的旅游目的并非上述条文适用的前提条件，因此商务旅行、会议旅行等都属于该法调整的范畴。当然，在立法论层面，也确有将该部分法律仅适用于旅游目的的旅行之议，但毕竟尚属于讨论层面。然而，鉴于德国司法实践和教科书在讨论此部分立法时，通常均以旅游活动为假想对象，本书还是将其译为旅游合同，书中所见的诸多案例正是个中明证。Vgl. Tonner, Der Reisevertrag, §651a, Rn. 3；德国旅游法协会1999年秋季论坛上对此有所讨论，Krause 协会报告 RRa 1999, 240, 242。

② Paul Kaller, Reiserecht, Rd. 47. ff；Tonner, Der Reisevertrag, S. 22；Fuehrich, Reiserecht, 5. Aufl., 2005, Rn. 5.

等；后者则是旅游者通过旅行社或者直接与旅游组织者（Reiseveranstalter）[①] 签订旅游合同。《德国民法典》第 651a 条以下诸条则主要规定包价旅游，本书的讨论对象也仅限于包价旅游合同。

单项旅游合同因旅游者直接与旅游服务提供者签订相应的合同，交易结构简单，在法律适用方面并不存在过多的争议。而包价旅游合同自身在交易结构方面存在极大的特殊性，一方面体现在作为旅游合同一方当事人的旅游组织者既可以自己提供旅游服务，也可以通过第三人提供旅游服务，而后者则为常态；另一方面体现在旅游组织者的法律地位方面，换言之，其与旅游者签订的究竟是旅游合同还是旅游中介合同。

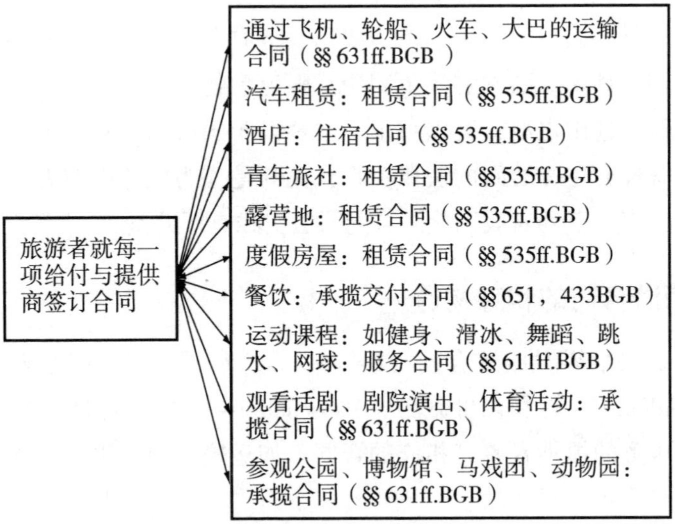

图 1：单项旅游交易结构

---

① 关于“旅游组织者（Reiseveranstalter）”的翻译，国内多数德国民法典译本均将其译为“旅游举办人”或“旅行举办人”。鉴于《德国民法典》第 651a 条以下诸条系转化欧盟旅游指令而来，而欧盟旅游指令中对此在英文本中使用了“organizer”一词；兼顾中文习惯，本书放弃“旅行举办人”的译法，而将其译为“旅游组织者”，参见 http：//eur-lex. europa. eu/legal-content/EN/TXT/HTML/？ uri=CELEX：31990L0314&from=EN。

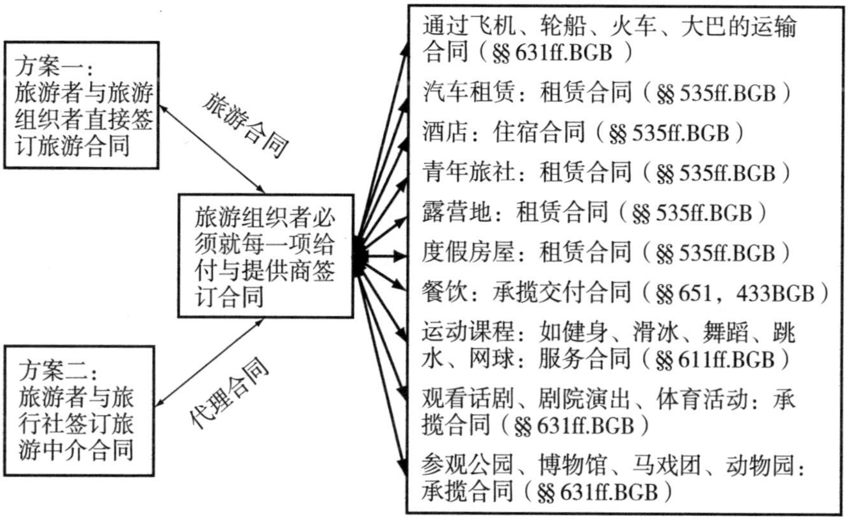

图 2：包价旅游交易结构

旅游合同在交易结构上的特殊构造，在法律适用和责任承担上就引起了如下几个问题：（1）旅游中介合同与旅游合同如何区分？旅游中介合同中与旅游者相对的当事人原则上仅承担委托代理合同上的责任，而对于旅游服务本身的瑕疵、旅游者在旅游过程中的人身和财产损害并不承担责任，而应由实际的旅游组织者或旅游服务提供者来承担。（2）旅游者在旅游合同履行过程中所遭受的人身和财产损害，究竟是由旅游服务的实际提供者来承担责任还是应由旅游组织者承担责任，承担责任的基础是什么？（3）如果旅游组织者承担了相应的责任，那么旅游组织者与实际的服务提供者在责任的分担方面应该如何处理？

上述问题的解决，首先应从对旅游合同与旅游中介合同（Reisevermittlungsvertrag）做明确区分入手。旅游中介合同在德国民法典中未明确作为一种合同类型规定。旅游中介合同的标的是为旅游者和具体的给付提供者（例如酒店经营者或者交通运输企业）之间的合同提供中介服务，或者也可以是为旅游者和旅游组织者之间的合同提供中介服务（Vermittlung）。[①] 根据德国主流观点，旅游中介合同是一种事务处理合同，其标的是一个承揽合同。[②]

---

① Tonner, Der Reisevertrag, § 651a, Rn. 36.

② Vgl. Bechhofer, S. 153; Dewenter, S. 45ff; Soergel-Eckert, Vor § 651a, Rn. 13; Fuehrich, § 27, Rn. 702; Seyderhelm, § 651a, Rn. 56. Neuner 认为，是以服务合同为标的的事务处理合同，AcP193 (1993), 1。

实践中关于旅游者所签订的究竟是旅游合同还是旅游中介合同，最为困难的情形是旅游者的合同相对人是旅行社（Reisebuero）的情形。由于旅行社是最为典型的旅游中介人，所以往往会发生旅游合同和旅游中介合同的区分问题。对此，德国法上的做法是，在没有特别说明的情况下，纯粹从中介活动或者从旅游者的视角来看，具体的给付之间联系极为紧密，均可以将中介活动看作组织者活动。自 1973 年的度假寓所案判决（Ferienhaus-Urteil）[①] 以来，德国联邦最高法院就从旅游者的视角来判断，这样就可以允许在考虑总体情况下，将其理解为旅游组织者。

根据这一裁判规则，在旅行社究竟是中介人还是组织者的判断中，旅游产品的产品说明书的内容就至为重要了。如果产品说明书特别强调了旅游企业的名称，而未提及给付提供者的名称的话，旅游企业就会被认为是旅游组织者，而不是中介人。最终就会使旅游者对旅游企业产生一种信赖，即旅游企业设计旅游产品、组织人员、执行包价旅游。在 1992 年的谢尔多-阿莫里凯案判决（Cherdo-Armoric-Urteil）[②] 中，德国联邦最高法院考虑的因素就包括，组织者在产品说明书上并未自称为中介人，且其自行接受“租金”支付、未标明中介佣金、表示自己负责接受投诉，并在一般交易条件中写入了《德国民法典》第 651g 条第 1 款所规定的除斥期间。如果旅游企业在旅游者报名表中明确自称为旅游中介人，则即使存在相反的情况，也不应将其视为《德国民法典》第 651a 条第 2 款所规定的旅游组织者。中介人身份应当是能够清楚明确、不容误解地识别出来，如果有任何疑问的话，中介人即应被认定为旅游组织者。[③]

从欧洲法院（EuGH）的“俱乐部旅游判决”中可以看出，法院更多地会认为旅行社就是旅游组织者。[④] 这样导致的结果是，对于旅游中介合同和旅游合同的区分就非常困难。除了旅游产品说明书的明示之外，按照 Tonner 的观点，[⑤] 二者之间的区分点应该还是从旅游给付的打包（Buendelung）着手：即旅游合同中给付是在合同订立之前就已经被打成一个包，之后是以按照整个旅游服务包的形式一揽子进行预订；而在中介合同中，要么是预订其他旅游组织者的这类预先打好的旅游服务包，要么就是旅行社直接为具体、个别的旅游给付

---

① BGHZ61，275.

② BGH NJW 1992，3158.

③ AG Nuernberg RRa 1997，242.

④ EuGH，Slg. 2002，I-4051-Club Tour，Viagens e Tourismo=EuZW 2002，402.

⑤ Tonner，Der Reisevertrag，§651a，Rn. 41.

提供中介（比如仅仅是航班、住宿的预订）。在商事登记方面，后者的经营范围也仅仅是旅游中介。①

此外，在德国司法实践中，经常还会出现就他人给付（Fremdleistung）的中介条款，这些他人给付不属于旅游组织者提供的旅游服务本身，不包括在总价内，例如供旅游者选择预订的度假地的旅游项目。这种在我国旅游界被称为另行付费项目的旅游活动，在德国原则上是允许的，而且是作为中介服务出现的，其前提是合同中一定要非常清晰地说明，这些旅游项目是包价旅游之外的，由他人提供的。这样，在具体情况下，旅游组织者何时对于当下的旅游活动承担责任，就极为困难。对于他人给付的最重要的证据在于，另行付费（getrennte Berechnung）。

以前，司法裁判对他人给付的采信表现出了相当的宽容，但是德国联邦最高法院在骑马事故案（Reitunfall-Entscheidung）中对此状况予以扭转。② 该案中，旅游者被安置在一家度假俱乐部，在未拆阅俱乐部旅游指南的情况下，旅游者在该俱乐部预订了一个旅游项目，而后骑马时发生了事故。对此，德国联邦最高法院认为，原则上旅游组织者应当对骑马事故的后果承担责任。其中具有决定性意义的是，旅游产品说明书中暗示了骑马的可能性。从另一方面来讲，德国联邦最高法院所持观点就是，旅游组织者只能在“清晰明确”地说明其中介身份的情况下，才可以对其责任予以限制，③ 仅仅在一般交易条件中包括他人给付条款尚不足以实现责任限制。

Tonner 的观点是，对于在那些具有包价旅游特征的旅游给付，旅游组织者不得使用他人给付条款。④ 就像旅游组织者不得通过拆分旅游团、分别计算价款、通过第三人提供旅游服务的方式，规避自己的责任一样。他认为，在此具有决定性作用的标准在于，按照产品说明，所谓被“中介”的给付，是否构成旅游的根本性要素。

综上所述，旅行社虽然是典型的旅游中介人（Reisevermittler），但也可能存在旅行社自身即为旅游组织者的情况。⑤ 一般来讲，旅行社在实际中可能以如

---

① AG Baden-baden RRa 1995, 182.

② RRa 2000, 85 = NJW 2000, 1188.

③ AG Bad Homburg RRa 2004, 170; OLG Celle RRa 2002, 159.

④ Tonner, Der Reisevertrag, § 651a, Rn. 43.

⑤ Tonner, Der Reisevertrag, § 651a, Rn. 36.

下四种方式活动[①]：（1）为其他的具体旅游给付提供中介；（2）作为旅游组织者的预定部，从而也是旅游组织者的履行辅助人；[②]（3）提供自己的具体旅游服务，例如一家大巴公司运营一家旅行社；（4）自己本身就作为旅游组织者活动。这样，就必须结合旅游产品说明书的明示、旅游服务的组织过程综合判断，在旅行社与旅游者之间究竟是旅游合同关系还是旅游中介合同关系。在旅游中介合同中，还应当注意的是，如果旅行社持续性地接受旅游组织者的委托，通常则签订代办合同（Agenturvertrag），这样旅行社就属于 §§ 84ff. HGB 意义上的商事代理人（Handelsvertreter）。如果旅行社例外地先接受旅游者的委托而与旅游组织者联系，则可能构成商事居间人（Handelsmakler）。

二、旅游组织者的自己责任

当旅游者在旅游过程中发生人身、财产损害时，作为与旅游者签订旅游合同的相对人，旅游组织者往往会基于不同的法律基础承担不同的责任。这些责任既可能是旅游合同法上的违约责任，也可能是侵权法上违反交易安全义务的侵权责任。

（一）旅游组织者的违约责任

出于对旅游者的特殊保护，《德国民法典》在第 651c 条至第 651e 条规定无过错的瑕疵担保责任之外，还在第 651f 条规定了一项基于过错的合同不履行的损害赔偿请求权。由于旅游合同中瑕疵担保责任属于特殊规定，按照特别法优于一般法的原则，在损害赔偿问题上无需回到《德国民法典》第 280 条以下诸条，尤其是无需按照《德国民法典》第 281 条处理。[③] 这是旅游合同损害赔偿请求权与一般的合同损害赔偿请求权不同之所在，因为按照《德国民法典》第 281 条的规定，原则上因不履行或未按所负担的提出给付的，代替给付的损害赔偿请求权原则上以设定期限为前提。

不履行的损害包括瑕疵结果损害（Mangelfolgeschaden），[④] 如人身损害、物之损害、行李损害或者无益的、额外的花费，但《德国民法典》第 843 条、第

---

① Tonner, Der Reisevertrag, § 651a, Rn. 37.

② 至于是否为《德国民法典》第 278 条意义上的旅游组织者的履行辅助人，则有争议。Tonner, Der Reisevertrag, § 651a, Rn. 37; AGEmmerich, RRa 1995, 110.

③ Fuehrich, Reiserecht, 5. Aufl., 2005, Rn. 387.

④ BGHZ 92, 177, 180 = NJW 1985, 132; BGHZ 100, 157, 180.

844 条侵权法上的损害赔偿请求权并不包括在内。上述基于侵权行为产生的请求权，是旅游组织者有过错地违反交易安全义务的结果，应该由受害人举证证明。

按照德国主流观点，仅当因过错违反旅游合同上与给付无关的附随义务，而且不构成旅游瑕疵时，才有必要适用《德国民法典》第 280 条、第 241 条第 2 款关于积极违反合同的规则。① 而实际上很难想象旅游组织者或其履行辅助人违反合同义务，却并不构成旅游瑕疵，从而不能适用《德国民法典》第 651f 条的瑕疵担保请求权的情形。② 旅游组织者违反义务时，大多数时候都是对主义务的违反。由于旅游瑕疵的广泛适用范围以及附随损害和瑕疵结果损害被包括在《德国民法典》第 651f 条第 1 款中，积极违反合同的适用范围就非常小了。另外，组织者方面违反附随义务，原则上也都应该归为旅游合同不履行的损害赔偿。③ 对于所有旅游组织者承担的有形给付（Sachleistungen）和与旅游者人身财产有关的保护义务，均可以纳入《德国民法典》第 651f 条第 1 款规定的旅游合同不履行的损害赔偿请求权之下。自德国联邦最高法院的护照案（visum-fall）④ 以来，甚至对于很多信息提供义务的违反，例如对包括护照、签证要求等作为旅游组织者的主合同义务的违反，都被认为是旅游瑕疵。这样一来，基本上都可以援用《德国民法典》第 651f 条第 1 款规定来处理了，而不需要援引积极违反合同义务规范。

（二）旅游组织者违反交易安全义务的侵权责任

旅游组织者的侵权责任最主要的来源，是其违反交易安全义务的行为。根据《德国民法典》第 823 条第 1 款、第 249 条以下诸条和第 253 条第 2 款、第 842-845 条，旅游组织者就其自身及根据合同选择的给付提供者（Leistungstrae-ger），如酒店、度假住处、飞机或者游船的交易安全义务承担侵权责任。该项经营者义务源于，旅游组织者将他人的旅游给付作为自己的而予以提供，只要这些给付本身就附随着责任，那么这些责任自然转由旅游组织者承担。⑤ 旅游组织者在此所承担的是一项照管义务（Ueberwachungspflicht），其背后的指导思想在于，那些在其所负责的范围内制造、持续开放一项对于第三人而言的危险

① Fuehrich, Reiserecht, 5. Aufl., 2005, Rn. 205, 391；Tonner, Der Reisevertrag, § 651f, Rn. 16.

② Vgl. Dazu BGH NJW 1985, 1165.

③ Fuehrich, Reiserecht, 5. Aufl., 2005, Rn. 391.

④ BGH NJW 1985, 1165.

⑤ BGHZ100, 157, 166=NJW 1987, 1331；BGHZ130, 128=NJW 1995, 2629.

的人，原则上应当消除此项危险，并对他人负有预防、保护的义务。因过错而违反此项义务者，就应该根据《德国民法典》第 823 条第 1 款对他人承担侵权法上的损害赔偿责任。

就旅游组织者而言，其承担违反交易安全义务的侵权责任可能来源于两个方面，其一是对交易风险设施的选择和控制义务的违反（《德国民法典》第 823 条第 1 款），其二是对未适当选任或监督的事务辅助人的违法行为承担责任（《德国民法典》第 831 条）。由于根据《德国民法典》第 831 条对事务辅助人的违法行为承担责任，以给付提供时必须是受指示的事务辅助人（weisungsgebundener Verrichtungsgehilfe）为前提。由于二者之间缺乏必要的隶属关系（Abhaengigkeit）和命令服从关系（Weisungsgebundenheit），给付提供者并不是旅游组织者在《德国民法典》第 831 条意义上的事务辅助人（Verrichtungsgehilfe），[①] 通常则无法据此让旅游组织者承担责任。因此，旅游组织者承担违反交易安全义务的侵权责任，最主要的来源就在于对交易风险设施的选择和控制义务的违反。

旅游组织者对于交易风险设施的选择和控制义务最典型地体现为对酒店和交通两个方面的给付提供者的选择、审查和监督义务方面。

就旅游组织者对于酒店住宿设施的选择和控制义务来讲，德国联邦最高法院认为，旅游组织者对于住宿设施的选择、审查和监督义务，甚至可能发生在酒店预订合同签订之前、在占用的通常间隔中，也可以是没有具体问题的情况下，对于住宿设施的建筑和防火安全性进行检查。[②] 至于监督的频率和范围需要根据酒店及其设施的建筑方式、由于经常的客人更换引起的磨损程度、通过人员的保养、旺季的持续时间长短以及地方的企业检查情况，具体来确定。[③] 监督人员也不能仅仅是草草看一下，经人介绍在外面看一眼就了事，而必须对酒店的设施进行试用并予以检查。另外在范围上仅仅是酒店范围的重要设施包括通往酒店场地的道路，按照普通人仔细看一眼就能够发现的标准进行检查，对于一些隐藏的缺陷不包括在内。[④] 就监督人员来讲，不需要是专门的技术人员，只需要具有一定的职业经验就可以了，以便能够比较容易地发现可能存在

---

① Fuehrich, Reiserecht, 5. Aufl., 2005, Rn. 426.

② OLG Duesseldorf NJW-RR1997, 81.

③ Fuehrich, Reiserecht, 5. Aufl., 2005, Rn. 430.

④ LG Frankfurt a. M. RRa 1995, 62; LG Frankfurt a. M. RRa 1995, 48; OLG MuenchenRRa 1999, 174.

的安全风险。如果给付提供者是欧盟内部的，那么组织者按照最低标准和最低限度的监督就足够了，所以随机抽样检查即可。但是，对于非欧盟的给付提供者则不适用这一标准，因为德国标准在给付提供者所在地并不适用。[①] 酒店范围的重要设施包括，楼梯、电梯、电气设备、防火设施、餐厅、客房、餐厅的入口处、有浴盆、淋浴及瓷砖的浴室、酒店的外部设施等。

德国法院在旅游法中适用侵权法的最经典案例是"阳台跌落案（Balkonsturz-Urteil）"。[②] 该案中，德国联邦最高法院正确地认定了旅游组织者广泛的交易安全义务。但是，侵权责任并不以给付提供者的交易安全义务为根据，因为原则上给付提供者并不是旅游组织者在《德国民法典》第 831 条意义上的事务辅助人，而且即使在例外情况下，构成事务辅助人的话，旅游组织者大多数情况下也可以免责。因此，所违反的一定是旅游组织者自身的交易安全义务。阳台跌落案中，旅游者因为栏杆松动而掉下阳台，严重受伤。德国联邦最高法院认为，旅游组织者违反了其通常应当审查酒店所有安全设施的义务。此种审查义务应该由专业、尽职的代表来完成，必要时在每个旅游旺季开始之前进行此类的检查，才能够尽到最低限度的交易安全义务。

此后，德国联邦最高法院做出的滑水道案判决（Wasserrutschen-Enscheidung）[③] 意味着对旅游组织者责任的极大提高。该案中，一个孩子用胳膊去够滑水道的吸水管，这个吸水管没有加盖防护栏，孩子就被吸水管水流吸住，未能摆脱而淹死。虽然滑水在旅游组织者的旅游目录中并未写入也未做此描写，但德国联邦最高法院认为旅游组织者还是有责任的。法院认为，游泳池属于酒店的体育休闲设施，费用由酒店工作人员收取就足以支持其应当承担责任，而且根据上诉法院的认定，滑水道是酒店设施整体中不可或缺和重要的组成部分。滑水道在酒店的支配范围之内，从而也属于旅游组织者的监控范围。因此，旅游组织者就应当确信这些设施的安全性及其符合相关安全标准，并对其进行持续性的监控。而上述这些要求均未被遵守，不仅仅是缺乏应有的防护栏，而且也没有通过地方建设和安全机关对设施进行验收。因此，旅游组织者违反了其交易安全义务。旅游组织者即使在其给付说明中并未将该具体的部分列明，也

---

① BGHZ 103，298；OLG Celle RRa 2004，156，158；LG Koblenz RRa 2005，27.

② BGHZ 103，298 = NJW 1988，1380.

③ BGH NJW 2006，3268 = RRa 2006，206.

需要对此承担责任。[①] 应予说明的是，滑水道案之所以根据侵权法进行判决，是因为《德国民法典》第 253 条的新抚慰金规则还不能适用于该案，原告因此也只能依赖于 2002 年《债法现代化法》之前的《德国民法典》第 847 条。现在适用《德国民法典》第 651f 条第 1 款时就可以适用抚慰金请求权，借此应该能发挥滑水道案判决所起到的预防效力，避免此类悲剧性事件的发生。

与此同时做出的玻璃门案判决（Glastuer-Entscheidung）[②] 中，德国联邦最高法院也认定了旅游组织者的责任。如果旅游组织者承诺的是适合儿童的设施，那他就必须排除任何可能由于儿童突然的、不可预见的行为而产生的危险。因此，入口处的玻璃门就应该使用防碎玻璃并配上醒目的标识。另外，在骑马事故案[③]中，旅游组织者在俱乐部休假产品招徕的说明中，如果提供了骑马可能的话，最终也要保证，所预定使用的马匹应该是适当的。

从阳台跌落案开始，虽然初审法院裁判有意弱化这类案件中严格的安全保障义务标准，但与之相对的是，德国联邦最高法院则在轮胎事故案中明确坚持了阳台跌落案的上诉审判决，有意强化组织者的交易安全义务标准。该案中，一辆埃及大巴因为瑕疵轮胎、无经验司机引起的事故导致旅游者死伤，德国联邦最高法院认定旅游组织者，尤其是作为其代理人的导游人员，违反了自身选择安全大巴和称职司机的义务。[④] 此后，德国联邦最高法院甚至在滑水道案判决中更加激烈地提高了其裁判尺度。

各州法院和州高等法院的判例中确实存在认定交易安全义务已经完全履行的案例。美茵河畔法兰克福州法院在格鲁吉亚大巴事故案（Busunfall in Georgien）的判决中[⑤]即认为，在旅游组织者对于大巴的选择无法施加影响时，旅游组织者既没有《德国民法典》第 831 条的责任，也没有基于交易安全义务的责任。Duesseldorf 和美茵河畔法兰克福州高等法院在很多案件中都曾经一再认定旅游组织者已经尽到其安全保障义务。这些案件包括泰国游船上旅游者碰到木棱上受伤案[⑥]、在外国度假餐厅中的不安全的一米底座上跌落案、[⑦] 门缝下

---

① Tonner, Der Reisevertrag, § 651f, Rn. 26.

② BGH NJW 2006, 2918= RRa 2006, 210.

③ RRa 2000, 85 = NJW 2000, 1188.

④ OLG Muenchen 29. 1, 1988, 8U2885/87.

⑤ NJW 1990 520=VUR 1990, 86.

⑥ OLG Duesseldorf VuR 1990, 153= NJW-RR 1990, 825.

⑦ OLG Duesseldorf NJW-RR 1993, 315.

渗入雨水形成积水滑倒案[①]、不平稳柜台案[②]以及匈牙利马车案。[③] 除了积水案外，上述这些案件的判决在滑水道案判决之后，都已经过时而不具有参考意义了。

就旅游组织者对于交通运输方面的选择和控制义务而言，原则上，判例中对于酒店设施的要求也适用于那些为旅游组织者提供运输服务的给付提供者，比如飞机、去酒店的转送车、大巴经营者、小艇经营者、机动车辆郊游以及邮轮旅游等。[④] 组织者应当以谨慎、勤勉的商人的注意审查，是否拥有当地必需的官方许可。对于大巴的使用，还应当适用当地的安全标准。

综合上述情形，可以认为，旅游组织者在选择和定期监督给付提供者时，如果有下列行为即被认为是有过错地违反了《德国民法典》第 823 条第 1 款的交易安全义务：[⑤] 未能定期通过随机抽样检查确信遵守了当地的安全规范；[⑥] 对于任何人只要仔细看一眼就能够发现且对组织者来说是可以预见的明显的安全隐患；对于监督未聘请专业、勤勉的专门人员；[⑦] 导游未督促就危险状况进行报告；[⑧] 未立即消除已经发现的瑕疵且对给付提供者表示拒绝、终止给付提供合同及警示旅游者。[⑨]

（三）旅游组织者交易安全义务的边界

虽然德国联邦最高法院有意强化旅游组织者的交易安全义务，但旅游组织者的交易安全义务并非没有任何边界。

首先，对于旅游组织者而言，像对飞机、游轮这种具有高度专业性的设施的监督来讲，应该严格限制其监督、审查义务，因为本身其缺乏此项专业技术知识。对此类设施的监督义务，仅限于取得了相应的批文即可。[⑩] 对于像飞机、游轮甚至包括游艇经营者，导游的监督义务和专业知识，只有在请来履行合同

---

① OLG Frankfurt a. M. NJW-RR 1990, 188.
② OLG Duesseldorf VuR 1995, 135.
③ OLG Frankfurt a. M. NJW-RR 1993, 1329.
④ Fuehrich, Reiserecht, 5. Aufl. , 2005, Rn. 433.
⑤ Fuehrich, Reiserecht, 5. Aufl. , 2005, Rn. 429.
⑥ OLG Duesseldorf NJW-RR1990, 825; NJW-RR1993, 315; OLG Koeln NJW-RR1992, 1185.
⑦ BGHZ 103, 298 = NJW 1988, 1380.
⑧ LG Frankfurt a. M. NJW1985, 2424.
⑨ BGH NJW 2000, 1188, 1190.
⑩ LG Muenchen I RRa 1997, 199.

的游艇司机不合适或不靠谱的时候，旅游组织者才应该采取措施防范风险。① 对于大巴车，在司机第一次发生疏忽的时候，也不宜进行干涉。② 仅在有特别明显的交通安全技术缺陷线索时，才可能涉及监督义务的履行问题，比如任何人只要仔细看一下都能够很明显地看到轮胎是坏的。③ 在存在特别严重的缺陷时应当认定存在采取措施防范风险的义务，但是对于港口中的轮船楼梯是否有扶手栏杆、给付提供者使用的吉普车按照德国标准是否安全，则不能认为旅游组织者存在此项义务等。

其次，对于因为突然发生的、不可预见的因素导致的危险状况，组织者不会有违反监督义务的问题。因此，旅游组织者仅仅对于那些超出日常生活风险之外的、因旅游而增加的特殊风险承担责任。换言之，对于那些可以期待旅游者实现自己识别并自行做好应对准备的风险，旅游组织者就不必承担责任。④ 在判定发展中国家的露天餐厅的安全性要求时，未考虑德国建筑法规在露台之间不安全的高度差方面的规定，未能发现像露台松动这样的隐藏瑕疵、未检查通往酒店所有的停车场的开放式基地上的台阶、未监督酒店中日常的清洁工作，这些义务的违反都不会产生责任。

还有一种情形，即一般的生活风险，即并非旅游所特有的事故，其在私人的日常生活中也完全可能发生。根据德国联邦最高法院的判例，此类事故也不应当由旅游组织者来承担责任。例如，在事前已经拖过的台阶上滑倒案⑤、在游泳池的瓷砖地面上滑倒案⑥、酒店迪厅昏暗台阶上滑倒案⑦、酒店大门受伤案⑧、不隔热塑料咖啡杯受伤案⑨、椅子倒下受伤案。⑩ 在此类案件中，旅游者不应当认为，在国外会有和在德国同样的安全和建筑标准。更确切地讲，旅游者自己通过旅游而将自身置于更高的生活风险之中的话，旅游组织者不应该为

---

① LG Hannover RRa 2003，218.

② LG Koblenz RRa 2004，206.

③ OLG Frankfurt a. M. NJW-RR 1993，1329；OLG Duesseldorf NJW-RR2000，787.

④ LG Frankfurt a. M. NJW-RR2002，1485.

⑤ LG Bonn RRa 1996，82；OLGR Frankfurt 2001，41.

⑥ LG Muenchen. RRa 1996，89；AG Baden-Baden RRa 2005，68；OLG Frankfurt a. M. RRa 2001，243；LG Duisburg RRa 2006，20（该案涉及的是酒店大门范围被雨淋湿了的瓷砖地面）。

⑦ LG Duesseldorf RRa 2005，26.

⑧ LG Frankfurt a. M. RRa 1995，84.

⑨ LG Frankfurt a. M. RRa 1994，158.

⑩ LG Frankfurt a. M. RRa 2000，22.

此承担责任。[①]

尽管如此，旅游组织者任何情况下都要在充满危险的地方做出最基本的安全预防措施，以将风险降低到可以接受的程度。例如，在游泳池的入口处使用增加摩擦力的地面，而不是平滑的、像玻璃一样的地面。[②] 如果旅游组织者或其履行辅助人增加了旅游者的风险程度，就应当对因此所导致的损害承担责任。如果航空公司工作人员为旅游者安排替代航班作为被取消航班的履行替代，而为了赶上航班，旅游者必须带着行李跑着穿过候机大厅，其间旅游者摔倒，旅游组织者应当对此损害承担责任。在该案中，德国联邦最高法院认为，航空公司工作人员负有义务，确保安排的替代航班不会使旅游者处于更高的危险情形中，也就是说应该提供帮助使其能够安全登机。[③]

但是，对于旅游者能够认识到并为之做好准备的危险，旅游组织者及其履行辅助人并不承担保证其不受此种危险损害的责任。例如，旅游者在水球比赛中被突然飞过来的球打伤，即使比赛已经通过扩音器预告结束时，旅游组织者也不会因此违反交易安全义务。[④] 如果旅游者不理会旅游组织者及其给付提供者的警告和建议，也同样免除旅游组织者的责任。[⑤] 但是在没有挂好的热水器案[⑥]、主楼配楼之间不安全的支路案[⑦]中，却是违反交易安全义务的。旅游组织者也应当审查，酒店是否遵守了当地关于火灾情形的相应安全标准。[⑧] 另外，在野外游泳训练中，如果课程主任未能确保参加者能够没有任何危险地跳入水中时，旅游组织者也应当承担责任。[⑨]

就旅游组织者是否在国外尽到其交易安全义务不以德国的安全标准为准，而应该以度假地适用的标准和特点来确定。[⑩] 基于包价旅游的规模特性，旅游者也不应该期待其能够如单项旅行那样的安全标准。[⑪] 但是无论如何，旅游组

---

① LG Duesseldorf RRa 2005，26.

② AG Duisburg RRa 2006，279.

③ BGH NJW 2005，1420= RRa 2005，112.

④ OLG Duesseldorf RRa 2005，21.

⑤ AG Hannover RRa 2005，30.

⑥ OLG Frankfurt a. M. VuR 1994，87=NJW-RR 1994，560.

⑦ OLG Bamberg RRa 1997，14.

⑧ OLG Koeln NJW-RR 1992，1185.

⑨ OLG Muenchen. RRa 1995，204.

⑩ LG Koblenz RRa 2006，75；LG Koblenz RRa 2005，27；LG Muenchen. RRa 1993，25，该案涉及的是在博茨瓦纳的越野车；OLG Muenchen. RRa 1995，204。

⑪ LG Duesseldorf RRa 2003，215.

织者都应该审查酒店是否达到当地的安全标准，比如说当地的有关机关是否已经审查并验收了该建筑物。[①] 旅游组织者绝不对酒店在具体场合中不完全妥当的运作负责。举例来讲，旅游者在自助餐厅里面湿滑的地面上滑倒，之所以湿滑是因为此前同行旅游者将饮料洒在了地上，如果酒店已将液体擦掉并放置了标识阻止进入还湿滑的地面（但该措施当时并未使地面完全干燥），在此种情况下，旅游者不能对旅游组织者主张《德国民法典》第 823 条第 1 款上的请求权（但并不一定排除基于履行辅助人的责任）。[②]

（四）违约责任的扩张与侵权责任的收缩

对于旅游组织者的违反交易安全义务的侵权责任请求权可以在《德国民法典》第 651f 条之外主张，即发生了请求权的竞合。从而，对于交易安全义务的违反而产生的请求权也可以通过主张因违反保护照顾义务而作为旅游瑕疵主张合同上的请求权。此外在转化了欧盟包价旅游指令之后，根据《德国民法典》第 651h 条第 1 款的规定，在身体伤害上的请求权不得进行限制。[③] 在此之前，对于身体伤害的侵权责任请求权还是可以基于约定进行限制的。由于《债法现代化法》将侵害生命的请求权修改为适用 30 年时效期间，再加上基于《德国民法典》第 253 条第 2 款，新损害赔偿法允许对合同上的请求权予以非财产上的损害赔偿，即意味着对旅游合同上的抚慰金请求权成立。伴随于此，侵权法的重要性就大大降低了，导致侵权责任较此前而言所能够发挥的作用小了很多。[④]

通常情况下，根据《德国民法典》第 651f 条第 1 款关于因违反保护照顾义务的旅游瑕疵而生的合同上的损害赔偿请求权更容易获得支持。在此，给付提供者是组织者的履行辅助人，根据《德国民法典》第 278 条，其过错即可归责于旅游组织者，从而《德国民法典》第 651f 条第 1 款上的合同损害赔偿请求权的成立要容易一些。相反，根据《德国民法典》第 831 条要将其作为事务辅助人成立旅游组织者的责任，由于缺乏对旅游给付提供者指示依赖性（Weisungsabhaengigkeit der Leistungserbringer），往往很难成功。此外，根据《德国民法典》第 651f 条第 1 款的规定，在合同法上的损害赔偿请求权采取过错推定，而侵权法上必须由请求权人证明过错，这也导致了《德国民法典》第 823 条第 1

---

① BGH NJW 2006, 3268 = RRa 2006, 206.

② AG Duisburg RRa 2004, 264.

③ Tonner, Der Reisevertrag, § 651f, Rn. 24; BGHZ 100, 157; 100, 185; 103, 298.

④ Fuehrich, Reiserecht, 5. Aufl., 2005, Rn. 425.

款在旅游法上的意义大大降低。[①]

三、旅游组织者的履行辅助人责任

德国法上，旅游组织者除就自己违反交易安全义务或合同不履行承担侵权责任或违约责任之外，还大量地因旅游给付提供者的行为承担责任。此项责任的承担以其与旅游给付提供者之间的合同关系以及后者作为旅游组织者的履行辅助人为前提。

旅游组织者与给付提供者（例如运输企业和住宿企业）之间通常存在各种具体的合同关系，如运输合同和住宿合同。但是，像旅游组织者的租船合同或者酒店预订合同一样，这些合同都是在旅游组织者与给付提供者之间订立的，由于没有旅游者的意思表示，根据合同相对性原则，无法将旅游者作为合同当事人。[②]

但是，旅游组织者与给付提供者之间的合同从一开始就包含了旅游者的利益在内，即使是以旅游组织者的利润利益为前提，也不能否认这一点。为此，德国法学界的主流观点认为，该类合同是《德国民法典》第 328 条意义上的利益第三人合同（Vertrag zu Gunsten Dritter），因此旅游者对于给付提供者享有直接的履行请求权。[③] 由于旅游者以旅游组织者为合同当事人，所以通常旅游者不会介入旅游组织者与给付提供者之间的合同关系中，但是当旅游组织者进入破产程序或者处于支付不能的时候，给付提供者是否也对旅游者直接承担责任则显得非常重要。德国联邦最高法院于 1985 年 1 月 17 日的判决中，赞同了利益第三人合同的观点，从而对于旅游组织者与航空公司之间的包机合同，旅游者对于给付提供者航空公司享有直接的履行请求权，而航空公司不得以旅游组织者尚未支付包机合同价款为由对旅游者的请求权提出抗辩。[④] 在此德国联邦最高法院非常正确地排除了《德国民法典》第 334 条的适用，根据该规定，抵偿关系中所生的抗辩也可以针对第三人主张。如果航空公司拒绝运送旅游者的话，就要对旅游者承担损害赔偿责任。在内部关系上，旅游组织者与航空公司

① Fuehrich, Reiserecht, 5. Aufl., 2005, Rn. 425.

② Fuehrich, Reiserecht, 5. Aufl., 2005, Rn. 100.

③ Larenz, Lehrbuch des Schuldrechts II/1, S. 381; Fuehrich, Reiserecht, 5. Aufl., 2005, Rn. 101; Tonner, Der Reisevertrag, § 651a, Rn. 10; BGH NJW 1985, 1457; BGH NJW 2002, 2238 = RRa 2002, 154; MK/Tonner, § 651a, Rn. 40ff; Palandt/Sprau, § 651a, Rn. 10.

④ BGHZ93, 271 = NJW 1985, 1457.

是共同债务人。[①] 这一原则也适用于旅游者与其他的给付提供者之间，例如酒店经营者。不过应该注意的是，鉴于旅游活动经常跨越国界，该规则适用的前提是，旅游组织者与给付提供者之间的抵偿关系适用德国法规范，或者有类似于《德国民法典》第328条的规则。

从旅游合同履行的角度来看，给付提供者作为旅游组织者的独立的履行辅助人（selbstaendige Erfuellungsgehilfe）直接提供各项旅游服务，例如运输企业、酒店经营者和交换学校等。给付提供者与旅游组织者在经济上并未形成联合，在企业组织上也并不属于后者[②]，给付提供者原则上对自己的活动负责。[③] 给付提供者仅仅是通过履行合同义务间接地服从旅游组织者的指示权（Weisungsrecht）。[④] 就此来讲，独立性，是给付提供者最为清晰的标志。值得注意的是，导游人员和旅游组织者的工作人员也是其履行辅助人，但这种履行辅助人隶属于旅游组织者的企业组织之内，同时也是直接地服从旅游组织者的指示权，有学者将其称为单纯的履行辅助人（einfacher Erfuellungsgehilfe）。[⑤] 这两种履行辅助人区分的意义在于，根据《德国民法典》第651h条第1款第2句，对于旅游组织者因给付提供者这种履行辅助人而负的责任可以协商进行限制。

根据《德国民法典》第278条的规定，给付提供者是旅游组织者与旅游者之间旅游合同的履行辅助人。履行辅助人是指那些依照旅游组织者的意思作为辅助人履行其义务的人。旅游组织者对于给付提供者的过错负责，但同时根据《德国民法典》第651h条第1款第2句，可以根据国际公约（如蒙特利尔公约）或者一般交易条件对此项责任予以限制。虽然存在此种责任限制的可能性，但是德国联邦最高法院还是会经常强调旅游组织者根据《德国民法典》第278条对其给付提供者的给付和过错承担责任。[⑥]

如果合同约定的旅游给付是为旅游组织者而提供的，旅游组织者根据各种具体的请求权基础的标准，就给付提供者的行为承担自己责任。[⑦] 实践中，旅游组织者通常肯定不会将各个给付提供者的名称信息提供给旅游者，这些名称

---

① Fuehrich, Reiserecht, 5. Aufl., 2005, Rn. 101.
② Fuehrich, Reiserecht, 5. Aufl., 2005, Rn. 100.
③ Fuehrich, Reiserecht, 5. Aufl., 2005, Rn. 8.
④ Larenz, Lehrbuch des Schuldrechts II/1, S. 380.
⑤ Fuehrich, Reiserecht, 5. Aufl., 2005, Rn. 8.
⑥ BGH NJW 1983, 449, 449; BGHZ 100, 185, 189; BGHZ93, 274f.
⑦ Fuehrich, Reiserecht, 5. Aufl., 2005, Rn. 102.

信息只是旅游组织者自己在执行旅游计划的时候使用。以适用德国法为前提，给付提供者原则上仅依《德国民法典》第 823 条以下之规定，就其侵权行为对旅游者承担责任。

在德国司法实践中，下列企业或者个人经常被视为旅游组织者的履行辅助人，当然前提是他们提供了旅游组织者的部分给付：酒店经营者（Hotelier）、航空公司（Fluggesellschaft）、给付提供者个人（Personal der Leistungstraeger）、旅游组织者在当地的代表（oertliche Reiseverstalterrepraesentanten）、船舶公司（Reederei）、徒步旅行向导（Safarifuehrer）、登山向导（Bergfuehrer）、组织者的文体活动组织员（Animateure des Veranstalters）、旅游组织者在度假地游览的大巴公司（Busunternehmen）。①

那些并不提供旅游组织者组织的给付，而是在此之外提供自己服务的人，则不是履行辅助人，这些人包括：非受组织者委托运行的酒店大巴，应旅游者要求在酒店保险箱中保管贵重物品的酒店经营者，轮船上的医生，空中交通管制员，行使其空中警察职权的飞机机长，海关工作人员，回答入境规定和获取签证的领事馆，机场，仅仅为组织者提供居间服务的给付提供者，辱骂、殴打旅游者的酒店职员。②

由于缺乏必要的隶属关系和命令服从关系，给付提供者并不是旅游组织者在《德国民法典》第 831 条意义上的事务辅助人。对此，旅游组织者仅对其自身未能尽到交易安全义务承担侵权责任。组织者自己经营的度假俱乐部、自己的航空公司、自己的酒店及其自己的员工，由于属于旅游组织者自己企业的组成部门，则构成组织者的事务辅助人。③

《德国民法典》第 651f 条第 1 款的损害赔偿请求权是以旅游组织者的过错为前提的，根据《德国民法典》第 276 条，该过错是指，旅游组织者未尽到交易上应该尽到的注意。因为给付提供者是旅游组织者的履行辅助人，因此给付提供者的过错原则上也归责于旅游组织者。关于过错，《德国民法典》是采取了举证责任倒置的方式，由旅游组织者承担。这一规则是在 1994 年转化欧盟包价旅游指令（EG-Pauschalreise-Richtlinie）时以现在的表述方式规定在条文中，但是这一规则实际上基于 1987 年德国联邦最高法院做出的尼罗河船案判决

---

① Fuehrich, Reiserecht, 5. Aufl., 2005, Rn. 103.

② Fuehrich, Reiserecht, 5. Aufl., 2005, Rn. 104.

③ Fuehrich, Reiserecht, 5. Aufl., 2005, Rn. 104.

(Nilschiff-Entscheidung)[①] 就已经作为判例法产生实际约束力了。该案中，因为船上失火导致行李丧失，至于失火原因无法查明。根据举证责任倒置应该由旅游组织者承担举证责任，证明损害事故不应由其，更准确地说是其给付提供者承担责任。对旅游组织者来讲，要证明这一点和旅游者一样是很困难的。但是鉴于给付提供者是为旅游组织者而行为，就此点而言也属于旅游组织者负责的范围，这样的话此种风险分配还是妥当的。按照德国联邦最高法院的二号骑马事故案（Reitunfall II-Entscheidung），[②] 旅游组织者要想完成其举证责任，就必须解释并证明，他对于所有被认真纳入考量的过错要件事实都没有过错。这样他就必须提出证据证明，在骑马项目中所载明的马匹是经过谨慎挑选和监管的。否则，他就应该对旅游者因惊马而受伤的事故承担责任。如果旅游组织者也仅仅是存在重大可能应予负责，而这也仅仅是纳入考虑的原因之一的话，旅游组织者还是负有证明责任。

应予说明的是，旅游组织者根据《德国民法典》第 823 条第 1 款对交易风险设施的选择和控制义务的违反而承担的侵权责任，往往是从总体上、损害事件发生之前来考虑；而旅游组织者对于履行辅助人负责，则是从其具体的履行行为层面考察。因此，这两种责任虽然经常会发生重叠，但有时也会形成互补关系。即使从交易安全义务履行的角度来看，旅游组织者无法对给付提供者的具体给付行为实施监督，而无需根据《德国民法典》第 823 条第 1 款承担侵权责任，但如果给付提供者在提供具体服务时有过错，旅游组织者还是应当根据《德国民法典》第 278 条、第 651f 条第 1 款承担合同法上的损害赔偿责任。

四、旅行社转团的德国法观察[③]

旅行社转团，是指与旅游者签订旅游合同的旅行社（以下简称组团社）将旅游团队转交其他旅行社（以下简称受让社），由后者向旅游者提供旅游服务的行为。《旅游纠纷规定》第 10 条将此种情形规定为“旅游经营者将旅游业务转让给其他旅游经营者”。我国旅游法学界通常将转团行为认定为“合同转让”“合同承受”或者“合同权利义务的概括移转”，即是以旅游合同为转让标的的

---

① BGHZ 100，185=NJW 1987，1938.

② BGHZ 161，79=NJW 2005，418= RRa 2005，12.

③ 就笔者有限的阅力所及范围，旅行社转团问题，无论是在德国旅游法文献中还是在判例中，均未能发现直接论述。为此，以下均属笔者根据德国法的规定，对我国旅行社转团的法律结构和相关责任承担问题进行的分析。

法律行为，转让旅行社与受让旅行社之间存在的所谓“旅游业务转让”合同，就其法律性质来讲，一般认为是组团社将其在旅游合同中的权利义务转让给其他旅行社，由受让旅行社取代组团社成为组织旅游合同当事人的行为。换言之，转团之前，旅游合同关系存在于组团社与旅游者之间，转团后则存在于受让社与旅游者之间。但是，从德国法观察，旅行社的转团行为，可能涉及的问题包括：（1）债务承担（Schulduebernahme）[①]；（2）债务加入（Schuldbeitritt）[②]；（3）履行承担（Erfuellungsuebernahme）[③]；（4）契约承担（Vertragsuebernahme）[④]；（5）契约加入（Vertragssbeitritt）[⑤]。至于具体属于何种情形，还需要结合旅行社转团的实际操作进行分析。

如果将转团行为认定为契约承担的话，其法律结构应该是，原合同当事人（组团社）将其在整个旅游合同中的法律地位一并移转给新的当事人（受让社），[⑥] 既包括旅行社作为债权人可向旅游者主张的旅游费用给付请求权、旅游者协助履行请求权、抗辩权和解除权，也包括旅行社作为债务人时所承担的提供旅游服务的义务、对旅游者的安全保障义务、协助旅游者返程的义务等。《德国民法典》并未规定此类契约承担合同，但是基于合同自由的原则，并不妨碍当事人之间基于合意订立契约承担合同，[⑦] 就其规则则应该分别适用《德国民法典》第 398 条以下诸条关于债权让与和《德国民法典》第 414 条以下诸条关于债务承担的规定。[⑧] 换言之，转团行为事实上是由旅行社对其在组织旅游合同中的债权让与和债务（转由第三人）承担两个交易组成的，在法律适用上也是分别适用不同的规则。

值得注意的是，无论债权让与还是债务承担，都必须是在保持债权、债务

---

① Harke, allgemeines Schuldrecht, 2010, S. 393; Medicus/Lorenz, AT Schuldrecht, 20. Aufl., 2012, Rn. 749.

② Brox/walker, AT Schulrecht, 37. Aufl., 2013, S. 406; Medicus/Lorenz, AT Schuldrecht, 20. Aufl., 2012, Rn. 860.

③ Medicus/Lorenz, AT Schuldrecht, Rn. 795; Brox/walker, AT Schulrecht, 37. Aufl., 2013, S. 401.

④ Harke, allgemeines Schuldrecht, 2010, S. 417; Medicus/Lorenz, AT Schuldrecht, 20. Aufl., 2012, Rn. 800.

⑤ Medicus/Lorenz, AT Schuldrecht, 20. Aufl., 2012, Rn. 863; Brox/walker, AT Schulrecht, 37. Aufl., 2013, S. 401.

⑥ Vgl. BGH NJW 1985, 2528.

⑦ Erwa BGHZ 95, 88, 94f.; Medicus/Lorenz, AT Schuldrecht, Rn. 800; Larenz, Lehrbuch des Schuldrechts I, S. 618.

⑧ Vgl. Larenz, Lehrbuch des Schuldrechts I, S. 616ff.

内容不发生变化的前提下完成的。2002年《债法现代化法》之前的《德国民法典》第399条第1项即明确规定，“如果不变更其内容即不能向原债权人之外的人进行给付”的话，即不得让与债权。[①] 而债务承担中如果改变了债务内容，则无法发生使新债务人向债权人负担与本应由原债务人履行的同样给付的效力。[②] 我国学者将其称为债权、债务的同一性，即债权让与和债务承担均不改变所移转的债权、债务的内容。[③] 在旅行社转团过程中，债权让与部分，即旅行社可以向旅游者主张的权利，特别是其中最重要的旅游费用请求权、旅游者协助履行请求权通常不会发生改变，是符合债权让与中保持债权同一性的要求的。但是，债务承担部分则有所不同。实践中，旅行社通常并非自行向旅游者提供全部的旅游服务，而是通过交通、餐饮、地接旅行社等履行辅助人向旅游者提供旅游服务，而不同的组团社选择的履行辅助人完全不同，所提供的服务在内容、标准上也会存在诸多差异。转让方为了保护自身商业秘密，不会将其与履行辅助人之间的合作关系转移给受让的旅行社。就此来讲，实践中旅行社转团的法律性质能否被认定为德国债法理论上的契约承担，是存在疑问的。

因此，我国实践中旅行社的转团行为，不能当然视为契约承担，甚至免责的债务承担（Befreiende Schulduebernahme），[④] 使与旅游者签订旅游合同的旅行社获得免责的优待。正确的做法是，针对具体的案例进行具体分析，只有那些转团前后旅游服务的实质性内容并未发生变动的，才能认定为契约承担或者免责的债务承担。即使旅游者同意转团，也同样要进行上述分析。至于那些形式上看似符合债务承担、契约承担构造，但实际提供的旅游服务与旅游合同约定的内容不符的，则可能需要追究旅行社的违约责任和行政责任。

五、擅自转团的责任构成

从德国法的角度来看，组团社应当履行旅游合同而未履行，可能根据《德国民法典》第281条第1款第1句第1种情况和第323条第1款第1种情况，构

---

① Brox/walker, AT Schulrecht, 37. Aufl., 2013, S. 399.

② Harke, allgemeines Schuldrecht, 2010, S. 393.

③ 参见马俊驹、余延满：《民法原论》，法律出版社2007年版，第596页；崔建远主编：《合同法》，法律出版社2010年版，第207页、第228页；韩世远：《合同法总论》，法律出版社2011年版，第457页、第495页。

④ Brox/walker, AT Schulrecht, 37. Aufl., 2013, S. 399.

成“债务人没有提供到期给付”的不给付（Nichtleistung），[①] 从而应当承担相应的违约责任。问题是，组团社自己虽未履行，但与组团社签订转团合同的受让社向旅游者履行了旅游合同，且旅游者接受了此项履行，组团社是否还应当承担违约责任呢？

根据《德国民法典》第415条的规定，作为原债务人与承担人的组团社和受让社之间可以订立合同，达成债务承担协议。但是，由于组团社与受让社之间签订的合同，支配的对象是旅游者的债权，是对旅游者债权的无权处分。因此，根据德国法关于债务承担协议的处分说（Verfuegungstheorie）[②] 的要求，依《德国民法典》第185条的规定，组团社和受让社之间的债务承担合同必须经债权人，即旅游者的同意，方可发生效力。[③] 如果未经旅游者同意，则不能发生转团的效力，组团社对于旅游者依然承担其基于旅游合同的义务。至于旅游者接受受让社的履行，能否认定为以默示的方式做出了同意，则存在争议。本书认为，虽然根据《德国民法典》第182条第2款的规定，同意可以以默示的方式做出，但是认定默示方式的同意应该考虑具体的社会背景和案情，给予严格的限制。[④] 最基本的思想应该是，在认定默示方式的同意时，不会导致债权人处于极端不利的境地。例如《德国民法典》第416条在拟制沉默的同意时，即考虑到债权人在此种情况下无论如何都享有充分的担保，[⑤] 而无后顾之忧。而旅游者接受受让社提供的旅游服务，并不能等同于旅游者就同意了组团社与受让社之间的债务承担合同。其理由有二，一方面，旅游者在事先未告知的情况下，往往是在到达机场、出发地，甚至目的地时，才发现自己被转团，此时如若不接受旅游服务，必然导致假期泡汤，甚至可能面临违反减损义务的法律责任；另一方面，我国旅行社行业通过转团侵害旅游者权益的情况时有发生，法律拟制旅游者在事先不知情的情况下同意转团，不仅不利于旅游者自身权益的保护，也不利于行业的整肃。

此外，旅游合同能否转让，还需对旅游服务的可转让性予以考量。通常来

---

① Looschelders, AT Schuldrecht, 9. Aufl., 2011, Rn. 487.

② Larenz, Lehrbuch des Schuldrechts I, §35, Fn 6; RGZ 134, 185 (187), BGHZ 31, 321 (326).

③ Medicus/Lorenz, AT Schuldrecht, 20. Aufl., 2012, Rn. 789; Looschelders, AT Schuldrecht, 9. Aufl., 2011, Rn. 1155.

④ Looschelders, AT Schuldrecht, 9. Aufl., 2011, Rn. 1158.

⑤ Medicus/Lorenz, AT Schuldrecht, 20. Aufl., 2012, Rn. 789.

讲，旅游服务具有鲜明的人身属性，[①] 存在相当大的差异。旅游者希望选择一个资质高、口碑好的旅行社，正是旅游者赋予旅游合同一定程度人身属性的体现。此种人身属性构成债务承担和合同权利义务概括移转的障碍。因为无论在债务承担还是在合同权利义务概括移转中，债务的可转让性和合同地位的可让与性均因为债务或者合同地位的人身性导致债务不可移转、合同权利义务不能概括移转。[②]

在相关旅游立法中，也存在禁止、限制旅行社转团的相关规定。例如，《旅行社条例实施细则》第 41 条规定，仅当发生约定的解除旅游合同的情形时，旅行社在征得旅游者的同意的前提下，才可以将旅游者推荐给其他旅行社组织、接待，并由旅游者与被推荐的旅行社签订旅游合同。这些社会、法律背景，在考虑旅行社转团时，能否认定旅游者默示同意债务承担合同时，均应纳入考虑。

此时，由于旅行社擅自转团的法律性质是，未征得旅游者同意而不履行旅游合同规定义务的违约行为，应当承担违约责任。如果在转团情况下，旅游者在接受旅游服务过程中遭受人身财产损害的，组团社当然应当根据其是否违反合同义务、未尽到交易安全义务，来确定相应的损害赔偿责任。

问题是，旅游者可否要求组团社和受让社一起承担责任呢？换言之，在契约承担或者债务承担因未获债权人同意而无效时，承担人对债权人承担何种责任？

在德国法上，在债权人追认之前，债务承担待定地无效（schwebend unwirksam）[③]。如债权人确定地拒绝追认，则债务承担确定地无效，不能发生债务承担的效力，不发生债务人更换的效力，也不会免除原债务人的责任。但是，债务人与第三人之间的债务承担合同并不因此而无效，在债务人和第三人之间还可能成立《德国民法典》第 329 条意义上的履行承担，即债务人还是可以请求第三人向债权人进行清偿[④]。

另外，在债务承担确定无效之后，还有可能将债务承担转换为债务加入[⑤]，即无需征得债权人的同意，而由原债务人与第三人订立合同，使第三人一并承

---

① 最高人民法院民事审判第一庭编著：《最高人民法院审理旅游纠纷案件司法解释理解与适用》，人民法院出版社 2010 年版，第 120 页。

② 马俊驹、余延满：《民法原论》，法律出版社 2007 年版，第 600 页；崔建远主编：《合同法》，法律出版社 2010 年版，第 230 页；韩世远：《合同法总论》，法律出版社 2011 年版，第 487 页、第 496 页。

③ Looschelders, AT Schuldrecht, 9. Aufl., 2011, Rn. 1159.

④ Larenz, Lehrbuch des Schuldrechts I, §17, I a S. 221; Looschelders, AT Schuldrecht, 9. Aufl., 2011, Rn. 1160.

⑤ Larenz, Lehrbuch des Schuldrechts I, §35, II, S. 610.

担债务的履行义务，因此也称作并存的债务承担或债务共同承担。通过债务加入，原债务人并不免除其债务，新的债务人加入进来共同承担债务。对于债权人来讲，债权的实现可能性得以增强，完全是有益无害，其仅仅是增加了一个可以对之主张权利的债务人。① 债务承担因为原债务人的免责和债务人的更替，也是对债权人债权的处分，因此在债务人与第三人之间订立的承担合同应当征得债权人的同意（《德国民法典》第 415 条第 1 款第 1 句）。② 而债务加入由于仅仅是对债权人地位的改善和债务实现可能性的增强，故此没有必要必须征得债权人同意。

在旅行社转团未得到旅游者同意的情况下，债务承担合同还是会发生履行承担的效力，而且债务承担也完全可能转换为债务加入，使旅游者的地位得以增强。在债务加入的情况下，原债务人和加入人根据《德国民法典》第 421 条以下诸条作为连带债务人对债权人承担责任。③

旅行社转团，是对其在组织旅游合同中权利、义务的概括移转，其中的债权让与并不受旅游者（不）同意要件的阻碍，仅其中的债务承担行为受旅游者同意行为的限制。从上述关于债务承担的构成来看，旅游者同意仅构成免责的债务承担的生效障碍，而对于债务加入不构成障碍。理论上也将未经对方当事人同意的合同权利义务概括移转，肯定为债权让与和并存的债务承担的结合，而达到经济上接近于全部的合同权利义务概括移转的结果，理论上称之为契约加入。④ 就旅行社转团而言，虽其转团行为未经旅游者同意，但也可认为是由受让的旅行社加入原旅游合同之中，与原旅行社共同对旅游者承担提供旅游服务的责任。从而，由组团社和受让社对旅游者在旅游过程中所遭受的人身伤害、财产损失承担连带责任。

---

① Brox/walker, AT Schulrecht, 37. Aufl., 2013, S. 406.

② Brox/walker, AT Schulrecht, 37. Aufl., 2013, S. 402f.

③ Looschelders, AT Schuldrecht, 9. Aufl., 2011, Rn. 1174; Larenz, Lehrbuch des Schuldrechts I, § 35, II, S. 612; Brox/walker, AT Schulrecht, 37. Aufl., 2013, S. 408; Medicus/Lorenz, AT Schuldrecht, 20. Aufl., 2012, Rn. 861.

④ Larenz, Lehrbuch des Schuldrechts I, § 35, Ⅲ, S. 619; Medicus/Lorenz, AT Schuldrecht, 20. Aufl., 2012, Rn. 863.

后 记

2009年12月，我国历史上第四次《旅游法》起草工作正式开始，本人机缘巧合侥幸得以躬逢其盛，其间又应邀参加了《旅游纠纷规定》的起草论证工作。这本小书正是源于本人在参加《旅游法》《旅游纠纷规定》以及部分地方旅游法规起草过程中的一些思考，也是对个人十余年旅游法研究的一个小结。

改革开放后，我国旅游业虽然蓬勃发展，但是旅游法治建设，尤其是旅游相关的民事法律规范始终付之阙如。而由于旅游纠纷具有涉案额小、诉讼少、投诉调解多等特点，客观上导致的结果就是，旅游纠纷的相关司法判决较少，除了一些早期的经典作品，如刘劲柳女士的《旅游合同》、宁红丽教授的《旅游合同研究》之外，旅游法的相关研究长期停滞不前。本书写作过程中，努力尝试将民法、合同法、侵权法等传统民法规范应用于旅游纠纷处理实践，因此国内可供参考的文献资料比较少，很多时候不得不寻求域外法上的研究成果和经验。

不过旅游行业有很多特殊的交易习惯，旅游活动与一般民事活动具有较大的差异，这些又给一般民法规则适用于旅游纠纷制造了很大的麻烦。本人在参加《旅游纠纷规定》起草、研讨的过程中，在协助全国人大财经委起草《旅游法》的过程中，在本书的写作过程中，都深深地体会到了这一点。特别是在一些我国民法学界的研究也不够成熟的问题上，要将那些因贯彻“宜粗不宜细”立法思想而创设的法律规范具体应用到旅游纠纷实践解决中来，其困难之大，远远超乎了原来的设想，这一点在关于旅游民事责任的分担中体现得尤为突出。

最终鼓起勇气将这本书稿修改完成、交稿，除了为稻粱谋那点事之外，其实终究还是想要对当年的人和事有个交代。

首先是曾经一起参加《旅游法》起草工作的侯作前教授，曾约请我将这本书作为其所主持的杭州市哲学社会科学重点研究基地成果进行出版，奈何我自己过于拖拉，未能按期完成，而侯教授驾鹤西游已有数年，算是还上一笔债吧。

本书中很多内容都是在原国家旅游局挂职参加旅游纠纷司法解释、旅游法过程中的所思所想，虽为自己执笔，但很多考虑都是经过学友、同事的锤炼才得出来的。自己又以写字教书为业，理所当然地负有将其公之于众的义务。原国家旅游局政策法规司的刘小军司长、周久才副司长、李磊副司长，法规处王月浩处长和郭志平、汤治、董洪涛等都是行业主管部门的专家，给我不少指点和启发。尤其感谢李磊副司长，在原国家旅游局挂职期间与其畅所欲言的“争吵”，让我获益良多；本书中很多思想也是在李磊副司长的启迪之下形成的。此外，对外经贸大学的宁红丽教授、北京联合大学的郑晶女士、浙江省文化和旅游厅的黄恢月先生、中青旅的李广先生、北京易和律师事务所的李川律师、青岛市文旅局的黄瑞鹏先生、烟台市文旅局的王忠杰先生等是我长期交流学习的榜样，在很多具体问题的讨论中给我诸多提点和启发，在此表示衷心的感谢！

北京第二外国语学院旅游法专家韩玉灵教授为我从事旅游法研究提供了诸多机会，也给予了莫大的支持和鼓励！原法政学院院长杨富斌教授引领我进入旅游法研究领域，法政学院的其他同事，也在生活、工作的各个方面给予了我各种方便和支持，感谢你们！

另外，承蒙中国政法大学李永军教授、尹志强教授、刘家安教授、于飞院长、戴孟勇教授等前辈、师友的厚爱，容我从曾供职十二年的北京第二外国语学院，调到中国政法大学工作。本书的出版，既是对北二外旅游法团队的致意，也是对法大民法所诸位老师、同事的敬意。特别要感谢的是，易军教授将本书的出版纳入其主持的民法创新团队项目予以资助，使其最终能够得以面世。

在本书修改定稿过程中，中国政法大学法学院 2018 级 02 班的杜怡佳同学协助更新文献、校对文字、法条和调整格式，认真严谨；刑事司法学院 2018 级 07 班的孔祥鑫同学也协助做了部分文献更新和校对工作，由衷感谢。

为本书的完成提供各种帮助的还有很多老师、朋友、同事、学生，在此不能一一提及，敬请谅解，但你们的慷慨襄助永远铭记于心！

申海恩

2022 年 5 月 30 日补记于法大科研楼

图书在版编目（CIP）数据

旅游纠纷与损害赔偿 / 申海恩著 .—北京：中国法制出版社，2022. 8

ISBN 978-7-5216-2840-1

Ⅰ. ①旅… Ⅱ. ①申… Ⅲ. ①旅游业-经济纠纷-赔偿-研究-中国 Ⅳ. ①D922. 294. 4

中国版本图书馆 CIP 数据核字（2022）第 152710 号

责任编辑：周琼妮　　封面设计：杨泽江

旅游纠纷与损害赔偿

LÜYOU JIUFEN YU SUNHAI PEICHANG

著者/申海恩

经销/新华书店

印刷/河北华商印刷有限公司

开本/710 毫米×1000 毫米　16 开　　印张/ 18. 5　字数/ 278 千

版次/2022 年 8 月第 1 版　　2022 年 8 月第 1 次印刷

中国法制出版社出版

书号 ISBN 978-7-5216-2840-1　　定价：68. 00 元

北京市西城区西便门西里甲 16 号西便门办公区

邮政编码：100053　　传真：010-63141600

网址：http：//www. zgfzs. com　　**编辑部电话：010-63141807**

市场营销部电话：010-63141612　　**印务部电话：010-63141606**

（如有印装质量问题，请与本社印务部联系。）